Informatik-Fachberichte 213

Herausgeber: W. Brauer
im Auftrag der Gesellschaft für Informatik (GI)

Subreihe Künstliche Intelligenz

Mitherausgeber: C. Freksa
in Zusammenarbeit mit dem Fachausschuß 1.2
„Künstliche Intelligenz und Mustererkennung der GI"

Ingrid Walter

Datenbankgestützte Repräsentation und Extraktion von Episodenbeschreibungen aus Bildfolgen

Springer-Verlag
Berlin Heidelberg New York
London Paris Tokyo Hong Kong

Autorin

Ingrid Walter
Institut für Programmstrukturen und Datenorganisation
Fakultät für Informatik, Universität Karlsruhe
Postfach 6980, D-7500 Karlsruhe 1

CR Subject Classification (1987): I.2.4, I.2.10, H.2.1, H.2.3

CIP-Titelaufnahme der Deutschen Bibliothek.
Walter, Ingrid:
Datenbankgestützte Repräsentation und Extraktion von Episodenbeschreibungen aus Bildfolgen /
Ingrid Walter. – Berlin; Heidelberg; New York; London; Paris; Tokyo: Springer, 1989
   (Informatik-Fachberichte; 213: Subreihe künstliche Intelligenz)
   Zugl.: Karlsruhe, Univ., Diss.
   ISBN-13: 978-3-540-51462-6   e-ISBN-13: 978-3-642-74954-4
   DOI: 10.1007/ 978-3-642-74954-4
NE: GT

2145/3140 – 543210 – Gedruckt auf säurefreiem Papier

Vorwort

Der Inhalt des vorliegenden Buches entspricht meiner Dissertation mit gleichem Titel, die ich während meiner Tätigkeit als wissenschaftliche Mitarbeiterin am Institut für Programmstrukturen und Datenorganisation der Fakultät für Informatik der Universität Karlsruhe anfertigte, und die von der Fakultät für Informatik der Universität Karlsruhe genehmigt wurde. Den Rahmen der Arbeit bildete ein gemeinsames Forschungsprojekt meiner beiden Betreuer, Herrn Prof. Dr. Peter Lockemann und Herrn Prof. Dr. Hans-Hellmut Nagel, mit dem Thema "Untersuchung von Datenbank-Schemata zur Modellierung von Episoden bei der algorithmischen Deutung von Bildfolgen", das von der DFG gefördert wurde.

Die in Bildfolgen enthaltene Information kann mit sehr unterschiedlichen Abstraktionsgraden beschrieben werden: Die Angabe eines Helligkeitswerts für jeden Punkt jedes Einzelbildes ist eine sehr niedrige Beschreibungsebene, die Darstellung einer Geschichte eine sehr hohe. Eine automatische Erzeugung von Beschreibungen aus den Bilddaten ist bisher nur für niedrigere Abstraktionsstufen möglich.

Die vorliegende Arbeit entwirft ein System für die Extraktion von Beschreibungen auf der Ebene von Episoden, ausgehend von einer Beschreibung, die für jedes Objekt die Koordinaten zu jedem Zeitpunkt enthält. Typische Episoden aus dem Diskursbereich "Straßenverkehr" sind "Parkplatzsuchen" oder "auf Straßenbahn warten" oder "Vorfahrt mißachten".

Zu diesem Zweck wird eine Darstellungsform für Episodenmodelle entwickelt, die sich an KL-ONE orientiert und unter anderem die Modellierung von zeitlichen Aspekten ermöglicht. Da der Datenumfang für Bildfolgen, die Episoden enthalten können, sehr groß ist, erscheint die Unterstützung durch Datenbanksysteme ratsam. Daher wird die Übertragung der Darstellungsform auf das relationale Datenmodell eingehend untersucht. Zur Beschreibung der Prozesse, die die Zuordnung zwischen Episodenmodellen und Bilddaten herstellen, dienen Regelsysteme auf der Grundlage von Erweiterten Übergangsnetzen. Das Zusammenspiel aller Komponenten wird beschrieben. Ein Prototyp ist implementiert und extrahiert Episoden aus einer Bildfolge aus dem Diskursbereich "Straßenverkehr".

Herrn Prof. Dr. Peter Lockemann und Herrn Prof. Dr. Hans-Hellmut Nagel möchte ich besonders für die intensive Betreuung danken. Zu Beginn wendeten sie viel Zeit für gemeinsame Diskussionen auf, die mir halfen, allmählich klarere Konturen in der Arbeit zu erkennen. Im Endstadium trugen ihre zahlreichen Anmerkungen zu den vorläufigen Versionen wesentlich zur Verbesserung der Darstellung bei, wobei mich beeindruckt hat, wie kurzfristig und außerordentlich gründlich sie meine Entwürfe durcharbeiteten. Von Herrn Lockemann habe ich viel über den Datenbankbereich gelernt, mit dem ich mich vorher nur am Rande beschäftigt hatte. Herr Nagel hat mehrfach zur Verkleinerung meiner Wissenslücken im Bereich der Bilddeutung und der Künstlichen Intelligenz beigetragen, und sein Bestehen auf einer sauberen Verwendung von Begriffen führte dazu, daß ich an manchen Stellen genauer nachdachte, die andernfalls verschwommen geblieben wären, wodurch ich oft erst den eigentlichen Kern von Problemen erkannte.

Mir standen mehrere Diskussionspartner zur Verfügung, denen ich zu Dank verpflichtet bin. Norbert Eisinger und Hans Jürgen Ohlbach räumten einige Unklarheiten meinerseits im Zusammenhang mit Logik im allgemeinen und mit der Temporallogik im besonderen aus. Stefan Karl und Norbert Runge haben mir geholfen, wenn ich mit Datenbankfragen nicht weiter kam. Axel Präcklein lieferte mir wertvolle Hinweise für den Umgang mit dem Commonlisp-System, die mir insgesamt viel Zeit ersparten.

Das gesamte Projekt hätte nicht gelingen können ohne die vielfältigen Denkanstöße aus der Implementierung eines prototypischen Systems. Daß dieses entstanden ist, verdanke ich meinen studentischen Mitarbeitern Dietmar Engelien, Jochen Grobholz, Michael Ikker, Steffen Kirschke, Peter Klee, Heiner Spies und Christiane Vorspel, die mit großer Begeisterung und einem hervorragenden Teamgeist als wissenschaftliche Hilfskräfte und im Rahmen von Studien- und Diplomarbeiten für viele praktische Erfolgserlebnisse sorgten. Die Wartung der Datenbank durch Tony Fischer bedeutete eine große Entlastung für mich. Schließlich danke ich Herrn Dr. W. Enkelmann herzlich für seine Hilfe bei der Beschaffung des Bildmaterials.

Karlsruhe, Mai 1989   Ingrid Walter

Inhaltsverzeichnis

1.   Einleitung 1

2.   Abläufe und Episoden 7
2.1   Umgangssprachliche Verwendung des Episodenbegriffs 7
2.2   Verwendung verwandter Begriffe in anderen wissenschaftlichen Disziplinen 11
2.3   Festlegung des Episodenbegriffs 14

3.   Zusammenhänge mit verwandten Arbeiten 18

4.   Entwurf eines Systems zur Episodenextraktion: EPEX 28
4.1   Begriffsbildung 28
4.2   Systemstruktur von EPEX 33

5.   Darstellungsformen für Objekt- und Ablaufbereich 38
5.1   Eigenschaften des Objektbereichs 40
5.2   Eigenschaften des Ablaufbereichs 43
5.3   Bekannte Darstellungsformen 45
5.3.1 Objektorientierte Programmiersprachen 46
5.3.2 Rahmenkonstrukte (frames) 47
5.3.3 Netzwerkorientierte Darstellungsformen 49
5.3.4 Objektorientierte Modelle aus dem Datenbankbereich 50
5.3.5 Gegenstand-Beziehungs-Modell (Entity-Relationship-Model) 52
5.3.6 Petri-Netze 54
5.3.7 Conceptual Dependency und Scripts:
      ein Ansatz auf der Basis von Rahmenkonstrukten 56
5.3.8 Wertung und Auswahl 58
5.4   Temporallogiken nach Shoham 59
5.5   Die Darstellungsform EPEX-F 61

6.   Realisierung von EPEX-F 78
6.1   Die Gattungs-Definitions-Sprache (GDS) 80
6.2   Die Gattungs-Evaluierungs-Sprache (GES) 92
6.3   Vordefinierte Gattungen und Prädikate für Strukturbedingungen 93
6.4   Die Ausprägungs-Manipulations-Sprache (AMS) 99
6.4.1 Behandlung von Transaktionen 101
6.4.2 Zuordnungs-Operatoren 102
6.4.3 Leseoperatoren 108

7.   **Abbildung von EPEX-F auf ein Standarddatenbankmodell** 115

7.1   Randbedingungen in EPEX 119

7.2   Abbildung des Begriffsgraphen auf ein relationales Datenmodell 122

7.3   Ein relationales Schema für Ausprägungen 130

7.4   Forderungen an ein logisches Datenmodell 149

8.   **Darstellungsformen für den Regelbereich** 151

8.1   Eigenschaften des Regelbereichs 151

8.2   Bekannte Darstellungsformen 155

8.2.1   Regelbasierte Expertensysteme 155

8.2.2   Prolog 156

8.2.3   Erweiterte Übergangsnetze 157

8.2.4   Wertung und Auswahl 157

8.3   Die Darstellungsform EPEX-R 158

8.3.1   Bestandteile von EPEX-R 159

8.3.2   Zuordnung von Ablauf-Ausprägungen 172

8.4   Ergänzung von Ablauf-Ausprägungen mit EPEX-R 176

9.   **Realisierung von EPEX-R** 180

9.1   Die Regel-Definitions-Sprache (RDS) 180

9.2   Vordefinierte Aktionen und Tests 187

9.3   Verträglichkeit der EPEX-Datenbasis 189

10.   **Ein Prototyp** 191

10.1   Implementierungsgesichtspunkte 191

10.2   Bereitstellung der Eingabedaten 192

10.3   Modellierung eines exemplarischen Diskursbereichs 196

11.   **Zusammenfassung und Ausblicke** 232

Literatur 235

1. Einleitung

Die Interpretation der in Bildern enthaltenen Information gehört zu den beeindruckendsten Beispielen von Datenabstraktion. Hinter dem, was der menschliche Sehapparat scheinbar "auf einen Blick" erkennen kann, verbergen sich in Wirklichkeit äußerst aufwendige Prozesse, deren Komplexität erst richtig deutlich wird, seit man ähnliche Leistungen mit digitalen Rechenanlagen zu erreichen versucht. Diese Versuche sind zum einen durch den grundsätzlichen Erkenntnisgewinn über die Struktur der erforderlichen Verarbeitungsprozesse motiviert, zum anderen durch eine Vielzahl von industriellen Anwendungen wie Qualitätskontrolle, Roboterüberwachung oder Montagevorgänge.

Ausgangspunkt für die maschinelle Bilddeutung sind meist zweidimensionale Kamerabilder von irgendwelchen Szenen. Durch Rasterung und Quantisierung der Helligkeitswerte gewinnt man eine Matrix von diskreten Grauwerten als niedrigste Abstraktionsstufe der Beschreibung eines einzelnen Bildes. Darauf aufbauend lassen sich in mehreren Verarbeitungsschritten Beschreibungen immer höherer Abstraktionsgrade erzeugen, etwa in der folgenden Weise (nach [Nagel 85b]):

Die erste Abstraktionsstufe oberhalb der Grauwertmatrix bilden sogenannte Bildbereichs-Elemente, die beispielsweise Regionen konstanten Grauwerts oder Lage und Orientierung von Grauwertsprüngen beschreiben. Darauf baut eine zweite Stufe auf, die sogenannte Bildbereichs-Strukturen wie Kanten, Kreisbögen oder Schnittpunkte enthält. Beide Beschreibungsebenen orientieren sich noch unmittelbar an der Grauwertverteilung und sind weitgehend unabhängig von dem Weltausschnitt, aus dem die abgebildeten Szenen stammen, dem sogenannten Diskursbereich.

Beschreibungen des dritten Abstraktionsgrads beziehen sich auf einzelne Objekte in den Bildern. Um sie aus den Bildbereichs-Strukturen zu gewinnen, werden Modelle von potentiell vorkommenden Objekten herangezogen. Ein Modell beschreibt zum Beispiel markante Konturlinien und Eckpunkte des (idealisierten) Objekts mit ihren relativen räumlichen Lagen. Dem Bild entspricht dann eine Menge von Objektbeschreibungen, die jeweils einen Verweis auf das zugehörige Objektmodell, die räumlichen Koordinaten und möglicherweise Angaben über die Genauigkeit der Zuordnung zwischen Bildbereichs-Strukturen und Modell enthalten. Mit den Objektmodellen ist erstmals Wissen über den betrachteten Diskursbereich in den Rechner eingebracht.

Die nächste Abstraktionsstufe bildet die Szenenbeschreibung. Hier werden Konfigurationen von Objekten mit ihren räumlichen Beziehungen dargestellt. Die räumlichen Beziehungen sind in der vorigen Beschreibung implizit enthalten, und zwar rein quantitativ. Auf der höheren Abstraktionsstufe liegt dagegen der Schwerpunkt auf einer qualitativen Darstellung. Statt der Koordinaten ist also beispielsweise repräsentiert, ob zwei Objekte sich nahe nebeneinander befinden oder berühren oder ob ein Objekt zwischen zwei anderen steht. Die Auswahl und Definition dieser qualitativen räumlichen Beziehungen ist offensichtlich diskursbereichsabhängig.

Die bisher genannten Beschreibungen beziehen sich auf Einzelbilder. Eine zusätzliche Dimension ergibt sich, wenn die Szenen nicht statisch sind und über eine gewisse Zeitspanne aufgenommen werden. Indem man die Zeitachse diskretisiert und zu jedem Punkt des Zeitrasters ein Bild aufnimmt, erhält man eine (zeitliche) Bildfolge.

Jedes einzelne Bild einer Bildfolge kann auf einer der genannten Abstraktionsstufen beschrieben sein. Damit ist aber noch nicht erfaßt, daß in aufeinanderfolgenden Bildern dieselben Objekte vorkommen und daß Unterschiede zwischen den Bildern zeitlichen Veränderungen dieser Objekte und ihrer Beziehungen entsprechen. Zu diesem Zweck müssen die Bildinhalte verglichen, korrespondierende Teile erkannt und die Unterschiede registriert werden. Diese Vergleiche können im Prinzip auf jeder der genannten Abstraktionsstufen stattfinden. Unabhängig davon, ob man bereits Bildbereichs-Elemente über mehrere Bilder hinweg verfolgt oder erst Beschreibungen höherer Abstraktionsgrade, wird man schließlich eine geometrische Szenenbeschreibung (GSB) erreichen, die die Objektbeschreibungen zusammen mit den Raumkoordinaten für jeden Zeitpunkt der Bildfolge enthält. Die GSB enthält also rein quantitativ gegebene Beziehungen, die jetzt aber nicht nur räumlicher, sondern räumlicher und zeitlicher Art sind.

Die darauf aufbauende Abstraktionsstufe muß wieder eine qualitative Beschreibung der Beziehungen liefern. Diese Beschreibungen erfassen den Verlauf von Bewegungen einzelner Objekte oder Objektgruppen in einer (Teil-)Bildfolge und setzen verschiedene Bewegungsverläufe zueinander in Beziehung. Der Inhalt der Bildfolge wird also durch kompakte Beschreibungen von zeitlichen Abläufen charakterisiert. Die natürliche Sprache beschreibt solche Abläufe durch Verben. Entsprechend wurde auch untersucht, wie sich Trajektorien von Objekten bestimmten Bewegungsverben zuordnen lassen [Neumann 84]. Das daraus entstandene System NAOS setzt auf der GSB auf und kann in einer Bildfolge Abläufe wie "abbiegen" oder "ausscheren" bis etwa zum Komplexitätsgrad von "überholen" erkennen, die durch geeignete Modelle vorgegeben sind.

Das Ziel der vorliegenden Arbeit ist die Extraktion von noch reichhaltigeren Abläufen aus Bildfolgen.

Als Beispiel mag eine Bildfolge aus dem Bereich des Straßenverkehrs dienen, die Bewegungen verschiedener Fahrzeuge, Fußgänger und sonstiger Objekte in der Umgebung einer komplizierten Karlsruher Straßenkreuzung namens "Durlacher Tor" zeigt. Ein Ablauf in diesem Diskursbereich ist "Kreuzung überqueren", wobei sehr verschiedenartige Bewegungsverläufe auftreten wie wenden auf der Kreuzung, im Stau stehen oder Spurwechsel beim Abbiegen. Dieser Ablauf läßt sich trotz seiner Variationen im wesentlichen anhand der Trajektorie eines Fahrzeugs charakterisieren. Dies ist für den erheblich variationsreicheren Ablauf "Parkplatzsuchen" nicht mehr möglich. Wird auf einer fast leeren Parkplatzfläche geparkt, fährt ein Fahrzeug einfach zur nächsten freien Parkbox und parkt ein. Versucht jemand dagegen, zur Hauptverkehrszeit in der Innenstadt einen Parkplatz zu finden, wird er normalerweise mehrmals hin- und herfahren, wenden, auf gerade ausparkende Fahrzeuge warten, beim Einparken rangieren müssen usw. Beide Abläufe werden auf einer geeigneten Abstraktionsstufe einfach als Parkplatzsuchen beschrieben.

Zur Klassifikation von Abläufen nach ihrer Komplexität wurden die Begriffe Ereignis und Geschichte vorgeschlagen [Nagel 83], deren Bedeutung sich an der umgangssprachlichen Verwendung orientiert. Abläufe, die durch einfache Bewegungsverben beschrieben werden können, sind Ereignisse, es gibt allerdings auch andere Definitionen von Ereignissen. Komplexe Aggregationen von Ereignissen heißen Geschichten. Die Abläufe, mit denen sich diese Arbeit befaßt, sind komplexer als Ereignisse, aber gleich zu ganzen Geschichten überzugehen, erscheint doch etwas zu ambitiös. Deshalb sei die angestrebte Klasse von Abläufen einstweilen durch den Begriff Episode bezeichnet, der irgendwo zwischen Ereignis und Geschichte angesiedelt ist.

Typische Episoden aus dem Bereich Straßenverkehr sind "Parkplatzsuchen" oder "auf Straßenbahn warten" oder "Vorfahrt mißachten". Im Gegensatz zu den Ereignissen können Episoden innerhalb gewisser Grenzen variieren. So kann das Warten auf das Wegfahren eines Fahrzeugs Teil einer Parkplatzsuche sein, es ist aber kein zwingend erforderlicher Bestandteil jeder Parkplatzsuche. Der nicht ganz scharfe Übergang zwischen Ereignis und Episode erfordert noch eine genauere Abgrenzung.

Als Ausgangspunkt für die Extraktion von Episoden dient vernünftigerweise die geometrische Szenenbeschreibung einer Bildfolge. Oberhalb der GSB gibt es noch keine etablierte Abstraktionsstufe der Beschreibung, die als Basis dienen könnte. Niedrigere Beschreibungsebenen wären zu weit von der angestrebten entfernt. Ginge man von ihnen aus, müßte man als Teil der Episodenextraktion Probleme wie die Objektklassifikation mitbehandeln, für die es zwar zahlreiche Ansätze gibt, die aber doch größere technische Schwierigkeiten bereiten können und für die Aufgabe einer Erkennung von Episoden nicht ausschlaggebend sind. Es wird deshalb angenommen, daß die Bildfolgenbeschreibungen in einer Form vorliegen, in der alle in der Bildfolge vorkommenden Objekte bereits klassifiziert und ihre Koordinaten für jeden Zeitpunkt bekannt sind.

Der Gegenstand dieser Arbeit ist also die Extraktion von Episoden aus Bildfolgen, die durch ihre geometrische Szenenbeschreibung gegeben sind. Als Anwendungsbeispiel wird der Diskursbereich "Straßenverkehr" gewählt, doch sollten die entwickelten Verfahren auch auf andere Diskursbereiche anwendbar sein. Potentiell im Diskursbereich vorkommende Episoden (und auch andere Abläufe) müssen durch Modelle vorgegeben werden. Ein Episodenextraktions-System soll feststellen, welche zu den Modellen passenden Daten in der Bildfolge vorkommen. Es ist dagegen kein System angestrebt, das selbständig Episodenmodelle bildet und so "lernt".

Eine Reihe von zusätzlichen Randbedingungen ergibt sich aus technischen und pragmatischen Gründen.

Die Kamera, mit der die Bildfolge aufgenommen wird, kann entweder starr oder selbst bewegt sein. Episoden zeichnen sich durch eine gewisse Handlungsvielfalt aus. Um diese in einer Bildfolge "unterzubringen", muß ein hinreichend großer Zeit/Raum-Abschnitt abgedeckt werden. Dies kann eigentlich am ehesten durch eine bewegte Kamera sichergestellt werden, was aber die zusätzliche Komplikation des Herausrechnens der Relativbewegungen zwischen Objekten und Kamera mit sich bringt. Man kann aber auch eine starre Kamera mit großem Blickfeld verwenden, wobei dann allerdings die Auflösung kritisch werden kann. In dieser Arbeit wird der zweite Ansatz vorausgesetzt. Dadurch scheiden Episoden aus, an denen sehr kleine Objekte beteiligt sind. Für den Diskursbereich "Straßenverkehr" ist dies aber keine gravierende Einschränkung. Ein Verzicht auf diese Voraussetzung würde lediglich technische, aber keine grundsätzlichen Probleme aufwerfen.

Episoden sind Abläufe einer noch festzulegenden Mindestkomplexität, die aber von der gewählten Feinheit der zeitlichen Rasterung abhängt. In unserem Fall gilt, daß Abläufe aus einer natürlichen Umgebung und weder Zeitlupenaufnahmen noch komprimierte Darstellungen wie in Spielfilmen untersucht werden sollen. Die Bildfolgen laufen in realer Zeit ab und sind aus technischen Gründen auf Abläufe im Minutenbereich beschränkt. Die Rasterung ist durch die Vorgaben des Aufnahmemediums Fernsehkamera bestimmt (25 Bilder pro Sekunde).

Die Bilddeutung könnte im Prinzip in Realzeit erfolgen. Die heutigen Möglichkeiten erlauben dies jedoch noch nicht, so daß die gesamte Bildfolge im Rechner abgespeichert sein muß. Trotzdem kann man zwei Verarbeitungsmodi unterscheiden. Bei der schritthaltenden Bearbeitung entspricht die Bearbeitungsreihenfolge der Einzelbilder ihrer Reihenfolge in der Bildfolge. Bei einer retrospektiven Auswertung ist die Bearbeitungsreihenfolge beliebig, das Auswerteprogramm kann in der Bildfolgenzeit gewissermaßen in Vergangenheit und Zukunft springen. In dieser Arbeit wird der retrospektive Ansatz gewählt.

Damit ist das Ziel der Arbeit samt den Randbedingungen festgelegt. Es stellt sich nun die Frage, welche Teilaufgaben zur Erreichung dieses Ziels gelöst werden müssen.

Da wäre als erstes die Präzisierung des Abstraktionsniveaus der Episode und ihre Abgrenzung gegenüber anderen Klassen von Abläufen, vor allem Ereignissen und Geschichten. Dieses Problem wird im zweiten Kapitel behandelt, wobei als methodischer Ansatz eine Klassifikation von Verben der natürlichen Sprache durchgeführt wird. Außerdem ist es sinnvoll, zunächst die Aufgaben des angestrebten Gesamtsystems und seine grobe Struktur genauer festzulegen. Insbesondere sollte ein Überblick über die verschiedenen beteiligten Daten und ihre Herkunft und Verwendung gegeben werden. Dies ist der Zweck des vierten Kapitels.

Eine der wichtigsten Teilaufgaben ist die Entwicklung einer Darstellungsform für Episodenmodelle. Diese muß Möglichkeiten zur Beschreibung der Variabilität und anderer Eigenschaften von Episoden bieten. Außerdem muß sie berücksichtigen, daß Episoden Aussagen über räumliche und vor allem zeitliche Zusammenhänge darstellen und somit die Zeit eine wesentliche Rolle bei der Modellierung spielt. Wie aus den bisherigen Beispielen ersichtlich ist, können Episoden für unsere Zwecke mit natürlichsprachlichen Mitteln beschrieben werden. Modellierungsansätze aus der maschinellen Sprachverarbeitung, z.B. Kasusrahmen [Fillmore 68] oder *scripts* [Schank und Abelson 77], können somit als Grundlage für die Entwicklung einer Darstellungsform zur Episodenmodellierung dienen.

Episodenmodelle sind aber nicht die einzige Art von Diskursbereichswissen, das in die Episodenextraktion einfließt. Beispielsweise kann man ein Parkplatzsuchen nur dann als solches identifizieren, wenn man weiß, daß Fahrzeuge an Straßenrändern, auf Seitenstreifen etc. längere Zeit erlaubt abgestellt werden können, aber zum Beispiel nicht in der Mitte einer Kreuzung. Auch derartiges Wissen muß dargestellt werden, so daß als weitere Teilaufgabe die Entwicklung einer Darstellungsform für allgemeines Diskursbereichswissen ansteht, jedenfalls soweit es für die Episodenextraktion von Belang ist. Eine explizite Darstellung des Wissens ist in diesem Fall einer algorithmischen vorzuziehen, damit Anpassungen an veränderte Diskursbereiche leichter durchführbar sind.

Schließlich bedarf auch die geometrische Szenenbeschreibung der jeweils analysierten Bildfolge einer geeigneten Darstellungsform, wobei wieder besonders die Darstellung der Zeit zu berücksichtigen ist. Formalismen aus der Künstlichen Intelligenz wie semantische Netze [Findler 79], Begriffsgraphen [Sowa 84], KRL [Bobrow und Winograd 77] oder KL-ONE [Brachman und Schmolze 85], aber auch semantische Modelle aus dem Datenbankbereich wie das ER-Modell [Chen 76] und entsprechende Erweiterungen kommen als Ausgangspunkt für eine Darstellungsform für geometrische Szenenbeschreibungen in Frage.

Die Untersuchung und Entwicklung von Darstellungsformen für Episodenmodelle, für allgemeines Diskusbereichswissen und für die geometrische Szenenbeschreibung ist Gegenstand des fünften und sechsten Kapitels.

Ein weiteres Problem wurde bisher überhaupt noch nicht angesprochen. Bei der Deutung von Bildfolgen, die von ihrem zeitlichen Umfang her Episoden enthalten können, wird der Datenumfang so groß, daß es ratsam erscheint, Datenbanksysteme zur Verwaltung dieser Daten, zur Konsistenzüberwachung und zur Unterstützung der Auswertung der Daten einzusetzen. Dies führt zu einer weiteren Teilaufgabe.

Konventionelle Datenbanksysteme bieten nur recht eingeschränkte Datenmodelle an, mit denen die darzustellende Information beschrieben wird. Die für die genannten Zwecke entwickelten Darstellungsformen müssen deshalb auf existierende konventionelle Datenmodelle übertragen werden. Es ist zu untersuchen, welche Übertragungsmöglichkeiten existieren, inwieweit sie geeignet sind und welche Vor- und Nachteile verschiedene Alternativen der Übertragung bieten. In diesem Zusammenhang werden dann auch Anforderungen erkennbar, die ein ideales Datenbanksystem erfüllen sollte, insbesondere sind neuere Ansätze wie objektorientierte Datenmodelle interessant. Um das Zusammenspiel von Datenbanksystem und den restlichen Systemteilen zu gewährleisten, muß ferner geprüft werden, inwieweit spezielle Datenbankoperatoren für Navigation und Datenauswahl erforderlich sind und wie diese Operatoren in übergeordnete Komponenten integriert werden können.

Diese und andere mit Datenbanken zusammenhängenden Probleme werden im siebten Kapitel untersucht.

Die letzte Teilaufgabe ergibt sich daraus, daß mit der Vorgabe eines Episodenmodells zwar die Struktur der gesuchten Information festliegt, aber noch nichts über die Prozesse ausgesagt ist, die die Zuordnung zwischen Modell und Bilddaten herstellen. Ähnlich wie bei der modellgestützten Objekterkennung ist eine Komponente erforderlich, die passende Bilddaten auswählt, mit Modellelementen in Beziehung setzt, je nach Genauigkeit der Zuordnung verschiedene Alternativen weiterverfolgt oder verwirft und schließlich entscheidet, ob die ausgewählten Bilddaten dem Modell hinreichend genau entsprechen. Die Beschreibung dieser Komponente sollte möglichst flexibel und änderungsfreundlich sein, also nicht einfach ein Programm in einer Programmiersprache. Für diesen Zweck bieten sich Regelsysteme an, die beispielsweise durch Produktionsregelsysteme [Davis und King 77] oder Erweiterte Übergangsnetze (ATN) [Woods 70] realisiert werden können. Damit beschäftigen sich die Kapitel 8 und 9.

Kapitel 10 geht schließlich näher auf die Realisierung ein und enthält die Modellierung einer Beispielepisode.

Zusammengefaßt sind die wichtigsten Teilaufgaben also die Entwicklung von Darstellungsformen für Episodenmodelle, für allgemeines Diskusbereichswissen und für die geometrische Szenenbeschreibung sowie die Übertragung dieser Darstellungsformen auf konventionelle Datenbanksysteme, außerdem die Entwicklung einer geeigneten Komponente für die Zuordnung zwischen Episodenmodellen und Bilddaten. Natürlich müssen alle diese Teile aufeinander abgestimmt sein.

Die Erkenntnisse, die die Arbeit liefern soll, betreffen den Wechsel von einer "statischen" Darstellung von Bildfolgeninhalten durch eine Sequenz von Szenenbeschreibungen zu einer "dynamischen" Darstellung durch Episoden, die den zeitveränderlichen Aspekt beinhaltet. Ein Schwerpunkt liegt somit auf Darstellungsformen, in denen sich dieser Wechsel widerspiegelt, also allgemeiner auf Hilfsmitteln für den Umgang mit komplexen Strukturen, und auf ihrem Zusammenspiel. Datenbanksysteme bieten dagegen Hilfsmittel für den Umgang mit großen Datenmengen an, die ebenfalls in das Zusammenspiel einbezogen werden müssen. Mit diesem Zusammenwirken sollen Erfahrungen gesammelt werden, aus denen sich insbesondere Anregungen für die Verringerung der Kluft zwischen den beiden Arten von Hilfsmitteln ergeben können.

2. Abläufe und Episoden

Anliegen dieser Arbeit ist es, über Bildfolgendeutung auf der Abstraktionsstufe der geometrischen Szenenbeschreibung, die heute schon relativ gut beherrscht wird, hinauszugehen, ohne dabei den Folgeschritt zu groß zu wählen. Das angestrebte Abstraktionsniveau soll Abläufe umfassen, die reichhaltiger sind als Ereignisse, aber nicht so komplex wie Geschichten. Worin der neue Abstraktionsgrad bestehen kann, wird im folgenden untersucht. Er erhält den Arbeitstitel "Episode" aus noch weiter unten ersichtlichen Gründen. Dazu ist zunächst der intuitive Begriff "Episode" zu präzisieren. Auch die ebenfalls intuitiven Begriffe "Ereignis" und "Geschichte" müssen genauer geklärt werden, jedenfalls soweit, daß sich die Episode davon abgrenzen läßt.

Im folgenden soll die Bezeichnung "Ablauf" weiterhin als intuitiver Sammelbegriff für alle Veränderungen über der Zeit dienen. Der Ablaufbegriff wird später in einer mehr technischen Bedeutung definiert. Hier läßt sich zumindest festhalten, daß Episoden eine gewisse Unterklasse von Abläufen bilden, ebenso wie Ereignisse und Geschichten.

Wir beginnen mit einer Untersuchung der Eigenschaften der Episode, die sich aus der umgangssprachlichen Verwendung dieses Begriffs ergeben. Die darauf folgenden Abschnitte befassen sich mit Aspekten, die für verwandte Begriffe in anderen wissenschaftlichen Disziplinen herausgearbeitet wurden. Schließlich wird im letzten Abschnitt der Begriff der Episode für den vorliegenden Zweck durch eine Reihe von Postulaten endgültig festgelegt.

2.1 Umgangssprachliche Verwendung des Episodenbegriffs

Laut "Meyers Konversationslexikon" ist ein Ereignis eine wichtige Begebenheit und eine Geschichte eine mündliche oder schriftliche Darstellung von Ereignisfolgen. Die Bedeutung des Worts Episode hat sich, ebenfalls nach "Meyers Konversationslexikon", im Laufe der Zeit deutlich gewandelt. Während man darunter ursprünglich etwas Unwesentliches, Zusätzliches, verstand, wurde später ein Ereignis oder Erlebnis kurzer Dauer daraus. Heute werden als Episoden kurze, in sich abgeschlossene Nebenhandlungen bezeichnet.

Diese Definitionen sind für unsere Zwecke weitgehend untauglich.

Beim "Ereignis" ist die Wichtigkeit des Ablaufs entscheidend. Diese läßt sich aber nicht absolut bestimmen, sondern nur im Hinblick auf ein Ergebnis oder ein Ziel, das wiederum kaum aus dem Ereignis selbst kommen kann. Für die Bildfolgendeutung wären zwei Möglichkeiten denkbar, das Ergebnis oder Ziel zu definieren, bezüglich dessen die Wichtigkeit eines Ablaufs erklärt wird. Entweder es ergibt sich aus einem umfassenderen Ablauf, in den das Ereignis eingebettet ist. Zum Beispiel wäre dann ein Spurwechsel ein Ereignis, wenn er ursächlich zu einer Kollision beiträgt, aber nicht, wenn er auf einem ansonsten unbefahrenen geraden Straßenstück stattfindet. Dies setzt voraus, daß der umfassendere Ablauf schon erkannt ist, und läuft auf das nachträgliche Hinzufügen und Bewerten von kausalen Beziehungen zwischen seinen Teilabläufen hinaus. Für die Extraktion von Episoden und komplexeren Abläufen aus Bildfolgen nützt ein derartiger Ereignisbegriff wenig. Oder aber das Ziel besteht gerade in dieser Extraktion. Dann wäre jeder Ablauf ein Ereignis, sofern er für den Extraktionsprozeß wichtig oder zumindest nützlich ist. Auch dies trägt wenig zur Abgrenzung zwischen Ereignis und Episode oder anderen Ablaufklassen bei.

Die auf mündliche oder schriftliche Darstellungen beschränkte "Geschichte" fällt von vornherein aus unserem Rahmen heraus, da wir bildliche Information voraussetzen. Nun kann eine Geschichte nach dem heutigen Sprachgebrauch durchaus auch durch einen Film dargestellt sein. Aber dieser enthält eben im Normalfall neben der bildlichen vor allem sprachliche Information. Würde man beispielsweise aus Gustav Gründgens' Verfilmung von Goethes "Faust" nur den bildlichen Anteil auswerten, bliebe von dem Werk so gut wie nichts mehr übrig. Selbst die Kunst des Stummfilms kommt selten ohne gelegentliche Rückgriffe auf Schrifttafeln aus. Dies zeigt, daß andere Kriterien als die genannten zur Definition der Geschichte im Rahmen der Bildfolgendeutung gesucht werden müssen. Nebenbei weckt es aber auch Zweifel, ob das, was aus einer reinen Bildfolge extrahiert werden kann, auch bei starker Abstraktion an eine Geschichte im umgangssprachlichen Sinn heranreichen kann.

Für die "Episode" gilt zunächst, daß sie kurz ist. Dieses Kriterium ließe sich in eine technische Definition übernehmen, wenn man "kurz" an der Länge der Bildfolge mißt (und auch geeignet nach unten beschränkt). Daß sie eine in sich abgeschlossene Nebenhandlung ist, stellt aber wieder einen Bezug zu einem umfassenderen Ablauf her, der "Haupthandlung". Diese kann aber in unserem Fall gar nicht verfügbar sein, da Episoden ja gerade komplexere Abläufe sein sollen als die, die man bisher bereits erkennen kann. Also kann auch aus dieser Definition sehr wenig für die Bildfolgendeutung herausgezogen werden.

Alles in allem gilt also, daß bei der Verwendung der Begriffe Ereignis, Geschichte und Episode im Rahmen der Bildfolgendeutung wesentliche Aspekte der umgangssprachlichen Bedeutung wegfallen müssen. Dies ist aber bei technischen Fachtermini fast immer der Fall. Es bleibt zu klären, ob es Aspekte gibt, die aus der Umgangssprache in die Fachsprache übernommen werden können. Dies wird nun an einigen Beispielen untersucht.

Beispiel 1: Märchen aus Tausendundeiner Nacht.
In diesem Fall werden innerhalb einer Rahmenhandlung weitere Geschichten erzählt. Die einzelnen Geschichten sind eigenständige Einheiten, die jeweils eigene Charaktere vorstellen und einen gewissen Abschluß erreichen. Sowohl die Rahmenhandlung als auch die einzelnen Geschichten umfassen jeweils einen Zeitraum von mehreren Monaten.

Beispiel 2: "Szenen einer Ehe" von Ingmar Bergmann.
Hier werden viele einzelne Erlebnisse der beiden Hauptpersonen dargestellt. Der ganze Film besteht nur

aus solchen Episoden, die ohne erkennbaren "roten Faden" innerhalb des Handlungsablaufs neben-einandergestellt werden. Eine Episode schildert zum Beispiel ein Telefonat oder einen Streit, wobei der Zeitraum jeweils von einigen Minuten bis zu einigen Stunden geht. Der Gesamtzeitraum umfaßt einige Monate.

In beiden Beispielen gibt es eine Rahmenhandlung, auch wenn sie in den "Szenen einer Ehe" nur implizit gegeben ist als die Entwicklung der Beziehung zwischen den beiden Hauptpersonen. Nach dem Sprachgefühl (der Autorin dieser Arbeit) handelt es sich bei den Teilhandlungen im ersten Fall um Geschichten, im zweiten Fall um Episoden. Der Unterschied liegt darin, daß die einzelnen Teilhandlungen im ersten Fall größere räumliche und zeitliche Sprünge umfassen, im zweiten Fall dagegen räumlich und zeitlich zusammenhängen und eng begrenzt sind.

Dieses Kriterium kann zur Abgrenzung der Episode gegenüber komplexeren Abläufen dienen. Ein Ablauf kann nur dann eine Episode sein, wenn er höchstens geringe räumliche und zeitliche Diskontinuitäten enthält. Zusammen mit der oben schon genannten Kürze von Episoden hat dies zur Folge, daß der gesamte von einer Episode erfaßte räumliche und zeitliche Bereich nicht sehr groß ist.

Beispiel 3: Öffnen einer Tür.
In einem Film wird eine geschlossene Tür gezeigt. Plötzlich öffnet sich die Tür und eine Person erscheint.

Beispiel 4: Öffnen einer Tür.
Eine geschlossene Tür wird gezeigt. Die Kamera holt das Türschloß in Großaufnahme heran. Ganz langsam bewegt sich die Türklinke, geht dann wieder in die Ruhelage zurück. Im Schlüsselloch wird ein Fremdkörper sichtbar, der sich mehrmals sachte hin- und herdreht. Die Türklinke bewegt sich wieder und verbleibt in der unteren Position. Die Tür beginnt sich millimeterweise zu bewegen, bis eine schwarzbehandschuhte Hand ...

Im ersten Fall passiert beim Öffnen der Tür einfach zu wenig, um den Begriff Episode zu rechtfertigen. Es handelt sich eher um ein Ereignis innerhalb der Gesamthandlung. Im zweiten Fall dagegen würde man wohl von einer Episode sprechen. Das Kriterium ist also, daß ein Ablauf erst ab einer gewissen Handlungsvielfalt eine Episode sein kann. Diese Handlungsvielfalt hängt offenbar auch vom Detaillierungsgrad der Darstellung ab.

Beispiel 5: Zufallsbewegungen von geometrischen Objekten.
Man sieht einige farbige Dreiecke, Rechtecke und Kreise verschiedener Größe, die sich einige Minuten vor einem neutralen Hintergrund hin- und herbewegen, ohne daß eine Systematik hinter den Bewegungen zu erkennen ist.

Beispiel 6: Episode aus dem Film "American Graffity".
Ein Jugendlicher kriecht unter ein auf einem dunklen Parkplatz stehendes, von zwei Sheriffs besetztes

Polizeiauto und befestigt vorsichtig eine starke Eisenkette an der Hinterachse. Danach fährt auf der Straße vor dem Parkplatz ein von mehreren Jugendlichen besetztes Fahrzeug vorbei, die sich auffällig aus den Fenstern lehnen und irgend etwas grölen. Das Blaulicht leuchtet auf, das Polizeiauto setzt sich in Bewegung und beschleunigt stark, bis sein Heck plötzlich weit nach oben ausschert und dann vor der herausgerissenen Hinterachse auf den Boden schlägt.

In beiden Fällen liegt eine hinreichend große Handlungsvielfalt vor (und beide kommen übrigens ganz ohne sprachliche Information aus), aber im ersten Fall paßt die Bezeichnung Episode überhaupt nicht, ebensowenig wie Ereignis. Dies könnte an der fehlenden Rahmenhandlung liegen, aber der wesentliche Punkt scheint zu sein, daß die Abläufe im ersten Beispiel ohne Zusatzinformation sinnlos sind. Wüßte man etwa, daß die Symbolbewegungen gewisse Phänomene an der Börse darstellen, könnte man unter Umständen hochinteressante Episoden darin erkennen. Im zweiten Beispiel weiß der Zuschauer, daß der Film in einer tristen amerikanischen Kleinstadt Anfang der sechziger Jahre spielt, daß die Jugendlichen keine sinnvolle Freizeitbeschäftigung finden und ständig nach Möglichkeiten suchen, sich als "ganze Kerle" zu beweisen, daß amerikanische Provinzsheriffs zur rigorosen Durchsetzung von "law and order" neigen und deshalb die natürlichen Gegenspieler dieser Jugendlichen sind und so weiter. Ein Ablauf ist also nicht allein durch die Raum/Zeit-Koordinaten der beteiligten Objekte als Episode zu erkennen, sondern erst unter Einbeziehung von Zusatzwissen über den Diskursbereich.

Ein weiterer Gesichtspunkt wurde bereits in der Einleitung erwähnt, kam aber hier bisher nicht vor: Episoden zeichnen sich im Gegensatz zu Ereignissen durch eine starke Variabilität aus. In den Beispielen kam dies nicht zum Ausdruck, da in einer konkreten Handlung natürlich nur ganz konkrete Abläufe vorkommen, an denen nichts variiert wird. Die Variabilität wird erst erkennbar, wenn man Modelle von Episoden betrachtet, die in unterschiedlichen Varianten in verschiedenen Geschichten vorkommen können. Man müßte für das letzte Beispiel etwa eine Beschreibung der Art "Autoritätspersonen einen groben Streich spielen" heranziehen, die in der Tat unterschiedliche Ausprägungen haben kann. Ein überzeugenderes Beispiel ist wohl die Episode, die in vielfältigen Varianten gegen Ende vieler Geschichten vorkommt und meist mit "sie kriegen sich" beschrieben wird.

Insgesamt können also einige Aspekte der umgangssprachlichen Verwendung mit einfließen, um den Begriff der Episode für Zwecke der Bildfolgenauswertung festzulegen. Dazu gehört die Abgrenzung nach oben durch den räumlich/zeitlichen Zusammenhang, der durch die im ersten Kapitel beschriebenen Randbedingungen automatisch gewährleistet ist. Nach unten wird die Episode durch eine Mindest-Handlungsvielfalt abgegrenzt, die vom Detaillierungsgrad der Darstellung und auch vom Diskursbereich abhängt. Für den Straßenverkehr scheiden damit jedenfalls Abläufe aus, die lediglich durch Trajektorien von Objekten bestimmt sind. Weiter sind Episoden nur mit Hilfe von Umweltwissen von anderen Abläufen zu unterscheiden, was ebenfalls eine reine Klassifizierung von Trajektorien ausschließt. Andererseits sollte das erforderliche Umweltwissen aber auch nicht zu kompliziert sein. Die Episode aus "American Graffity" liegt jenseits dessen, was mit den heutigen Möglichkeiten der Modellierung erreichbar erscheint, da sie in erster Linie durch typische Handlungsweisen und Motive sozialer Gruppen definiert ist, deren Zusammenhang mit den reinen Bilddaten äußerst komplex ist. Als letztes Kriterium ergibt sich aus der umgangssprachlichen Verwendung eine gewisse Variabilität der konkreten Ausprägungen einer Episode.

2.2 Verwendung verwandter Begriffe in anderen wissenschaftlichen Disziplinen

Einige der bisher untersuchten Begriffe werden nicht nur in der Umgangssprache verwendet, sondern auch als Fachbegriffe in anderen wissenschaftlichen Disziplinen. In diesem Abschnitt soll untersucht werden, ob sich daraus weitere Aspekte zur Festlegung des Episodenbegriffs für die Bilddeutung ergeben.

Abläufe werden nicht nur visuell wahrgenommen, sondern sie werden von Menschen verstanden und durch sprachliche Äußerungen beschrieben. Die Struktur solcher Äußerungen wird in der Linguistik und im Teilgebiet natürlichsprachliche Systeme der Künstlichen Intelligenz (KI) untersucht.

Zunächst befaßte man sich in den erwähnten Gebieten mit einzelnen Sätzen. Erst mit dem Übergang zum Textverstehen, d.h. zur Analyse von kleineren Geschichten, wird dann auch der Episodenbegriff verwendet. Eine Episode ist z.B. bei [Rumelhart 75] stets eine Teilstruktur einer Geschichte. In der von ihm vorgeschlagenen Grammatik zur Darstellung von Geschichten setzt sich eine Geschichte aus einer "Umgebungsbeschreibung" und einer Episode zusammen. Episoden selbst bestehen aus einem Ereignis und der davon ausgelösten Reaktion, Ereignisse können wiederum Episoden sein und so weiter.

Wie im umgangssprachlichen Gebrauch wird die Episode also in erster Linie durch ihre Einbettung in einen umfassenderen Ablauf charakterisiert. Dieser Gesichtspunkt ist für unsere Zwecke nicht nützlich, wie oben schon ausgeführt. Die grundsätzliche Struktur jeder Episode als ein Ereignis und eine Reaktion darauf läßt sich auch nicht für die Bildfolgendeutung übernehmen. Sie beruht auf kausalen Beziehungen zwischen Abläufen, die sich erst durch Auswertung komplexen Hintergrundwissens hineininterpretieren lassen und eigentlich schon erkannte Abläufe voraussetzen (auch wenn technisch das Erkennen der Abläufe und das Hineininterpretieren von kausalen Abhängigkeiten, Motiven etc. teilweise verzahnt erfolgen könnten). Die verschränkte Rekursion der Definitionen von Episode und Ereignis ist nicht sinnvoll, wenn man mit der Episode eine neue Abstraktionsstufe oberhalb von Ereignissen etablieren will. Aber die Grundidee, daß Abläufe aus einfacheren Abläufen zusammengesetzt sind, kann übernommen werden. Als Kriterium für unsere Zwecke ergibt sich daraus, daß ein Ablauf nur dann eine Episode sein kann, wenn er sich aus anderen Abläufen zusammensetzt.

Eine etwas andere Verwendung des Begriffs Episode findet sich in Arbeiten der Yale-Schule [Schank und Abelson 77]. Dort werden ebenfalls kleine Geschichten untersucht, aber der kognitive Aspekt tritt stärker in den Vordergrund. Eine Episode wird als eine Sammlung von Abläufen betrachtet, die durch ihr gemeinsames Auftreten innerhalb eines Ablaufs oder einer Zeitspanne verknüpft sind. Als typische Beispielepisode nennen die Autoren eine Reise, während der alles mögliche stattfindet. Sie gehen davon aus, daß unser Gedächtnis durch solche Episoden strukturiert ist. Ähnliche Episoden führen im Laufe der Zeit zur Bildung von generalisierten Standardepisoden. Dies ermöglicht die Erkennung von schon "bekannten" Abläufen. Durch die Bildung von Standardepisoden werden allerdings die berücksichtigten und "gemerkten" Einzelheiten eines bestimmten Ablaufs dieser Episodenklasse unvollständig. Schank und Abelson argumentieren, daß nur so Erinnerung in vernünftiger Zeit überhaupt möglich ist.

Dieser Episodenbegriff ist unabhängig von einer Rahmenhandlung. Episoden dienen als Strukturierungsmittel zur Zusammenfassung von Abläufen unter bestimmten Aspekten zu neuen Einheiten. Beispielsweise können verschiedene Abläufe zu einer "Reise" zusammengefaßt werden.

Aus dieser Idee wird schließlich der technische Begriff des *script* definiert, mit dem einfache Texte analysiert werden. Ein häufig bei Schank und Abelson verwendetes *script* ist "Restaurantbesuch". Es beschreibt, welche Akteure an der Episode und damit an den Teilabläufen beteiligt sind. Für die Zwecke des Textverstehens werden Teilabläufe wie "bestellen" oder "bezahlen" als elementar angesehen.

Auch aus dieser Arbeit ergibt sich der Gesichtspunkt, daß Episoden aus anderen Abläufen zusammengesetzt sind. Für die Zusammensetzung dient das *script* als Modell, das die Akteure der Episode (aber nicht unbedingt die der Teilabläufe) bestimmt. Auch dieser Aspekt ist für uns interessant. Eine Episode hängt also nicht nur räumlich und zeitlich zusammen, sondern auch bezüglich der Beteiligten. Der für das Textverstehen adäquate Detaillierungsgrad der Beschreibung von Teilabläufen kann dagegen für die Bildfolgendeutung nicht übernommen werden, da der Sprung von der Analyse aufeinanderfolgender Einzelbilder zu Vorstellungen über einen Bestellungsvorgang zu groß ist.

Menschen beschreiben visuelle Eindrücke mittels Sprache. Ausgehend von dieser Tatsache haben verschiedene Ansätze versucht, Bildfolgeninhalte durch Sprachmittel zu beschreiben. So machte Badler die Beobachtung, daß sich bedeutungsvolle Veränderungen in den von ihm untersuchten einfachen Bildfolgen fast immer mit Verben oder kurzen Verbalphrasen beschreiben lassen [Badler 75]. Er führt den Sammelbegriff "Ereignis" (event) für diese einfachen Abläufe ein. In der Arbeitsgruppe um Neumann wird ein Ereignis mit einem Bewegungsverb identifiziert oder, falls es keine entsprechenden Verben gibt, mit einer passend definierten "Pseudo-Verbstruktur" [Neumann und Novak 86]. Auf diese Weise werden Ereignisse wie "bewegen", "abbiegen" und "überholen" behandelt.

Daraus ergibt sich für unsere Zwecke der Aspekt, daß Abläufe eng mit Verben zusammenhängen. Um Episoden gegenüber anderen Abläufen abzugrenzen, ist es deshalb sinnvoll zu untersuchen, ob es vielleicht "Episodenverben" gibt und wie sie sich von anderen Verben unterscheiden.

Die erwähnten Arbeiten lassen zwei Bearbeitungsebenen erkennen. In den von Bildfolgen ausgehenden Arbeiten nähert man sich von unten einem Abstraktionsgrad an, der in der natürlichen Sprache durch einzelne Verben oder einfache Verbalphrasen ausgedrückt wird. In der Sprachverarbeitung werden Texte bearbeitet, einfache Sätze dienen als Grundeinheiten. Aus diesem unterschiedlichen Zugang heraus läßt sich auch der verschiedene Gebrauch der Bezeichnung Ereignis erklären.

Neben diesen Gebieten gibt es noch eine Reihe von technischen Gebieten, in denen die Beschreibung von Abläufen relevant ist. So ist es in der Robotik notwendig, die verschiedenen Aktionen zu planen. In Diagnosesystemen sind die Zustände und Zustandsübergänge des zu analysierenden Systems sowie Diagnose- und Behandlungsverfahren zu beschreiben. In diesen Gebieten werden Abläufe auf einer niedrigen Abstraktionsstufe beschrieben. Beispielsweise ist für die Planung einer Bewegungsbahn die Angabe der Koordinaten zu vermeidender Objekte wichtig.

Für die Beschreibung von Abläufen in einer Zeitlogik, die einem Planverfahren zugrundeliegen kann, führt Allen die Begriffe "Vorkommnis" (occurrence), "Ereignis" (event), "Prozeß" (process) und "Eigenschaft" (property) ein [Allen 84]. Vorkommnis wird als Oberbegriff betrachtet. Die anderen drei Begriffe geben Aspekte der zeitlichen Dauer sowie der aus ihnen resultierenden Veränderungen an.

Ein Ereignis ist ein Ablauf, der ein Ergebnis bewirkt, beispielsweise "zur Tür gehen". Außerdem ist ein Ereignis unteilbar. Betrachtet man nur ein Teilintervall der Zeit, in dem das Ereignis stattfindet, so ist dieses Ereignis nicht mehr identifizierbar. Ein Prozeß ist im Gegensatz zum Ereignis nicht auf ein Ergebnis hin ausgerichtet und kann auch in Teilintervallen identifiziert werden. Es kann sogar Teilintervalle geben, in denen der Prozeß unterbrochen ist. "Gehen" ist ein solcher Prozeß, der in Teilintervallen durch "verweilen" unterbrochen werden kann. Eigenschaften sind Objekten passiv zugeordnet, sie sind nicht zielgerichtet, und ihre Zuordnung bleibt auch in allen Teilintervallen bestehen.

Aus dieser Begriffsbildung ergibt sich für uns, daß es teilbare und unteilbare Abläufe gibt. Episoden sind zumindest nicht beliebig teilbar. Ein weiterer Gesichtspunkt ist, daß eigentlich auch das Beibehalten von Eigenschaften als Ablauf betrachtet werden muß, auch wenn dies dem intuitiven Sprachgefühl widerspricht. Demnach sind auch "verweilen", "stehen" oder "nichts tun" Abläufe, die zumindest als Teilabläufe in Episoden vorkommen können.

Der Ereignisbegriff wird auch bei der Modellierung von zeitabhängigen Systemen verwendet. In HIQUAL [Voss 85], zum Beispiel, wird "Ereignis" (event) benutzt, um die Übergänge zwischen verschiedenen "Zuständen" (states) zu beschreiben. Dabei werden zwei Arten unterschieden: Ereignisse, die eine Aktion darstellen, und Ereignisse, die eine Bedingung erfüllen. Diese Unterscheidung wird im Hinblick auf Produktionsregeln getroffen. Ereignis ist hier ein rein technischer Terminus, die Bezeichnung im Prinzip ziemlich willkürlich. Für uns ergeben sich daraus keine neuen Aspekte.

Aus der fachsprachlichen Begriffsbildung ergeben sich also auch einige Aspekte für die Festlegung des Episodenbegriffs zum Zweck der Bildfolgenauswertung. Dazu gehört die Zusammensetzung einer Episode aus anderen Abläufen und ihr Zusammenhang bezüglich der Beteiligten. Für Abläufe generell ist die Unterscheidung nach der Teilbarkeit interessant und auch, daß ein Ablauf aus gar keiner Aktivität bestehen kann. Schließlich ist der enge Zusammenhang zwischen Abläufen und Verben zu berücksichtigen.

2.3 Festlegung des Episodenbegriffs

Die bisherigen Erkenntnisse lassen sich in einer Reihe von Postulaten zusammenfassen, die Eigenschaften von Episoden festlegen.

Postulat 1:
Eine Episode ist ein Ablauf, d.h. sie beschreibt Veränderungen über der Zeit.

Dies bedeutet, daß Episoden Sachverhalte beschreiben, die für bestimmte (in unserem Fall diskrete) Zeitpunkte gelten. Eine Episode hat damit immer eine Lebenszeit, die Menge dieser Zeitpunkte.

Postulat 2:
Eine Episode ist räumlich und zeitlich zusammenhängend.

Die Lebenszeit ist also ein Zeitintervall und nicht eine beliebige Menge von Zeitpunkten. Auch der Ort, an dem die Episode sich abspielt, ist ein einziger räumlicher Bereich.

Postulat 3:
Eine Episode setzt sich aus Abläufen zusammen. Diese Abläufe können selbst wieder aus Abläufen zusammengesetzt sein.

Ein möglicher Ablauf der Art "Parkplatzsuchen" setzt sich aus folgender Folge von Abläufen zusammen: fahren, anhalten, rangieren, stehen, aussteigen. Rangieren ist zusammengesetzt aus mehreren Fahren und Anhalten. Stehen dagegen ist für den Beispielkontext nicht weiter strukturiert.

Da Abläufe zusammengesetzt sein können, muß es als Rekursionsbasis Elementarabläufe geben, die nicht mehr aus anderen Abläufen zusammengesetzt sind. Welche Abläufe als elementar betrachtet werden, hängt von der Abstraktionsstufe ab. Für Episoden im Sinne von Schank sind z.B. "bestellen" und "essen" Elementarabläufe beim "Restaurantbesuch". Beim Beispiel "Parkplatzsuchen" dagegen sind Elementarabläufe "bewegen" oder "stehenbleiben". Elementarabläufe für die Bildfolgendeutung setzen direkt auf den Trajektorien und sonstigen Daten der GSB auf. Die Anzahl der berücksichtigten Elementarabläufe kann als Maß für die Handlungsvielfalt dienen.

Postulat 4:
In einer Episode kommt eine Mindestanzahl von Elementarabläufen vor.

Damit ist auch die Abhängigkeit vom Detaillierungsgrad erfaßt. Bei größerer Detaillierung werden vorher elementare Abläufe jetzt aus noch einfacheren zusammengesetzt, wodurch die Zahl der Elementarabläufe steigt. Dies erklärt, weshalb das eine der beiden Beispiele "Öffnen einer Tür" im ersten Abschnitt eine Episode ist, das andere aber nicht.

Postulat 5:
Eine Episode ist zusammenhängend bezüglich der an ihren Teilabläufen beteiligten Objekte.

Zwischen den Abläufen, aus denen sich eine Episode zusammensetzt, besteht ein innerer Zusammenhang. An allen obengenannten Teilabläufen eines Ablaufs der Art "Parkplatzsuchen" ist dasselbe Fahrzeug beteiligt, wenn auch beim Aussteigen nicht als eigentlich Handelnder.

Es kann also keine Episode geben, die aus genau zwei Abläufen zusammengesetzt ist, an denen disjunkte Mengen von Objekten teilnehmen. Dagegen könnte es sein, daß zwei Teilabläufe einer Episode disjunkte Mengen von Objekten betreffen, aber jeweils gemeinsame Objekte mit einem dritten Teilablauf der Episode haben.

Postulat 6:
Episoden sind in gewissen Grenzen variabel.

Die Ausprägungen einer Episode müssen sich also nicht immer aus gleichen Abläufen zusammensetzen. Es können mehr oder weniger Abläufe beteiligt sein, oder es kann eine andere Reihenfolge bei der Zusammensetzung der Abläufe vorliegen. Durch dieses Postulat ist es möglich, verschiedene Varianten eines Ablaufs zu erlauben. Beispielsweise kann man unter "Parkplatzsuchen" das Entdecken einer Parklücke am Straßenrand und sofortiges Einparken verstehen, wobei optional vorher noch ein Fahrzeug ausparken kann. Ob dieses Ausparken stattfindet oder nicht, ist aber für die Klassifikation als "Parkplatzsuchen" unerheblich.

Postulat 7:
Die Zusammenfassung von Abläufen zu Episoden ist nur möglich, wenn man zusätzliches Wissen über den Diskursbereich mit einbezieht.

In dem Beispiel "Parkplatzsuchen" darf das Anhalten eines Fahrzeugs nur dann als Parken interpretiert werden, wenn die betreffende Stelle z.B. nicht auf einer Kreuzung liegt. Dies hat zur Konsequenz, daß neben den Abläufen und den möglichen Ablauffolgen auch die "Umgebungssituationen" dargestellt werden müssen. Abläufe, die nur anhand von Trajektorien von Objekten definiert sind, scheiden somit als Episoden aus.

Postulat 8:
Episoden lassen sich hypothetisch ergänzen.

Das Zusatzwissen erlaubt es in gewissen Fällen, Hypothesen über gar nicht beobachtete Teile einer Episode aufzustellen. Wenn ein Fahrzeug zum Beispiel nach einigem Rangieren in eine Parklücke fährt und dort stehenbleibt und dann die Bildfolge endet, so kann man davon ausgehen, daß sich bei einer längeren Bildfolge noch ein Aussteigen angeschlossen hätte.

Diese Ergänzung kann Teile betreffen, die vor Beginn oder nach Ende der Bildfolge liegen, also in "Vergangenheit" oder "Zukunft". Auch Teile der "Gegenwart" können davon betroffen sein, wenn zum Beispiel ein Objekt zeitweise durch ein anderes verdeckt wird. Allerdings muß ein genügend großer Teil der Episode erkannt sein, um eine Hypothese zu rechtfertigen. Beispielsweise kann man aus der Ablauffolge "fahren – anhalten – rangieren" schließen, daß ein "Parkplatzsuchen" vorliegt und deshalb noch ein Einparken folgen wird. Aus dem Anhalten allein ist dies jedoch noch nicht erkennbar.

Die aufgestellten Postulate definieren einen relativ weiten Bereich, der durch Episoden beschrieben werden kann. Die Abgrenzung nach unten erfolgt durch die Angabe der Elementarabläufe und deren Mindestanzahl. Nach oben hin ist die Grenze offen und wird im Moment durch die technischen Möglichkeiten bedingt. Insbesondere fallen Episoden weg, deren Erkennung sehr komplexes Zusatzwissen erfordert, wie beim "Autoritätspersonen einen groben Streich spielen" in "American Graffity".

Mit diesen Postulaten liegt der Episodenbegriff für unsere Zwecke hinreichend fest. Es bleibt zu hoffen, daß damit eine Ablaufklasse eingegrenzt ist, für die die Bezeichnung Episode auch nach dem Sprachgefühl angebracht ist. Um dies zu klären, wird jetzt noch eine Klassifikation von Verben der natürlichen Sprache durchgeführt, oder genauer, von Abläufen, die durch Verben beschrieben werden. Die dabei entstehenden Klassen werden daraufhin untersucht, ob ihre Abläufe nach den Kriterien der Postulate Episoden sind oder nicht und ob dies der intuitiven Bedeutung von "Episode" entspricht.

Ausgangspunkt der Klassifizierung (siehe [Walter et al. 86]) ist die GSB, und die Abläufe werden danach klassifiziert, wie unmittelbar sie mit Daten der GSB beschrieben werden können. Aus den Arbeiten von Badler und von Neumann wird der enge Zusammenhang zwischen Abläufen und Verben der natürlichen Sprache deutlich. Die folgende Hierarchie von Abläufen entspricht deshalb auch einer Hierarchie von Verben. Die Beipiele sind zum größten Teil aus dem Diskursbereich "Straßenverkehr" gewählt.

Die einfachste Klasse beschreibt Abläufe, an denen genau ein Objekt beteiligt ist und die einer Änderung oder Beibehaltung einer Eigenschaft oder Koordinatenposition entsprechen. Beispiele sind "sich (dauerhaft) bewegen", "sich vergrößern", aber auch "anhalten" und "erscheinen". Diese unterste Hierarchiestufe enthält also durative Abläufe und Zustandswechsel. Auch "Ereignisse" und "Eigenschaften" im Sinne von Allen fallen darunter, beispielsweise "Stehenbleiben". Diese Abläufe sind elementar und damit keine Episoden, was sie nach dem Sprachgefühl auch nicht sein sollten.

Die zweite Hierarchiestufe bilden Abläufe, die mehrere Objekte einbeziehen, aber sich trotzdem unmittelbar aus den GSB-Daten ableiten lassen. Typische Vertreter sind "sich nähern an" oder "vereinnahmen (beispielsweise einer Person durch ein geschlossenes Fahrzeug)" oder "sich trennen (etwa Fahrrad und Person, die vorher als ein Objekt agierten)". Auch hier sind durative Abläufe und Zustandswechsel vertreten. Die erste und die zweite Hierarchiestufe haben gemeinsam, daß die Abläufe sich unmittelbar aus den GSB-Daten ableiten lassen und insbesondere kein zusätzliches Diskursbereichswissen erfordern. Damit sind sie keine Episoden. Dies steht in Einklang mit dem Sprachgefühl.

Die dritte Hierarchiestufe enthält Abläufe, die durch zusätzliches Diskursbereichswissen aus Abläufen der unteren beiden Stufen spezialisiert werden. Eine gekrümmte Trajektorie eines Fahrzeugs entspricht beispielsweise je nach Straßenverlauf einem "Abbiegen" oder einem "Kurve Fahren". Je nach Art des beteiligten Objekts wird "sich bewegen" zu "fahren" für ein Fahrzeug oder zu "gehen" für eine Person (Genaugenommen gilt dies nur für gewisse Normalbewegungen, aber nicht für "schleudern" oder "stürzen"). Außerdem enthält diese Stufe Abläufe, die durch einfache Wiederholung von Abläufen der niedrigeren Stufen entstehen, z.B. "rangieren" als wiederholtes "hin- und herfahren" (für andere Zwecke könnte man die Spezialisierung und die Wiederholung auch auf zwei verschiedene Hierarchiestufen verteilen). Die Abläufe können zwar nicht mehr allein aus der GSB abgeleitet werden, aber sie enthalten nur wenige Elementarabläufe. Nach den Postulaten handelt es sich also nicht um Episoden, nach dem Sprachgefühl auch nicht.

Abläufe mit mehr Handlungsvielfalt, deren Erkennung obendrein mehr Diskursbereichswissen erfordert, bilden die vierte Hierarchiestufe. Hier können nicht mehr alle Einzelheiten der Beschreibung aus der Bildfolge selbst entnommen sein, sondern müssen durch zusätzliches Wissen ergänzt werden. Dies ist beispielsweise bei "Vorfahrt erzwingen" der Fall. Bei der Bestimmung dieser Abläufe dominiert das Diskursbereichswissen über die GSB-Daten, außerdem liegt eine gewisse Variationsbreite vor. Die genaue Grenze zwischen der dritten und der vierten Stufe ist etwas unscharf. Beispielsweise könnte man den Ablauf "überholen" in die dritte oder die vierte Stufe einordnen. Abläufe der vierten Stufe sind die ersten, die alle oben aufgestellten Postulate erfüllen können und damit als Episoden gelten. Dies läßt sich auch vom Sprachgefühl her rechtfertigen.

Darüber gibt es noch weitere Stufen von Abläufen, die fast gänzlich durch Diskursbereichswissen bestimmt sind. Dazu gehört zum Beispiel das "wütend werden" des Fahrers, dem die Vorfahrt genommen wurde, das nur zu einem ganz geringen Teil aus den Bildfolgedaten erschlossen wird. Noch abstraktere Abläufe sind "aggressiv fahren" oder gar "eine Erfahrung machen, die das zukünftige Fahrverhalten beeinflussen wird". Obwohl es sich nach den Postulaten und nach dem intuitiven Sprachverständnis dabei durchaus um Episoden handeln kann, ist das erforderliche Diskursbereichswissen zu komplex, als daß diese Abläufe für das vorliegende Ziel derzeit in Betracht gezogen werden könnten.

Im wesentlichen definieren die Postulate also eine Klasse von Abläufen, von der nur der untere Bereich im Moment für die Bildfolgendeutung zugänglich ist. Vom Sprachgefühl läßt sich der Episodenbegriff für diese Abläufe rechtfertigen, wobei Kurzepisode für den unteren Bereich vielleicht treffender wäre. Die wegen der technischen Beschränkungen vor allem gegenüber den niedrigeren Abstraktionsstufen erforderliche Abgrenzung des Episodenbegriffs ist durch die Postulate erreicht und mit dem Sprachgefühl verträglich.

3. Zusammenhänge mit verwandten Arbeiten

In diesem Kapitel soll Literatur vorgestellt werden, die Grundlagen für die eigene Arbeit liefern kann und eine bessere Einordnung der Arbeit in die gegenwärtigen Forschungsaktivitäten ermöglicht. Zunächst wird eine Übersicht über Arbeiten im Bereich der Bildfolgendeutung gegeben, die nicht über die Abstraktionsstufe der geometrischen Szenenbeschreibung hinausgehen. Darauf folgen Arbeiten zur Bildfolgendeutung auf höherer Abstraktionsstufe. Anschließend wird auf die Kopplung von Bildauswertesystemen mit Datenbanksystemen eingegangen.

Wir beginnen mit einem Überblick über die *Bilddeutung* nach [Nagel 85a, Nagel 85b]. Dieses Gebiet, auch *maschinelle Bilddeutung* oder *Maschinensehen* (englisch *machine vision*) genannt, befaßt sich mit der Interpretation von Bildinformation durch digitale Rechenanlagen.

Ausgangspunkt für die Bilddeutung ist ein digitales Bild, das aus einer zweidimensionalen Grau- bzw. Farbwertverteilung entsteht, indem man die Bildebene rastert und die Grau- bzw. Farbwerte quantisiert. Die Kombination von Positionsangabe in der Bildebenen und quantisiertem Grau- bzw. Farbwert nennt man *Pixel*. Wird zusätzlich die zeitliche Änderung der Grauwerte erfaßt, indem man die Zeitachse diskretisiert und zu jedem Punkt des Zeitrasters ein digitales Bild erstellt, so erhält man (zeitliche) *Bildfolgen*. Im Gegensatz zur Deutung von Einzelbildern läßt die Deutung von Bildfolgen auch Aussagen über Veränderungen zwischen Bildern zu. Bei der Bilddeutung gewinnt man aus der in den Pixeln enthaltenen Information schrittweise Beschreibungseinheiten, die den Inhalt eines Bildes oder einer Bildfolge durch unterschiedliche Abstraktionsgrade wiedergeben.

Den niedrigsten Abstraktionsgrad bilden die *Bildbereichs-Hinweise*, die sich in *Bildbereichs-Elemente* und *Bildbereichs-Strukturen* untergliedern, wobei sich die Strukturen aus den Elementen ermitteln lassen. Die Bildbereichs-Elemente orientieren sich an der Rasterstruktur digitisierter Bilder und sollen eine möglichst genaue Aussage über den Verlauf der Grauwerte als Funktion der Bildkoordinaten machen. In heute üblichen Verfahren werden Bildbereichs-Elemente meist auf Regionen konstanten Grauwerts oder auf Lage und Orientierung von Grauwertsprüngen begrenzt. Damit können z.B. Glanzlichter auf dieser Abstraktionsstufe meist nicht mehr erfaßt werden. Bei der Bildung von Bildbereichs-Strukturen wendet man Wissen über häufige Konfigurationen von Bildbereichs-Elementen in digitisierten Bildern an. Dieses Wissen ist in den meisten Fällen unabhängig von der jeweiligen Aufgabe. Typische Bildbereichs-Strukturen sind Flächen, Kanten, Kreisbögen, Konturlinien oder Schnittpunkte. Algorithmen zur Bestimmung dieser Strukturen sind in gängigen Lehrbüchern, z.B. [Ballard und Brown 82] zu finden.

Der nächste Abstraktionsgrad der Bilddeutung betrifft die Erkennung von *Objekten* aus Bildbereichs-Strukturen. Dabei wird in der Regel rechnerintern dargestelltes Wissen über den betrachteten Diskursbereich eingebracht. Für die potentiell vorkommenden Objekte existieren Modelle, die zwei- oder auch dreidimensional sein können. Die Modelle orientieren sich dabei häufig an den Bildbereichs-Strukturen, zum Beispiel verwendet man Drahtmodelle, wenn Kanten gut zu detektierende Bildbereichs-Strukturen sind.

Bei der Zusammenfassung von Bildbereichs-Strukturen zu einer Objektbeschreibung wird dann modellgestützt vorgegangen. Dabei werden den Bestandteilen des Modells Bildbereichs-Strukturen zugeordnet, und diese Zuordnungen ergebene eine (partielle) *Ausprägung* des Objektmodells. Diese kann dann beispielsweise auf den Bildbereich projiziert und dort mit weiteren Bildbereichs-Strukturen verglichen werden. Damit lassen sich dann weitere Zuordnungen bestimmen und die Ausprägung wird vervollständigt. Ein bei der Bilddeutung erkanntes Objekt ist somit eine Ausprägung, die einem Modell zugeordnet ist. Eines unter vielen Beispielen für diese Vorgehensweise ist in [Tropf und Walter 83] beschrieben.

In den meisten Bildern, insbesondere bei Aufnahmen in natürlichen Umgebungen, kommen mehrere Objekte vor. Die Gesamtheit der in einem Einzelbild abgebildeten Objekte und ihrer räumlichen Beziehungen wird als *Szene* bezeichnet. Der nächsthöhere Abstraktionsgrad der Bilddeutung befaßt sich mit der Gewinnung von Szenenbeschreibungen aus den Objektbeschreibungen.

Das bisher erläuterte Vorgehen bei der Bilddeutung bezog sich auf die Interpretation von Einzelbildern. Hat man Bildfolgen zur Verfügung, können zusätzlich Aussagen über Veränderungen zwischen Bildern gemacht werden. Um Veränderungen feststellen zu können, müssen die Bildinhalte verglichen, korrespondierende Teile erkannt und die Unterschiede registriert werden.

Diese Vergleiche können im Prinzip auf Beschreibungen aller Abstraktionsgrade durchgeführt werden. Am häufigsten finden bei der Bildfolgendeutung Vergleiche mit Bildbereichs-Strukturen wie Eckpunkten, geraden Kantenelementen, Regionen usw. statt (siehe [Nagel 85a, S. 191]). Bei feststehender Kamera werden solche Veränderungen (abgesehen von Schmutz- und Rauscheffekten) vor allem durch die Bewegung von Objekten verursacht und sind deshalb in den meisten Anwendungen relativ selten. Bei einer bewegten Kamera dagegen sind Veränderungen natürlich der Normalfall.

Die Änderung der Position eines ausgewählten Merkmals in zwei aufeinanderfolgenden Bildern wird durch einen Vektor beschrieben. Die Gesamtheit der Ortsveränderungen von einem Bild zum nächsten entspricht einem Vektorfeld. Es gibt Ansätze, durch Untersuchung der Vektorfelder für Bildbereichs-Strukturen unter Ausnutzung von wenigen recht allgemeinen Zusatzannahmen (z.B. der Starrheit der beobachteten Körper), aber ohne Rückgriff auf Modelle Objektbeschreibungen zu erhalten [Westphal und Nagel 86]. Eine andere Möglichkeit besteht darin, aus Vektorfeldern Trajektorien einzelner Objekte zu gewinnen und diese über mehrere Bilder zu verfolgen. Inzwischen sind Bildfolgen bis zu 120 Sekunden Dauer ausgewertet worden [Sung 88], das entspricht etwa dreitausend Aufnahmen.

Die erwähnten Arbeiten sind nur exemplarisch ausgewählt. Das Gebiet der Bild(folgen)deutung expandiert zur Zeit stark, was sich an der wachsenden Zahl von Veröffentlichungen ablesen läßt. Wichtig sind Fachzeitschriften (z.B. "Pattern Recognition" oder "Transaction on Pattern Recognition and Machine Intelligence (PAMI)") sowie Konferenzbände (z.B. "International Conference on Pattern Recognition (ICPR)" oder "International Joint Conference on Artificial Intelligence (IJCAI)"). In der Zeitschrift "Computer Vision, Graphics, and Image Processing" gibt Azriel Rosenfeld jährlich einen Überblick über die neu erschienenen Arbeiten des gesamten Gebiets.

Viele Arbeiten auf dem Gebiet der Bildfolgendeutung befassen sich mit digitisierten Bildfolgen und aus ihnen ableitbaren Beschreibungsmerkmalen, bis hin zu 3D-Objektbeschreibungen, Beschreibungen von Objektkonfigurationen und deren zeitlichen Veränderungen. Ein Überblick über diesen Bereich ist in [Nagel 85a] zu finden. Eine Reihe von Ansätzen benutzt numerische Verfahren für die Berechung von Bewegungsparametern und zur Bestimmung der Szenenbeschreibung. Meist wird von einer stationären Kamera ausgegangen. In letzter Zeit werden auch verstärkt regelorientierte Ansätze untersucht [Burger und Bhanu 87]. Häufig wird das Problem der Bilddeutung auch unter dem Aspekt angegangen, daß sich bewegende Fahrzeuge ihre Umgebung erkennen müssen, z.B. [Barron et al. 87, Ayache und Faugeras 87]. Dies wird z.B. an den Veröffentlichungen bei der IJCAI-87 oder der "Conference on Computer Vision (ICCV)" [ICCV 87] deutlich.

Als Fazit ergibt sich, daß die unteren Abstraktionsebenen Gegenstand einer regen Forschungsaktivität sind. Zur Dedektion und Verfolgung von bewegten Objekten wurden Verfahren entwickelt, mit denen beachtliche Erfolge erzielt werden konnten. Bei der Erkennung von Objekten in komplexen Realweltszenen dagegen stößt man noch auf vielerlei Schwierigkeiten. Dies trifft vor allem dann zu, wenn keine szenenspezifischen Objektmodelle vorgegeben werden, sondern diese erst durch Auswertung der Bildfolge gewonnen werden sollen. Trotzdem kann man erwarten, daß – zumindest für einen eingeschränkten Objektbereich – in absehbarer Zeit geometrische Szenenbeschreibungen von Bildfolgen mit für Episoden geeigneter Länge durch Bildauswertesysteme automatisch erzeugt werden können. Im Moment bedarf die Gewinnung der GSB noch menschlicher Unterstützung, so daß in unserem Fall ein gewisses Problem bei der Bereitstellung der Ausgangsdaten zu erwarten ist.

Die Deutung von Bildfolgen über eine reine Objekterkennung oder -verfolgung hinaus wird dagegen nur relativ selten betrachtet. Beiträge zu begrifflichen Beschreibungen komplexerer zeitlicher Abläufe, die das Ziel dieser Arbeit sind, kommen in der englischsprachigen Fachliteratur nur vereinzelt vor [Nagel 88] – vgl. auch [DiManzo et al. 86]. Auf die existierenden Arbeiten und ihre mögliche Relevanz für unsere Arbeit wird im folgenden eingegangen.

Eine der ersten Arbeiten, in der Objektbewegungen durch generische Begriffe beschrieben werden, stammt von Badler [Badler 75]. Er arbeitet mit rechnergenerierten Strichzeichnungen und untersucht beispielsweise die Annäherung an einen Bahnübergang und dessen Überquerung. Voraussetzung ist, daß die in den Zeichnungen vorkommenden Objekte bekannt sind und die Szenenfolge durch eine Datenbasis beschrieben ist. Ausgehend von dieser Information werden unwesentliche Veränderungen zusammengefaßt, die zwischen signifikanten Änderungen von Objektbewegungen liegen. Die bedeutungstragenden Veränderungen werden "Ereignisse" (events) genannt. Häufig kann man sie durch Verben wiedergeben, oder aber sie lassen sich in verbähnlicher Form darstellen. Badler greift dafür auf Untersuchungen englischer Bewegungsverben in [Miller 72] zurück und verwendet zur Repräsentation Kasusrahmen wie sie von Fillmore [Fillmore 68] vorgeschlagen wurden. Relevant für uns ist die schon bei der Episodendefinition berücksichtigte Erkenntnis, daß eine enge Beziehung zwischen Abläufen und Verben besteht und daß Kasusrahmen eine geeignete Darstellung dafür sind.

Eine Erweiterung des Ansatzes von Badler haben Tsotsos und Mitarbeiter durchgeführt [Tsotsos et al. 80]. Sie benutzen die Grundbegriffe Flächenänderung, Ortsänderung, Längenänderung und Gestaltsänderung, aus denen kompliziertere Begriffe wie "zusammenziehen" zusammengesetzt werden können. Den Autoren gelingt es, eine anwendungsunabhängige Begriffshierarchie aufzustellen. Darauf aufbauend werden für den gewählten Anwendungsbereich, die Bewegung der linken Herzkammer eines Menschen [Tsotsos 81], spezifische Begriffe definiert. Mit Hilfe des entwickelten Systems sind qualitative und quantitative Aussagen über die Bewegungsänderungen des linken Ventrikels möglich. Diese Sichtweise stimmt mit der bei unserer Episodendefinition gewählten überein, daß Abläufe sich aus anderen Abläufen zusammensetzen und daß es Elementarabläufe gibt. Für den Diskursbereich Straßenverkehr ist vor allem der Elementarablauf Ortsänderung relevant, die anderen genannten höchstens im Zusammenhang mit Unfällen. Dafür kommen andere hinzu, die zum Beispiel den Signalwechsel bei Verkehrsampeln beschreiben.

Tsotsos benutzt zur Repräsentation der genannten Begriffshierarchie und der vorkommenden Objekte Strukturen ähnlich den "Rahmenkonstrukten" (frames) [Minsky 75], die durch die Relationen "Generalisierung" (is-a), "Bestandteil" (part-of), "Ähnlichkeit" (similarity) und "zeitlicher Vorrang" (temporal-precedence) organisiert sind. Mit der Generalisierungs-Relation werden Ober- und Unterbegriffshierarchien mit einer Vererbung aufgebaut. Die Verbindung von Rahmenkonstrukten zu den sie definierenden Teilen wird über die Bestandteil-Relation hergestellt. Die bildnahen Funktionen sind Blätter solcher Beziehungen. Die zeitlichen Zusammenhänge sind über "zeitlicher Vorrang" dargestellt. Die "Ähnlichkeit"-Angaben erlauben die Aktivierung von Rahmenkonstrukten, wenn Teile des gerade in Bearbeitung befindlichen Rahmenkonstrukts nicht erfüllt werden können. Damit wird es möglich, aus einer nicht korrekten Anfangshypothese im Laufe der Erkennung korrekte Hypothesen zu generieren und zu verifizieren. Daraus ergibt sich der interessante Aspekt, daß Objekte und Abläufe gleichartig dargestellt werden können, daß insbesondere bei beiden eine Generalisierungshierarchie existiert.

Die Gruppe um Niemann [Niemann et al. 85] beschäftigt sich ebenfalls mit Bildfolgen über Herzzyklen. Aufbauend auf den drei Grundbewegungen Kontraktion, Stagnation und Expansion werden insbesondere die Bewegungen des linken Herzventrikels untersucht. Im System sind für bestimmte Krankheiten typische Bewegungsverläufe modelliert, die sich aus diesen drei Grundbewegungen zusammensetzen lassen. Die Modelle sind in Form von semantischen Netzen dargestellt. An Relationen sind neben der Generalisierung/Spezialisierung "notwendige" Teile angegeben, die einer Bedingungs-Relation entsprechen. An die einzelnen Knoten des Netzes sind Prozeduren angelagert, die bestimmte Berechnungen wie "Sicherheit eines Attributes" zulassen. Die Analyse einer Bildfolge wird durch Angabe eines Zielkonzepts angestoßen, das verifiziert wird. Als Ausgabe werden Bewertungen für die möglichen Interpretationen des Bewegungsverlaufs geliefert. Die Interpretationen sind an medizinischen Termini orientiert. Das gesamte System dient als Grundlage für eine Diagnosekomponente und ist ein Teil eines Expertensystems. Auch hier liegt also die Sichtweise von Elementarabläufen und daraus zusammengesetzten Abläufen zugrunde. Interessant ist, daß sich die Darstellungsform der semantischen Netze auch für eine Hypothesenverifikation eignet, die auch das angestrebte System zur Episodenextraktion durchführen soll. Dagegen sind die Bewertungen der möglichen Interpretationen für unsere Zwecke nicht erforderlich.

Tsuji und Mitarbeiter [Tsuji et al. 77] entwickeln ein System, das kurze Zeichentrickfilme mit einem einzigen Akteur verstehen kann. Die vorkommenden Objekte sind äußerst einfach gehalten, die Bewegungen werden nur in zwei Dimensionen ausgeführt. Für jedes Bild wird eine Beschreibung erstellt, die die vorkommenden Objekte und ihre Position angibt. Aufeinanderfolgende Beschreibungen werden verglichen und aus ihnen berechnete Bewegungen durch Relationen ausgedrückt. Anschließend wird versucht, Mengen solcher Relationen durch komplexere Beschreibung auszudrücken, die mit Verben assoziiert werden können.

Eine Erweiterung dieses Ansatzes wird in [Abe et al. 81] vorgestellt. Als Eingabe für das dort beschriebene System werden eine Folge von Strichzeichnungen und eine einfache Geschichte, die sich auf die Strichzeichnung bezieht, vorgegeben. Wichtig in diesem System ist das Zusammenwirken der beiden Eingaben für die Analyse. So wird in den Zeichnungen nur nach Objekten gesucht, die in der Geschichte vorkommen. Außerdem werden die sprachlichen Äußerungen zur gezielten Untersuchung jeweils eines Bildes eingesetzt. Auf der anderen Seite wird das Analyseergebnis der Bilder zur Unterstützung der Analyse der sprachlichen Eingabe benutzt. Das Wissen über den Diskursbereich ist in einem semantischen Netz dargestellt. Es wird ein einheitliches internes Weltmodell aufgebaut, das auf der CD-Theorie von Schank [Schank 75] beruht. Zur Überprüfung der Richtigkeit des internen Modells ist eine einfache Frage/Antwort-Schnittstelle vorhanden. Ein Ziel dieses Ansatzes ist die bessere Unterstützung der Bildfolgenanalyse. Es ist allerdings fraglich, ob die Ergebnisse mit wenigen Objekten und jeweils einer relevanten Bewegung sich ohne weiteres auf die Analyse von Realweltbildfolgen übertragen lassen. Daß die Darstellungsform für die sprachliche Information auch für die bildliche Information geeignet ist, ist dagegen ein für unsere Zwecke interessanter Aspekt.

Ein weiterer Ansatz zur Analyse von Folgen von Strichzeichnungen wird in [Okada 80] vorgestellt. Hier wird die Verbalisierung des Inhalts einer Bildfolge in den Vordergrund gestellt. Das System SUPP generiert einfache Sätze, die den Inhalt von kurzen Sequenzen beschreiben. Das System baut auf den Ergebnissen einer empirischen Untersuchung von rund 4700 japanischen Verbkonzepten auf. Okada hat daraus ein System von 20 semantischen Merkmalen konstruiert, mit dessen Hilfe er entscheidet, welche Verbkonzepte aus einer Menge von ungefähr 1200 vorgegebenen zu einer vorgegebenen Bildfolge passen. Die Beschreibung der Verbkonzepte ist jedoch nicht eindeutig. So werden z.B. für das Bildpaar "Vogel auf Boden neben Baum", "Vogel auf Baumkrone" vier Sätze mit den Verben "berühren", "haften", "überlappen", "hinkommen" generiert. Die vorgenommene Strukturierung der semantischen Merkmale reicht für eine eindeutige Beschreibung von Bildfolgeninhalten also nicht aus.

Neumann und Mitarbeiter [Neumann und Novak 86] bearbeiten im Gegensatz zu den letzten vorgestellten Arbeiten keine Strichzeichnungen sondern aufbereitete Realweltbilder. Sie beschäftigen sich im System NAOS mit Straßenverkehrsszenen, exemplarisch wird ein Teil der "Schlüterstraße" in Hamburg modelliert, wobei sich bewegende Fahrzeuge und Fußgänger als interessierende Objekte betrachtet werden. Ausgangspunkt für die Analyse ist die geometrische Szenenbeschreibung (GSB). Sie enthält die geometrische Beschreibung aller vorkommenden Objekte mit ihren Koordinaten zu jedem Zeitpunkt. Dazu kommen noch Angaben wie Standpunkt des Betrachters, Bezeichner für Gebäude. Aus der GSB werden dann Aussagen über zeitliche Entwicklungen innerhalb der so dargestellten Bildfolge gewonnen. Die Ergebnisse werden in Form von Bewegungsverben wie "fahren", "abbiegen" geliefert. Ähnlich wie bei Tsotsos bilden die Bewegungsverben eine Hierarchie, die die Analyse steuert. Komplexere Bewegungsverben setzen sich aus einfacheren zusammen.

Neumann bezeichnet die von ihm verwendeten Bewegungsverben und weitere intern benötigten Strukturen als "Ereignisse", in Anlehnung an Badler. Ereignisse werden durch Ereignismodelle dargestellt. Ein Ereignismodell besteht aus einem Kopf, der die Variablen für die beteiligten Objekte und die beteiligte Zeit bestimmt, und einem Rumpf, der angibt, aus welchen Teilabläufen sich das Ereignis zusammensetzt und welche zeitlichen Zusammenhänge zwischen diesen Teilabläufen bestehen. Dabei wird auch eine Bearbeitungsreihenfolge für den Analyseprozeß definiert. Um festzulegen, welche Ereignisse für ein angefragtes Bewegungsverb zu berechnen sind, wird der Hierarchiebaum benutzt, der Informationen über Vorgänger-/Nachfolgerbeziehungen darstellt.

Ein extrahiertes Ereignis wird zunächst durch die Ausprägung eines Ereigniskopfes beschrieben. Erst in einem zusätzlichen Schritt werden in Form eines Kasusrahmen weitere Informationen hinzugefügt, z.B. die Ortsangabe. Aus diesen Daten erzeugt Novak in seiner Arbeit dann natürlichsprachliche Äußerungen über die Bildfolge [Novak 87]. Es wird ein "Text" aus Sicht eines Betrachters generiert, der einem Hörer dieselbe Vorstellung über den Szeneninhalt vermitteln soll, die der Betrachter selbst hat. Im Vordergrund stehen bei dieser Aufgabenstellung die Generierung von Sätzen aus den Ereignis-darstellungen und die sich daraus ergebenden Probleme bezüglich der Ortsangaben. Außerdem ist ein Benutzermodell aufzustellen, um eine geeignete Beschreibungsreihenfolge vorsehen zu können. Insgesamt geht diese Arbeit wesentlich stärker in Richtung natürliche Sprachausgabe als alle anderen bisher betrachteten.

Eine Erweiterung des NAOS-Systems stellt die Arbeit von Retz-Schmidt dar [Retz-Schmidt 85]. In diesem Ansatz werden die Ereignismodelle um einen *script*-artigen Überbau [Schank und Abelson 77] erweitert. Dieses Vorgehen ermöglicht eine erwartungsgesteuerte Extraktion von Bewegungsverben. Durch diese "Erwartungshaltung" ist es auch möglich, negative Aussagen über den Bewegungsverlauf zu machen, z.B. "nicht anhalten", wenn bei roter Ampel mit einem Anhalten gerechnet wurde. Außerdem kann man innerhalb dieser *scripts* verschiedene Abarbeitungsäste angeben, so daß die in NAOS vorgegebene Modellierung situationsangepaßter reagieren kann.

Die Fragestellungen, die in NAOS und den Nachfolgearbeiten aufgegriffen werden, zielen in erster Linie auf eine adäquate natürlichsprachliche Beschreibung einer Bildfolge ab. Zur Untersuchung dieser Problematik reicht es zunächst aus, sich auf einfache Bewegungsverben zu beschränken. Aus diesem Grund ist wohl auch die Darstellung und Extraktion komplexerer zeitlicher Veränderungen mit Varianten nicht weiter untersucht worden, obwohl beispielsweise Varianten solcher Veränderungen durch verschiedene Ereignismodellrümpfe modelliert werden könnten. Abgesehen davon kommen diese Arbeiten in ihrer Zielsetzung der vorliegenden recht nahe.

Ebenfalls im Umfeld von NAOS wurde die Unterstützung der Bildfolgendeutung durch natürlichsprachliche Beschreibungen untersucht [Mohnhaupt 87]. In einer Lernphase werden sogenannte Trajektorien-Akkumulierungs-Felder (TAF) erzeugt, die Trajektorien für Bewegungsverben darzustellen erlauben, z.B. für "abbiegen". Ein TAF ist ein vierdimensionales Feld, das einen Teil einer räumlichen xy-Ebene sowie Richtung und Geschwindigkeit darstellt. Für jede Zelle des TAF existiert ein Akkumulationszähler. Der Eintrag in einem solchen Zähler gibt an, wie häufig die Zelle benutzt wurde. Typische Trajektorien werden dann aus dieser Darstellung gewonnen, indem man ausgehend von einer Startposition jeweils zu der Nachbarzelle mit maximalem Zählerwert übergeht. Aus dieser in einer Lernphase erworbenen Information lassen sich später Voraussagen über typisches Verhalten machen, zum Beispiel über das Abbiegen an Straßeneinmündungen. TAF werden dann bei Systemanfragen aktiviert, um gezielt nach möglichen Vorkommnissen solcher Abläufe in einer auszuwertenden Bildfolge zu suchen. An dieser Arbeit ist gut zu sehen, daß der unterschiedliche Detaillierungsgrad von Sprache und Bildmaterial auch zu völlig verschiedenen internen Repräsentationen des gleichen Sachverhalts führen kann. Diese Darstellung reicht allerdings nicht für Abläufe, die nicht nur durch die Trajektorien der Objekte bestimmt sind, also Episoden.

In der Gruppe um Wahlster beschäftigt man sich mit der natürlichsprachlichen Charakterisierung von Trajektorien. Im System CITY-TOUR [André et al. 86] werden Trajektorien bewegter Objekte durch Auswahl geeigneter Bezugsobjekte beschrieben, z.B. "entlang der Kirche". Diese Beschreibungen werden zur Beantwortung von Fragen über die Bewegungen innerhalb eines Stadtplanausschnitts herangezogen. Eine Variante des Systems beantwortet Fragen über zeitveränderliche Verkehrsszenen [Schirra et al. 87].

Eine etwas andere Richtung wird mit dem System SOCCER angestrebt, das simulierte Trajektorien von Fußballspielern auswertet [André et al. 87, Rist et al. 87]. Es wird versucht, simultan zur Auswertung von zeitveränderlichen Szenen ihre natürlichsprachliche Beschreibung zu generieren, wobei typisches Vokabular benutzt wird, z.B. "Zuspiel", "Torschuß". Grundlage für die Sprachbeschreibung sind generische Ereignismodelle (die Notation wird von Neumann übernommen). Diese bestehen aus Rollen (Namen für am Ereignis beteiligte Objekte) und Restriktionen dazwischen sowie einem Ablaufschema. Ablaufschemata sind gerichtete Graphen mit typisierten Kanten, an denen zusätzlich Bedingungen angebbar sind. Ein wesentlicher Aspekt beim Entwurf der Ablaufschemata ist die Vermeidung von Rekursionen und Zurücksetzen (Backtracking), um die Gleichzeitigkeit der Erkennung und Sprachgenerierung zu ermöglichen. Bei der Erkennung sind zu einem Zeitpunkt jeweils alle betroffenen Ereignismodelle aktiv, wobei auch hier die Ereignisse nach ihrer Komplexität in einer Hierarchie geordnet sind. Das Schwergewicht liegt in dieser Arbeit auf der inkrementellen, schritthaltenden Ermittlung der jeweils aktuellen Teilhandlung, weniger in der Untersuchung einer integrierenden Beschreibungseinheit für eine zusammenhängende Folge von Einzelvorgängen.

Die bisher vorgestellten Arbeiten gehen vom Bildmaterial aus und extrahieren daraus sprachnahe Beschreibungen oder sie benutzen Spracheingaben zur Unterstützung der Bilddeutung. Die Gruppe um Adorni dagegen versucht, aus Spracheingaben statische Bilder zu generieren [Adorni et al. 84]. Sie verwendet dazu vorgegebene Schemata, die je nach Präzision der Angaben des Benutzers verfeinert werden. Die Ergebnisse der Spracheingabe führen dann zur Darstellung von Strichzeichnungen z.B. eines Wohnzimmers. Bei den Untersuchungen von Adorni wird deutlich, wieviel Information bei der Beschreibung von Bildszenen durch Sprache verlorengeht. Dabei ist die Ungenauigkeit bei der Wiedergabe von Objekten unproblematischer als die Bestimmung des Ortes der vorkommenden Objekte. Diese Arbeit zeigt, wie groß der Sprung zwischen GSB und höheren Abstraktionsstufen ist, hat aber nichts damit zu tun, wie man die Kluft von unten nach oben überbrückt.

Insgesamt läßt sich feststellen, daß bisher nur vereinzelte Ansätze für die Bildfolgendeutung auf sprachnaher Ebene bestehen. Die meisten beschränken sich zusätzlich auf vereinfachtes Bildmaterial oder auf einen stark eingeschränkten Diskursbereich. Die unseren Zielsetzungen am meisten entsprechenden Arbeiten sind diejenigen, die sich um das System NAOS herum gruppieren. Insbesondere die von Retz-Schmidt vorgenommenen Ergänzungen erlauben im Prinzip die Erkennung von Bildfolgeninhalten, die als Episoden bezeichnet werden können. Die Zielsetzung geht jedoch bei diesem ganzen Ansatz mehr in Richtung auf eine textuelle Beschreibung.

Vereinzelt sind bisher schon Fragen der Darstellung von Abläufen angesprochen worden, und es wurde insbesondere deutlich, daß Darstellungsformen aus der maschinellen Sprachverarbeitung und anderen Bereichen der KI dafür relevant sein können. Die Entwicklung geeigneter Darstellungsformen für verschiedene Arten von Wissen ist auch eine der Teilaufgaben, die in dieser Arbeit gelöst werden müssen. Zu diesem Themenkreis gibt es eine Fülle von Literatur. Es ist nicht sinnvoll, darauf näher einzugehen, bevor die Kriterien für die erforderlichen Darstellungsformen genauer festliegen. Deshalb wird auf die Arbeiten zu diesem Thema erst in den entsprechenden Kapiteln (5 und 8) eingegangen.

Ein weiteres Ziel der vorliegenden Arbeit ist es, die Verwaltung der bei der Bildfolgendeutung anfallenden großen Datenmengen geeignet zu unterstützen. Zur Verwaltung zählt zum einen die Datenhaltung auf einem Datenträger, zum anderen aber auch die Erhaltung der Datenkonsistenz bei Veränderungen des Datenbestands, die noch geeignet zu definieren ist. Beide Aufgaben werden traditionell von Datenbanksystemen erledigt.

Die Benutzung von Datenbanksystemen zur Unterstützung von Bildinformationssystemen und Bildverarbeitungssystemen ist in den letzten Jahren schon häufiger untersucht worden. In sehr vielen Fällen wird mit dem Begriff *Bilddatenbank* ein System gemeint, das lediglich Zugriffsinformation auf unverarbeitete Einzelbilder (z.B. Röntgenbilder, die nicht einmal auf einen Datenträger eines Rechners übertragen sein müssen) verwaltet. In diesen Fällen reichen die von den kommerziell erhältlichen Datenbanksystemen zur Verfügung gestellten Datenmodelle völlig aus. Werden zusätzlich die Bildinhalte selbst mitverwaltet, so müssen zusätzliche Strukturen vorgesehen werden, z.B. Ikonen [Chang 86]. Das Hauptinteresse bei der Entwicklung von Bilddatenbanksystemen, die auch die Auswertung von Bildern unterstützen, gilt der effizienten Verwaltung der zweidimensionalen Daten und der Bereitstellung effizienter Zugriffsoperatoren, die zum Teil einfache Auswertefunktionen mit enthalten (siehe die Beiträge in [Iyengar und Kashyap 88]). Einen Überblick über Bilddatenbanksysteme bieten auch [Boursier 85] und [Tamura und Yokoya 84]. Diese Systeme sind für Bildbeschreibungen niedrigerer Abstraktionsgrade entwickelt worden und deshalb für unsere Zwecke nicht einsetzbar.

Soll mit Datenbanksystemen Wissen verwaltet werden, das aus den Bildern extrahiert wurde, reichen die klassischen Datenbankschnittstellen – hierarchisches, Netzwerk- oder relationales Datenmodell – nicht aus, was an Arbeiten in [Iyengar und Kashyap 88] ersichtlich wird. Die Datenmodelle müssen zusätzlich Hilfsmittel zur Strukturierung der Datenbasis und Operatoren zum strukturgerechten Umgang bereitstellen. Der Einsatz von Bilddatenbanksystemen wirft also ähnliche Probleme auf wie der Einsatz von Datenbanksystemen in Ingenieur-Anwendungen [Härder und Reuter 85, Lockemann et al. 85].

Vor allem für diese Ingenieur-Anwendungen sind zahlreiche neue Datenmodelle entstanden, wobei einige durch Erweiterungen aus herkömmlichen Modellen hervorgingen (NF^2 [Dadam et al. 86], POSTGRES [Stonebraker und Rowe 86]). Benn hat den NF^2-Ansatz speziell für die Bildfolgendeutung erweitert [Benn 86], wobei die Bildfolgenbeschreibung aus Objektbeschreibungen besteht. Andere Datenmodellansätze stellen Konstrukte der semantischen Modellierung oder Repräsentationsformalismen der Künstlichen Intelligenz bereit, wie Generalisierung, objektorientierte Darstellung oder Gegenstands- und Beziehungskonzepte. Typische Vertreter sind Molekulare Aggregationen [Batory und Buchmann 84] oder erweiterte ER-Modelle [Dittrich et al. 87a], wobei der Schwerpunkt stärker auf der Aggregation als auf der Generalisierung liegt. Prototypen solcher Systeme sind jedoch noch in der Entwicklung oder gerade erst fertiggestellt. Insgesamt hat sich mittlerweile eine sehr aktive Forschungsrichtung unter dem Begriff *objektorientierte Datenbanksysteme* entwickelt. Einen guten Überblick bietet [Dittrich und Dayal 86]. Datenmodelle aus diesem Bereich kommen ebenso als Grundlage für Darstellungsformen in Betracht wie die diversen Repräsentationsformalismen aus der Künstlichen Intelligenz.

In der vorliegenden Arbeit werden zeitliche Veränderungen untersucht, die sich an veränderlichen Eigenschaften von Objekten manifestieren. Beispielsweise trifft dies für die Position beweglicher Objekte zu. Zur Auswertung dieser Veränderungen werden alle innerhalb eines betrachteten Zeitraums vorkommenden Werte benötigt, und nicht nur die zeitlich letzten. Dies impliziert eine informationsbewahrende Datenhaltung, die in letzter Zeit auch eine größere Rolle im Datenbankbereich spielt [McKenzie 86], wobei sich drei verschiedene Forschungsschwerpunkte unterscheiden lassen [Snodgrass und Ahn 86]. Bei *Rücksetzdatenbanken* (rollback databases) werden Zeitaspekte benutzt, um vergangene Datenbankzustände zu kennzeichnen, so daß auf beliebige Zustände zurückgesetzt werden kann. *Geschichtsdatenbanken* (historical databases) dagegen repräsentieren nur einen einzigen Datenbankzustand, der jedoch die gesamte "Geschichte" von Objekten und Relationen umfaßt. Zur Verarbeitung der zeitabhängigen Daten werden spezielle Strukturen und Operatoren angeboten. Als *Zeitdatenbank* (temporal database) wird schließlich die Vereinigung der beiden erstgenannten Gesichtspunkte bezeichnet. Die Geschichtsdatenbanken decken also Aspekte ab, die auch in dieser Arbeit eine wesentliche Rolle spielen, so daß dafür entwickelte Techniken übernommen werden können.

Die Erfahrungen bei der Entwicklung von Bilddatenbanken und Geschichtsdatenbanken zeigen, daß die traditionellen Datenmodelle zumindest erweitert werden müssen, um den Anforderungen der vorliegenden Arbeit gerecht zu werden. Dabei können Datenmodelle, die zunächst für Ingenieur-Anwendungen konzipiert wurden, durchaus auch für Verwaltung und Auswertung von Einzelbildern oder von zeitveränderlichen Daten verwendet werden, wie am Beispiel von PROBE deutlich wird [Dayal und Smith 86], [Orenstein und Manola 88]. Die Anzahl der in letzter Zeit entwickelten Datenmodelle gibt jedoch einen Hinweis darauf, daß noch keines existiert, das für die Modellierung aller Aspekte komplexerer Zusammenhänge adäquate Beschreibungsmittel bietet. Es läßt sich auch hier erwarten, daß die bekannten Ansätze nicht alle zu modellierenden Gesichtspunkte der Episodenextraktion in einer der Problemstellung angepaßten Weise unterstützen. Sie geben jedoch Anhaltspunkte, in welche Richtungen Erweiterungen sinnvoll sein können.

4. Entwurf eines Systems zur Episodenextraktion: EPEX

Nachdem festgelegt ist, was in dem in dieser Arbeit untersuchten Zusammenhang eine Episode ist, beschäftigt sich dieses Kapitel damit, wie Episoden aus schon bekannten Daten hergeleitet werden können. Ausgangspunkt für die Herleitung ist die geometrische Szenenbeschreibung (GSB) einer Bildfolge und ergänzendes Diskursbereichswissen. Aus den in der GSB repräsentierten zeitlichen Veränderungen von Objekteigenschaften lassen sich Elementarabläufe gewinnen, die dann ihrerseits zu komplexeren Abläufen bis hin zu Episoden zusammengesetzt werden können.

Gesucht ist nun ein Verfahren, das die Extraktion von Abläufen, und zwar von Elementarabläufen bis hin zu Episoden, ermöglicht. Dazu sind die Ausgangsdaten (GSB und Diskursbereichswissen) und die Zieldaten (Abläufe) geeignet darzustellen und der Extraktionsprozeß selbst geeignet zu beschreiben. Nach der Einführung einiger grundlegender Begriffe im nächsten Abschnitt folgt im zweiten Abschnitt der Grobentwurf eines Systems, mit dem dieses Ziel realisiert werden soll.

4.1 Begriffsbildung

Für die Untersuchung der Zusammenhänge zwischen Elementen der realen Welt und der internen Darstellung solcher Elemente orientieren wir uns an Arbeiten aus der Wissensrepräsentation [Brachman 79, Sowa 84]. Die Überlegungen zur Bestimmung der einzelnen Begriffe werden am Beispiel des ausgewählten Diskursbereichs "Straßenverkehr" durchgeführt.

Wir definieren zunächst ein *Objekt* als konkrete, physikalische, potentiell sichtbare Einheit, die in dem gewählten Diskursbereich vorkommt. Beispielsweise sind Autos, Straßenbahnen, Häuser, Straßen Objekte des Diskursbereichs "Straßenverkehr". Der Objektbegriff wird auf solche abstrakten Einheiten erweitert, die durch Konventionen, Gesetze u. ä. festgelegte Beziehungen oder Eigenschaften von konkreten Objekten wiedergeben. Beispiele hierfür sind die "Höchstgeschwindigkeit", die einen Zusammenhang zwischen Straßenart und Fahrzeugart herstellt, oder die "Vorfahrtsregelung", die Prioritäten zwischen den Benutzern von Fahrspuren an Kreuzungen festlegt.

Ein *Ablauf* ist eine Veränderung von Eigenschaften oder Beziehungen von Objekten über der Zeit. An jedem Ablauf ist also mindestens ein Objekt beteiligt. Der Extremfall, daß die Veränderung Null beträgt, soll ebenfalls als Ablauf gelten. Ein einfacher Ablauf besteht zum Beispiel darin, daß ein Objekt in einem Zeitintervall seine Position nicht verändert, also an einer Stelle verharrt. Objekteigenschaften, die im Diskursbereich von vornherein als unveränderlich definiert sind, ergeben natürlich nur uninteressante triviale Abläufe, etwa das "weiß bleiben" eines weißen Hauses. Der Ablaufbegriff umfaßt zeitliche Veränderungen beliebiger Komplexität, insbesondere die in Kapitel 2 charakterisierten Episoden.

Im Rechner können nicht Objekte und Abläufe manipuliert werden, sondern nur irgendwelche Beschreibungen davon. Wir wollen am Beispiel eines Pkw die Zusammenhänge zwischen Realität und interner Darstellung untersuchen. In einer Straßenverkehrsszene kommt ein konkreter Pkw vor, also ein Objekt. Ein Betrachter nimmt einige Eigenschaften dieses Pkw wahr, etwa die Größe, die Anzahl der Räder und die Farbe. Er nennt den Pkw "Herby" und bildet sich eine interne Darstellung, in der der Bezeichner "Herby", die Daten für Größe, Anzahl der Räder und Farbe sowie andere Daten über den Pkw geeignet verknüpft sind. Der konkrete Pkw ist ein *(reales) Individuum* (nach Brachman: individual object), der Bezeichner "Herby" ist ein *Individuum-Denotator* (nach Brachman: individual concept). Zwischen den beiden besteht die *Denotationsbeziehung* (nach Brachman: denotation). Die interne Darstellung eines realen Individuums enhält in jedem Fall einen Individuum-Denotator und gibt ansonsten nur ausgewählte Aspekte des realen Individuums wieder, und auch diese nur so genau, wie sie beim Beobachten erfaßt wurden.

Der Betrachter kann selbst dann gewisse Aussagen über den Pkw "Herby" machen, wenn er diesen gar nicht sieht. Es mag unklar sein, wie viele Räder "Herby" hat, nicht aber, daß er überhaupt welche haben müßte. Solche Informationen werden aus einer generischen Beschreibung abgeleitet, die als Abstraktion aller Pkw angesehen werden kann. Die Beschreibung für diese Abstraktion gleichartiger Individuen wird *Gattung* (nach Brachman: generic concept) genannt. Reale Individuen stehen in der *Konkretionsbeziehung* (nach Brachman: instantiation) zu ihren Gattungen. Ein Individuum-Denotator ist mit der jeweiligen Gattung durch die *Gattungszugehörigkeitsbeziehung* (nach Brachman: individuation) verbunden. Die Zusammenhänge sind im folgenden Bild zu sehen.

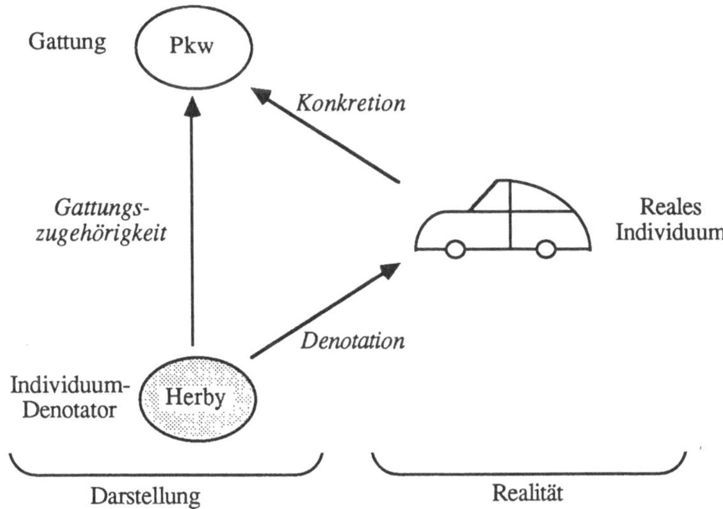

Bild 4.1_1: Zusammenhang zwischen Darstellung und Realität

Auch Abläufe sind reale Individuen und werden intern durch Gattungen und Individuum-Denotatoren dargestellt. Beispielsweise ist "Bewegen" eine Ablauf-Gattung, und die zeitliche Änderung der Lage eines konkreten Pkw ist ein Ablauf-Individuum dieser Gattung, das vom Ablauf-Individuum-Denotator

"Bewegung17" denotiert werden kann. Es gibt also Objekt-Gattungen, Objekt-Individuum-Denotatoren und reale Objekt-Individuen sowie Ablauf-Gattungen, Ablauf-Individuum-Denotatoren und reale Ablauf-Individuen.

Unter der in Bild 4.1_1 dargestellten Sichtweise existiert ein reales Individuum und ist Konkretion einer oder mehrerer Gattungen oder eben nicht. Dies ist nicht mehr ausreichend, wenn die Zeit mit einbezogen wird.

Ein neu hinzukommendes Phänomen besteht darin, daß Individuen Metamorphosen durchlaufen können. Angenommen, eine einzelne Froschlaich-Zelle entwickelt sich in einem Aquarium. Sie wird zu einer Kaulquappe, diese zu einem geschwänzten Jungfrosch und dieser schließlich zu einem Frosch. Das Aquarium enthält jedoch während des gesamten Zeitraums nicht vier verschiedene, sondern ein und dasselbe Einzelwesen. Wir beobachten genau ein Individuum, das der Reihe nach zu vier verschiedenen Gattungen gehört. Ein anderes Beispiel der Metamorphose bieten Insekten, die nacheinander Zygote, Larve, Puppe und ausgereifte Form sind.

Nun sind Frösche und Insekten zumindest für Diskursbereiche wie Straßenverkehr vielleicht etwas ungewöhnliche Individuen. Aber genau besehen treten Metamorphosen bei den meisten Objekten auf. Ein einzelnes Individuum der Gattung "Mensch" ist zu verschiedenen Zeiten Säugling, Kleinkind, Kind, Jugendlicher, Erwachsener, Greis. Ein Haus ist erst Rohbau, dann Neubau, später Altbau und irgendwann Ruine, und die ganze Zeit handelt es sich um dasselbe Individuum von "Haus". Ein Individuum von "Pkw" ist zunächst ein Neuwagen, der noch eingefahren werden muß, durchläuft dann zwei Stadien, für die es keine passenden schriftdeutschen Bezeichnungen gibt (Individuen des einen Stadiums findet man häufig auf Firmenparkplätzen, solche des anderen auf Universitätsparkplätzen) und endet irgendwann als Wrack.

Offenbar gibt es für viele Objekt-Gattungen eine Sequenz von "Metamorphose-Gattungen", denen die zughörigen Objekt-Individuen im Verlauf ihrer zeitlichen Entwicklung nacheinander angehören.

Neben dieser "organischen" Folge von Gattungen gibt es andere Gattungen, denen Objekt-Individuen zu verschiedenen Zeiten zugeordnet sind. Das Laich-Kaulquappe-Jungfrosch-Frosch-Individuum ist während des gesamten Beobachtungszeitraums im Aquarium ein "wechselwarmes Tier"; zuerst ist es "Kiemenatmer", dann "Lungenatmer"; am Anfang und am Ende, jedoch nicht dazwischen, ist es "schwanzloses Lebewesen"; ab dem Zeitpunkt, an dem es zu fressen beginnt, ist es "Pflanzenfresser", später "Fleischfresser" und so weiter. Ein Individuum von "Haus" kann zu verschiedenen Zeiten "Wohnhaus", "Geschäftshaus" und "Lagerhaus" sein. Dasselbe "Pkw"-Individuum gehört manchmal zu "Fahrtüchtiger Pkw", manchmal zu "Nicht fahrtüchtiger Pkw". Ein Individuum der Gattung "Mensch" kann mehrmals abwechselnd den Gattungen "Führerscheinbesitzer" und "Führerscheinloser" zugeordnet sein. Selbst mathematische Aussagen wechseln zwischen ihren Gattungen "Vermutung" und "bewiesenes Theorem", womöglich sogar mehrfach, wenn sich Beweise nachträglich doch als fehlerhaft erweisen (mathematische Aussagen sind keine Objekt-Individuen nach der obigen Definition, die auf die Bilddeutung zugeschnitten ist; man kann aber die Definition von Objekten entsprechend erweitern).

Im Fall der Abläufe sind Individuen ohne Angabe eines Zeitraums überhaupt nicht ausreichend charakterisiert. Ein Ablauf-Individuum kann zum Beispiel für einen Zeitraum der Gattung "Rangieren" angehören, aber diese Beziehung gilt nicht für Ausschnitte des Zeitraums; dann handelt es sich möglicherweise nur noch um "Vorwärtsbewegen". Durative Abläufe können ähnlich wie Objekte unterschiedlichen Gattungen angehören. Ein Ablauf-Individuum von "Bewegen" ist beispielsweise für verschiedene Ausschnitte des Zeitraums den Gattungen "Beschleunigen" und "Verzögern" zugeordnet.

Aus diesen Überlegungen ergibt sich, daß die Beziehung zwischen Individuen und Gattungen zeitabhängig ist. Ein Individuum ist für unsere Zwecke nicht einfach Konkretion einer Gattung, sondern es ist für eine gegebene Zeit *Ausprägung* der Gattung.

Eigentlich müßte jetzt die gesamte Begriffsbildung aus Bild 4.1_1 so erweitert werden, daß die Zeitabhängigkeit der verschiedenen Beziehungen berücksichtigt wird. Dies würde allerdings leicht zu einer ausufernden Terminologie führen, die später gar nicht mehr gebraucht wird. In dem zu entwickelnden System wird nur die interne Darstellung benutzt und nicht auf die Realität zugegriffen. Bereits die Bildfolge enthält ja nur Darstellungen der Realität, aber keine realen Individuen. Im folgenden wird deshalb die Unterscheidung zwischen einem Individuum-Denotator und dem von ihm denotierten realen Individuum nicht weiter aufrechterhalten. Wir sprechen ab sofort nur noch von Individuum, auch wenn genaugenommen ein Individuum-Denotator gemeint ist. Diese Vereinfachung ist analog zu der üblichen Sprechweise, daß eine Datenstruktur "die Zahl Fünf" enthält, obwohl sie in Wirklichkeit einen Denotator dieser Zahl enthält.

Wir müssen uns also mit Gattungen und Individuen beschäftigen, zwischen denen die zeitabhängige Gattungszugehörigkeitsbeziehung besteht. Ein Paar (Individuum, Zeitangabe) heißt eine *Ausprägung*. Die Zeitangabe darf nicht leer sein. Beispielsweise ist ("Herby", [1,100]) eine Ausprägung von "Pkw", und dies bedeutet daß die Gattungszugehörigkeitsbeziehung zwischen dem Objekt-Individuum "Herby" und der Objekt-Gattung "Pkw" für die Menge aller Zeitpunkte von 1 bis 100 gilt. Entsprechend gibt es Ablauf-Ausprägungen, die aus Ablauf-Individuen und Zeitangaben bestehen.

Die Gattungen beschreiben, welche Arten von Individuen im Diskursbereich vorkommen können. Die Ausprägungen beschreiben dann tatsächlich vorkommende Individuen. Ein Diskursbereich wird aber nicht nur durch eine unstrukturierte Menge von Gattungen modelliert. Gattungen stehen untereinander in vielfältigen Beziehungen. Man kann zwei Arten von Beziehungen zwischen Gattungen unterscheiden, *hierarchiebildende* Relationen und *gattungsbeschreibende* Relationen.

Die wesentliche hierarchiebildende Relation ist die *Generalisierung*, die eine taxonomische Hierarchie der Gattungen ermöglicht und die Eigenschaften von allgemeineren Gattungen auf speziellere vererbt. Ein Beispiel für die Generalisierung ist "Pkw → Kraftfahrzeug → Fahrzeug → Bewegliches Objekt".

Die Gattungszugehörigkeitsbeziehung ist in dem Sinne verträglich mit der Generalisierung, daß eine Ausprägung einer Gattung immer auch Ausprägung aller allgemeineren Gattungen ist. Je nach Anwendungszweck kann es vorkommen, daß von der Generalisierungshierarchie unabhängig noch weitere Hierarchiebeziehungen unterschieden werden, mit denen Gattungen ohne Berücksichtigung ihrer Stellung in der "Haupthierarchie" unter einem gemeinsamen Aspekt zusammengefaßt werden, beispielsweise "Nahverkehrsmittel = (Straßenbahn, Bus, Taxi)". Im Datenbankbereich nennt man diese hierarchiebildende Relation *Aggregation* [Smith und Smith 77]. Bei der Aggregation fehlt allerdings der Vererbungsaspekt. Eine dritte hierarchiebildende Relation ist die *Bestandteil-Beziehung*. Zum Beispiel ist eine Fahrspur Bestandteil einer Richtungsfahrbahn, diese Bestandteil einer Fahrbahn, diese Bestandteil einer Straße, diese Bestandteil eines Straßennetzes.

Die gattungsbeschreibenden Relationen werden als *Attribute* bezeichnet. Ein Attribut ist eine zweistellige gerichtete Relation zwischen einer *Quellgattung*, die näher beschrieben wird, und einer *Zielgattung*, die den Wertebereich für die zweite Komponente der Relation bestimmt. Beispielsweise modelliert das Attribut "insasse" mit der Quellgattung "Pkw" und der Zielgattung "Person" die Tatsache, daß ein Pkw Insassen hat und diese Personen sein müssen. Zur besseren Unterscheidung werden in dieser Arbeit Bezeichner für Gattungen groß-, Bezeichner für Attribute kleingeschrieben.

Üblicherweise betrachtet man ein Attribut als zur Quellgattung gehörend. Zu jedem Individuum der Quellgattung eines Attributs gibt es eine möglicherweise leere Menge von Individuen der Zielgattung, zu denen das Quellindividuum in der entsprechenden Attribut-Beziehung steht. Ein Individuum der Zielgattung, zusammen mit den Zeiten, in denen die Attribut-Beziehung gilt, nennen wir auch eine *Ausprägung* des Attributs für das Quellindividuum. Die Ausprägungen des Attributs "insasse" für das Individuum "Herby" von "Pkw" könnten zum Beispiel ("Otto", [10,20]) und ("Anna", [30,40]) sein. Dies sagt zunächst nichts darüber aus, für welche Zeiten die Gattungszugehörigkeitsbeziehung zwischen "Herby" und "Pkw", zwischen "Otto" und "Person" sowie zwischen "Anna" und "Person" gilt, obwohl natürlich Zusammenhänge bestehen.

Gattungen zusammen mit den zwischen ihnen bestehenden Beziehungen bilden *Begriffsgraphen* (conceptual graphs [Sowa 84] oder semantic networks [Findler 79]). Sind auch Generalisierungs-beziehungen im Netz vorhanden, wird dieses wegen der vererbenden Eigenschaft auch als *semantisches Vererbungsnetz* (semantic inheritance network [Brachman 79]) bezeichnet. In dieser Arbeit wird die Bezeichnung Begriffsgraph nach Sowa benutzt.

Mit den bisher definierten Begriffen kann man formulieren, wie die Taxonomie eines Diskursbereichs aussieht, und man kann den vorhandenen Gattungen schon bekannte Individuen bzw. Ausprägungen zuordnen. Das Problem, das hier zu lösen ist, besteht jedoch auch darin, daß nur ein Teil der Ausprägungen vorhanden ist und weitere aus schon bekannten hergeleitet werden müssen. Die Herleitung selbst muß auch beschrieben werden. Solche Probleme werden häufig mit *Regelsystemen* gelöst [Frost 86]. Ein Regelsystem besteht aus Fakten, Regeln und einem Regelinterpretierer. *Fakten* sind die bekannten Daten einer Anwendung. *Regeln* beschreiben allgemeines Wissen über den

Diskursbereich in der Form: wenn Bedingung erfüllt, führe Aktion aus. Eine mögliche Aktion ist beispielsweise die Erzeugung eines neuen Fakts. Der *Regelinterpretierer* wählt Regeln aus und wendet sie an.

Die gesamte vorgestellte Begriffsbildung beruht im Grunde genommen auf dem folgenden klassischen Standpunkt: Ein informationsverarbeitendes System, also ein Organismus oder eine Maschine, benutzt eine interne Darstellung, die eine externe Realität widerspiegelt. Die Bedeutung der internen Darstellung ergibt sich durch eine Korrespondenz zu Dingen der externen Realität. Diese Korrespondenz ist objektiv gegeben, d.h. unabhängig von dem informationsverarbeitenden System, in dem die interne Darstellung gebildet wird. Kategorien von Dingen sind ebenfalls objektiv definiert, d.h. durch gemeinsame Eigenschaften der Dinge in derselben Kategorie, nicht dagegen durch Eigenschaften des informationsverarbeitenden Systems, das die Kategorien verwendet. Dieser Standpunkt ist nicht unumstritten, insbesondere spricht eine Reihe von Ergebnissen der Kognitionswissenschaften dagegen, daß er menschliches Denken adäquat beschreibt [Lakoff 87]. Trotzdem kann er für den Zweck dieser Arbeit beibehalten werden.

Auch einige andere Aspekte werden in dieser Arbeit nicht weiter verfolgt. Ob ein Fahrzeugpulk oder ein Fluß beispielsweise ein Individuum (ein "Unteilbares") ist, erscheint fraglich. Es könnte sein, daß man weitere Beschreibungsmittel zur Modellierung von Dingen braucht, die sich ohne klare Grenzen teilen und wieder zusammenfügen können. Die Unterscheidung zwischen Gattungen und Attributen ist nicht immer "natürlich". Man kann zur Beschreibung desselben Phänomens ein Attribut "führerschein" mit Quellgattung "Person" und Zielgattung "Dokument" benutzen oder eine Gattung "Führerschein-besitzer", die in der Generalisierungsbeziehung zu "Person" steht. Derartige Alternativen werden in dieser Arbeit nach rein pragmatischen Gesichtspunkten ausgewählt, ohne Untersuchung ihrer kognitiven Adäquatheit und ohne Untersuchung, ob zusätzliche Beschreibungsmittel die Alternativen vielleicht durch eine einheitliche Darstellung aufheben könnten. Schließlich ist auch bekannt, daß Menschen gewisse "Basisgattungen" auszeichnen. Ein Individuum von "Stuhl" wird nur in speziellen Kontexten als "Möbelstück" oder als "Dreibeiniger Stuhl ohne Armstützen" aufgefaßt, ansonsten aber stets als "Stuhl". Solche kontextabhängigen Präferenzen von Gattungen kommen in dieser Arbeit nicht vor, deshalb wird auch nicht darauf eingegangen, inwiefern sie eigene Beschreibungsmittel erfordern.

4.2 Systemstruktur von EPEX

In diesem Abschnitt wird die Grobarchitektur eines Systems entwickelt, das es ermöglicht, Bildfolgeninhalte durch Abläufe bis hin zu Episoden zu beschreiben. Dieses System zur **E**pisoden**e**xtraktion (EPEX) führt eine retrospektive Auswertung durch. Das bedeutet, daß vor Beginn der Herleitung von Abläufen alle Objekt-Ausprägungen der aktuell auszuwertenden Bildfolge vorhanden sind und keine weiteren Objekt-Ausprägungen hinzukommen. Insbesondere ist also die Gattungszugehörigkeitsbeziehung zwischen den Objekt-Individuen und den Objekt-Gattungen bereits etabliert.

Die Herleitung von Abläufen erfolgt nicht automatisch, sondern wird durch Benutzeranfragen initiiert. EPEX erzeugt Ablauf-Ausprägungen, die entsprechenden Ablauf-Gattungen zugeordnet werden. Es können nur Ablauf-Ausprägungen extrahiert werden, die den von vornherein bekannten Ablauf-Gattungen des Diskursbereichs zugehören. EPEX führt also eine Hypothesenverifikation durch, wobei die zu untersuchende Hypothese durch die Benutzeranfrage spezifiziert ist. Typische Anfragen sind die folgenden (umgangsprachlich formuliert):

– Kommen Ablauf-Ausprägungen der Ablauf-Gattung A in der Bildfolge vor?
– Für welche Ablauf-Gattungen existieren Ablauf-Ausprägungen in der Bildfolge?
– Gibt es Ablauf-Ausprägungen, an denen Objekt-Ausprägung B beteiligt ist?
– Aus welchen Ausprägungen setzt sich die Ablauf-Ausprägung C zusammen?
– Welche Eigenschaften hat ein Ablauf der Ablauf-Gattung A?

Erzeugte Ablauf-Ausprägungen können abgespeichert oder aber bei späteren Anfragen erneut extrahiert werden. Für einen Benutzer soll der Unterschied nicht sichtbar sein (jedenfalls was das funktionale Verhalten betrifft, nicht etwa das Zeitverhalten).

Zur Herleitung von Ablauf-Ausprägungen benötigt man Informationen über die Eigenschaften, die die einzelnen Individuen besitzen müssen. Diese Information wird durch Ablauf-Gattungen repräsen-tiert. Die Ablauf-Gattungen können wiederum über Attribute mit Objekt-Gattungen verbunden sein. Beispielsweise könnte man für die Ablauf-Gattung "Parkplatzsuchen" ein Attribut "agent" mit Zielgattung "Fahrzeug" definieren. Definiert man weiterhin ein Attribut "abschluß" für "Parkplatz-suchen" mit Zielgattung "Aussteigen", so benutzt man zur Herleitung von Ausprägungen dieses Attributs Wissen darüber, daß Fahrzeuge Insassen haben. Dieses Wissen steckt darin, daß für die Gattung "Fahrzeug" ein Attribut "insasse" mit Zielgattung "Person" definiert ist. Offenbar werden auch Objekt-Gattungen und ihre Beziehungen bei der Herleitung von Ablauf-Ausprägungen benötigt.

In EPEX müssen also sowohl Gattungen als auch Ausprägungen dargestellt werden, die dann bei der Herleitung von Ablauf-Ausprägungen verwendet werden. Zusätzlich ist aber der Herleitungsvorgang selbst auch zu beschreiben. Die Beschreibung der verschiedenen Informationen kann auf unterschiedliche Weise erfolgen.

Eine Möglichkeit ist, die Ausprägungen als Daten zu betrachten und Gattungen und Herleitung zusammen prozedural zu realisieren. Dies hätte den Vorteil, daß man eine vorhandene Programmier-sprache verwenden könnte, ohne z.B. einen Interpretierer für explizit dargestellte Information realisieren zu müssen. Von Nachteil wäre aber, daß Erweiterungen oder Ergänzungen der Taxonomie eines Diskursbereichs bei der prozeduralen Darstellung auch immer direkt zu Änderungen des Programms führen. Erweiterungen sind in EPEX aber häufig zu erwarten, da so komplexe Abläufe wie Episoden in der Regel schrittweise modelliert werden. Probleme sind immer auch dann zu erwarten, wenn die implizite Information explizit gebraucht wird, z.B. zur Beantwortung der letzten oben genannten Anfrage. Die Information müßte dann irgendwie aus der prozeduralen Beschreibung gewonnen werden, was kaum lösbar erscheint. Auch die Struktur der Ergebnisse von Herleitungen ist nur ersichtlich, wenn durch den Herleitungsvorgang zusätzliche Information über die Ergebnisse mitgeliefert wird, also wiederum implizite Information explizit gemacht wird. Auch Erklärungen, z.B. warum eine Ablauf-Ausprägung zu einer Gattung gehört, lassen sich schlecht aus der impliziten Darstellung extrahieren. Und schließlich sollen die hergeleiteten Ablauf-Ausprägungen auch weiterverarbeitet werden können, z.B. um kausale Zusammenhänge auszuwerten. Auch dies setzt Wissen über die Gattungen voraus, das aus einer impliziten Darstellung kaum zu gewinnen wäre. Aus diesen Gründen ist eine prozedurale Darstellung für EPEX nicht geeignet.

Eine weitere Möglichkeit besteht in der Verwendung von Regelsystemen. Die Ausprägungen lassen sich dann als Fakten betrachten. Die Herleitung von Ausprägungen wird durch Regeln beschrieben. Die Informationen über die Gattungen sind ebenfalls in den Regeln dargestellt, und zwar in den Bedingungsteilen. Zusätzlich muß hier ein Regelinterpretierer bereitgestellt werden. Der Vorteil dieser Vorgehensweise besteht darin, daß die Herleitung selbst deklarativ dargestellt ist. Sie wird auch verständlicher, da die Auswahl und Bearbeitung von Regeln bei der Darstellung nicht einfließt. Außerdem lassen sich Veränderungen und Ergänzungen durch die "modulare" Struktur von Regeln einfacher durchführen. Die Nachteile der impliziten Darstellung des Begriffsgraphen bestehen aber auch bei diesem Ansatz. Regelsysteme werden deshalb öfter mit zusätzlichen Komponenten versehen, wie den sogenannten Erklärungskomponenten. Diese machen dann einige implizite Informationen explizit.

Statt solcher weiterer Komponenten besteht aber auch die Möglichkeit, Begriffsgraphen explizit darzustellen, indem man sie wie die Ausprägungen als Fakten betrachtet. Die Begriffsgraphen kann man obendrein um Bedingungen erweitern, die zur Erklärung für die Herleitung von Ausprägungen dienen können. Damit spart man sich zwar zusätzliche Komponenten, aber gewisse Informationen können dann sowohl explizit als Fakten als auch implizit in den Regeln vorhanden sein. Das Problem besteht also darin, zu gewährleisten, daß die impliziten und expliziten Informationen sich nicht unterscheiden.

Bei der Auswahl der angesprochenen Möglichkeiten für EPEX ist noch zu berücksichtigen, daß die Ausprägungen durch ein Datenbanksystem verwaltet werden sollen. Dieses Verwalten beschränkt sich nicht auf die reine Abspeicherung von Daten. Zusätzlich wird soweit wie möglich überprüft, ob die Daten miteinander verträglich sind. Um dies durchführen zu können, müssen die Bedingungen für Ausprägungen, die durch Begriffsgraphen festgelegt werden, auch dem Datenbanksystem bekannt sein.

Eine weitere noch zu berücksichtigende Randbedingung betrifft die Bereitstellung der in EPEX verwendeten Information. Die Beschreibung des Diskursbereichs durch Vorgabe des Begriffsgraphen und die Beschreibung der Prozesse zur Herleitung von Ablauf-Ausprägungen werden durch den Diskursbereichsmodellierer durchgeführt. Die Objekt-Ausprägungen sollen von EPEX getrennt durch ein Bildauswertesystem erzeugt werden. Dieses System muß dann aber die Objekt-Gattungen und ihre Beziehungen zueinander kennen, um passende Objekt-Ausprägungen erzeugen zu können.

Die Information über Gattungen und ihre Beziehungen wird an vielen verschiedenen Stellen gebraucht. Deshalb ist eine explizite Darstellung für EPEX wünschenswert. Der Nachteil, daß es zu Überschneidungen der Gattungsinformation mit Information in den Regeln kommen kann und die Information konsistent sein muß, ist nicht so gravierend, da sowohl die Gattungsinformation als auch die Regeln durch den Diskursbereichsmodellierer erzeugt werden. EPEX hat somit die in Bild 4.2_1 dargestellte Grobarchitektur.

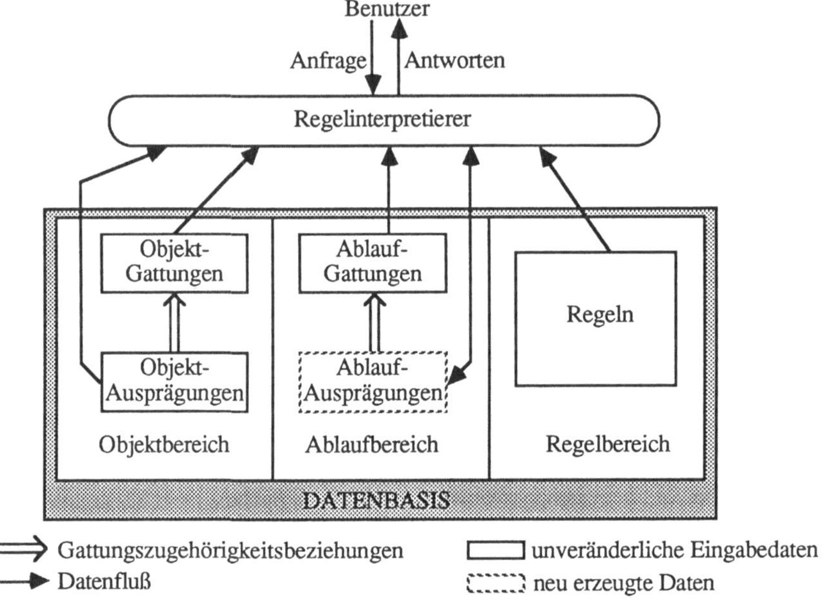

Bild 4.2_1: Das EPEX-System und der Datenfluß in EPEX

Objekt-Ausprägungen und Objekt-Gattungen werden in EPEX im Objektbereich zusammengefaßt, die Ablauf-Ausprägungen und die Ablauf-Gattungen im Ablaufbereich. Diese beiden Bereiche enthalten die Fakten des Systems. Ein dritter Bereich enthält die Regeln, die angeben, wie Ablauf-Ausprägungen aus den übrigen Daten extrahiert werden können. Regeln werden mit Hilfe eines Regelinterpretierers ausgewertet. Über die Regeln hat der Regelinterpretierer auch Zugang zum Objekt- und Ablaufbereich. Der Regelinterpretierer wird durch Benutzeranfragen initiiert und bildet somit die Schnittstelle zwischen EPEX und Benutzer. Welche Daten von EPEX benutzt und welche erzeugt werden, wird in Bild 4.2_2 verdeutlicht. Der Doppelpfeil bei den Ablauf-Ausprägungen ist die Konsequenz aus der Erkenntnis, daß Abläufe aus einfacheren Abläufen zusammengesetzt sein können. Zur Herleitung komplexer Ablauf-Ausprägungen können somit bereits hergeleitete Ablauf-Ausprägungen verwendet werden.

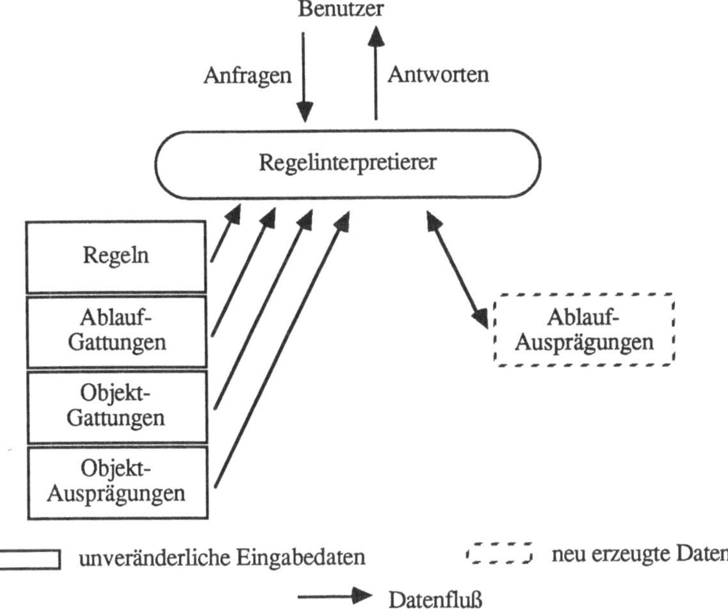

Bild 4.2_2: Arbeitsweise des Regelinterpretierers

In den folgenden Kapiteln wird untersucht, wie die verschiedenen Bereiche von EPEX realisiert werden können. Dabei wird auch die Frage angesprochen, ob die von heutigen Datenbanksystemen angebotenen Beschreibungsmittel, die sogenannten logischen Datenmodelle, für die Belange von EPEX ausreichen, oder ob andere Darstellungsformen verwendet werden müssen.

5. Darstellungsformen für Objekt- und Ablaufbereich

Für die Darstellung von Wissen über einen Diskursbereich sind Beschreibungsmittel notwendig, die die Modellierung des ausgewählten Diskursbereichs geeignet unterstützen. Als geeignet werden solche Beschreibungsmittel betrachtet, die die relevanten Eigenschaften der Diskurswelt einfach und präzise darzustellen erlauben. Derartige Probleme werden schon seit längerem im Datenbankbereich und im Bereich Wissensrepräsentation in der KI untersucht [Date 83, Frost 86]. Es ist also sicher sinnvoll, sich bei der Begriffsbildung an den Arbeiten in diesen Bereichen zu orientieren. Da sich die Begriffe in den jeweiligen Gebieten aus verschiedenen Zielsetzungen entwickelt haben, finden sich häufig uneinheitliche Verwendungen derselben Begriffe oder völlig unterschiedliche Bezeichnungen für sehr ähnliche Sachverhalte. Dieses Kapitel beginnt deshalb mit einer Klärung der Terminologie.

Ausgangspunkt für die Entwicklung in der KI waren Anforderungen aus Projekten, die sich mit der Simulation menschlicher Fähigkeiten durch Maschinen beschäftigten. Der Schwerpunkt der Untersuchungen lag vor allem auf der epistemologischen Ebene, während die Realisierbarkeit der vorgeschlagenen Wissensrepräsentationsformalismen mit den jeweils verfügbaren technischen Möglichkeiten eine eher untergeordnete Rolle spielte. Viele der Ansätze kamen aus dem maschinellen Sprachverstehen, wo zum Beispiel Sachverhalte, die nicht explizit in einem Satz stehen, aus dem vorhandenen Wissen abgeleitet werden müssen. Das Wissen ist in solchen Fällen sehr komplex, und um eine Modellierung überhaupt durchführen zu können, wurden Beschreibungsmittel entwickelt, die den Denkstrukturen eines Modellierers nahekommen, etwa Generalisierungshierarchien. Aus diesen *Repräsentationsformalismen* haben sich oft auch Programmier-Paradigmen wie "Objektorientiertes Programmieren" entwickelt.

Im Datenbankbereich ist man von den jeweils verfügbaren Fähigkeiten der benutzten Maschinen (und den Anforderungen eines engen Anwendungsfelds, beispielsweise des Bankwesens) ausgegangen. Aus den Operatoren und den Strukturierungsmitteln konkret implementierter Datenbanksysteme wurden *Datenmodelle* abgeleitet. Erst mit komplexer werdenden Anwendungen sind dann auch benutzernähere Datenmodelle entwickelt worden, was zu einer feineren Differenzierung des Begriffs Datenmodell führte. Die Begriffsbildung wurde dabei unter Berücksichtigung pragmatischer und historischer Gegebenheiten durchgeführt und nicht aufgrund von Strukturforderungen. Unter einem *logischen Datenmodell* versteht man heute die Beschreibungsmittel, die existierende Datenbanksysteme zur Verfügung stellen, traditionell also hierarchisches Datenmodell, Netzwerk-Datenmodell oder relationales Datenmodell [Date 83]. Neuere Entwicklungen von Beschreibungsmitteln, die eine benutzernähere Darstellung der Daten erlauben, werden als *semantische Datenmodelle* bezeichnet. Dazu gehört das "Entity-Relationship-Model" (ER-Modell) mit seinen verschiedenen Erweiterungen [Korth und Silberschatz 86]. Ein semantisches Datenmodell entspricht weitgehend einem Repräsentationsformalismus im Sinne der KI, wobei allerdings das Gewicht auf die Abbildbarkeit der Beschreibungsmittel auf ein logisches Datenmodell gelegt wird. Zur Zeit werden semantische Datenmodelle nur in Ausnahmefällen direkt von existierenden Datenbanksystemen unterstützt (und sind dann strenggenommen keine semantischen Datenmodelle mehr, sondern logische).

Ein *konzeptuelles Schema* ist die konkrete Festlegung eines Diskursbereichs-Modells und enthält in unserem Fall die Objekt- und Ablauf-Gattungen und die Beziehungen zwischen ihnen. Das konzeptuelle Schema ist eine Darstellung der Struktur eines Diskursbereichs und nicht der Struktur von Daten. Ein konzeptuelles Schema kann ein Text in einer natürlichen Sprache sein. Anzustreben sind jedoch formalere Darstellungen, deren Bedeutung klar definiert ist. Dies wird durch die Verwendung der Beschreibungsmittel semantischer Datenmodelle zur Erstellung eines konzeptuellen Schemas erreicht.

Ein logisches Schema oder Datenbasisschema ist eine Darstellung der Struktur von Daten, die die in einem konzeptuellen Schema enthaltene Information widerspiegeln. Das logische Schema bestimmt, welche Dateneinträge in der Datenbasis eines Datenbanksystems möglich sind, welche Form sie haben und welche Zugriffspfade zwischen den Einträgen bestehen. Das logische Schema wird mit den Beschreibungsmitteln eines logischen Datenmodells, z.B. mit Relationen, nach den Vorgaben des konzeptuellen Schemas formuliert.

Das logische Schema beschreibt die Daten problemferner als das konzeptuelle Schema, ist aber noch nicht so maschinennah, daß es die Verteilung der Daten auf Dateien, Blöcke usw. spezifiziert. Diese Information wird im *physikalischen Schema* oder *internen Schema* dargestellt, das mit Beschreibungsmitteln beispielsweise eines Betriebssystems erstellt wird.

Der beschriebene Sachverhalt ist im nächsten Bild nochmals zusammengefaßt. Links steht jeweils die Quelle der Beschreibungsmittel, mit denen das jeweilige Schema formuliert wird.

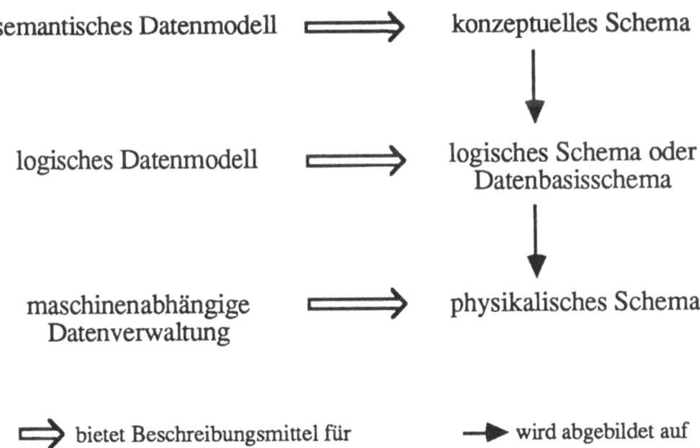

Bild 5_1: Begriffsbildung für die Darstellungsebenen im Datenbankbereich

Neuere semantische Datenmodelle aus dem Datenbankbereich bieten ähnliche Beschreibungsmittel wie Repräsentationsformalismen aus dem KI-Bereich. Beide können für die Modellierung eines Diskursbereichs herangezogen werden. Wir benutzen deshalb im folgenden die Bezeichnung *Darstellungsform* als Sammelbegriff für semantisches Datenmodell und Repräsentationsformalismus, um nicht im einzelnen differenzieren zu müssen, wann der Strukturierungsaspekt und wann die Abbildbarkeit auf rechnerinterne Datenstrukturen im Vordergrund stehen. Erst in Kapitel 7, wenn die

Übertragung der gewählten Darstellungsform auf ein logisches Datenmodell erfolgt, werden die obigen Begriffe wieder aufgegriffen.

Bevor nun verschiedene bekannte Darstellungsformen diskutiert werden, sollen zunächst die Forderungen an die Beschreibungsmittel für Objekt- und Ablaufbereich präzisiert werden. Ausgangspunkte sind die im letzten Kapitel vorgeschlagene Grobarchitektur des EPEX-Systems sowie die Episodendefinition in Kapitel 2. Anhand der aufgestellten Forderungen werden die Darstellungsformen bewertet, und es wird eine geeignete ausgewählt. Diese dient dann als Grundlage für die Entwicklung einer auf die Probleme von EPEX zugeschnittenen Darstellungsform EPEX-F, die am Schluß des Kapitels definiert wird.

5.1 Eigenschaften des Objektbereichs

Grundlage für die Extraktion von Episoden bzw. beliebigen Abläufen sind Objekte im Sinne der Definition in Abschnitt 4.1, die in dem gewählten Diskursbereich vorkommen. In diesem Abschnitt wird anhand des Diskursbereichs "Straßenverkehr" untersucht, welche Arten von Objekten möglich sind, in welchen Beziehungen sie zueinander stehen und welche für die Episodenextraktion relevanten Eigenschaften sie haben. Die grundsätzliche Unterscheidung in Begriffsgraphen und Ausprägungen, die sich auch im System widerspiegelt, wird nicht in Frage gestellt.

Die Generalisierungshierarchie ist eine natürliche Strukturierung der Objekt-Gattungen. Will man z.B. einmal wissen, ob irgendein Fahrzeug an einem Ablauf "Parkplatzsuchen" beteiligt ist, ein andermal aber, ob ein Pkw daran beteiligt ist, dann braucht man keine objektspezifischen verschiedenen Versionen von "Parkplatzsuchen" zu modellieren, wenn man die Generalisierungshierarchie ausnutzen kann. Über die Generalisierungshierarchie werden auch Eigenschaften von allgemeineren Gattungen auf spezifischere vererbt. Besitzt z.B. die Gattung "Bewegliches Objekt" das Attribut "ort", so besitzt auch "Pkw" dieses Attribut, und man braucht es dafür nicht noch einmal zu erklären.

Mit der Generalisierungshierarchie und den Attributen lassen sich Varianten von Objekten definieren, die für den Zweck der weiteren Verarbeitung voneinander unterschieden werden sollen. Beispielsweise sind "Pkw" und "Lkw" Varianten von "Kfz", die man unter anderem bei der erlaubten Höchstgeschwindigkeit unterscheiden will. Diese in der Hierachie explizit dargestellten Varianten heißen *externe Varianten*. Im Gegensatz dazu gibt es *interne Varianten*. Die Unterschiede dieser Varianten werden beispielsweise bei der Erkennung verwendet, wie "Lkw" und "Lkw mit Anhänger", sie sind aber für spätere Verarbeitungen nicht mehr interessant. Deshalb werden diese Unterschiede auch nicht in der Generalisierungshierarchie repräsentiert.

In der natürlichen Generalisierungshierarchie für den hier verwendeten Objektbegriff stehen unmittelbar unter "Objekt" die Gattungen "Abstraktes Objekt" und "Gegenständliches Objekt", letztere wird weiter spezialisiert zu "Bewegliches Objekt" und "Unbewegliches Objekt". Die Individuen von gegenständlichen Objekten können im Prinzip durch die Auswertung einer Bildfolge bestimmt werden und sind somit in der GSB dargestellt. Individuen abstrakter Objekte sind nicht durch die Auswertung einer Bildfolge bestimmbar, sondern müssen entweder durch den Diskursbereichsmodellierer vorgegeben werden – beispielsweise die Höchstgeschwindigkeit auf verschiedenen Straßenarten – oder aber aus Diskursbereichswissen in einem weiteren Auswerteschritt abgeleitet werden. So könnte der Verlauf von Fahrspuren in einem Kreuzungsbereich aus der GSB entnommen werden. Welche Prioritätsregeln zwischen diesen Fahrspuren gelten, muß dagegen aus den (abstrakten) Vorfahrtsregeln abgeleitet werden. Solche Prioritätsregeln sind aber für die Erkennung von Abläufen wie "Vorfahrt erzwingen" notwendig.

Objekt-Individuen können verschiedenen Gattungen zugeordnet sein, z.B. könnte "Herby" ein Rad verlieren und ist dann nicht länger ein "Fahrbereiter Pkw" sondern ein "Reparaturbedürftiger Pkw". Er ist jedoch in beiden Fällen ein "Pkw". Die Gattungszugehörigkeitsbeziehung besitzt deshalb ein Merkmal "Lebenszeit". In dem hier vorliegenden Fall wird ein diskreter Zeitbegriff verwendet, da jedes Bild einer Bildfolge mit einem Zeitpunkt assoziiert wird. Die Lebenszeit ist dann ein Paar mit Anfangszeitpunkt und Endzeitpunkt. Definiert man für "Pkw" die Untergattungen "Besetzter Pkw" und "Unbesetzter Pkw", kann die Lebenszeit sogar eine Menge von solchen Paaren sein.

Typische Attribute von Objekt-Gattungen sind die Bestandteil-Beziehungen, z.B. zwischen der Quellgattung "Straße" und der Zielgattung "Richtungsfahrbahn". Die Bestandteil-Beziehung kann also durch Attribute dargestellt werden und erfordert kein weiteres Beschreibungsmittel. Andere Attribute betreffen physikalische Eigenschaften von Objekten wie Farbe oder Größe, aber auch Eigenschaften wie das "besitzen eines Fahrers" von "Fahrzeugen". Welche Eigenschaften von Objekten modelliert werden, hängt von der jeweiligen Anwendung ab. Zur Erkennung von Abläufen ist z.B. die Farbe eines Pkw normalerweise unwichtig, während die Anzahl der Richtungsfahrbahnen einer Straße schon eine Rolle spielen kann.

Eine häufig gemachte Aufteilung von Attributen von Objekten unterscheidet zwischen Attributen, die die Bestandteile eines Objekts modellieren, und Attributen für sonstige Eigenschaften. Allerdings ist die Aufteilung nicht eindeutig, so kann die Farbe eines Objekts als Bestandteil oder als sonstige Eigenschaft betrachtet werden. Diese Untergliederung der Attribute ist deshalb eigentlich nicht wünschenswert.

Durch Attribute werden Eigenschaften von Gattungen bestimmt. Attribute selbst können außer der Festlegung von Quell- und Zielgattung weitere Eigenschaften haben, wie wir im folgenden sehen werden. Um zwischen Eigenschaften von Gattungen und Attributen besser unterscheiden zu können, wird für Attributeigenschaften der Begriff *Merkmal* verwendet.

Ein Merkmal von Attributen, die Objekt-Gattungen beschreiben, ist die Zeitabhängigkeit. Es gibt beispielsweise Attribute, deren Attribut-Ausprägungen sich nicht ändern, etwa die Farbe eines Objekts (jedenfalls in unserem Diskursbereich), während andere, wie die Position von beweglichen Objekten, zeitlich veränderlich sind.

Die Anzahl der Insassen eines Pkw kann – im Normalfall – zwischen 0 und 5 liegen, d.h. zu jedem Individuum von "Pkw" kann es zu einem Zeitpunkt kein oder höchstens fünf Individuen von "Person" geben, die Attribut-Ausprägungen des entsprechenden Attributs sind. Attribute benötigen also ein Merkmal Kardinalität, das festlegt, wieviele Attribut-Ausprägungen pro Quellindividuum vorhanden sein können oder müssen.

Gelegentlich kommt es vor, daß die Attribut-Ausprägungen eines Attributs aus den Attribut-Ausprägungen eines anderen abgeleitet werden können. Ein typisches Beispiel ist das Attribut "geschwindigkeit" von "Pkw". Die Attribut-Ausprägungen zu "geschwindigkeit" für ein Individuum von "Pkw" berechnen sich aus zeitlich aufeinanderfolgen Attribut-Ausprägungen von "lage" dieses Individuums. Attribute können funktional abhängig sein, sie benötigen also ein Merkmal funktionale Abhängigkeit.

Für manche Attribute gilt, daß alle Individuen der Zielgattung Attribut-Ausprägungen für jedes Individuum der Quellgattung sind. Dieser Fall tritt häufig im Zusammenhang mit Verboten auf, z.B. das Attribut "erlaubte-benutzer" mit Quellgattung "Fahrspur" und Zielgattung "Bewegliches Objekt". Ist "Fahrspur1" ein Individuum, das von allen Kraftfahrzeugen benutzt werden darf, dann ist jede Ausprägung von "Kfz" auch stets Attribut-Ausprägung von "erlaubte-benutzer" für "Fahrspur1". Man benötigt also ein Merkmal für derartige Allquantifizierungen.

Für viele Attribute ist es sinnvoll, einen Standardwert zu definieren. Zum Beispiel hat das Attribut "anzahl-räder" mit Quellgattung "Pkw" und Zielgattung "Natürliche Zahl" den Standardwert 4. Standardwert-Angaben erlauben damit die Behandlung von Individuen, deren Eigenschaften nicht alle aus einer Bildfolge entnommen werden können, z.B. weil Teile verdeckt sind. In manchen Fällen kann es erforderlich sein, explizit darzustellen, daß die Attribut-Ausprägungen unbekannt sind, z.B. die Position einer Person, die gerade in einem Haus verschwunden ist. Dieses "unbekannt" ist aber nicht wie ein Standardwert ein Merkmal eines Attributs, sondern ein spezielles Individuum der jeweiligen Zielgattung.

Zwischen den Attributen einer (Quell-)Gattung können Abhängigkeiten existieren. Diese werden Strukturbedingungen genannt. Der Fahrer eines Pkw ist zum Beispiel stets auch ein Insasse dieses Pkw. Für die Attribute "fahrer" und "insasse" von "Pkw" muß also eine Strukturbedingung formuliert werden können, die eine Teilmengenbeziehung unter Berücksichtigung der Zeit verlangt. Strukturbedingungen sind bei der Zuordnung von Individuen zu Gattungen wesentlich. Sobald die Zuordnung durchgeführt ist, werden die Strukturbedingungen nicht mehr – oder nur noch selten – ausgewertet. Strukturbedingungen spielen deshalb im Objektbereich nur eine geringe Rolle, da davon ausgegangen wird, daß die Zuordnungen von Individuen zu Gattungen korrekt durchgeführt wurden.

Für die Erstellung von Begriffsgraphen für den Objektbereich sollten also folgende Beschreibungsmittel zur Verfügung stehen:

- Gattungszugehörigkeitsbeziehung mit Merkmal Lebenszeit
- Generalisierung und Aggregation
- Attribut mit folgenden Merkmalen
    - Kardinalität
    - Zeitabhängigkeit
    - funktionale Abhängigkeit
    - Quantifizierung
    - Standardwert
- Strukturbedingungen

Einige der Merkmale sind nicht zwingend erforderlich, aber sie erleichtern eine natürliche Modellierung.

5.2 Eigenschaften des Ablaufbereichs

Der Ablaufbereich gliedert sich nach dem Grobsystementwurf wie der Objektbereich in Gattungen mit ihren Beziehungen und Ausprägungen zusammen mit der Gattungszugehörigkeitsbeziehung. Jede Ablauf-Gattung steht für eine Klasse von Abläufen, die potentiell in einem gewählten Diskursbereich möglich sind. Die Ablauf-Gattungen erlauben unter anderem die Modellierung der im zweiten Kapitel entwickelten Ablaufhierarchie. Zwischen Ablauf-Gattungen gibt es als hierarchiebildende Relationen die Generalisierung und die Aggregation. Die Generalisierungshierarchie geht bei Abläufen aber meist nur über wenige Stufen, wie z.B. bei "Parkplatzsuchen Hauptstraße" $\rightarrow$ "Parkplatzsuchen Innerstädtisch" $\rightarrow$ "Parkplatzsuchen" $\rightarrow$ "Episode" $\rightarrow$ "Ablauf". Die Aggregation spielt eine untergeordnete Rolle, kommt aber vor, wenn z.B. nach dem Ort unterschieden wird, an dem Abläufe stattfinden, wie "Ablauf auf Spielplatz".

Ablauf-Individuen beschreiben zeitliche Veränderungen, die auf eine vorgegebene Art zusammenhängen. Beispielsweise beginnt ein Ablauf "Bewegen" mit der ersten beobachtbaren Koordinatenänderung und endet, sobald zum erstenmal die Koordinaten an zwei aufeinanderfolgenden Zeitpunkten gleich sind. Ablauf-Individuen sind von vornherein zeitlich begrenzt, und damit gibt es auch im Ablaufbereich eine "Lebenszeit" als Merkmal der Gattungszugehörigkeitsbeziehung.

Attribute von Ablauf-Gattungen teilen sich in zwei Gruppen auf, je nachdem ob die Zielgattung eine Objekt-Gattung oder eine Ablauf-Gattung ist. Mit der ersten Gruppe ist der Zusammenhang zwischen den beiden Bereichen hergestellt. Ein Attribut, dessen Zielgattung eine Objekt-Gattung ist, entspricht einem Teil eines Kasusrahmens [Fillmore 68], der in der maschinellen Sprachverarbeitung zur Beschreibung der Bedeutung von Sätzen benutzt wird. Ein typisches Attribut ist z.B. "agent" mit der Quellgattung "Parkplatzsuchen" und der Zielgattung "Pkw". Die Attribute, deren Zielgattung ebenfalls Ablauf-Gattungen sind, beschreiben Teil-Abläufe, d.h. diejenigen Ablauf-Gattungen, aus denen der komplexere Ablauf gebildet wird.

Über die Verschiedenheit der Zielgattungen (Objekte oder Abläufe) könnte man zwei Attributarten unterscheiden, nämlich eine Art für die Komposition eines Ablaufs aus Teil-Abläufen, eine andere für die anderen Eigenschaften von Abläufen. Eine solche Aufteilung ist sinnvoll, wenn die Komposition anders behandelt wird als die anderen Eigenschaften von Abläufen, wenn sie andere Merkmale benötigt als die sonstigen Attribute oder wenn ihr ein anderes Gewicht für die Beschreibung eines Ablaufs zugestanden wird als den restlichen Eigenschaften. Für EPEX sind diese Voraussetzungen aber nicht gegeben, so daß diese Unterscheidung der Attribute durch unterschiedliche Beschreibungsmittel unnötig erscheint. Der Unterschied ist aber jederzeit an der Art der Zielgattung erkennbar.

Wie bei den Objekten werden bei den Abläufen über die Generalisierungshierarchie und die Attribute externe Varianten definiert, die für Zwecke der weiteren Verarbeitung voneinander zu unterscheiden sind. Beispielsweise könnten "Parkplatzsuchen Hauptstraße" und "Parkplatzsuchen Parkplatzfläche" Varianten von "Parkplatzsuchen" sein, die man auseinanderhalten will.

Auch Attribute von Ablauf-Gattungen können zeitabhängig sein. Der Ort, auf dem ein Ablauf "Parkplatzsuchen" stattfindet, kann z.B. zuerst eine bestimmte Straße und anschließend eine Parkfläche sein. Der Agent dieses "Parkplatzsuchen" ist dagegen während der gesamten Lebenszeit des Ablaufs dasselbe Fahrzeug, also zeitlich unveränderlich.

Das Merkmal Kardinalität ist ebenfalls für Attribute von Ablauf-Gattungen sinnvoll. So sind bei einem Ablauf "Einander nähern" mindestens zwei Agenten beteiligt, es können aber auch noch mehr sein.

Der Ort eines Ablaufs ist in vielen Fällen identisch mit dem Ort seines Agenten. Man kann also für ein Ablauf-Individuum die Attribut-Ausprägung von "ort" aus den Attribut-Ausprägungen von "agent" ableiten. Man benötigt wieder ein Merkmal für die funktionale Abhängigkeit.

Komplexe Ablauf-Individuen müssen nicht immer vollständig erkannt werden, sondern können gemäß der Definition von Episoden über das Modellwissen ergänzt werden. Man könnte vermuten, daß es dazu ausreicht, wie im Objektbereich einfach Standardwerte für Attribut-Ausprägungen vorzugeben. Leider lassen sich im Ablaufbereich "fertige" Individuen, die zu einer Zielgattung passen, nicht angeben. Beispielsweise könnte man beim "Parkplatzsuchen" für einen Teilablauf "Aussteigen" nur angeben, daß dessen Agent ein Insasse desjenigen Fahrzeugs sein muß, welches Agent des "Parkplatzsuchen"-Individuums ist, und daß das Fahrzeug, aus dem ausgestiegen wird, eben dieser Agent des "Parkplatzsuchen"-Individuums ist. Man ist also gezwungen, die Attribut-Ausprägungen für jedes konkrete Ablauf-Individuum erst zu berechnen. Diese sind aber offensichtlich keine Standardwerte mehr, sondern das Ergebnis einer geeigneten Berechnung, bei der die durch die Strukturbedingungen gegebenen Einschränkungen ausgenutzt werden. Daraus folgt, daß auf Standardwerte bei Attributen von Ablauf-Gattungen verzichtet werden kann. Gleichzeitig bedeutet dies aber, daß die Strukturbedingungen im Ablaufbereich eine wesentlich wichtigere Rolle spielen als im Objektbereich. Über die Strukturbedingungen muß man in der Lage sein, aus vorgegebenen Attribut-Ausprägungen eines Individuums noch fehlende zu berechnen. Die Strukturbedingungen übernehmen damit Aufgaben, wie sie aus "constraint systems" bekannt sind.

Durch Strukturbedingungen werden Abhängigkeiten zwischen Attributen dargestellt. Die Überprüfung solcher Abhängigkeiten ist wichtig, wenn die Gattungszugehörigkeitsbeziehung für ein neu erzeugtes Ablauf-Individuum etabliert wird, damit keine Inkonsistenzen auftreten. Da die Strukturbedingungen innerhalb des Ablaufbereichs eine wesentliche Rolle spielen, ist nicht zu erwarten, daß man mit einigen wenigen vorgegebenen Strukturbedingungen auskommt. Hier muß die Möglichkeit geschaffen werden, daß ein Modellierer des Begriffsgraphen neue Strukturbedingungen definieren kann.

Die Modellierung des Begriffsgraphen für den Ablaufbereich erfordert somit die folgenden Beschreibungsmittel:

- Gattungszugehörigkeitsbeziehung mit Merkmal Lebenszeit
- Generalisierung und Aggregation
- Attribut mit folgenden Merkmalen
  - Kardinalität
  - Zeitabhängigkeit
  - funktionale Abhängigkeit
- benutzerdefinierbare Strukturbedingungen

5.3 Bekannte Darstellungsformen

In diesem Abschnitt beschäftigen wir uns nun mit der Auswahl geeigneter Darstellungsformen für Objekt- und Ablaufbereich. Die Präzisierung der Anforderungen an die Beschreibungsmittel hat ergeben, daß beide Bereiche sehr ähnlich sind. Es sind daher auch ähnliche Darstellungsformen für beide Bereiche zu erwarten. Die Überprüfung, welche bekannte Darstellungsformen im Prinzip geeignet wären, wird deshalb für Objekt- und Ablaufbereich gleichzeitig durchgeführt.

Die Eigenschaften von Objekten und Abläufen legen eine Gattungs-zentrierte Darstellung nahe. Wir beschäftigen uns deshalb hauptsächlich mit Darstellungsformen, die diese Sichtweise unterstützen. Da in den letzten Jahren viele solcher Darstellungsformen in der KI und im Datenbankbereich entwickelt wurden, beschränken wir uns im folgenden auf ausgewählte Vertreter verschiedener "Paradigmen".

Bei den Programmiersprachen sind das sogenannte "objektorientierte Programmiersprachen" wie SMALLTALK [Goldberg und Robson 83] oder LOOPS [Stefik et al. 83]. Weiter stammen aus der KI Ansätze zu Rahmenkonstrukten (frames) wie KRL [Bobrow und Winograd 77] und Ansätze, die auf semantischen Netzen aufbauen, wie KL-ONE [Brachman und Schmolze 85] und dessen Weiterentwicklungen. An Darstellungsformen aus dem Datenbankbereich sind objektorientierte Ansätze wie

"Molekulare Objekte" [Batory und Buchmann 84] oder PROBE [Dayal und Smith 86] interessant. Das "ER-Modell" [Chen 76] mit seinen vielfältigen Erweiterungen ist ein bereits häufig verwendetes Modellierungsmittel aus diesem Bereich.

Zusätzlich sind für den Ablaufbereich noch Darstellungsformen interessant, die sich mit zeitlichen / kausalen Zusammenhängen und mit der Beschreibung von Abläufen beschäftigen. Wir betrachten hier die "Petri-Netze" [Reisig 82] und die "Conceptual-Dependency-(CD-)Theorie" zusammen mit den "Scripts" [Schank und Abelson 77].

5.3.1 Objektorientierte Programmiersprachen

Objektorientierte Sprachen wie LOOPS [Stefik et al. 83] oder SMALLTALK [Goldberg und Robson 83] verknüpfen den rein deklarativen Anteil der Wissensbeschreibung mit einem prozeduralen Ansatz. "Objekte" der Sprache sind aufgegliedert in "Klassen" (classes) und "Ausprägungen" (instances). Eine Klasse beschreibt die Struktur und das Verhalten gleicher Ausprägungen. Klassen lassen sich als Gattungen, Ausprägungen als Individuen interpretieren.

Eine Klasse hat drei Bestandteile: Angabe der "Oberklassen", der "Variablen" und der "Methoden". Über die Oberklassenangaben werden Vererbungsnetzwerke gebildet. Eine Klasse erbt die Eigenschaften ihrer Oberklassen. Durch die Variablen wird die Struktur einer Klasse beschrieben. Variable sind in SMALLTALK und LOOPS in Klassenvariable – die Information ist für alle Ausprägungen gültig – und Ausprägungsvariable – die nur für die jeweilige Ausprägung gültige Werte enthalten – aufgeteilt. Den Variablen können Standardwerte zugeordnet werden. Weitere Informationen über die Variablen können in SMALLTALK nicht angegeben werden, LOOPS bietet zusätzlich "Erläuterungen" (annotations), in denen z.B. Bedingungen für mögliche Werte einer Variablen stehen können.

Das Verhalten von Ausprägungen wird durch Methoden (Funktionen) beschrieben, die den dritten Bestandteil einer Klasse ausmachen, und z.B. in LOOPS durch Lisp-Funktionen realisiert sind. Über die Methoden werden auch die Werte von Variablen bestimmt. Objekte interagieren durch Nachrichten. Methoden liefern die Antworten auf Nachrichten von anderen Objekten. Wie die Modellierung von Objekt-Gattungen in LOOPS aussehen würde, wird am Beispiel "Fahrzeug" im Bild 5.3.1_1 gezeigt. "Fahrzeug" erbt die Methoden und Variablen seiner Oberklassen "Bewegliches-Objekt" und "Objekt". Von "Bewegliches-Objekt" sind dies die Ausprägungsvariablen "lage" und "geschwindigkeit" mit den vorgegebenen Standardwerten, außerdem die Methoden "geschwindigkeit", "hinzufügen-lage" und "lebenszeit". Bei der Deklaration einer Methoden ist jeweils der Name der Funktion angegeben, die die Methode realisiert, also z.B. für "lebenszeit" die Funktion "Bewegliches-Objekt.lebenszeit".

```
Bewegliches-Objekt
    MetaClass        Class
    Supers           Objekt
    ClassVariables   –
    InstanceVariables
        lage ( (0 0 0) [0] )                        doc (* liste der koordinaten zu jedem zeitpunkt)
        geschwindigkeit ( 0 [0] )                   doc (* liste der geschwindigkeiten zu jedem zeitpunkt)
    Methods
        lebenszeit Bewegliches-Objekt.lebenszeit   doc (* bestimmt lebenszeit einer ausprägung)
        hinzufügen-lage Bewegliches-Objekt.hinzufügen-lage  doc (* fügt element in lage ein;
                                                        argument: zeitpunkt koordinate)

        geschwindigkeit Bewegliches-Objekt.geschwindigkeit  doc (* liefert geschwindigkeit;
                                                        argument: zeitpunkt)
        ⋮

Fahrzeug
    MetaClass        Class
    Supers           Bewegliches-Objekt
    ClassVariables   –
    InstanceVariables
        fahrer –                                    doc (* liste der fahrer mit zugehörigem zeitintervall)
        mitfahrer –                                 doc (* liste der mitfahrer mit zugehörigem zeitintervall)
    Methods
        hinzufügen-fahrer Fahrzeug.hinzufügen-fahrer    doc (* fügt element in fahrer ein;
                                                        argument: fahrer zeitintervall)

        hinzufügen-mitfahrer Fahrzeug.hinzufügen-mitfahrer  doc (* fügt element in mitfahrer ein;
                                                        argument: mitfahrer zeitintervall)

        entfernen-fahrer Fahrzeug.entfernen-fahrer      doc (* entfernt element aus fahrer;
                                                        argument: fahrer zeitintervall)
        ⋮
```

Bild 5.3.1_1: Ausschnitt aus der Modellierung von "Fahrzeug" mit LOOPS

Objektorientierte Sprachen wie LOOPS und SMALLTALK unterstützen die für Objekt- und Ablaufbereich geforderten Beschreibungsmittel Generalisierung und Aggregation und die Angabe von Standardwerten für einzelne Attribute (hier: Variablen) explizit. Die anderen Merkmale eines Attributs wie Kardinalität und Zeitabhängigkeit lassen sich nicht explizit darstellen, können jedoch über die Methoden modelliert werden und sind dann implizit vorhanden. Dies gilt auch für die Strukturbedingungen. Die Zuordnung einer Ausprägung zu einer Klasse bei der Ausprägungserzeugung in LOOPS oder SMALLTALK entspricht der Etablierung der Gattungszugehörigkeitsbeziehung zwischen einem Individuum und einer Gattung in unserer Darstellung. Allerdings ist hierfür kein Merkmal "Lebenszeit" vorhanden. Dies müßte man mit entsprechenden Ausprägungsvariablen simulieren.

5.3.2 Rahmenkonstrukte (frames)

Darstellungsformen, die sich an Rahmenkonstrukten orientieren, gehen auf die "Frame"-Theorie von Minsky zurück [Minsky 75]. Ein bekannter Vertreter ist KRL (Knowledge Representation Language) [Bobrow und Winograd 77]. Wissen wird deklarativ und "objektorientiert" dargestellt, zusätzlich existieren komplexe Funktionen zum Operieren auf der Wissensbasis, z.B. "Mustervergleich".

Beschreibungen von Gebilden sind in "Einheiten" (units) zusammengefaßt, die durch "Fächer" (slots) weiter strukturiert sind. Jede Einheit hat einen eindeutigen Namen und gehört zu einer semantischen Kategorie. Die zunächst vorgegebenen semantischen Kategorien der Einheiten wie "Basic", "Abstract", "Specialisation", "Individual" wurden später zum Teil wieder fallengelassen, da sie als nicht allgemein genug angesehen wurden. Ein Benutzer kann nun seine eigenen semantischen Kategorien definieren.

Für die Fächer existieren Merkmale, die potentielle Werte der Fächer beschreiben. Angaben sind unter anderem Relationen mit Fächern anderer Einheiten, Verweise auf ganze Einheiten, Selektionen, die einer Fallunterscheidung (case) entsprechen, oder Gültigkeitsangaben, die sich auf das Vorhandensein anderer Einheiten beziehen. Jeder Fach-Beschreibung können Prozeduren zugeordnet sein, die unter bestimmten Bedingungen ausgeführt werden ("Trigger"- und "Demon"-Mechanismen). Zusätzlich können Meta-Merkmale verwendet werden, die unter anderem Standardwert-Angaben für Merkmale beinhalten. Der Vererbungsmechanismus in KRL ist über ein spezielles Fach "Self" realisiert, das aber nur optional angegeben sein muß. Das nächste Bild zeigt eine KRL-Darstellung für "Fahrzeug". "Fahrzeug" erbt von "Bewegliches-Objekt" die Fächer "lage" und "geschwindigkeit". Für jedes Fach ist die Art der möglichen Fachwerte angeführt, die wieder benutzerdefinierte Einheiten sein können wie "Person" oder "Zeit/Raum-Koordinatentupel". Im Fall von "geschwindigkeit" ist neben der Fachart noch zusätzlich die Berechnungsprozedur "hat-wert" mit entsprechender Parameterart angegeben.

```
[Bewegliches-Objekt UNIT Basic
    <SELF (a Objekt)>
    <lage (Setof (a Zeit/Raum-Koordinatentupel) ) >
    <geschwindigkeit (Setof (a Zeit-Wert (which hat-wert (a lage) ) ) ) > ]


[Fahrzeug UNIT Specialisation
    <SELF (a Bewegliches-Objekt)>
    <fahrer (Setof (a Person)) >
    <mitfahrer (Setof (a Person)) >]
```

Bild 5.3.2_1: Ausschnitt aus der Modellierung von "Fahrzeug" mit KRL

Ein wesentliches Element von KRL ist die Benutzung von verschiedenen Methoden zum Mustervergleich. Bei der Klassifizierung eines Datums werden Merkmale des Datums mit denen des Musters verglichen. Als Muster wird dabei aber nicht die Definition, sondern der sich durch Auswertung der Definition ergebende Prototyp verwendet. Bei diesem Vergleich können Ableitungen über die Merkmalsangaben bis zu einer vorgegebenen Vergleichstiefe durchgeführt werden.

KRL unterstützt die für Objekt- und Ablaufbereich geforderten Beschreibungsmittel Generalisierung und Aggregation nur in geringem Maße über die Verwendung des Fachs "Self". Die Eigenschaften von Attributen dagegen lassen sich mit den KRL-Beschreibungsmitteln relativ gut angeben. Allerdings werden bei der Beschreibung der Fächer deklarative Aspekte mit Ableitungsaspekten sehr stark vermischt, es wird zuviel Information durch die Merkmale realisiert. Dies führt sehr leicht zu unübersichtlichen Modellierungen.

5.3.3 Netzwerkorientierte Darstellungsformen

Netzwerkorientierte Darstellungsformen basieren auf der in [Quillian 68] entwickelten Idee der semantischen Netze. Ein bekannter Vertreter ist KL-ONE [Brachman und Schmolze 85], das auf strukturierten Vererbungsnetzwerken aufbaut. KL-ONE gliedert sich in (ursprünglich) zwei Teile: einen terminologischen zur Beschreibung von Begriffen mit Hilfe anderer Begriffe und einen assertionalen, der Ausprägungen der Begriffe enthält. KL-ONE beschäftigt sich hauptsächlich mit dem terminologischen Teil, Varianten wie Krypton [Brachman et al. 83] oder NIKL [Kaczmarek et al. 86] aber mit beiden.

Das Grundelement in KL-ONE für den terminologischen Teil ist der "Begriff" (concept). Ein Begriff kann "generischer Begriff" (generic concept) oder "Individuen-Begriff" (individual concept) sein. Generische Begriffe bilden eine Generalisierungshierarchie, wobei ein Unterbegriff mehrere Oberbegriffe besitzen kann. Ein Begriff erbt die Eigenschaften seiner Oberbegriffe. Es wird außerdem zwischen primitiven generischen Begriffen, die alle notwendigen Eigenschaften angeben, und definierten generischen Begriffen, die alle hinreichenden und notwendigen Eigenschaften angeben, unterschieden. Diese Unterscheidung ist für die Verwendung des "Klassifikators" wesentlich, der automatisch neue Begriffe in ein bestehendes Netz einfügt. Der Klassifikator ist eine Besonderheit von KL-ONE, die in anderen Darstellungsformen nicht vorhanden ist.

Eine weitere Beziehung zwischen generischen Begriffen ist eine zweistellige gerichtete Relation, die "Rolle" (RoleSet) genannt wird. Eine Rolle hat die Merkmale "Werteinschränkung" (value restriction v/r) und "Kardinalität" (number restriction), über die mögliche Werte beschrieben werden. Für Individuen-Begriffe heißt die Rolle "I-Rolle". Die Merkmale von Rollen, die von Oberbegriffen ererbt werden, können durch "Restriktion" (restriction) weiter eingeschränkt oder durch "Differentiation" (differentiation) auf mehrere Rollen verteilt werden. Für I-Rollen ist analog zur Restriktion die "Partikularisierung" (particularisation) vorgesehen, die den Wertebereich einer I-Rolle weiter einschränkt. Außerdem können zwischen Rollen noch Bedingungen bestehen, die durch "Strukturbedingungen" (structural description) ausgedrückt werden. Eine mögliche Modellierung von "Fahrzeug" in KL-ONE hat die in Bild 5.3.3_1 dargestellte Form. Die Hierarchie wird durch einen dicken schwarzen Pfeil symbolisiert, Rollen durch —⊕→ und generische Begriffe durch Ellipsen. Bei Rollen wird zusätzlich ein Bezeichner sowie die Kardinalität aufgeführt, z.B. die Rolle "lage" mit Kardinalität $(1,\infty)$, wobei "∞" für unbegrenzte Anzahl steht. Für jedes Fahrzeug sind in dieser Modellierung beliebig viele Fahrer zugelassen, da diese sich über der Zeit ändern können.

Der assertionale Teil in KL-ONE ist nur wenig ausgebaut. Als Besonderheit ist hier zu erwähnen, daß Ausprägungen zu Kontexten in "Nexus" zusammengefaßt werden können. Damit läßt sich darstellen, welche Ausprägungen im Rahmen eines bestimmten Kontextes "existieren" und welche Bedeutung sie in diesem Kontext haben, d.h. zu welchen Gattungen sie gehören. Beispielsweise kann eine Ausprägung im Sinne von KL-ONE in einem Nexus ein "Student", in einem anderen Nexus ein "Fahrzeugfahrer" sein.

KL-ONE stellt Beschreibungsmittel für Generalisierung und Aggregation sowie für Attribute mit Merkmal Kardinalität zur Verfügung. Auch Strukturbedingungen sind vorhanden. Die Zeit wird durch die Beschreibungsmittel nicht erfaßt, lediglich die Gattungszugehörigkeitsbeziehung mit Merkmal Lebenszeit ist andeutungsweise in den Nexus wiederzufinden. In der KL-ONE-Variante LOOM [MacGregor und Bates 87] sind außerdem auch Standardwerte vorgesehen.

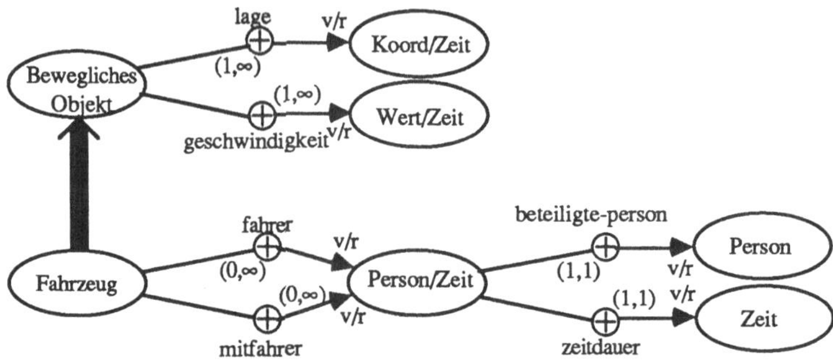

Bild 5.3.3_1: Ausschnitt aus einer Modellierung von "Fahrzeug" mit KL-ONE

5.3.4 Objektorientierte Modelle aus dem Datenbankbereich

Aus den Anforderungen von Datenbankanwendungen in technischen Bereichen wie VLSI-Entwurf oder CAD-Aufgaben sind Anfang der 80er Jahre Datenmodelle entstanden, die die Darstellung zusammengesetzter Beschreibungseinheiten unterstützen.

Ein typischer Vertreter sind die "Molekularen Objekte" [Batory und Buchmann 84]. Molekulare Objekte werden durch "Molekulare Aggregation" gebildet, d.h. sie sind die Abstraktion einer Menge von Gegenständen mit Beziehungen zwischen den Gegenständen. Entsprechend existieren je nach Betrachtungsebene verschiedene Darstellungsformen: auf einer höheren Ebene wird ein Molekulares Objekt durch ein Datentupel dargestellt, auf einer niedrigeren Ebene durch mehrere untereinander verbundene Datentupel. Es werden vier verschiedene Typen von Molekularer Aggregation definiert. Für diese wird eine Übertragung auf das relationale Datenmodell angegeben. Damit lassen sich dann auch Zugriffsoperatoren definieren, die gleichzeitig Änderungen in verschiedenen Relationen vornehmen können. Ziel des gesamten Ansatzes ist es nicht, einem Modellierer möglichst natürliche Beschreibungsmittel zur Verfügung zu stellen, sondern aufzuzeigen, wie zusammengesetzte Einheiten innerhalb des Relationenmodells möglichst geschickt verwaltet werden können.

Ein anderer objektorientierter Ansatz, der nicht nur effiziente Zugriffsmöglichkeiten im Auge hat, sondern auch flexible Beschreibungsmittel für den Modellierer zur Verfügung stellt, ist PROBE [Dayal et al. 87]. PROBE orientiert sich am funktionalen Datenmodell DAPLEX [Shipman 81], welches Datenstrukturen, die mit klassischen Datenmodellen darstellbar sind, funktional beschreibt.

Die Basiskonstrukte in PROBE sind "Gegenstände" (entities) und "Funktionen". Gegenstände stehen für Einheiten des Diskursbereichs. Funktionen werden zur Beschreibung von Beziehungen zwischen Gegenständen sowie von Gegenstands-Eigenschaften benutzt. Dabei wird zwischen Funktionen, die genau einen Wert liefern, und Funktionen, die beliebig viele Werte liefern, unterschieden. Funktionen können beliebig viele Argumente haben, so daß Beziehungen zwischen beliebig vielen Gegenständen dargestellt werden können. Funktionen können extensional und intensional sein, d.h. Werte können aus anderen abgeleitet werden. Die Funktionen können innerhalb von PROBE in einer beliebigen Programmiersprache vorliegen. Außerdem ist ein Konstrukt vorgesehen, mit dem inverse Funktionen definierbar sind. Gegenstände können in Generalisierungshierarchien angeordnet werden. Die Einbringung von Gegenständen in andere Gegenstände erfolgt über ein Konstrukt "Bestandteil-von" (Component of). Für die Operatoren sind dann Abhängigkeiten beim Verändern von zusammengesetzten Gegenständen angebbar. Mit einigen vordefinierten Datenmanipulationsfunktionen wie "zählen", "maximum" können Bedingungen an die Eigenschaften von Gegenständen gestellt werden, z.B. daß die Anzahl der Werte eine vorgegebene Anzahl nicht überschreiten darf.

PROBE hat zum Ziel, Nicht-Standard-Anwendungen wie VLSI-Entwurf zu unterstützen. In diesen Bereichen kommen häufig räumliche und zeitliche Daten vor. Probe sieht als speziellen Gegenstand deshalb ein "Punkt-Mengen-Konstrukt" (PTSET) vor, das mit Dimensionsangaben gekoppelt ist. Räumliche Daten sind mehrdimensional und linear geordnet (z.B. Flächen), zeitliche Daten können als eindimensional betrachtet werden (z.B. Zeitpunkt, Zeitintervall). Zu diesem Punkt-Mengen-Konstrukt existieren Funktionen, die abstrakte Eigenschaften bestimmen wie "innerhalb", "unter" für räumliche Daten und "während", "vorher" für zeitliche Daten.

PROBE unterstützt die für Objekt- und Ablaufbereich aufgestellten Forderungen nach Aggregation und Generalisierung. Bei Attributen lassen sich die Merkmale Kardinalität und Zeitabhängigkeit entweder mit vorgegebenen Datenmanipulationsfunktionen realisieren oder es können Funktionen aus schon vorhandenen zusammengesetzt werden. Auch funktionale Abhängigkeiten und Strukturbedingungen können auf diese Weise behandelt werden. Standardwert-Angaben werden dagegen nicht unterstützt.

Die Modellierung von "Fahrzeug" mit PROBE ist im anschließenden Bild skizziert. Durch die Angabe von "PTSET" beim Gegenstand (entity) "Objekt" wird eine zeitliche Dimension hinzugefügt, die sich auf Spezialisierungen vererbt. Attribute werden syntaktisch durch "function" und "→" beschrieben, wobei vor dem Pfeil der Attributname und die beteiligten Gattungen stehen, nach dem Pfeil die Zielgattung. Durch zusätzliche Angaben wie "temporal sequence of" können Zeiteigenschaften berücksichtigt werden. In der Modellierung ist für das Attribut "geschwindigkeit" außerdem eine Berechnungsvorschrift angegeben, bei der eine vorgegebene Funktion "precedes" verwendet wird.

```
entity Objekt is PTSET

entity Bewegliches-Objekt is Objekt
     function lage(Bewegliches-Objekt) → temporal sequence of Koordinaten
     function geschwindigkeit(Bewegliches-Objekt) → temporal sequence of real
          for b-o in Bewegliches-Objekt define
          geschwindigkeit(b-o) := geschw(lage(b-o1),lage(b-o2) )
                    where b-o1, b-o2 isin Bewegliches-Objekt(lage(b-o))
                         and precedes(b-o1 b-o2)

entity Fahrzeug is Bewegliches-Objekt
     function fahrer(Fahrzeug) → set of Person
     function mitfahrer(Fahrzeug) → set of Person
```

Bild 5.3.4_1: Ausschnitt aus einer Modellierung von "Fahrzeug" mit PROBE

5.3.5 Gegenstand-Beziehungs-Modell (Entity-Relationship-Model)

Um Diskursbereichswissen unabhängig von speziellen Datenbanksystemen darstellen zu können, wurden Ende der 70er Jahre "semantische Datenmodelle" entwickelt. Die bekannteste Darstellungsform dieser Art ist das "Entity-Relationship-Model" (ER-Model), im Deutschen "ER-Modell" [Chen 76], das inzwischen viele Erweiterungen erfahren hat [Korth und Silberschatz 86]. In seiner ursprünglichen Form bietet das ER-Modell zwei grundlegende Elemente an: "Gegenstand" (entity) und "Beziehung" (relationship). Gegenstände sind strukturierte Einheiten, die die interessierenden Vorkommnisse des Diskursbereichs modellieren. Gegenstände sind Ausprägungen von Gegenstandsklassen. Beziehungen beschreiben Zusammenhänge zwischen Gegenständen und sind Ausprägungen von Beziehungsklassen. Das "ER-Modell-Schema" besteht aus der Gesamtheit der Gegenstands- und der Beziehungsklassen.

Gegenstands- und Beziehungsklassen besitzen Attribute, die sie beschreiben. Diese Attribute "gehören" zu ihnen, wobei der Wertebereich dieser Attribute jedoch auf einige vordefinierte Angaben wie "Zeichenkette" (string) beschränkt ist. Zusätzlich wird bei Beziehungsklassen noch angegeben, aus welchen Gegenstandsklassen die für die Beziehung notwendigen Exemplare kommen und welche "Rolle" die Gegenstandsklassen in der Beziehung einnehmen. Es können beliebig viele Gegenstandsklassen Rollen in einer Beziehungsklasse übernehmen. Zusätzlich wird angegeben, ob einer oder mehrere Gegenstände einer Gegenstandsklasse an einer Beziehung beteiligt sind.

Das ER-Modell hat ursprünglich eine flache Anordnung. Erst in Erweiterungen [Smith und Smith 77] werden Generalisierungshierarchien eingeführt, wobei eine spezialisiertere Gegenstandsklasse nur eine einzige generellere haben darf. Durch Aggregation können Beziehungsklassen zusammen mit den Gegenstandsklassen, die in dieser Beziehungsklasse eine Rolle übernehmen, wiederum als Gegenstandsklasse definiert werden.

Weitere Erweiterungen betreffen die Einbeziehung von zeitlichen Abhängigkeiten. Ein weitgehender Ansatz ist TERM (Temporal ER-Model) [Klopprogge und Lockemann 83]. In TERM ist nicht nur die Zeitabhängigkeit von Attributen, Rollen sowie Gegenständen und Beziehungen spezifizierbar, sondern es sind auch benutzerdefinierte Wertberechnungen für zeitabhängige Angaben, die nicht explizit vorhanden sind, vorgebbar. Andere zeitlichen Erweiterungen (z.B. [Ferg 85]) führen dagegen nur Zeitpunkt- bzw. Zeitdauer-Attribute ein, ohne auf nicht explizit vorhandene Werte einzugehen. Im nächsten Bild wird eine Modellierung mit dem ER-Modell exemplarisch aufgezeigt, wobei die Erweiterungen sowie die Darstellung von TERM übernommen wird [Klopprogge 83]. In dieser Modellierung kann die Zeitabhängigkeit einer Rolle explizit dargestellt werden, so daß z.B. die Beziehung "Fahrer" mit einem festen Fahrzeug und jeweils einer Person, die aber wechseln kann, modelliert werden kann.

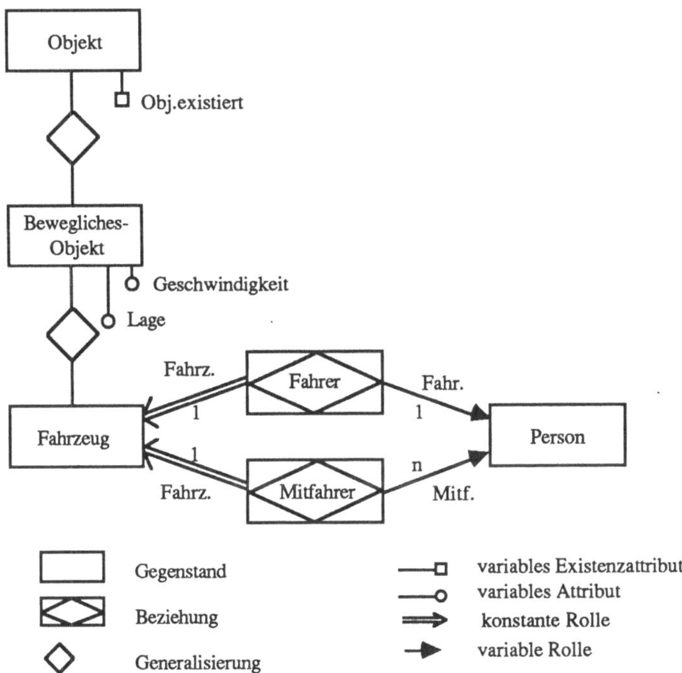

Bild 5.3.5_1: Ausschnitt der Modellierung eines "Fahrzeugs" mit dem ER-Modell

Das ER-Modell ist als Entwurfshilfsmittel entwickelt worden. Deshalb sind hierfür im Gegensatz zu PROBE zunächst auch keine Datenmanipulationsfunktionen vorhanden. Diese werden erst bei einigen der Erweiterungen mit eingebracht.

Die verschiedenen ER-Modell-Erweiterungen erlauben die Darstellung der meisten für Objekt- und Ablaufbereich geforderten Beschreibungsmittel. Allerdings sind bisher in keiner Erweiterung alle Möglichkeiten vereinigt. Für die Merkmale "funktionale Abhängigkeit" und "Quantifizierung" von Attributen sind keine ER-Modell-Erweiterungen bekannt. Das gilt auch für die Strukturbedingungen.

5.3.6 Petri-Netze

Petri-Netze wurden für die Beschreibung des Zusammenspiels von Prozessen innerhalb eines Systems schon Anfang der 60er Jahre entwickelt [Petri 62]. Petri-Netze sind ein graphentheoretisches Hilfsmittel, das auf gerichteten Graphen mit zwei Arten von Knoten basiert. Knoten sind entweder "Stellen" S (O), die bestimmte Zustände beschreiben, oder "Transitionen" T (□), die Übergänge darstellen. Eine Kante des Graphen kann keine zwei Knoten der gleichen Art verbinden. Stellen, von denen Kanten zu einer Transition führen, entsprechen Vorbedingungen für eine Transition. Stellen, in die Kanten münden, sind Nachbedingungen einer Transition.

Die Dynamik innerhalb eines Netzes wird durch die Bewegung von "Marken" entlang der Kanten realisiert. Jede Stelle kann keine, eine oder mehrere Marken enthalten. Eine Transition kann dann durchgeführt werden, wenn alle Vorbedingungen genügend viele Marken enthalten und die Nachbedingungen noch genügend Platz für neue Marken haben. Nach Durchführung der Transition enthält jede Vorbedingung eine Marke weniger, jede Nachbedingung eine Marke mehr.

Mit den ursprünglich definierten Petri-Netzen lassen sich kausale Zusammenhänge gut darstellen. Insbesondere gilt dies für sequentielle Prozeßreihenfolgen sowie für parallele Prozesse und die Prozeß-synchronisation. Petri-Netze sind dagegen nicht für die Modellierung zeitlicher Aspekte vorgesehen: *"Für den Eintritt von Ereignissen werden keine zeitlichen Annahmen zugelassen, nur die Kausalordnung zwischen den Ereignissen ist maßgeblich. Zeitliche Annahmen wären 'penny-wise and pound-foolish' [2], d.h. die Festlegung von genauen Ausführungszeiten kann zwar lokal optimieren, belastet aber den Grundentwurf in unannehmbarer Weise."* [Herzog et al. 84, Seite 22]. Zeitliche Abhängigkeiten lassen sich mit Petri-Netzen nur dann auf natürliche Art darstellen, wenn eine getaktete Zeit vorausgesetzt wird und für alle beteiligten Prozesse die Anzahl der Takte bekannt ist. Für EPEX ist dies jedoch nicht gegeben.

Petri-Netze erlauben die Darstellung aussagenlogischer Verknüpfungen. Es können damit die Ausschnitte eines Diskursbereichs modelliert werden, die durch Aussagenlogik ausdrückbar sind. Ein Beispiel hierfür ist die Generalisierungshierarchie: wenn Auto, dann Kfz; wenn Episode, dann Ablauf. Petri-Netze erlauben es aber nicht, über verschiedene Ausprägungen einer Gattung zu sprechen, da man dann über die Aussagenlogik hinausgehen müßte.

Höhere Petri-Netze wie "Prädikat/Transitionen-Netze" (PTr) [Richter 84] erlauben die Modellierung solcher Angaben. PTr-Netze basieren auf einer Sortenlogik. Jede Stelle entspricht einem Prädikat mit feststehenden Argumentsorten. Die Marken, die eine Transition an die Nachbedingungen weitergibt, sind Argumenttupel. Transitionen können außerdem mit Schaltbedingungen verknüpft sein. PTr-Netze stellen damit zwei prinzipielle Möglichkeiten für die Darstellung von Abläufen zur Verfügung.

Zum einen können Gattungen als Sorten interpretiert werden, Attribute als zweistellige Prädikate mit den Sorten Quellgattung und Zielgattung. Damit sind z.B. Strukturbedingungen darstellbar, wie in Bild

5.3.6_1 am Beispiel für die Bedingung: sind Abläufe "Verharren" und "Bewegen" am Ablauf "Parkplatzsuchen" beteiligt, so müssen sie denselben Agenten haben. An den Pfeilen stehen die Argumenttupel (von Individuen der passenden Gattungen, z.B. (p,b)), die von den Transitionen weitergegeben werden. Die Schaltbedingungen stehen in den Transitionen (□), die Prädikate neben den Stellen (o).

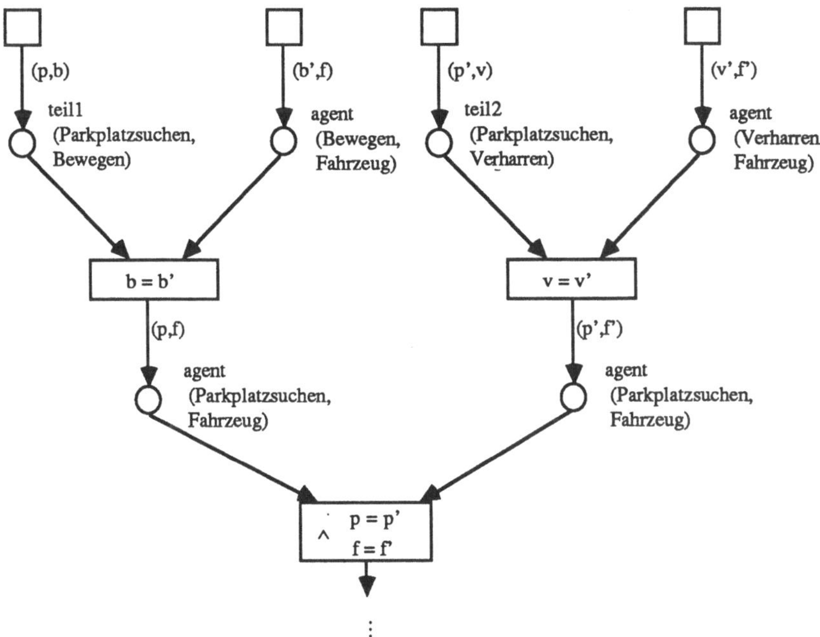

Bild 5.3.6_1: Bedingung "p.teil1.agent = p.teil2.agent" in Prädikat/Transitionen-Netz-Form

Aussagen über Sortenzusammenhänge (= Gattungen und ihre Beziehungen) sind jedoch nicht innerhalb des Netzes möglich, sondern müssen außerhalb vorgenommen werden. Da Sortenzusammenhänge für den Ablaufbereich jedoch wesentlich sind, ist diese Darstellung unbefriedigend.

Die andere Möglichkeit besteht darin, Gattungen nicht als Sorten, sondern als einstellige Prädikate aufzufassen. Damit können sie auch im Netz dargestellt werden, da dann die volle Prädikatenlogik zur Verfügung steht. Dies hat allerdings den Nachteil, daß verschiedenartige Informationen in einer einzigen Darstellung vermischt sind. Für Ableitungen können dann keine angepaßten Verfahren ausgewählt werden.

Beide Alternativen sind für die Zwecke von EPEX unbefriedigend, da entweder Sachverhalte im Netz nicht darstellbar sind oder verschiedenartige Sachverhalte mit den gleichen Mitteln dargestellt werden. Außerdem lassen sich zeitliche Abhängigkeiten sowie Lebenszeiten nicht natürlich darstellen.

5.3.7 Conceputal Dependency und Scripts:
ein Ansatz auf der Basis von Rahmenkonstrukten

Die Darstellungsform der *Conceptual-Dependency*-(CD-)Theorie sowie der *scripts* [Schank und Abelson 77] hat sich aus dem Gebiet des maschinellen Sprachverstehens heraus entwickelt. Die Idee ist, daß alles, was Menschen sagen oder denken, mit einer kleinen Anzahl von Grundbegriffen beschrieben werden kann. Diese Grundbegriffe können zu strukturierten Mengen zusammengefaßt werden, den "Conceptualizations", die die Grundeinheiten der CD-Theorie bilden. Diese Grundeinheiten können wiederum verbunden werden und so beliebig komplexe Einheiten bilden. Allerdings sind die Verbindungsmöglichkeiten durch die CD-Theorie fest vorgegeben.

Die Grundbegriffe der CD-Theorie gliedern sich in "Gegenstände", "Aktionen", "konzeptuelle Kasus", "konzeptuelle Zeiten" und "konzeptuelle Abhängigkeiten". Die ersten drei Teile entsprechen in etwa den von Fillmore [Fillmore 68] bekannten Kasusrahmen. Es sind 12 verschiedenen Aktionen vorhanden, die das Grundgerüst bilden. Ein Teil dieser Aktionen steht für physikalische Abläufe (PTRANS, INGEST, EXPEL, GRASP, MOVE, PROPEL), ein anderer Teil für mentale (MBUILD, MTRANS, CONC). Außerdem werden noch abstrakte Transfers (ATRANS) sowie die Äußerung von Lauten (SPEAK) und die Fokussierung von Sinnesorganen (ATTEND) mit vorgegebenen Aktionen beschrieben. Neben dem Auslösenden einer Aktion sind an Kasus, die sich auf eine Aktion beziehen, Objekt, Richtung, Empfänger und Instrument vorgegeben. Als Gegenstand wird alles bezeichnet, was in irgendeiner Art an Aktionen beteiligt sein kann. Ein physikalischer Transfer eines Buches "Buch1" von "A" nach "B" durch "John" sieht in der Notation der CD-Theorie folgendermaßen aus:

Bild 5.3.7_1: PTRANS in der Notation der CD-Theorie

Die gleiche Aussage in nicht-graphischer Darstellung hat die Form

John **PTRANS** Buch
      Direction from A to B

Die konzeptuelle Zeit in der CD-Theorie enthält unter anderem Angaben wie Gegenwart, Zukunft, Vergangenheit. Die konzeptuellen Abhängigkeiten beschreiben, wie die anderen Teile der CD-Theorie zusammenspielen. Dazu gehören Angaben, wie Auslöser von Aktionen mit ihren Attributen zusammenhängen, wie Objekte zusammenhängen (z.B. a enthält b), wie die Kasus mit Aktionen verbunden werden können. Aktionen können über kausale Beziehungen verbunden werden, z.B. wenn Aktion a durch Aktion b ausgelöst wird. Auch Zustandsänderungen können mit Aktionen verbunden werden, wenn diese die Änderung auslösen.

Aufbauend auf der CD-Theorie wurden *scripts* [Schank und Abelson 77] entwickelt. Ein *script* ist eine rahmenkonstruktartige (*frame*-artige) Struktur, die die normalerweise erwartete Sequenz von Abläufen beschreibt, für "Parkplatzsuchen" beispielsweise "bewegen", "einparken", "verharren" und "aussteigen". Ein *script* besteht meist aus "Eingangsbedingungen" (entry conditions), "Rollen" (roles), die typischerweise beteiligte Akteure beschreiben, "Requisiten" (props), die beteiligte Objekte angeben, "Szenen" (scenes), die die einzelnen Abläufe in CD-Theorie beschreiben, und "Ergebnissen" (results), die eintreten, wenn die Ablaufsequenz durchgeführt wurde. Im nächsten Bild ist in Anlehnung an die *script*-Darstellung in [Schank und Abelson 77] ein *script* für "Parkplatzsuchen" dargestellt. Die Szenen eins bis drei beschreiben mögliche Teilabläufe durch Primitive der CD-Theorie. Die Abfolge der Szenen ist durch die bei jeder Szene angegebenen Fortsetzungen beschrieben. Da Szene3 keine Fortsetzung hat, endet damit das Parkplatzsuchen, die Bedingungen in Ergebnis müssen nun gelten.

Script Name	Parkplatzsuchen
Rollen	Fahrer
	Mitfahrer
Eingangsbedingungen	Fahrer ist in Fahrzeug
Requisiten	Fahrzeug
	Parkbox
	Parkplatz
	Straßenzug
Szene1	BEWEGEN
	Fahrer **PTRANS** Fahrer, Mitfahrer
	Direction from Straßenzug **to** Parkbox
	Instrument Fahrzeug
	goto Szene2
Szene2	VERHARREN
	Fahrer **PTRANS continuing** Fahrer, Mitfahrer
	Direction from Parkbox **to** Parkbox
	Instrument Fahrzeug
	either return to Szene1
	or goto Szene3
Szene3	Fahrer **PTRANS** Fahrer
	Direction out of Fahrzeug **to** Parkplatz
	Mitfahrer **PTRANS** Mitfahrer
	Direction out of Fahrzeug **to** Parkplatz
Ergebnisse	Fahrer ist nicht in Fahrzeug
	Mitfahrer ist nicht in Fahrzeug
	Fahrzeug in Parkbox

Bild 5.3.7_2: Ein *script* für "Parkplatzsuchen"

Ein *script* kann durch passende Eingangsbedingungen, Rollen usw. oder durch Kombinationen davon aktiviert werden. Sobald ein *script* aktiviert ist, d.h. Teile eines Individuums erkannt sind, können nicht explizit vorhandene Informationen aus dem *script* deduziert werden. Die *scripts* unterstützen keine Generalisierungshierarchie. Auch die Darstellung der Merkmale von Attributen ist nur in unzureichendem Maße möglich. Die zeitliche Abfolge der Abläufe innerhalb eines *script* ist durch die Szenenreihenfolgen und Verzweigungen bestimmt. Eine Besonderheit hier ist, daß die Zusammensetzung aus Teilabläufen im Vordergrund steht, und die beteiligten Objekte eine untergeordnete Rolle spielen.

5.3.8 Wertung und Auswahl

Jede der in den letzten Abschnitten vorgestellten Darstellungsformen stellt zumindest einige der für die Modellierung von Objekt- und Ablaufbereich geforderten Beschreibungsmittel zur Verfügung. Die meisten Darstellungsformen unterstützen eine oder mehrere der verlangten Eigenschaften auf natürliche Weise. Für die Generalisierung sind das die objektorientieren Programmiersprachen, KL-ONE, PROBE und Erweiterungen des ER-Modells. Das Merkmal Kardinalität von Attributen ist in KL-ONE explizit verfügbar, in SMALLTALK und PROBE kann es über Methoden/Funktionen kodiert werden. Die Zeitabhängigkeit ist in TERM am geeignetsten darzustellen. Standardwerte werden durch SMALLTALK und KRL unterstützt. Strukturbedingungen lassen sich auf unterschiedlichste Art in den verschiedenen Darstellungsformen darstellen. Die von mehreren Darstellungsformen unterstützten "Abstrakte Datentypen" (ADT) spielen keine große Rolle, da eine objekt-zentrierte Sichtweise zwar überwiegt, aber auch Abhängigkeiten zwischen verschiedenen Gattungen wesentlich sind.

Die objektorientierten Programmiersprachen, KL-ONE und PROBE erscheinen von ihrer Konzeption her am besten als Grundlage für die Entwicklung eines Datenmodells für den Objektbereich geeignet. Der Objektbereich in EPEX dient dazu, die Fakten für die Ablaufextraktion zur Verfügung zu stellen. Dazu gehört auch, daß die verschiedenen Merkmale der Attribute und der Gattungszugehörigkeitsbeziehung ausgewertet werden müssen. Aus diesem Grund scheint eine deklarative Darstellung dieser Eigenschaften vorteilhafter zu sein. Dies trifft am meisten für die in KL-ONE unterstützte Sichtweise zu. Das EPEX-Datenmodell für den Objektbereich wird deshalb auf der Grundlage von KL-ONE entwickelt.

Bei der Auswahl eines Datenmodells für den Ablaufbereich muß noch berücksichtigt werden, daß die dort vorkommenden Strukturbedingungen umfangreicher sind, insbesondere sind hier die zeitlichen Abhängigkeiten zu erwähnen, und daß die geforderten Standardwertangaben nicht direkt vorgegeben werden können, sondern aus den Abhängigkeiten innerhalb einer Ablauf-Gattung deduziert werden müssen. Dieser letzte Punkt führt dazu, daß eine stärker deklarativ orientierte Darstellung von Abhängigkeiten günstiger erscheint als eine rein prozedurale.

Petri-Netze und Prädikat/Transitionen-Netze erscheinen auf den ersten Blick als vielversprechender Ansatz, da sie Prozesse modellieren. Allerdings bezieht sich der Zeitbegriff in solchen Netzen auf den

Takt für das Schalten der Transitionen und nicht auf die Problemzeit. Die Netze erlauben das Erstellen von prozeduralen Modellen, die man "laufen lassen" kann, enthalten aber keine deklarative Beschreibung der Struktur der modellierten Sachverhalte, wie sie für den Ablaufbereich erforderlich ist.

Die *scripts* entsprechen eher einer natürlichen deklarativen Darstellung von Abläufen. Allerdings heben sie mehr auf die kausalen Abhängigkeiten ab als auf die zeitlichen. Dies liegt unter anderem an der Zielsetzung, für die *scripts* entwickelt wurden, nämlich natürlichsprachliche Texte zu analysieren. Diese sind auf hohen Abstraktionsgraden angesiedelt und werden auf niedrigere Abstraktionsgrade transferiert. Mit EPEX wird jedoch ein solcher "niedrigerer" Abstraktionsgrad gerade angestrebt. Deshalb ist für EPEX auch eine detailliertere zeitliche Beschreibung notwendig.

Die in der CD-Theorie vorgeschlagenen Aktionen sind für die Beschreibung von Abläufen insofern interessant, als sie Hinweise auf vordefinierte Gattungen geben, die die Modellierung weiterer Abläufe erleichtern.

Insgesamt kann man feststellen, daß sich auf rahmenkonstruktartige, netzwerkartige oder objektorientierte Ansätze beide untersuchten Bereiche vergleichsweise natürlich abbilden lassen. Zu bevorzugen sind dabei solche Darstellungsformen, die Generalisierung sowie Attribute mit ihren Merkmalen schon weitestgehend unterstützen. Da hier der deklarative Aspekt eine wichtige Rolle spielt, erscheint die Wahl von KL-ONE als Grundlage für die zu entwickelnde Darstellungsform auch für den Ablaufbereich sinnvoll. Dies hat außerdem den Vorteil, daß die beiden Bereiche mit der gleichen Darstellungsform modelliert werden können, was die Handhabbarkeit verbessert.

Bevor nun zur Entwicklung einer Darstellungsform für EPEX übergegangen wird, sei hier noch erwähnt, daß von KL-ONE lediglich die Beschreibungsmittel als Grundlage übernommen werden. Der Klassifikator, der vor allem beim Einsatz von KL-ONE in der maschinellen Sprachverarbeitung eine wichtige Rolle spielt, wird hier nicht betrachtet.

5.4 Temporallogik nach Shoham

Im nächsten Abschnitt wird eine Darstellungsform für die Fakten in EPEX entwickelt. Um die Bedeutung der Beschreibungsmittel präzise festzulegen, werden jeweils logische Formeln verwendet. Die zugrundeliegende Logik ist eine Temporallogik und geht auf Shoham zurück [Shoham 87]. Der vorliegende Abschnitt stellt die Syntax dieser Logik vor und erklärt ihre intuitive Semantik, eine formale (Kripke-)Semantik ist in [Shoham 87] zu finden.

Der wesentliche Unterschied der Shoham'schen Temporallogik zur Standard-Prädikatenlogik liegt darin, daß jeder Atomformel noch ein Zeitintervall zugeordnet wird, das durch zwei temporale Terme beschrieben wird. Damit sind neben den Symbolen zum Aufbau der üblichen, nicht-temporalen, Terme auch temporale Symbole erforderlich.

Es gebe also eine Menge $\mathbb{TC}$ von temporalen Konstantensymbolen und eine Menge $\mathbb{TV}$ von temporalen Variablensymbolen. Die Vereinigung dieser beiden Mengen bildet die Menge der temporalen Terme (Shoham läßt zusätzlich noch temporale Funktionssymbole zum Aufbau temporaler Terme zu, diese kommen aber in unseren zu definierenden Beschreibungsmitteln nicht vor). Im folgenden werden 0, 1, 2, ... als temporale Konstantensymbole und t, t', t_1, t_1', ... als temporale Variablensymbole benutzt.

Daneben gibt es eine Menge $\mathbb{C}$ von Konstantensymbolen und eine Menge $\mathbb{V}$ von Variablensymbolen. Auch in diesem Fall treten keine Funktionssymbole auf, so daß diese beiden Mengen bereits sämtliche ("normalen", also nichttemporalen) Terme enthalten. Wir benutzen die üblichen Variablensymbole x, y, z, ... und als Konstantensymbole Bezeichner wie "VW1" oder "Herby".

Schließlich gibt es noch eine Menge $\mathbb{P}$ von Prädikatensymbolen. In unserem Fall kommen nur ein- und zweistellige Prädikatensymbole vor.

Formeln der Temporallogik werden nun folgendermaßen gebildet: ist P ein n-stelliges Prädikatensymbol und sind $r_1,\ldots,r_n$ Terme und sind s,s' temporale Terme, so ist $P(r_1,\ldots,r_n)⟦s,s'⟧$ eine Atomformel, ebenso sind s=s' und s≤s' Atomformeln. Mit Hilfe der Junktoren $\neg$, $\wedge$, $\vee$, $\Rightarrow$, $\Leftrightarrow$ sowie der Quantoren $\forall$, $\exists$ können Atomformeln auf die übliche Weise zu komplexeren Formeln zusammengesetzt werden, wobei die Quantoren sowohl temporale als auch nichttemporale Variablensymbole binden dürfen.

Intuitiv soll die Formel $P(r_1,\ldots,r_n)⟦s,s'⟧$ bedeuten, daß $P(r_1,\ldots,r_n)$ im Zeitintervall von s bis s' gilt. Die temporalen Terme bezeichnen also Zeitpunkte. Jeder Zeitpunkt t kann mit dem Intervall von t bis t identifiziert werden. Einige Beispiele sollen die Ausdrucksmöglichkeiten dieser Logik verdeutlichen.

Die Atomformel farbe(Herby,Rot)⟦3,5⟧ hat die intuitive Bedeutung, daß Herby zu allen Zeitpunkten im Intervall von 3 bis 5 von roter Farbe ist. In unserer Anwendung ist die zugrundeliegende Zeitstruktur diskret und linear geordnet, so daß das Intervall genau aus den Zeitpunkten 3, 4, 5 besteht. Die Formel $\exists x$ fahrer(Herby,x)⟦3,3⟧ bedeutet, daß es zum Zeitpunkt 3 einen Fahrer von Herby gibt. Die etwas komplexere Formel $\forall z$ insasse(Herby,z)⟦3,7⟧ $\Rightarrow$ Frau(z)⟦3,7⟧ drückt aus, daß diejenigen, die zu jedem der Zeitpunkte 3, 4, 5, 6, 7 Insassen von Herby sind, Frauen sein müssen, während beispielsweise ein Mann von 3 bis 5 Insasse sein und dann aussteigen könnte. Dagegen besagt die Formel $\forall t$ 3≤t $\wedge$ t≤7 $\Rightarrow$ ($\forall z$ insasse(Herby,z)⟦t,t⟧ $\Rightarrow$ Frau(z)⟦t,t⟧), daß zu keinem dieser Zeitpunkte andere Insassen von Herby als Frauen existieren.

Zur Erleichterung der Notation erlauben wir Atomformeln der Form $P(r_1,\ldots,r_n)⟦s⟧$ als Abkürzung von $P(r_1,\ldots,r_n)⟦s,s⟧$ und Atomformeln $P(r_1,\ldots,r_n)⟦s_1,s_1'⟧⟦s_2,s_2'⟧...⟦s_k,s_k'⟧$ als Abkürzung von $P(r_1,\ldots,r_n)⟦s_1,s_1'⟧ \wedge P(r_1,\ldots,r_n)⟦s_2,s_2'⟧ \wedge \ldots \wedge P(r_1,\ldots,r_n)⟦s_k,s_k'⟧$. Für temporale Terme s und s' erlauben wir außerdem Atomformeln der Form s≠s', s<s', s>s' und s≥s', die in der üblichen Weise als Abkürzungen für Formeln mit den Prädikatensymbolen = und ≤ aufgefaßt werden.

5.5 Die Darstellungsform EPEX-F

Wie bereits in Abschnitt 5.3.8 dargelegt, ist für die Fakten in EPEX eine Darstellungsform geeignet, die sich an KL-ONE [Brachman und Schmolze 85] orientiert, aber zusätzlich eine Behandlung der Zeit erlaubt. In diesem Abschnitt wird nun eine Darstellungsform vorgestellt, die durch Anreicherung von KL-ONE-Beschreibungsmitteln um zeitliche Bestandteile entsteht. Neben dieser grundlegenden Erweiterung werden noch einige technische Ergänzungen vorgenommen, die eine bequemere Modellierung ermöglichen, nämlich atomare Gattungen, quantifizierte Attribute und funktional abhängige Attribute. Als visuelles Hilfsmittel dienen jeweils ähnliche graphische Veranschaulichungen der einzelnen Beschreibungsmittel wie in KL-ONE. Am Ende dieses Abschnitts sind sämtliche verwendeten graphischen Hilfsmittel tabellarisch zusammengefaßt.

Das zentrale Beschreibungsmittel ist die *Gattung*. Gattungen entsprechen den "generic concepts" von KL-ONE und werden graphisch durch Ellipsen veranschaulicht. Gattungen können in der *Generalisierungsbeziehung* zueinander stehen, die durch fette schwarze Pfeile veranschaulicht wird. Sind G und G' Gattungen, die in dieser Beziehung zueinander stehen, nennt man G eine *Untergattung* oder eine *Spezialisierung* von G' und G' eine *Obergattung* oder eine *Verallgemeinerung* von G. Dieser Zusammenhang wird folgendermaßen graphisch dargestellt:

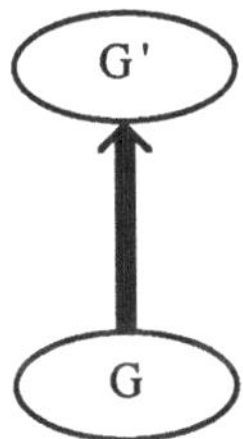

Bild 5.5_1: Gattungen mit Generalisierungsbeziehung

Gattungen entsprechen einstelligen Prädikatensymbolen. Die Bedeutung des Zusammenhangs in Bild 5.5_1 ist durch die Formel $\forall x \forall t\ G(x)[\![t]\!] \Rightarrow G'(x)[\![t]\!]$ definiert.

Als Konsistenzbedingung wird gefordert, daß die Generalisierungsbeziehung reflexiv, transitiv und antisymmetrisch ist. Jede Gattung ist also eine ihrer eigenen Unter- und Obergattungen. Wo dies nicht in Betracht gezogen werden soll, sprechen wir von echten Unter- und Obergattungen. Zyklen sind verboten. Es ist aber zulässig, daß eine Gattung verschiedene Untergattungen und auch verschiedene Obergattungen besitzt, die bezüglich der Generalisierungsbeziehung unvergleichbar sind. Damit sind insbesondere nicht nur baumförmige Strukturen möglich. Allerdings sei eine allgemeinste Gattung "Ding" vorgegeben, so daß für jede Gattung G gilt $\forall x \forall t\ G(x)[\![t]\!] \Rightarrow Ding(x)[\![t]\!]$.

Individuen werden durch grau unterlegte Ellipsen dargestellt, die Gattungszugehörigkeitsbeziehung durch weiße Pfeile mit zugehörigen Zeitangaben. In der Situation in Bild 5.5_2 ist "Herby" ein

Individuum von "Pkw" und von "Fahrbereiter Pkw", ("Herby", [1,100]) ist eine *Ausprägung* von "Pkw" und ("Herby", [1,10][20,100]) eine Ausprägung von "Fahrbereiter Pkw".

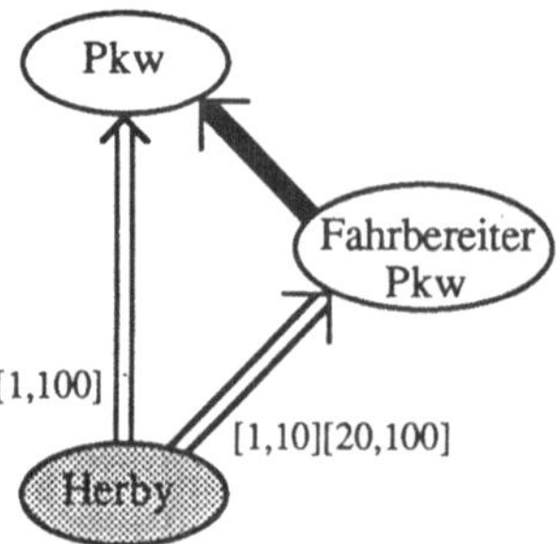

Bild 5.5_2: Ausprägungen mit Gattungszugehörigkeitsbeziehungen

Individuen entsprechen Konstantensymbolen. Die Bedeutung des weißen Pfeils links im Bild ist durch die Formel Pkw(Herby)⟦1,100⟧ definiert, die des zweiten weißen Pfeils durch die Formel FahrbereiterPkw(Herby)⟦1,10⟧⟦20,100⟧.

Es ist durchaus erlaubt, daß "Herby" Individuum von weiteren Gattungen ist, die mit den angegebenen unvergleichbar bezüglich der Generalisierungsbeziehung sind. Die Konsistenzbedingung für die Generalisierungsbeziehung muß dabei natürlich eingehalten werden. Sie wäre im Bild zum Beispiel verletzt, wenn im "Pkw"-Fall das Zeitintervall nur bis 99 ginge.

Neben der Gattung "Ding" sind noch vier *Grundgattungen* "Integer", "Real", "String" und "Boolean" (Bezeichnung wie in Programmiersprachen) vorgegebenen. Sie sind direkte Spezialisierungen von "Ding" und nehmen eine Sonderstellung ein, da die Individuen für diese Gattungen einfach aus der benutzten Implementierungssprache übernommen werden und daher als a priori bekannt angesehen werden. Als weitere Besonderheit kommt hinzu, daß die Gattungszugehörigkeitsbeziehung für Grundgattungen nicht zeitabhängig ist, so daß gilt $\forall x (\exists t\ \mathrm{Integer}(x)⟦t⟧ \Leftrightarrow \forall t\ \mathrm{Integer}(x)⟦t⟧)$, und analog für die übrigen Grundgattungen. Wir lassen deshalb das Zeitintervall bei Atomformeln mit diesen Prädikatensymbolen weg.

Von den Grundgattungen können Spezialisierungen gebildet werden, die jeweils eine vorgegebene endliche Menge von Individuen besitzen. Diese Spezialisierungen heißen *atomare Gattungen*. Die Intention ist dieselbe wie bei Aufzählungstypen in Programmiersprachen. Beispielsweise kann man eine Spezialisierung "Farbe" von "String" bilden, deren Individuen "rot", "gelb", "grün", "blau" sind. Auch in diesem Fall ist die Gattungszugehörigkeitsbeziehung zeitunabhängig. Atomare Gattungen können weiter spezialisiert werden durch atomare Gattungen mit weniger Individuen. Man kann also eine Spezialisierung "Ampelfarbe" von "Farbe" mit den Individuen "rot", "gelb", "grün" bilden. Graphisch werden atomare Gattungen durch Ellipsen mit einem angehängten Rechteck veranschaulicht, in dem die Individuen stehen.

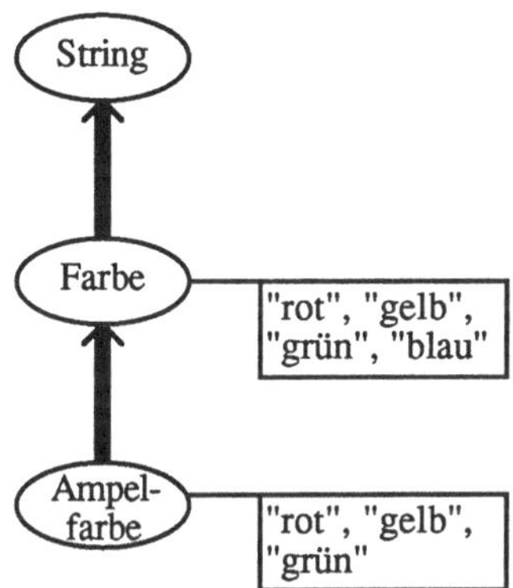

Bild 5.5_3: Atomare Gattungen

Im obigen Beispiel könnte "Farbe" auch Spezialisierungen haben, zu denen nur eine oder zwei der angegebenen Farben gehören. Der entsprechende Teil der Generalisierungshierarchie ist ein Ausschnitt des Teilmengenverbands der Elemente.

Die Formel $\forall x \forall t$ (Farbe(x)⟦t⟧ $\Leftrightarrow$ x=rot $\vee$ x=gelb $\vee$ x=grün $\vee$ x=blau) definiert die Bedeutung des mittleren Teils im Bild. Als Konsistenzbedingung muß für jede atomare Gattung G gelten $\forall x (\exists t\ G(x)⟦t⟧ \Leftrightarrow \forall t\ G(x)⟦t⟧)$. Wegen der Zeitunabhängigkeit der Gattungszugehörigkeitsbeziehung kann das Zeitintervall bei Formeln für atomare Gattungen wie bei den Grundgattungen weggelassen werden. Außerdem muß $\forall x(G(x) \Rightarrow Integer(x)) \vee \forall x(G(x) \Rightarrow Real(x)) \vee \forall x(G(x) \Rightarrow String(x)) \vee \forall x(G(x) \Rightarrow Boolean(x))$ als weitere Konsistenzbedingung für atomare Gattungen gelten.

Die vier Grundgattungen zählen ebenfalls zu den atomaren Gattungen. "Integer", "Real" und "String" sind somit die einzigen atomaren Gattungen mit unendlich vielen Individuen. Atomare Gattungen können nur atomare Gattungen als Spezialisierungen besitzen.

Als gattungsbeschreibende Relationen stehen *Attribute* zur Verfügung ("roles" in KL-ONE). Ein Attribut ist eine zweistellige gerichtete Beziehung zwischen einer Quellgattung und einer Zielgattung, wobei die Quellgattung aber weder "Ding" noch eine atomare Gattung sein darf (also auch keine Grundgattung). Ein Attribut wird graphisch durch einen dünnen schwarzen Pfeil von der Quellgattung zur Zielgattung veranschaulicht.

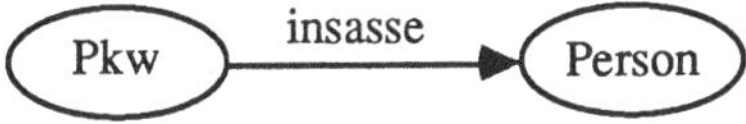

Bild 5.5_4: Attribut mit Quellgattung "Pkw" und Zielgattung "Person"

Attribute entsprechen zweistelligen Prädikatensymbolen. Die Bedeutung des Zusammenhangs im Bild ist durch die Formel $\forall x \forall y \forall t$ insasse(x,y)⟦t⟧ $\Rightarrow$ Pkw(x)⟦t⟧ $\wedge$ Person(y)⟦t⟧ definiert. Man betrachtet ein Attribut üblicherweise als zugehörig zur Quellgattung und als Beschreibung einer Eigenschaft dieser Quellgattung. Im Beispiel wird modelliert, daß Individuen von "Pkw" Insassen haben können. Da Individuen von Spezialisierungen von "Pkw" stets auch Individuen von "Pkw" sind, können auch sie Insassen haben. Das Attribut wird entlang der Generalisierungshierarchie *vererbt*.

Attributbezeichner dürfen mehrfach verwendet werden, wenn die Quellgattungen verschieden sind:

Bild 5.5_5: Mehrfache Verwendung desselben Attributbezeichners

In dieser Situation ergibt sich die Bedeutung durch die Formel $\forall x \forall y \forall t$ insasse(x,y)⟦t⟧ $\Rightarrow$ (Lkw(x)⟦t⟧ $\wedge$ Person(y)⟦t⟧) $\vee$ (Zoo(x)⟦t⟧ $\wedge$ Tier(y)⟦t⟧). Auf der rechten Seite der Implikation tritt je ein Disjunktionsglied pro Verwendung des Bezeichners auf. Dabei spielt es keine Rolle, ob gemeinsame Spezialisierungen der beteiligten Quellgattungen existieren oder nicht. Ist dies der Fall, spricht man von *multipler Vererbung*. Gäbe es eine gemeinsame Spezialisierung von "Lkw" und "Zoo", z.B. "Zirkus-Tiertransportfahrzeug", könnten ihre Individuen sozusagen aus verschiedenen Gründen Insassen haben.

Wenn ein Individuum der Quellgattung und ein Individuum der Zielgattung für eine Zeitdauer in der Attribut-Beziehung stehen, wird dies durch einen mit der Zeitangabe versehenen Pfeil zwischen den Individuen veranschaulicht, von dem eine "satisfy"-Verbindung zum Attributpfeil führt.

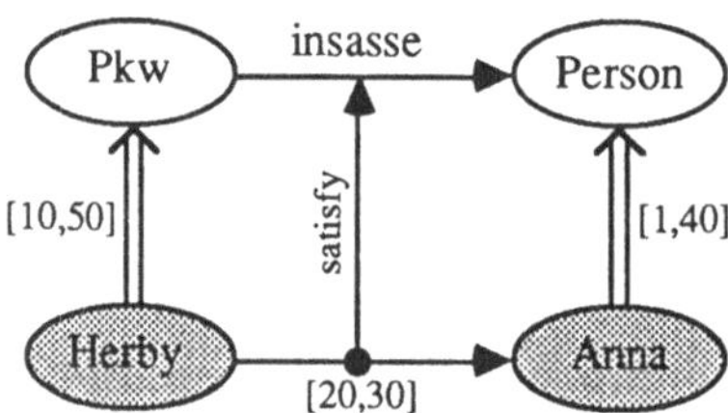

Bild 5.5_6: Gattungs-Ausprägungen und Attribut-Ausprägungen mit ihren Lebenszeiten

Hier ist ("Herby", [10,50]) eine Ausprägung der Quellgattung "Pkw", und ("Anna", [1,40]) ist eine Ausprägung der Zielgattung "Person". Wir bezeichnen ("Anna", [20,30]) als Ausprägung des Attributs "insasse" für das Indivuduum "Herby". Die bisher genannten Bedingungen erzwingen, daß die *Lebenszeit* der Attribut-Ausprägung (hier [20,30]) eine Teilmenge sowohl der Lebenszeit der Quellausprägung (hier [10,50]) als auch der Lebenszeit der Zielausprägung (hier [1,40]) ist.

Wir unterscheiden Attribute nach einem Merkmal *Zeitabhängigkeit*, das "variabel" oder "konstant" sein kann. Bei variabler Zeitabhängigkeit wird der Attributpfeil durch das Symbol "var" markiert. Bei konstanter Zeitabhängigkeit erfolgt keine zusätzliche Markierung (da dies in etwa dem Fall in KL-ONE entspricht), und die Bedingung an die Zeiten wird so verschärft, daß die Lebenszeit der Attribut-Ausprägung nicht nur eine Teilmenge, sondern gleich der Lebenszeit der Quellausprägung ist. Für ein Attribut attr mit Quellgattung Q und Zielgattung Z entspricht die konstante Zeitabhängigkeit also der Bedingung $\forall x \forall z\ ((\exists t'\ Q(x)[\![t']\!] \wedge Z(z)[\![t']\!] \wedge attr(x,z)[\![t']\!]) \Rightarrow (\forall t\ Q(x)[\![t]\!] \Rightarrow attr(x,z)[\![t]\!]))$.

Damit ist die Darstellung in Bild 5.5_6 so nicht möglich. Da der Attributpfeil nicht mit "var" markiert ist, handelt es sich bei "insasse" um ein Attribut mit konstanter Zeitabhängigkeit. Dazu müßte die Lebenszeit der Attribut-Ausprägung gleich der Lebenszeit der Quellausprägung sein, also [10,50], womit jedoch die Forderung verletzt wäre, daß sie auch eine Teilmenge der Lebenzeit der Zielausprägung ist. Zulässig sind aber beispielsweise die folgenden beiden Zusammenhänge:

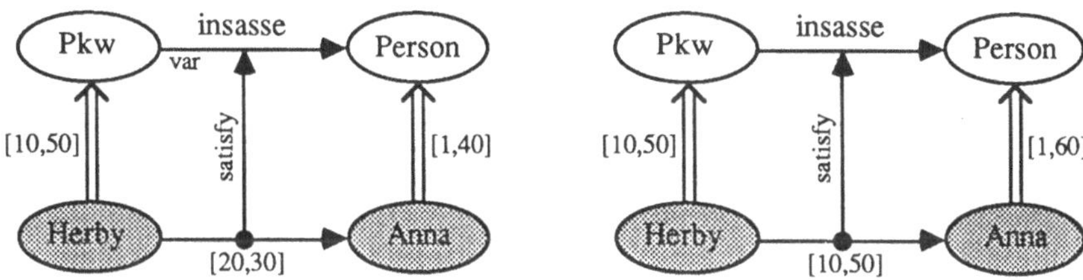

Bild 5.5_7: Variable und konstante Zeitabhängigkeit von Attributen

Ein weiteres Merkmal von Attributen ist die *Kardinalität*, die unmittelbar aus KL-ONE übernommen wird. Dazu werden dem Attribut zwei Werte kard-min $\in \{0,1,2,...\}$, kard-max $\in \{0,1,2,...\} \cup \{\infty\}$ mit kard-min $\leq$ kard-max zugeordnet. Diese geben an, wieviele Attribut-Ausprägungen pro Individuum und Zeitpunkt es mindestens und höchstens geben darf.

Formal heißt dies für ein Attribut attr mit Quellgattung Q und Zielgattung Z: Für kard-max = 0 ist die Bedingung $\neg \exists x \exists z \exists t\ (Q(x)[\![t]\!] \wedge Z(z)[\![t]\!] \wedge attr(x,z)[\![t]\!])$; für kard-max = n mit $0<n<\infty$ lautet sie $\forall x \forall t \forall z_1...z_n z_{n+1}\ ((Q(x)[\![t]\!] \wedge Z(z_1)[\![t]\!] \wedge ... \wedge Z(z_{n+1})[\![t]\!] \wedge attr(x,z_1)[\![t]\!] \wedge ... \wedge attr(x,z_{n+1})[\![t]\!]) \Rightarrow z_1=z_2 \vee ... \vee z_1=z_{n+1} \vee ... \vee z_n=z_{n+1})$, das heißt, wenn mehr als n Attribut-Ausprägungen mit selbem Zeitpunkt existieren, müssen wenigstens zwei ihrer Individuen gleich sein; ist kard-min = 0, so bedeutet dies keine weitere Einschränkung an die Anzahl von Attribut-Ausprägungen; für kard-min = m mit $0<m$ ist die Bedingung $\forall x \forall t\ (Q(x)[\![t]\!] \Rightarrow \exists z_1...z_m\ (z_1 \neq ... \neq z_m \wedge attr(x,z_1)[\![t]\!] \wedge ... \wedge attr(x,z_m)[\![t]\!]\ ))$.

Die Kardinalität wird graphisch durch die Angabe (kard-min,kard-max) am Attributpfeil dargestellt. Im nächsten Bild ist "lackfarbe" ein Attribut mit konstanter Zeitabhängigkeit, weshalb die Attribut-Ausprägung ("rot", [10,100]) dieselbe Lebenszeit haben muß wie die Ausprägung ("Herby", [10,100]) der Quellgattung "Pkw". Zu jedem Zeitpunkt der Lebenszeit der Quellausprägung steht genau ein Individuum der Zielgattung in der Attribut-Beziehung zu "Herby", was die Bedingung "mindestens 1 und höchstens 2" erfüllt. Die Bedingungen würden eine weitere Attribut-Ausprägung ("blau", [10,100]) mit derselben Lebenszeit erlauben, aber nicht mehrere (im modellierten Diskursbereich kommen offenbar nur ein- oder zweifarbige Pkw vor). Das Attribut "insasse" hat variable Zeitabhängigkeit, damit braucht die Lebenszeit der Attribut-Ausprägungen nur in [10,100] enthalten zu sein (und natürlich auch in der Lebenszeit der jeweiligen Zielausprägung). Im Intervall [10,30] steht nur "Anna" in der Attribut-Beziehung zu "Herby", im Intervall [31,49] gar kein Individuum, im Intervall [50,59] wieder nur "Anna", im Intervall [60,90] "Anna" und "Otto" und schließlich im Intervall [91,100] kein Individuum. Das sind für jeden Zeitpunkt mindestens 0 und höchstens 2 Individuen, die Kardinalitäts-Bedingungen sind eingehalten. Es wären auch weitere Attribut-Ausprägungen mit anderen Individuen von "Person" zulässig, zum Beispiel ("Elke", [10,59][91,100]), aber für keine größere Lebenszeit.

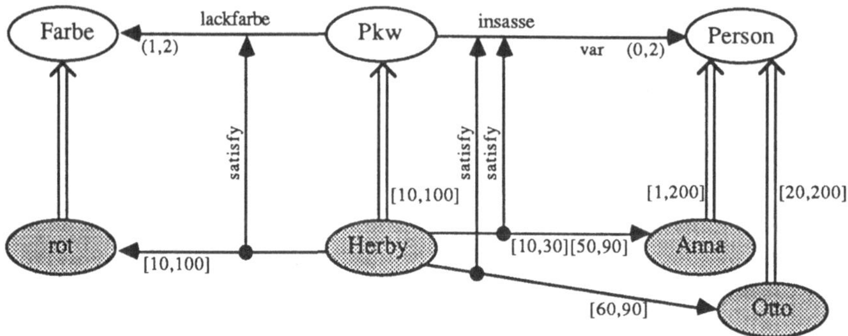

Bild 5.5_8: Kardinalität von Attributen

Durch ein Merkmal *Quantifizierung* wird eine zusätzliche Erweiterung vorgenommen. Ist ein Attribut attr mit Quellgattung Q und Zielgattung Z mit dem Symbol $\forall$ markiert, so ist bei den Attribut-Ausprägungen anstelle eines Individuums von Z eine doppelt umrandete Ellipse erlaubt, die den Bezeichner einer Untergattung G von Z enthält (G kann auch Z selbst sein; G muß eine existierende Gattung sein, sie wird durch die Verwendung in der Attribut-Ausprägung nicht implizit eingeführt):

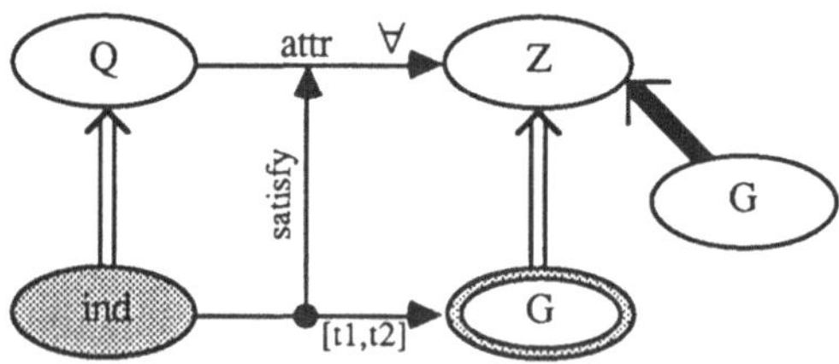

Bild 5.5_9: Quantifiziertes Attribut

Die Bedeutung ergibt sich aus der Formel $\forall z \forall t$ (t1<t $\wedge$ t<t2 $\wedge$ G(z)⟦t⟧ $\Rightarrow$ attr(ind,z)⟦t⟧). Alle Ausprägungen von G sind im Durchschnitt ihrer Lebenszeit mit [t1,t2] also automatisch auch Attribut-Ausprägungen für das Quellindividuum. Die Konsistenzbedingung für [t1,t2] und die Lebenszeit der Quellausprägung ergibt sich aus der Zeitabhängigkeit des Attributs und ist unabhängig von der Quanti-

fizierung. Die Kardinalität beschränkt in diesem Fall die Anzahl der Untergattungen von Z, über die quantifiziert wird, nicht aber die Anzahl von Individuen dieser Untergattungen.

Im nächsten Beispiel ist modelliert, daß für das Attribut "erlaubte-benutzer" der Gattung "Fahrspur" als Attribut-Ausprägungen jeweils alle Ausprägungen von einer oder mehreren Untergattungen von "Bewegliches Objekt" zugelassen werden können. Für eine Quellausprägung ("Spur1", [1,100]) wird die Menge der Attribut-Ausprägungen auf alle Ausprägungen der Gattungen "Pkw" oder "Bus" eingeschränkt, erstere aber nur in einem kleineren Zeitintervall.

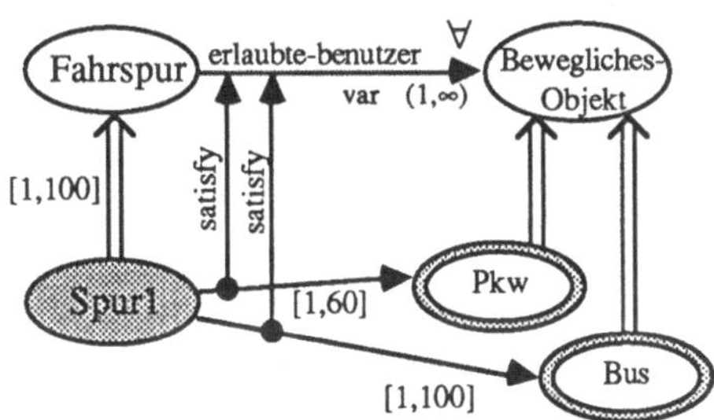

Bild 5.5_10: Beispiel für ein quantifiziertes Attribut

Es kommt häufig vor, daß zwischen Attribut-Ausprägungen funktionale Abhängigkeiten bestehen. Kennt man zum Beispiel für eine Ausprägung von "Fahrzeug" für jeden Zeitpunkt die Lage, dann ist die Geschwindigkeit für jeden Zeitpunkt eindeutig bestimmt. Man könnte in einer Programmiersprache eine Funktion geschw(lage) schreiben, die als Argument eine Menge von Ausprägungen der Form (Raumkoordinaten, Zeit) erhält und die als Ergebnis die Menge der dazu passenden Ausprägungen der Form (Geschwindigkeit, Zeit) liefert. Die Möglichkeit, derartige Funktionen in die Modellierung mit einzubeziehen, wird durch ein Merkmal *Abhängigkeit* geschaffen. Ein abhängiges Attribut ist durch ein Rechteck gekennzeichnet, das den Funktionsnamen und die Parameter enthält, außerdem zeigen "arg_i"-Verbindungen jeweils auf das Attribut, das dem i-ten Parameter entspricht:

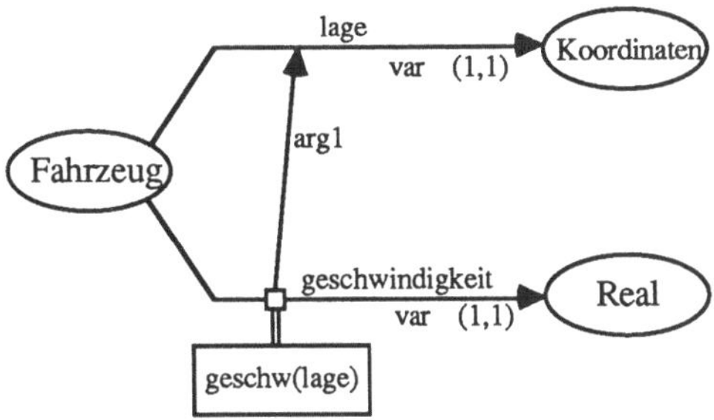

Bild 5.5_11: Abhängiges Attribut

Dieser Zusammenhang bedeutet, daß für jedes Individuum von "Fahrzeug" die Menge der Attribut-Ausprägungen von "geschwindigkeit" diejenige ist, die man durch Anwendung der Funktion geschw auf die Menge der Attribut-Ausprägungen von "lage" für das Individuum erhält. Die Konsistenzbedingungen zwischen den Lebenszeiten beteiligter Ausprägungen in Abhängigkeit von Zeitabhängigkeit und Kardinalität des Attributs bleiben unberührt. Die Funktion muß so definiert sein, daß ihre Ergebnisse alle Bedingungen respektieren.

Abhängige Attribute dürfen nicht quantifiziert sein. Das Ergebnis der Funktion ist immer eine einzige Menge von Ausprägungen. Die Argumente der Funktion sind ebenfalls Mengen von Ausprägungen, und zwar (zunächst) von Ausprägungen anderer Attribute derselben Quellgattung. Diese können selbst wieder abhängig sein, z.B. könnte man für "Fahrzeug" ein weiteres Attribut "beschleunigung" definieren, das von dem abhängigen Attribut "geschwindigkeit" abhängt (mit einer anderen Funktion). Allerdings müssen alle Abhängigkeiten letztlich durch unabhängige Attribute fundiert sein, das heißt, es dürfen keine Zyklen über irgendwelche arg_i-Verbindungen auftreten.

Eine Menge von Ausprägungen, die der Funktion jeweils aktuell als Argument übergeben wird, wird normalerweise durch den Namen eines Attributs derselben Quellgattung bezeichnet. Man kann aber auch eine sogenannte *Attributkette* benutzen, das ist eine Folge von durch Punkte getrennten Attributnamen, deren Quellgattung jeweils die Zielgattung des Vorgängers ist. Attributketten dürfen aber keine Attributnamen enthalten, die zu quantifizierten Attributen gehören. Im folgenden Beispiel gibt es für die Quellgattung "Pkw" unter anderem die Attributketten "fahrer.anschrift" mit Zielgattung "Adresse" und "fahrer.anschrift.postleitzahl" mit Zielgattung "Integer". Jedem Quellindividuum ist durch die Attributkette auf kanonische Weise eine Menge von Ausprägungen zugeordnet: Im Beispiel betrachtet man zu gegebenem "Pkw"-Individuum die Individuen der Attribut-Ausprägungen von "fahrer", ermittelt für jedes dieser Individuen rekursiv die Ausprägungsmenge für die restliche Attributkette und vereinigt die so erhaltenen Mengen. Die Zeiten der "Zwischen-Ausprägungen" der Attributkette gehen also nicht in das Ergebnis ein, sondern lediglich die Zeiten der "End-Ausprägungen".

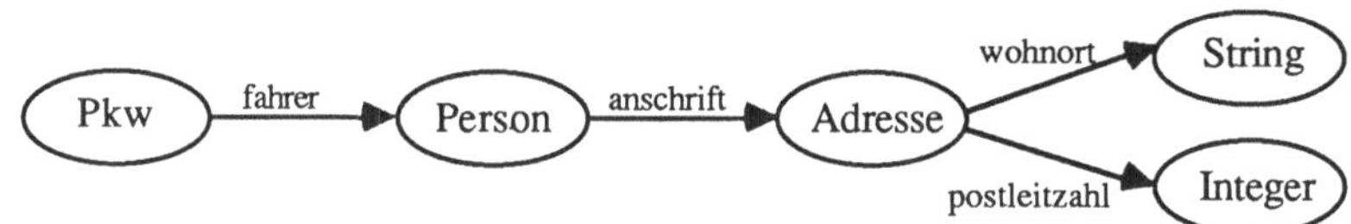

Bild 5.5_12: Attributketten

Abhängige Attribute können so behandelt werden, daß ihre Ausprägungen gar nicht explizit abgespeichert werden, sondern beim Zugriff durch Aufruf der Funktion ermittelt werden. Dabei sind verschiedene Varianten denkbar: etwa daß die Funktion bei jedem lesenden Zugriff neu ausgewertet wird; oder daß nach der ersten Auswertung die Ergebnisse abgespeichert werden und für zukünftige Zugriffe erhalten bleiben; oder daß nach jeder Änderung von Ausprägungen, von denen das Attribut abhängt, die Funktion neu ausgewertet und die Ergebnisse abgespeichert werden. Auch der Zeitpunkt, zu dem die Konsistenzbedingungen für die berechneten Ausprägungen überprüft werden, kann variiert werden. Doch dies sind alles Implementierungsgesichtspunkte, die zwar Zeit- und Speichereffizienz des Gesamtsystems beeinflussen, aus der Sicht des Diskursbereichsmodellierers aber gleichwertig sind.

Man kann die funktionale Abhängigkeit einfach als eine zusätzliche Bedingung ansehen, der die beteiligten Ausprägungen genügen müssen.

Diese Sichtweise legt es nahe, neben Funktionen auch Prädikate einzubetten. Damit können für eine Quellgattung zusätzliche *Strukturbedingungen* definiert werden. Diese werden durch mit der Quellgattung verbundene Rechtecke gekennzeichnet, die den Prädikatsnamen und die Attributketten für die Parameter enthalten und passende "arg_i"-Verbindungen haben. Eine Strukturbedingung verhält sich wie ein funktional abhängiges Attribut mit Zielgattung "Boolean", das für jede Quellausprägung genau die Ausprägung ("True", Lebenszeit-der-Quellausprägung) hat – die nicht explizit repräsentiert wird.

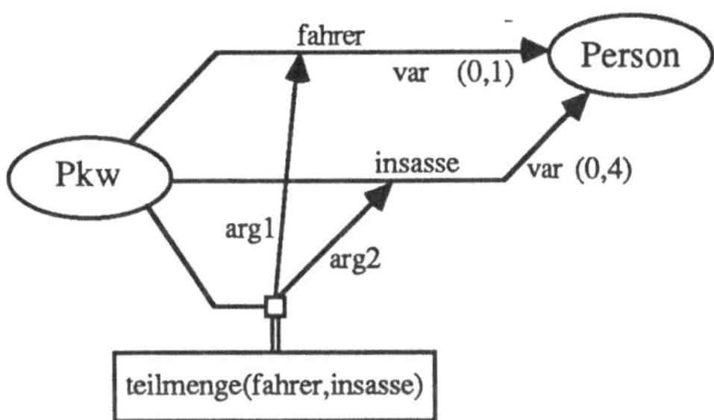

Bild 5.5_13: Strukturbedingung

Hier wird gefordert, daß für jedes Individuum von "Pkw" das Prädikat "teilmenge" auf die Menge der Ausprägungen des Attributs "fahrer" und die Menge der Ausprägungen des Attributs "insasse" zutreffen muß. Das Prädikat könnte so definiert sein, daß es lediglich prüft, ob jedes Individuum der ersten Ausprägungsmenge auch in der zweiten Ausprägungsmenge vorkommt, oder aber detaillierter, so daß auch die Lebenszeiten der Ausprägungen berücksichtigt werden.

Welche Prädikate und Funktionen genau verfügbar sein sollen, hängt vom Diskursbereich ab, ebenso, ob der Modellierer in einer Implementierungssprache weitere hinzudefinieren können soll. Diese Fragen werden im nächsten Kapitel angesprochen.

Es ist möglich, einer Gattung mehrere Strukturbedingungen zuzuordnen und dabei dasselbe Prädikat mehrfach zu verwenden. Das nächste Bild zeigt eine einfache Modellierung von "Parkplatzsuchen". Das Prädikat "gleich" wird in zwei Strukturbedingungen dieser Ablauf-Gattung verwendet. Der Übersichtlichkeit halber sei es so definiert, daß es die Zeit nicht berücksichtigt und nur prüft, ob in den beiden Ausprägungsmengen dieselben Individuen vorkommen.

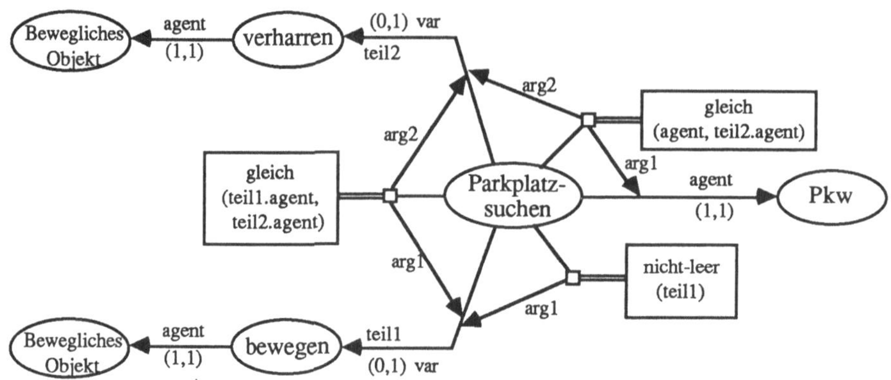

Bild 5.5_14: Vereinfachte Strukturbedingungen für die Gattung "Parkplatzsuchen"

Ein Individuum dieser Ablauf-Gattung muß denselben Agenten haben wie die beteiligten Unterabläufe. Die dritte Strukturbedingung (nicht-leer) ist subtiler. Die Zeitabhängigkeit und Kardinalität des Attributs "teil1" erzwingen lediglich, daß für eine Ausprägung von "Parkplatzsuchen" zu keinem Zeitpunkt mehr als eine Ausprägung dieses Attributs existiert. Die Strukturbedingung fordert zusätzlich, daß es für wenigstens einen Zeitpunkt eine Ausprägung von "teil1" gibt. Ein Ablauf "Parkplatzsuchen" kann nach dieser Modellierung also nicht nur darin bestehen, daß ein Pkw an einer Stelle verharrt.

Wie weiter oben schon erwähnt wurde, vererben sich Attribute an die Spezialisierungen ihrer Quellgattungen, wobei alle Merkmale des Attributs sowie die Zielgattung unverändert auch für die Spezialisierungen übernommen werden. Attribute können selbst eine Generalisierungshierarchie bilden, wobei speziellere Attribute durch Verschärfung der Merkmale, durch Spezialisierung der Zielgattung oder durch Aufteilung in mehrere Attribute gebildet werden.

Man kann die Bedingungen für ein ererbtes Attribut durch *Restriktion* weiter verschärfen, indem man die Zielgattung spezialisiert oder die Untergrenze der Kardinalität erhöht oder die Obergrenze erniedrigt. Die Merkmale Zeitabhängigkeit, Quantifizierung und Abhängigkeit bleiben unverändert. Bei einem abhängigen Attribut darf eine speziellere Funktion benutzt werden, deren Parameter durch die gleichen Attributketten wie bei der ursprünglichen Funktion bestimmt sind oder durch Spezialisierungen davon.

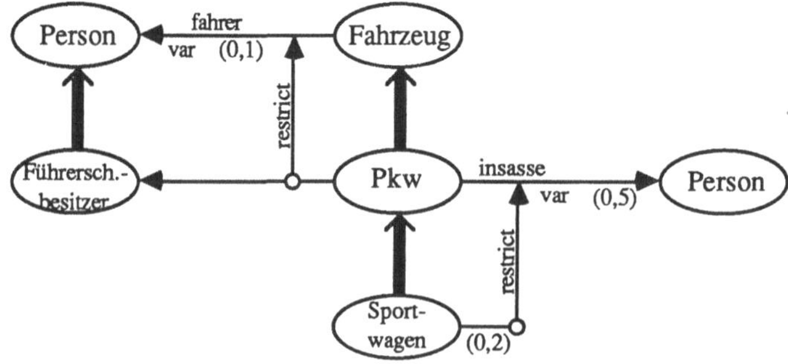

Bild 5.5_15: Restriktion eines Attributs

Die Restriktion von ererbten Attributen wird graphisch durch eine "restrict"-Verbindung vom beschränkteren (spezielleren) Attribut zum einzuschränkenden (allgemeineren) Attribut dargestellt. Angaben, die nicht verändert werden, brauchen bei der graphischen Darstellung nicht wiederholt zu werden. In der obigen Graphik sind Beispiele für Restriktion von Zielgattung und Kardinalität angegeben.

Eine andere Art der Spezialisierung ist die *Differenzierung*. Dabei wird ein Attribut in mehrere neue Attribute aufgespalten. Beispielsweise kann man ein Attribut "insasse" von "Fahrzeug" in die Attribute "insasse-vorne" und "insasse-hinten" aufspalten. In der folgenden Graphik ist dies dargestellt. Die Differenzierung wird durch "diffs"-Verbindungen von den differenzierten (spezielleren) zum zu differenzierenden (allgemeineren) Attribut dargestellt. Auch hier können Angaben weggelassen werden, die sich gegenüber den alten nicht ändern.

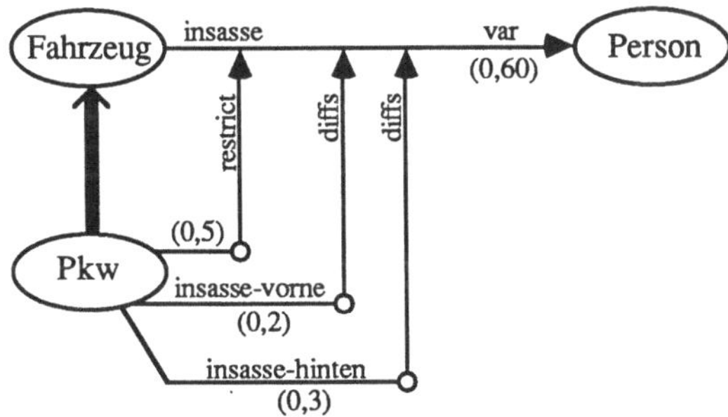

Bild 5.5_16: Differenzierung eines Attributs

Die Namen der neuen Attribute müssen verschieden sein von den Namen aller Attribute, die für die Quellgattung direkt oder indirekt durch Vererbung definiert sind. Die Kardinalität muß jeweils neu angegeben werden, wobei die Summe aller Untergrenzen der differenzierten Attribute nicht größer als die Obergrenze der Kardinalität des zu differenzierenden Attributs sein darf, da sonst für den spezielleren Fall mehr Attribut-Ausprägungen existieren müßten als beim allgemeineren Fall erlaubt. Entsprechend muß die Summe aller Obergrenzen der spezielleren Attribute größer oder gleich der Untergrenze des allgemeineren Attributs sein. Für die weiteren Merkmale der Attribute gelten die gleichen Bedingungen wie bei der Restriktion.

Wird ein Attribut gleichzeitig differenziert und restringiert, so müssen die Restriktionen bei den differenzierten Attributen berücksichtigt werden, d.h. es können stärkere Einschränkungen für die Kardinalität und die Zielgattung gelten. In der letzten Graphik dürfen also die Untergrenzen für "insasse-vorne" und "insasse-hinten" zusammen nicht größer als 5 sein. Dagegen könnten beide Obergrenzen bis 5 gehen, allerdings darf die Summe der Anzahlen der Ausprägungen der beiden spezielleren Attribute für keinen Zeitpunkt größer als 5 werden.

Eine Gattung kann mehrere Obergattungen haben und erbt dann auch die Attribute von all diesen Obergattungen. Dies ist unkritisch, solange die Attributbezeichner verschieden sind. Wenn aber gleichnamige Attribute über verschiedene Obergattungen ererbt werden, ist zunächst nicht klar, welche Eigenschaften das Attribut der Untergattung genau haben soll. Verschiedene Lösungen dieses Problems der *multiplen Vererbung* werden in [Stefik und Bobrow 86] angesprochen. Beispielsweise kann der Konflikt über eine feste Reihenfolge der Obergattungen einer Gattung aufgelöst werden, wobei immer die Bedeutung des ersten Auftretens eines Attributbezeichners von links (oder rechts) übernommen wird. Eine andere Möglichkeit ist, daß der Modellierer explizit angibt, welche Definition er meint.

Der Vorteil der multiplen Vererbung besteht darin, daß ein Modellierer im Konfliktfall nicht gezwungen wird, ganze Teile seiner Taxonomie umzubenennen. Der Nachteil ist, daß dann nicht immer auf Anhieb ersichtlich ist, welche Bedeutungen gerade gelten. Für EPEX erscheint es angebracht, bei nichtverträglichen Eigenschaften von gleichnamigen Attributen auf einer Umbenennung zu bestehen, vor allem wegen der Verwendung von Attributketten in funktional abhängigen Attributen und Strukturbedingungen, die eindeutig sein müssen. Bei verträglichen Eigenschaften lassen sich die Eigenschaften des ererbten Attributs aber konstruieren, und zwar im wesentlichen durch die Konjunktion aller Bedingungen.

Attribute mit demselben Bezeichner werden als verträglich angesehen, wenn die folgenden Bedingungen erfüllt sind. Die Merkmale Zeitabhängigkeit und Quantifizierung müssen für alle betroffenen Attribute gleich sein. Es muß eine eindeutige allgemeinste gemeinsame Spezialisierung aller Zielgattungen geben, die zur Zielgattung des ererbten Attributs wird. Gibt es gar keine oder mehrere unvergleichbare gemeinsame Spezialisierungen, kann das Attribut nicht ererbt werden. Das Maximum aller Untergrenzen muß kleiner oder gleich dem Minimum aller Obergrenzen sein, dann ergeben diese beiden Werte die Kardinalität des ererbten Attributs. Ist eines der Attribute ein abhängiges Attribut, müssen alle betroffenen Attribute abhängig und die Funktionen und entsprechenden Attributketten gleich sein. (Um die letzte Forderung abzuschwächen, könnte man eine Generalisierungshierarchie der Funktionen aufbauen, die bezüglich ihrer Parameter- und Ergebnisgattungen kompatibel mit der Hierarchie der Gattungen wäre – für EPEX wäre dies allerdings ein bisher nicht erforderlicher Aufwand.)

In den nachfolgenden Graphiken werden Beispiele für multiple Vererbung vorgestellt. Die gestrichelten Pfeile veranschaulichen ererbte Attribute, die also nicht explizit angegeben werden und deren Merkmale aus den Merkmalen der allgemeineren Attribute automatisch konstruiert werden.

Im obigen Beispiel erbt Q3 das Attribut attr sowohl über Q1 als auch über Q2. Da die beiden Zielgattungen in direkter Generalisierungsbeziehung zueinander stehen, ist die speziellere, Z2, automatisch die allgemeinste gemeinsame Spezialisierung von Z1 und Z2 und wird deshalb zur Zielgattung von attr für die Quellgattung Q3. Die Kardinalität wird durch den Durchschnitt der angegebenen Kardinalitäten von attr gebildet, dieser ist (2,5) und damit nicht leer.

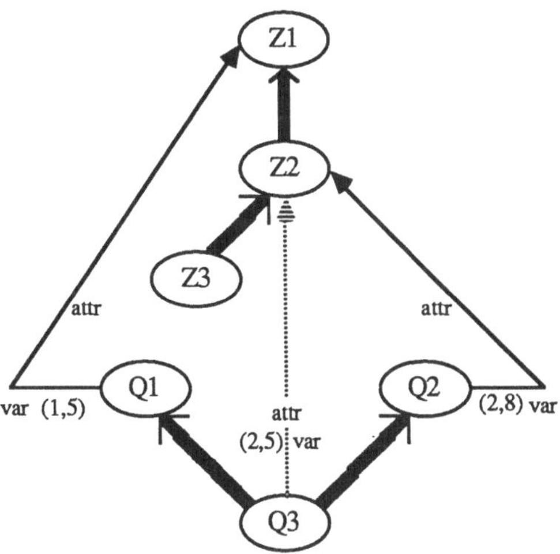

Bild 5.5_17: Multiple Vererbung bei Obergattungen in direkter Generalisierungsbeziehung

Im nächsten Bild ist keine der beiden Zielgattungen Z1, Z2 eine Spezialisierung der anderen. Sie besitzen jedoch eine eindeutige allgemeinste gemeinsame Spezialisierung Z3. Diese ist dann auch Zielgattung des Attributs attr für die Quellgattung Q3. Die Kardinalität wird wiederum über die Durchschnittbildung bestimmt. In diesem Fall existiert gerade noch ein gemeinsamer Wert, so daß für das ererbte Attribut Untergrenze gleich Obergrenze ist.

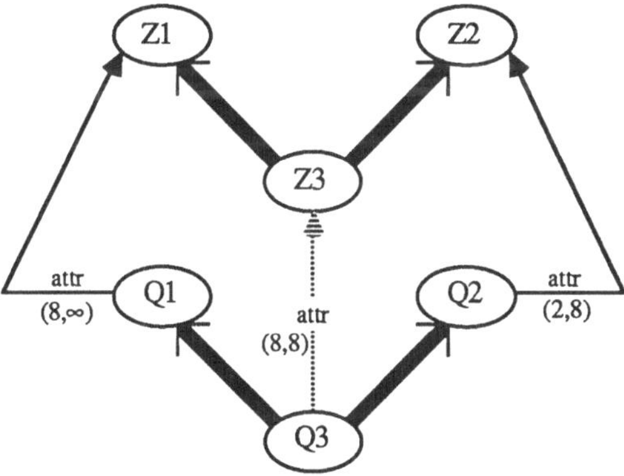

Bild 5.5_18: Multiple Vererbung bei unvergleichbaren Obergattungen

Strukturbedingungen werden ebenfalls über die Generalisierungshierarchie vererbt. Alle Strukturbedingungen, die für allgemeinere Gattungen eingehalten werden müssen, gelten auch für die Spezialisierung. Eine Verschärfung der Bedingung ist nur durch zusätzliche Strukturbedingungen möglich. Die multiple Vererbung ist für die Strukturbedingungen unkritisch, da einfach jeweils alle übernommen werden. Es liegt in der Verantwortung des Modellierers, dafür zu sorgen, daß die akkumulierten Strukturbedingungen überhaupt noch erfüllbar sind.

Damit ist im wesentlichen beschrieben, wie Fakten in EPEX-F dargestellt werden können. Bisher wurde nichts darüber gesagt, wie die Daten überhaupt beschafft werden, und dies ist auch nicht die Aufgabe beim Entwurf einer Darstellungsform. An dieser Stelle sollen aber noch drei Konstrukte erwähnt werden, die mit der Ermittlung der Daten zusammenhängen, nämlich "Unknown"-Individuen, Standardwerte und eine Verfeinerung der variablen Zeitabhängigkeit. Dies sind technische Hilfsmittel, die nicht als Teil der eigentlichen Diskursbereichsmodellierung anzusehen sind und für die Ausnahmen zu den bisher genannten Konsistenzbedingungen gelten.

Gelegentlich kommt es vor, daß Attribut-Ausprägungen für bestimmte Zeitpunkte nicht bekannt sind, obwohl ihre Existenz gesichert ist. Dies gilt beispielsweise für die Koordinaten eines Fahrzeugs, während es gerade durch ein anderes Objekt verdeckt wird: die genaue Lage des Fahrzeugs ist unbekannt, wohl aber ist klar, daß es für jeden Zeitpunkt eine Lage besitzt. Um solche Fälle modellieren zu können, wird für jede Gattung ein Individuum "Unknown" angenommen, das der Gattung für alle Zeitpunkte zugeordnet ist. "Unknown"-Individuen können in Fällen wie dem genannten als Zielindividuen von Attribut-Ausprägungen dienen. Treten sie als Quellindividuen auf, etwa in der Mitte von Attributketten, so muß das zugehörige Zielindividuum wiederum "Unknown" sein.

Attribute können mit Standardwerten versehen werden, das sind Individuen der Zielgattung, die immer dann in die Attribut-Beziehung übernommen werden, wenn weniger Attribut-Ausprägungen für ein Quellindividuum vorhanden sind, als die Untergrenze der Kardinalität fordert. Die Standardindividuen müssen der Zielgattung für alle Zeitpunkte zugeordnet sein, und es müssen so viele sein, daß ihre Anzahl in den durch die Kardinalität erlaubten Grenzen liegt. Die Zeiten der Standard-Attribut-Ausprägungen sind dann immer die Lebenszeiten der Quellausprägungen. Die Angabe von Standardwerten ist nur dann erlaubt, wenn die Zielgattung atomar (also z.B. Grundgattung) und das Attribut weder quantifiziert noch abhängig ist. Bei abhängigen Attributen kann im Prinzip die benutzte Funktion entsprechende Standardwerte liefern.

Standardwerte werden graphisch durch eine Ergänzung des Attribut-Pfeils um eine Liste dargestellt. Im nächsten Bild ist dies für das Attribut "lackfarbe" mit Quellgattung "Pkw" und Zielgattung "Farbe" gezeigt. Für das Quellindividuum "Herby" ist ("gelb", [10,50]) explizit als Attribut-Ausprägung angegeben, während für "Ente1" die Standard-Attribut-Ausprägung ("rot", [30,80]) benutzt wird.

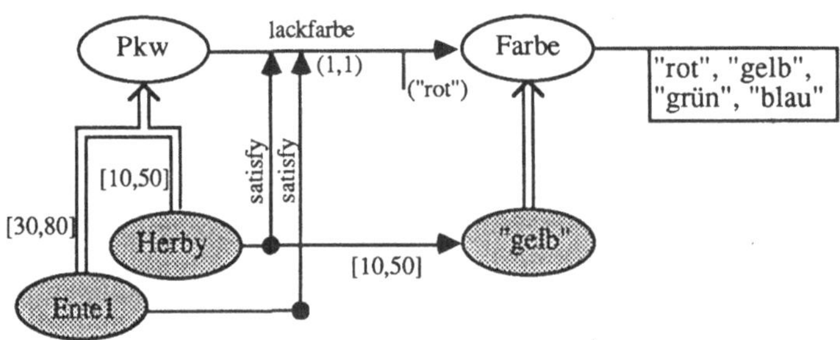

Bild 5.5_19: Standardwerte für Attribut-Ausprägungen

Sind Standardwert-Angaben für ein Attribut vorhanden, werden sie immer dann benutzt, wenn weniger Attribut-Ausprägungen existieren als durch die Kardinalität gefordert. In diesem Fall werden so viele Standardwerte (in der Reihenfolge ihres Auftretens in der Liste) übernommen, bis die Anzahl der Attribut-Ausprägungen der Anzahl der angegebenen Standardwerte entspricht. Über die Angabe von Standardwerten wird damit auch implizit die Standardanzahl der Attribut-Ausprägungen festgelegt. Standardwerte werden grundsätzlich nicht vererbt. Will man sie auch für Untergattungen verwenden, müssen sie dort explizit wiederholt werden.

Die letzte Modifikation betrifft die Attribute mit variabler Zeitabhängigkeit. Damit können für ein Quellindividuum Historien modelliert werden, wie in Bild 5.5_8 für "Herby" bezüglich seiner Insassen. Derartige Historien brauchen nicht immer vollständig zu sein, und man kann sie beispielsweise durch Interpolationsfunktionen für Zeiten ohne bekannte Ausprägungen ergänzen. Dies wird etwa im System TERM erlaubt [Klopprogge 83]. In EPEX beschränken wir uns auf zwei vorgegebene Arten der Ergänzung.

Im ersten Fall wird für einen Zeitpunkt t, für den es keine Attribut-Ausprägung gibt, einfach das Individuum der Attribut-Ausprägung mit dem spätesten Zeitpunkt vor t ergänzt. Die Zeitabhängigkeit solcher Attribute heißt "intervallweise variabel" und wird graphisch durch das Symbol "var-i" gekenn-zeichnet (anstelle des Symbols "var", das verwendet wird, wenn keine Attribut-Ausprägungen ergänzt werden sollen). Im zweiten Fall werden die beiden Attribut-Ausprägungen mit dem spätesten Zeitpunkt vor und dem frühesten Zeitpunkt nach t benutzt, um daraus mit Hilfe einer Interpolationsfunktion einen Wert für den Zeitpunkt t zu berechnen. Diese Zeitabhängigkeit heißt "punktweise variabel" und wird graphisch durch das Symbol "var-p" am Attributpfeil angezeigt. Sie ist allerdings nur erlaubt, wenn die Kardinalität den Wert (1,1) hat und die Zielgattung eine Untergattung von "Integer" oder "Real" ist (oder von einigen vorgegebenen Gattungen wie "Koordinaten", die sich auf einfache Weise aus "Integer"- und "Real"-Komponenten zusammensetzen; siehe Abschnitt 6.3).

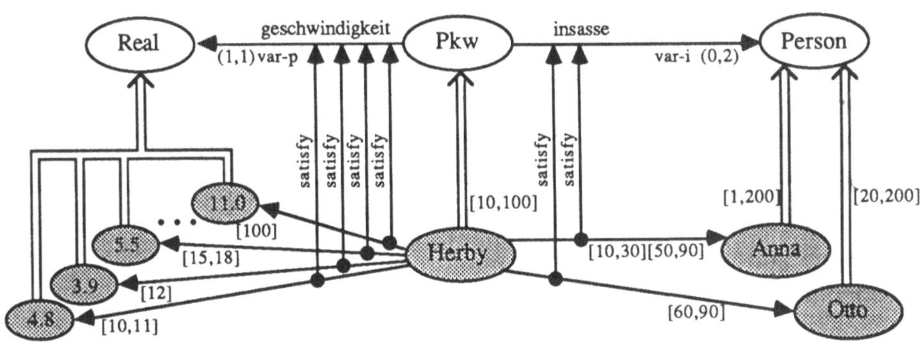

Bild 5.5_20: Punktweise variable und intervallweise variable Zeitabhängigkeit

Hier kommen beide Arten der variablen Zeitabhängigkeit mit Ergänzung vor. Das Attribut "insasse" ist intervallweise variabel. Wäre die Untergrenze seiner Kardinalität nicht 0 sondern 1, so würde für die

Zeitpunkte von 31 bis 49 "Anna" und von 91 bis 100 "Anna" und "Otto" ergänzt. Das Attribut "geschwindigkeit" ist punktweise variabel. Der fehlende Wert für den Zeitpunkt 13 kann aus den Werten für 12 und 15 interpoliert werden, als 3.9 plus ein Drittel der Differenz von 3.9 zu 5.5 beispielsweise.

Zum Abschluß dieses Kapitels werden noch einmal alle graphischen Symbole für die verschiedenen Beschreibungsmittel der Darstellungsform EPEX-F aufgeführt.

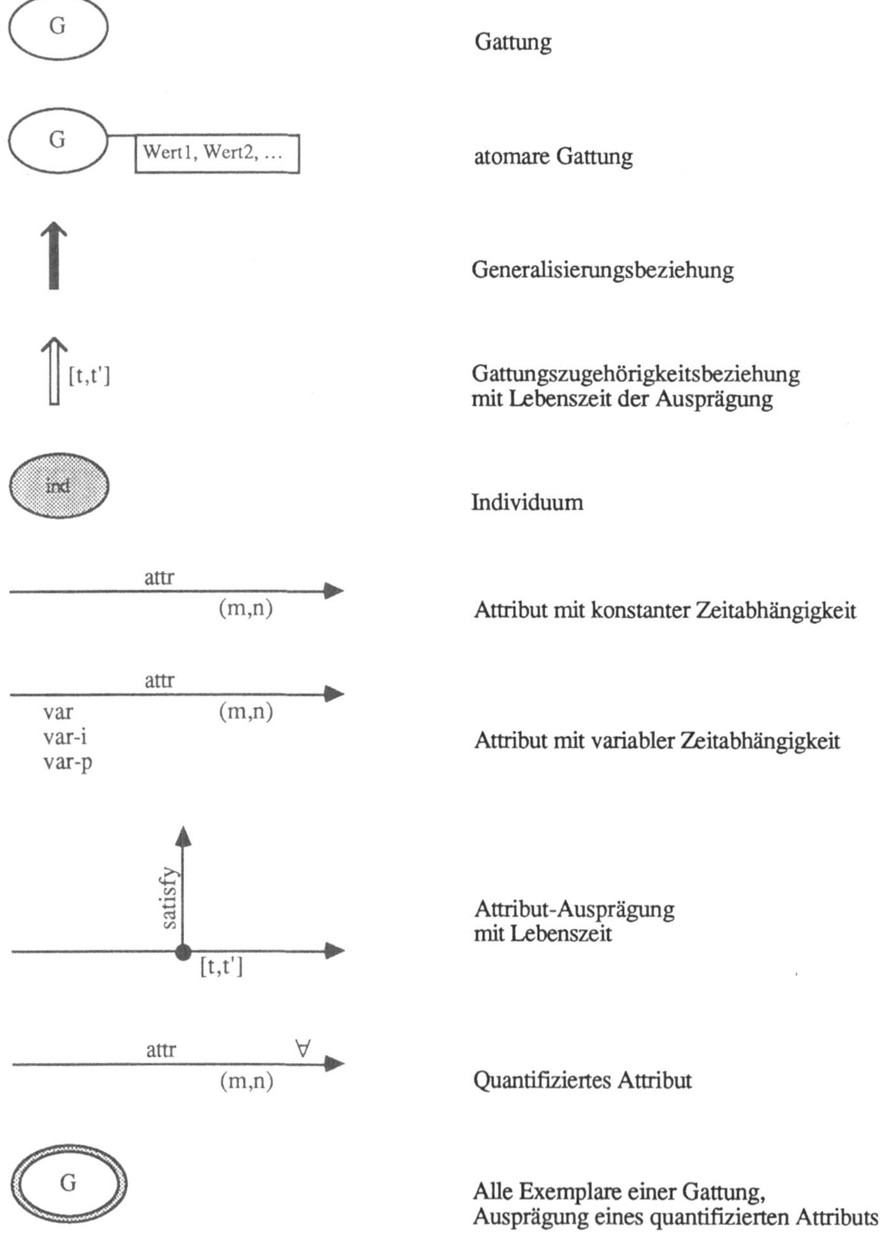

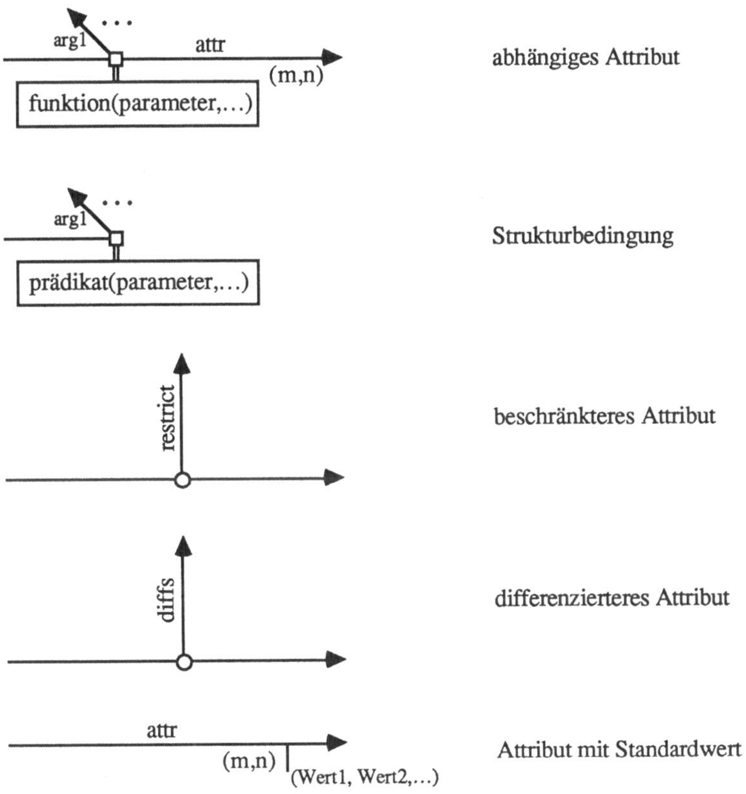

abhängiges Attribut

Strukturbedingung

beschränkteres Attribut

differenzierteres Attribut

Attribut mit Standardwert

6. Realisierung von EPEX-F

Nachdem die Beschreibungsmittel der Darstellungsform für die Fakten festgelegt sind, geht es nun um ihre konkrete Umsetzung in geeignete Operatoren zur Verwaltung der Information. Die Datenverwaltung ist ein eigenständiger Problembereich vor allem wegen der Konsistenzbedingungen. Hier und im Rest dieses Kapitels bezieht sich Konsistenz stets auf die Gesetzmäßigkeiten von EPEX-F wie sie in Abschnitt 5.5 formuliert wurden, nicht etwa auf die Schema-Konsistenz im Sinne von Datenbanksystemen (siehe Kapitel 7). Es bleibt zu klären, wann die einzuhaltenden Bedingungen beim Füllen der Wissensbasis jeweils überprüft werden und wann konsistente Zustände garantiert sind. Dabei ist zu berücksichtigen, daß in einem System mit der in Kapitel 4 entworfenen Struktur unterschiedliche Phasen der Bearbeitung auftreten, die sich in unterschiedlichen Operatorenmengen niederschlagen.

In der ersten Phase muß der Diskursbereichsmodellierer die Gattungen festlegen und die hierarchiebildenden und gattungsbeschreibenden Beziehungen zwischen ihnen definieren. Dies erfordert Erzeugungsoperatoren für Gattungen, Generalisierungsbeziehung und Attribute. Da ein großer Begriffsgraph im allgemeinen schrittweise aufgebaut und hin und wieder modifiziert wird, sind auch geeignete Änderungsoperatoren erforderlich. Zusätzlich benötigt der Diskursbereichsmodellierer noch die Möglichkeit, mittels passender Leseoperatoren seine bisherige Modellierung anzuschauen. Hat er alles in einen stabilen Zustand gebracht (und auch die zugehörigen Regeln definiert – aber das ist Gegenstand von späteren Kapiteln), ist die Diskursbereichsmodellierung abgeschlossen. Danach wird an den Gattungen und ihren Beziehungen nichts mehr geändert oder hinzugefügt.

Die zweite Phase besteht darin, für eine gegebene Bildfolge die Objekt-Ausprägungen einzugeben. Dies erfordert Operatoren für die Etablierung der Gattungszugehörigkeitsbeziehungen sowie von Attribut-Beziehungen für Individuen. Wenn die Daten für die Objekt-Ausprägungen von einem vorgeschalteten Bildauswertesystem geliefert werden, reichen diese Erzeugungsoperatoren im Prinzip aus. Stammen die Angaben aber von einem menschlichen Benutzer, und dies ist zumindest für einen anfänglichen Testbetrieb der Fall, dann müssen in dieser Phase auch Änderungsoperatoren und Leseoperatoren für die Ausprägungen zur Verfügung gestellt werden.

Danach liegen die unveränderlichen Eingabedaten fest, und es kann die dritte Phase beginnen, in der das System Ablauf-Ausprägungen herleitet. Dazu benötigt es lesende Zugriffe auf die Gattungsinformationen und auf die Objekt-Ausprägungen. Für die Ablauf-Ausprägungen sind Erzeugungsoperatoren und Leseoperatoren erforderlich.

Damit ergibt sich zunächst in natürlicher Weise eine Menge von Operatoren, die Gattungen und ihre Beziehungen manipulieren. Da die Gattungen nach Abschluß der ersten Phase nur noch gelesen werden, liegt eine weitere Aufteilung nahe. Die Erzeugungs- und Änderungsoperatoren zum Aufbau der Taxonomie werden in der *Gattungs-Definitions-Sprache* (GDS) zusammengefaßt, englisch generic definition language (GDL). Die Operatoren für die lesenden Zugriffe bilden die *Gattungs-Evaluierungs-Sprache* (GES), englisch generic evaluation language (GEL).

Die restlichen Operatoren manipulieren Ausprägungen. Die Ausprägungen des Objektbereichs werden nach der zweiten Phase nur noch gelesen, was eine analoge Trennung in Erzeugungs- und Änderungsoperatoren einerseits und in Leseoperatoren andererseits ermöglicht. Für den Ablaufbereich muß in der dritten Phase aber auch die Erzeugung von Ausprägungen möglich sein (das ist ja gerade das Ziel des Gesamtsystems). Da Objekt- und Ablaufbereich gleichartig aufgebaut sind, werden ihre Ausprägungen mit denselben Operatoren bearbeitet, so daß eine weitere Aufteilung nicht sinnvoll erscheint. Alle Operatoren zur Manipulation von Ausprägungen werden deshalb zusammengefaßt in der *Ausprägungs-Manipulations-Sprache* (AMS), englisch instance manipulation language (IML).

Im Datenbankbereich unterscheidet man traditionell zwei Kategorien von Operatoren: die Datendefinitionssprache, mit der die Struktur von Ausprägungen festlegt wird, und die Datenmanipulationssprache, mit der Ausprägungen erzeugt und bearbeitet werden. In unserem Fall entspricht die GDS einer Datendefinitionssprache ohne Leseoperatoren, die in Form der GES eine zusätzliche Kategorie bilden. Die AMS ist eine Datenmanipulationssprache.

Insgesamt benötigt also der Systembereichsmodellierer in der ersten Phase die GDS und die GES. In der zweiten Phase wird von einem Programm, das die Verbindung zu einem Bildauswertesystem herstellt, oder von einem Benutzer die AMS für den Objektbereich verwendet. In der dritten Phase benutzt der Regelinterpretierer die GES und die AMS.

In der Praxis werden die drei Phasen allerdings nicht in dieser idealisierten Form ein einziges Mal durchlaufen, vielmehr sind mehrere Iterationen bei der Modellierung zu erwarten. Beispielsweise können Erfahrungen aus der dritten Phase eine Rückkehr zur ersten Phase und Änderungen am Begriffsgraph erfordern, nach denen in der zweiten Phase ein Teil der bisherigen Objekt-Ausprägungen modifiziert werden muß, die restlichen aber in ihrer früheren Form übernommen werden können. Derartige Zyklen mit Änderungen und wiederholter Auswertung zwischen den Änderungen werden so oft durchlaufen, bis das Gesamtverhalten den Anforderungen entspricht. Das System sollte die Kontrolle über diesen schrittweisen Aufbau und die Übergänge zwischen den Zuständen erleichtern, insbesondere wenn letztlich die Verwaltung der Daten durch ein Datenbanksystem angestrebt wird.

Leider kommt der Gesichtspunkt des schrittweisen Aufbaus in der Literatur zu KL-ONE-artigen Systemen fast nie vor, und wenn, dann nur rudimentär (siehe zum Beispiel [Luck et al. 87]). Im Datenbankbereich lag lange eine ähnliche Situation für das ER-Modell vor, die zu verschiedenartigen Implementierungen und Weiterentwicklungen geführt hat, und mittlerweile hat sich gezeigt, daß ein Vergleich der verschiedenen Lösungen durchaus lohnend ist. In unserem Fall kommt hinzu, daß durch die Einbeziehung der Zeit kompliziertere Abhängigkeiten berücksichtigt werden müssen als in reinem KL-ONE. Aus all diesen Gründen werden die Operatoren der drei Kategorien im folgenden verhältnismäßig ausführlich behandelt. Sie liegen in einer für die Zwecke der Implementierung als ausreichend angesehenen Form vor. Komplexitätsklassen oder Entscheidbarkeit der zugrundeliegenden Probleme wurden hier nicht näher untersucht, dazu gibt es Ergebnisse für bestimmte Sprachmittel verschiedener KL-ONE-Dialekte [Levesque und Brachman 87], [Nebel 88], [Schmidt-Schauß 88].

Die nächsten beiden Abschnitte beschreiben die Operatoren der GDS und der GES. Nach einem Überblick über vorgegebene Definitionen für den Diskursbereich "Straßenverkehr" im dritten Abschnitt befaßt sich schließlich der vierte Abschnitt mit den Operatoren der AMS. Die Beispiele stammen jeweils aus dem Objektbereich, da sie ohne zusätzliches Wissen über Besonderheiten der Modellierung verständlich sind. In Kapitel 10 ist eine Modellierung beschrieben, die auch genügend Beispiele aus dem Ablaufbereich enthält.

6.1 Die Gattungs-Definitions-Sprache (GDS)

Es ist in diesem Abschnitt sinnvoll, die Generalisierungsbeziehung von ihrer erzeugenden Relation zu unterscheiden, von der sie die reflexiv-transitive Hülle ist. Diese erzeugende Relation entspricht einem gerichteten zyklusfreien Graphen, in dem von jedem Knoten ein Pfad zum Knoten "Ding" existiert, in dem aber mehrere Pfade von einem Knoten zu einem anderen führen können. Stehen zwei Gattungen G und G' in der erzeugenden Relation, heißt G eine direkte Untergattung von G' und G' eine direkte Obergattung von G. Die Bezeichnungen Untergattung bzw. Spezialisierung und Obergattung bzw. Verallgemeinerung beziehen sich wie bisher auf die eigentliche Generalisierungsbeziehung, die reflexiv und transitiv ist, die Bezeichnungen echte Unter/Obergattung auf die transitive, nicht reflexive Hülle. Zwei Gattungen heißen unvergleichbar, wenn keine eine Untergattung der anderen ist.

Grundsätzlich vorgegebenen sind die allgemeinste Gattung "Ding" sowie die vier Grundgattungen "Integer", "Real", "Boolean", "String" als direkte Untergattungen davon. Dieser initiale Zustand kann mit den GDS-Operatoren schrittweise verändert werden, wobei sichergestellt ist, daß in jedem Zustand nach einer Operatoranwendung alle Konsistenzbedingungen erfüllt sind. Würde eine Operation zur Verletzung einer Bedingung führen, scheitert sie und liefert die Begründung dafür, läßt jedoch den Ausgangszustand unverändert.

An Operatoren benötigen wir zunächst eine Gruppe zur Erzeugung von Gattungen und Attributen mit ihren Bestandteilen, etwa Strukturbedingungen.

def-gattung G, OG_1, ...

      G: neuer Bezeichner für eine Gattung

      OG_i: Bezeichner definierter, nicht atomarer Gattungen (also auch keiner Grundgattungen)

erklärt G zum Namen einer neuen Gattung, deren direkte Obergattungen die OG_i sind. Sind keine Obergattungen angegeben, wird G unmittelbar unter "Ding" eingeordnet.

Es spielt keine Rolle, ob den Obergattungen bereits Ausprägungen zugeordnet sind, da durch die Hinzunahme der neuen Gattung keine Konsistenzbedingung für Ausprägungen verletzt werden kann. Dagegen kann die Konsistenzbedingung für die multiple Vererbung verletzt sein, falls für unvergleichbare OG_i gleichnamige Attribute mit nicht verträglichen Merkmalen definiert sind. In diesem Fall scheitert die Operation.

def-atomare_gattung G, $Wert_1$, ...

G:	neuer Bezeichner für eine Gattung
$Wert_i$:	Individuen einer Grundgattung, und zwar derselben für alle $Wert_i$

erklärt G zum Namen einer neuen atomaren Gattung, deren Individuen die angegebenen Werte sind. Die Einordnung in die richtige Stelle der Generalisierungshierarchie unterhalb der Grundgattung erfolgt automatisch. Gibt es bereits eine atomare Gattung mit genau denselben Individuen, scheitert die Operation.

def-attribut "lokal", Q, attr, Z, m, n, Zeitabhängigkeit, Quantor, Funktion, Standard

Q:	definierte, nicht atomare Gattung ungleich "Ding"
attr:	Bezeichner für ein Attribut
Z:	definierte Gattung
m, n:	natürliche Zahlen, $m{\leq}n$, für n ist auch ∞ erlaubt
Zeitabhängigkeit:	"const", "var", "var-i" oder "var-p"
Quantor:	NIL oder "all"
Funktion:	NIL oder Funktionsname($Attributkette_1$,...)
Standard:	NIL oder, falls Z atomar ist, eine Liste von passenden Standardwerten

erklärt für die Quellgattung Q das Attribut attr mit Zielgattung Z, mit der Kardinalität (m,n) und der angegebenen Zeitabhängigkeit. Mindestens einer der Werte Quantor und Funktion muß NIL sein. Für ein quantifiziertes Attribut ist Quantor "all". Für ein abhängiges Attribut ist Funktion von der Form Funktionsname($Attributkette_1$,...), wobei kein in den Attributketten benutztes Attribut quantifiziert ist, ferner die Zielgattung jeder Attributkette eine Untergattung der entsprechenden Parametergattung der Funktion und Z eine Obergattung der Ergebnisgattung der Funktion ist (siehe def-funktion).

Ein gleichnamiges Attribut darf für andere Quellgattungen als Q bereits definiert sein, sofern diese bezüglich der Generalisierungsbeziehung unvergleichbar mit Q sind. Allerdings scheitert die Operation, wenn es eine gemeinsame Spezialisierung von Q und einer anderen Quellgattung Q' gibt und die Attribut-Definitionen nicht verträglich sind. Außerdem können für Untergattungen dieser gemeinsamen Spezialisierung bereits Einschränkungen oder Differenzierungen von attr erklärt sein, die sich auf die Definition für Q' beziehen. Diese müssen dann noch auf Verträglichkeit mit der Definition für Q überprüft werden, was ebenfalls zum Scheitern der Operation führen kann.

Falls es Ausprägungen zu Q gibt und attr bisher für Q nicht erklärt war, scheitert die Operation für m>0, da für die Individuen von Q keine Ausprägungen von attr existieren. War attr bisher für Q schon auf anderem Weg erklärt, so können Zielgattung und Kardinalität durch die multiple Vererbung jetzt verschärft sein. Die Operation scheitert, wenn für ein Individuum von Q die Attribut-Ausprägungen von attr den schärferen Bedingungen nicht genügen.

def-attribut "restrict", Q, attr, Z, m, n, Funktion, Standard

Q:	definierte, nicht atomare Gattung ungleich "Ding"
attr:	Attribut, das für eine echte Obergattung von Q bereits "lokal" definiert ist
Z:	definierte Gattung
m, n:	natürliche Zahlen, $m \leq n$, für n ist auch ∞ erlaubt
Funktion:	NIL oder Funktionsname($\text{Attributkette}_1, \ldots$)
Standard:	NIL oder, falls Z atomar ist, eine Liste von passenden Standardwerten

spezialisiert für die Quellgattung Q die Kardinalität von attr zu (m,n) und die Zielgattung von attr zu Z, die zu den Angaben in allen allgemeineren Definitionen für Obergattungen von Q passen müssen. Falls attr abhängig ist, darf auch eine speziellere Funktion angegeben werden, deren Parametergattungen und Ergebnisgattung Spezialisierungen der entsprechenden Gattungen der allgemeineren Funktion sind. Für die Einhaltung der sonstigen Bedingungen durch die von der Funktion gelieferten Ausprägungen ist der Modellierer verantwortlich. Mit dem letzten Wert werden bei atomarer Zielgattung Standardwerte festgelegt. Da diese nicht vererbt werden (siehe Abschnitt 5.5), ist es zulässig, alle Merkmale gegenüber der allgemeineren Definition unverändert zu lassen, um auszudrücken, daß dieselben Standardwerte auch für die Quellgattung Q benutzt werden sollen.

Neben der Verträglichkeit "nach oben" muß auch die Verträglichkeit mit bereits bestehenden schärferen Restriktionen von attr für Untergattungen von Q gewahrt bleiben. Außerdem kann im Falle der multiplen Vererbung an eine Spezialisierung von Q durch die jetzt eingeführte Einschränkung ein Konflikt verursacht werden, der die Operation zum Scheitern führt.

Ist eine neue Funktion angegeben, so dürfen Q keine Ausprägungen zugeordnet sein. Andernfalls müssen alle Attribut-Ausprägungen von attr für Individuen von Q den verschärften Bedingungen bezüglich Kardinalität und Zielgattung entsprechen, damit die Operation nicht scheitert.

def-attribut "diffs" attr', Q, attr, Z, m, n, Funktion, Standard

Q:	definierte, nicht atomare Gattung ungleich "Ding"
attr':	Attribut, das für eine echte Obergattung von Q bereits "lokal" definiert ist
attr:	Bezeichner für ein Attribut, darf für keine Obergattung von Q definiert sein
Z:	definierte Gattung
m, n:	natürliche Zahlen, $m \leq n$, für n ist auch ∞ erlaubt
Funktion:	NIL oder Funktionsname($\text{Attributkette}_1, \ldots$)
Standard:	NIL oder, falls Z atomar ist, eine Liste von passenden Standardwerten

erklärt von dem Attribut attr' für die Quellgattung Q eine Differenzierung attr mit Zielgattung Z und den übrigen Merkmalen. Es darf zwar Ausprägungen von Q geben, aber keine Attribut-Ausprägungen von attr', da diese bei mehreren Differenzierungen von attr' auf die differenzierten Attribute verteilt werden müßten, was nicht automatisch geht. Ansonsten gelten sinngemäß die gleichen Bedingungen wie bei der Restriktion.

def-strukturbedingung Q, Prädikat(Attributkette$_1$,...)

Q:	definierte, nicht atomare Gattung ungleich "Ding"
Prädikat:	Name eines mit def-prädikat erzeugten Prädikats

ordnet der Gattung Q die entsprechende Strukturbedingung zu. Jede Attributkette darf nur nicht quantifizierte Attribute benutzen und muß Q als Quellgattung und eine Untergattung der entsprechenden Parametergattung des Prädikats (siehe def-prädikat) als Zielgattung haben. Ist eine Parametergattung eine der vier Grundgattungen, so darf anstelle einer Attributkette auch eine Menge von Individuen dieser Grundgattung stehen, zum Beispiel {2,3,5} für die Parametergattung "Integer". Das System kann nicht erkennen, ob durch Hinzunahme der neuen Strukturbedingung die Forderungen an Q überhaupt noch erfüllbar sind. Sind sie es nicht, scheitern später alle Versuche, Q mit Mitteln der AMS Ausprägungen zuzuordnen. Falls der Gattung Q bereits Ausprägungen zugeordnet sind, müssen sie die neue Bedingung erfüllen, sonst scheitert die Operation.

def-funktion F (Parametergattung$_1$,...), Ergebnisgattung, Deklaration

F:	neuer Bezeichner für eine Funktion

definiert eine neue Funktion namens F mit Parametergattungen und Ergebnisgattung wie angegeben, die dann bei der Definition von abhängigen Attributen benutzt werden kann. Deklaration ist die eigentliche Berechnungsvorschrift in einer eingebetteten Programmiersprache. Jedes aktuelle Argument ist eine Menge von Ausprägungen der entsprechenden Parametergattung, der zugehörige Wert eine Menge von Ausprägungen der Ergebnisgattung.

def-prädikat P (Parametergattung$_1$,...), Deklaration

P:	neuer Bezeichner für ein Prädikat

analog zu def-funktion für ein Prädikat P, das dann in Strukturbedingungen verwendet werden kann.

Die bisherigen Operatoren sind Erzeugungsoperatoren, mit denen ein Begriffsgraph aufgebaut werden kann. Nun folgen Operatoren, die Veränderungen an einem bestehenden Begriffsgraphen ermöglichen. Auch hier muß nach Abschluß einer Operation stets wieder ein konsistenter Zustand sichergestellt werden.

delete-funktion F

F: Name einer mit def-funktion erzeugten Funktion

hebt die Definition der Funktion auf und macht den Bezeichner wieder verfügbar. Die Operation scheitert, wenn F noch in einem abhängigen Attribut verwendet wird.

delete-prädikat P

P: Name eines mit def-prädikat erzeugten Prädikats

analog zu delete-funktion für ein Prädikat P, das aber in keiner Strukturbedingung mehr vorkommen darf.

delete-strukturbedingung Q, Prädikat(Attributkette$_1$,...)

Q: definierte, nicht atomare Gattung ungleich "Ding"
Prädikat: Name eines mit def-prädikat erzeugten Prädikats

hebt die Zuordnung der Strukturbedingung zur Quellgattung Q auf. Die Angabe der Attributketten ist erforderlich, da nur über sie eine eindeutige Identifizierung der Bedingung möglich ist. Dasselbe Prädikat könnte ja in mehreren Strukturbedingungen für Q vorkommen. Es spielt keine Rolle, ob es Ausprägungen der Gattung Q gibt.

delete-attribut Q, attr

Q: definierte, nicht atomare Gattung ungleich "Ding"
attr: für die Quellgattung Q definiertes Attribut

hebt die Zuordnung von attr für die Quellgattung Q auf, die vorher mit def-attribut definiert worden sein muß. Damit ist also ausgeschlossen, daß attr nur deshalb der Quellgattung zugeordnet ist, weil es über die Generalisierungshierarchie ererbt wird.

Ist attr für Q als "lokal" definiert worden, so darf es keine Restriktion oder Differenzierung von attr für eine Untergattung von Q geben, es sei denn, ein gleichnamiges Attribut wird dort auch von einer anderen Quellgattung ererbt. Kommt attr in einer Attributkette einer Strukturbedingung oder einer Funktion eines abhängigen Attributs vor, so daß die Kette über Q oder eine Spezialisierung läuft, scheitert die Operation. Die Gattung G, zu der die Attributkette gehört, kann dabei durchaus unvergleichbar mit Q sein, wie das folgende Beispiel zeigt.

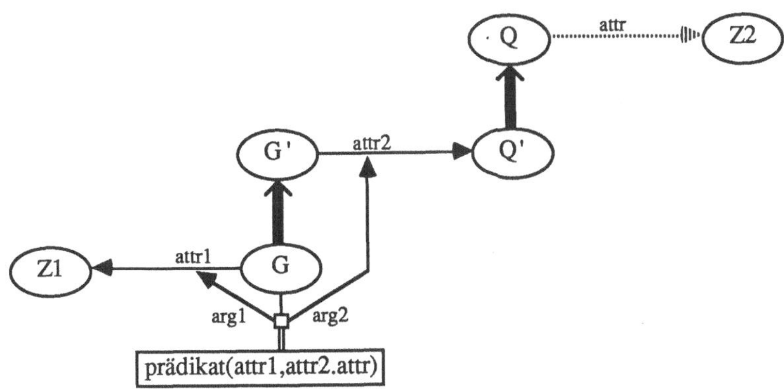

Bild 6.1_1: Scheitern von «delete-attribut Q, attr» bei "lokal"-Definition wegen Attributkette

Ist attr für Q als "restrict" oder "diffs" definiert, spielt es keine Rolle, ob es noch speziellere Attribute gibt, da diese sich dann auf die (vorausgesetzte) allgemeinere Definition für eine Obergattung von Q beziehen. Die Operation kann wieder wegen der Verwendung von attr in einer Attributkette scheitern, und zwar wenn die Kette über attr mit einem Attribut attr2 fortgesetzt wird, das zwar für die speziellere, nicht aber für die allgemeinere Zielgattung definiert ist. Wie im vorherigen Fall kann das Problem auch auftreten, wenn die Attributkette einer Gattung zugeordnet ist, die keine Spezialisierung von Q ist.

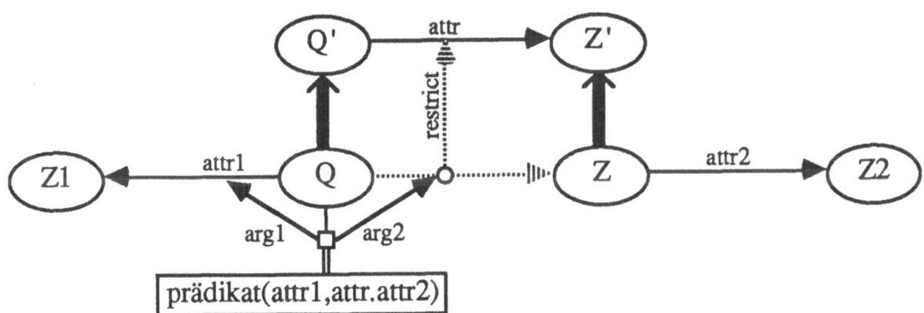

Bild 6.1_2: Scheitern von «delete-attribut Q, attr» bei "restrict"-Definition wegen Attributkette

Schließlich scheitert die Operation auch, wenn für ein Individuum von Q Attribut-Ausprägungen von attr existieren. Liegt keiner der genannten Fälle vor und ist die Operation erfolgreich, ist attr für Q entweder gar nicht mehr oder mit weniger eingeschränkten Merkmalen definiert.

rename-attribut Q, attr, attr'

Q:	definierte, nicht atomare Gattung ungleich "Ding"
attr:	für die Quellgattung Q als "lokal" oder "diffs" (nicht "restrict") definiertes Attribut
attr':	Bezeichner eines Attributs, kann für Q erklärt sein oder nicht

sammelt zunächst zusätzlich alle Restriktionen und Differenzierungen auf, die sich nur auf die gegebene Definition von attr für Q beziehen, also nicht per multipler Vererbung auch noch von einem anderen gleichnamigen Attribut abhängen. Die aufgesammelten Attribute werden "von unten nach oben", in der Reihenfolge wachsender Allgemeinheit, mit «delete-attribut Q, attr» entfernt, danach in umgekehrter Reihenfolge mit «def-attribut "...", Q, attr', ...» mit dem neuen Namen und anderweitig unveränderten Merkmalen wieder aufgebaut. Scheitert eine der Teiloperationen, werden alle durchgeführten rückgängig gemacht, so daß die gesamte Operation ohne Veränderung des Zustands scheitert.

Gibt es Ausprägungen der aufgesammelten Attribute, so werden sie vor den Löschungen entfernt und nach den Definitionen für dieselben Quellindividuen als Ausprägungen von attr' wieder eingefügt.

update-attribut Q, attr, m, n, Funktion, Standard

Q:	definierte, nicht atomare Gattung ungleich "Ding"
attr:	Attribut, das für die Quellgattung Q definiert ist
m, n:	natürliche Zahlen, $m \leq n$, für n ist auch ∞ erlaubt
Funktion:	NIL oder Funktionsname(Attributkette$_1$,...)
Standard:	NIL oder, falls Z atomar ist, eine Liste von passenden Standardwerten

verändert die Merkmale Kardinalität, Funktion und Standardwert von attr. Die Operation scheitert, wenn die neuen Merkmale zu Unverträglichkeiten bei Restriktionen oder Differenzierungen des Attributs führen oder wenn dadurch Bedingungen im Zusammenhang mit der multiplen Vererbung verletzt werden. Die Änderung der Zielgattung und anderer Merkmale ist mit diesem Operator nicht möglich und muß mittels delete-attribut und def-attribut durchgeführt werden. Gibt es Ausprägungen von Q, so scheitert die Operation, falls andere Merkmale als die Kardinalität verändert werden oder falls die Attribut-Ausprägungen von attr für ein Individuum die veränderte Kardinalität verletzen.

Der Grund dafür, bereits Ausprägungen von Q zuzulassen, ist folgende typische Situation. Es existieren schon viele Ausprägungen von Q und seinen Attributen. Will man nachträglich ein neues Attribut für Q definieren, möchte man nicht alle Ausprägungen löschen müssen. Also definiert man das neue Attribut zunächst mit der Untergrenze 0, da es ja davon noch keine Ausprägungen geben kann und diese vor der Definition des Attributs auch nicht erzeugt werden können. Dann kann man Attribut-Ausprägungen hinzufügen und danach die Kardinalität zum eigentlich gewünschten Wert verändern.

add-obergattung G, OG

G, OG:	definierte, nicht atomare Gattungen
	G ist weder Obergattung noch direkte Untergattung von OG

macht G zu einer direkten Untergattung von OG, verändert also die erzeugende Relation der Generalisierungsbeziehung. Wäre G eine Obergattung von OG, entstünde ein Zyklus, wäre G eine direkte Untergattung von OG, wäre die Operation überflüssig, weshalb diese Fälle ausgeschlossen werden. Es ist aber durchaus zulässig, daß G bereits eine (indirekte) echte Spezialisierung von OG ist, daß sich also die reflexiv-transitive Hülle der erweiterten erzeugenden Relation gar nicht von der bisherigen Generalisierungsbeziehung unterscheidet. Dies bedeutet, daß die erzeugende Relation der

Generalisierungsbeziehung nicht unbedingt minimal sein muß. Dadurch wird es zum Beispiel möglich, eine direkte Unter/Obergattungs-Beziehung aufzuheben, die die einzige Verbindung einer Gattung zu "Ding" darstellt, indem man vorher zunächst redundante Beziehungen einführt.

Für die jetzt über OG an G und seine Spezialisierungen vererbten Attribute dürfen keine Konflikte auftreten. Diese sind trivialerweise ausgeschlossen, wenn G (im alten Zustand) bereits Untergattung von OG ist. Bei unvergleichbarem G und OG sind nur die Fälle kritisch, in denen eine Obergattung von OG und eine Untergattung von G beide als Quellgattungen oder beide als Zielgattungen an zwei Attributen mit selbem Namen attr beteiligt sind.

Im Quellgattungs-Fall scheitert die Operation immer, wenn attr für die Untergattung von G (dies kann auch G selbst sein) "lokal" definiert ist. Ist dies nicht der Fall, sind die Bedingungen der multiplen Vererbung zu berücksichtigen. Das nachstehende Beispiel erläutert die möglichen Konflikte.

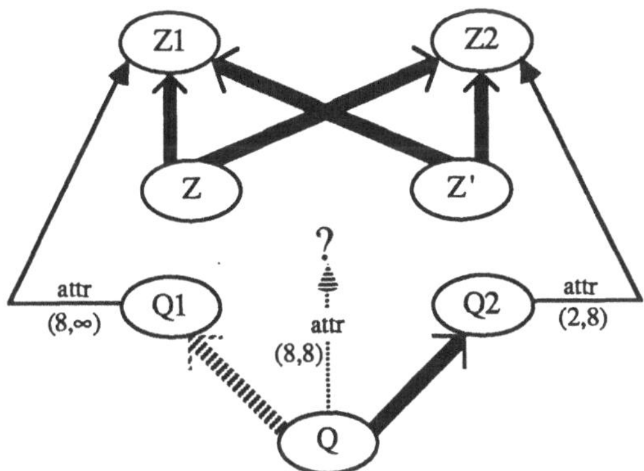

Bild 6.1_3: Konflikt der multiplen Vererbung infolge «add-obergattung Q, Q1»

Hier würde eine kritische Quellgattung zur Obergattung gemacht, wodurch Q zwei unverträgliche Definitionen gleichnamiger Attribute erben müßte. Die Unverträglichkeit liegt in diesem Fall darin, daß die Zielgattungen mehrere allgemeinste Spezialisierungen besitzen. Ebenso könnte es auch sein, daß es gar keine gemeinsame Spezialisierung von Z1 und Z2 gäbe, daß der Durchschnitt der Kardinalitäten leer wäre oder daß andere Merkmale unverträglich wären. In all diesen Fällen scheitert die Operation.

Im Zielgattungs-Fall kann es passieren, daß durch die neue Generalisierungsbeziehung die vorher gegebene Eindeutigkeit der allgemeinsten gemeinsamen Spezialisierung der Zielgattungen der kritischen Attribute verletzt würde, wie im folgenden Beispiel. Auch in derartigen Fällen scheitert die Operation.

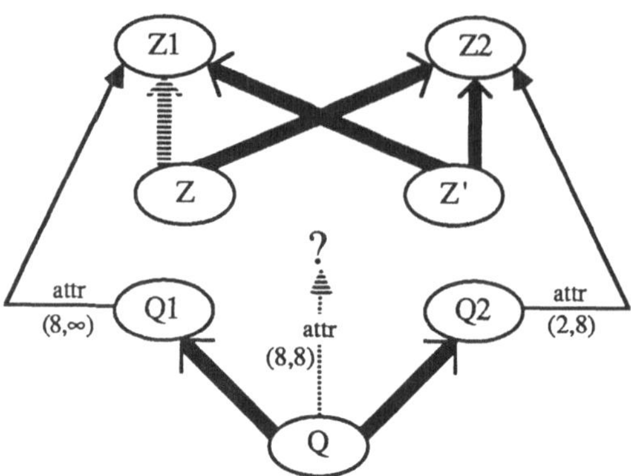

Bild 6.1_4: Konflikt der multiplen Vererbung infolge «add-obergattung Z, Z1»

Sind keine der angegebenen Bedingungen verletzt und existieren keine Ausprägungen, kann die Erweiterung der erzeugenden Relation der Generalisierungshierarchie (mit den dadurch bewirkten neuen Vererbungen von Attributen) erfolgen.

Existieren Ausprägungen für G, so ist die Erweiterung nur dann möglich, wenn die Ausprägungen von G noch zu dem veränderten Begriffsgraphen passen. Dies erfordert drei Überprüfungen. Erstens müssen alle Attribute, die über OG neu an G vererbt werden sollen, die Untergrenze 0 haben. Da für die Individuen von G bisher keine Ausprägungen dieser Attribute erlaubt sind, würden andernfalls die Kardinalitätsbedingungen verletzt. Zweitens müssen bei Attributen, die bisher schon für G erklärt sind und gleichnamig über OG an G vererbt werden sollen, die Attribut-Ausprägungen die durch die multiple Vererbung möglicherweise verschärften Bedingungen bezüglich Kardinalität und Zielgattung einhalten. Drittens müssen alle Strukturbedingungen, die G zusätzlich über OG ererben soll, für die Ausprägungen von G erfüllt sein. Sobald eine dieser Forderungen für eine Ausprägung verletzt ist, scheitert die Operation. Auf gar keinen Fall werden Ausprägungen automatisch hinzugefügt oder gelöscht.

remove-obergattung G, OG

   G, OG: definierte, nicht atomare Gattungen, G direkte Untergattung von OG

hebt die direkte Unter/Obergattungs-Beziehung zwischen G und OG auf. Allerdings muß es neben OG noch wenigstens eine weitere direkte Obergattung von G geben, da sonst der einzige Pfad von G zu "Ding" unterbrochen würde (bei Bedarf kann man diese Forderung mit Hilfe der vorigen Operation erfüllen). Dies bedeutet insbesondere, daß OG nicht "Ding" sein kann.

Im Zusammenhang mit der multiplen Vererbung ist zu beachten, daß die Existenz einer gemeinsamen Spezialisierung von Zielgattungen nicht zerstört werden darf. So würde etwa im letzten Beispiel die Operation «remove-obergattung Z', Z1» scheitern.

Für die einfache Vererbung sind zwei Fälle relevant. Erstens muß ausgeschlossen sein, daß ein Attribut für eine Obergattung von OG "lokal" definiert ist und nur über OG und G zu einer Untergattung von G vererbt wird, für die eine Restriktion oder Differenzierung dieses Attributs erklärt ist. Zweitens darf keine Restriktion eines Attributs definiert sein, so daß die Zielgattung des spezielleren Attributs nur über G und OG mit der Zielgattung des allgemeineren Attributs verbunden ist.

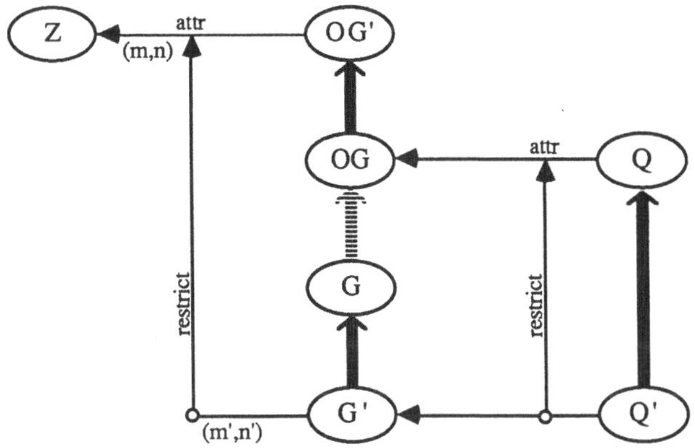

Bild 6.1_5: Zwei Gründe für Scheitern von «remove-obergattung G, OG» bei einfacher Vererbung

Für sämtliche in abhängigen Attributen und Strukturbedingungen auftretenden Attributketten muß gelten, daß sie nach Aufhebung der direkten Untergattungsbeziehung zwischen G und OG noch definiert bleiben. Im folgenden Beispiel ist die Attributkette attr.attr2 für die Quellgattung Q und Zielgattung Z2 definiert, da G das Attribut attr2 von OG erbt. Nach Aufheben der Beziehung zwischen G und OG wäre dies nicht mehr der Fall und die Attributkette würde undefiniert. Also scheitert die Operation. Eine Attributkette attr.attr3 wäre dagegen nicht betroffen.

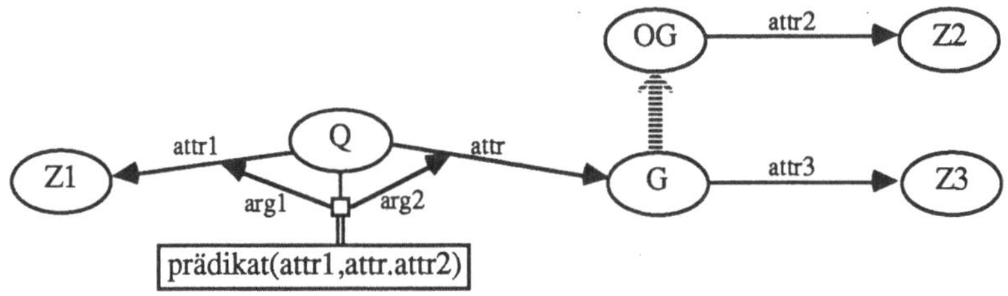

Bild 6.1_6: Scheitern von «remove-obergattung G, OG» wegen Attributkette

Die Existenz von Ausprägungen ist für diese Operation normalerweise unkritisch. Ausprägungen von G und OG bleiben dies auch dann, wenn die beiden Gattungen unvergleichbar geworden sind. Lediglich im Zusammenhang mit einem quantifizierten Attribut kann die Operation scheitern, falls als Attribut-Ausprägung die Menge aller Ausprägungen einer Gattung G' angegeben ist, die nur über G und OG eine Untergattung der Zielgattung des Attributs ist.

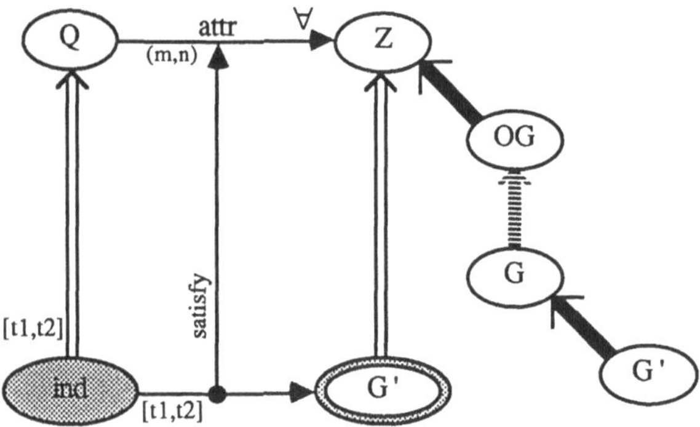

Bild 6.1_7: Scheitern von «remove-obergattung G, OG» wegen Ausprägung eines ∀-Attributs

Liegt keiner der genannten Fälle vor, kann die direkte Untergattungsbeziehung zwischen G und OG aufgehoben werden. Dies kann zur Folge haben, daß vorher mehrfach ererbte Attribute jetzt weniger eingeschränkte Merkmale besitzen.

Alle bisherigen Änderungsoperatoren bezogen sich auf nicht atomare Gattungen. Bei den nachfolgenden Operatoren wird diese Einschränkung aufgehoben. Da Quellgattungen von Attributen nicht atomar sein können, können darauf bezogene Bedingungen für atomare Gattungen automatisch als erfüllt angesehen werden. Dafür ist bei atomaren Gattungen aber zu berücksichtigen, daß ihre Ausprägungen stets existieren und als Standardwerte in Attributen benutzt werden können, zu deren Zielgattung sie gehören.

delete-gattung G

    G: definierte Gattung, weder Grundgattung noch "Ding"

entfernt die Gattung G aus dem Begriffsgraphen und macht damit den Bezeichner anderweitig verfügbar. Es darf keine echten Untergattungen von G geben, und kein Attribut darf für G als Quell- oder Zielgattung definiert sein. Wenn G keine atomare Gattung ist, dürfen G keine Ausprägungen zugeordnet sein. Mit anderen Worten, es darf kein Individuum geben, das zu irgendeiner Zeit zu G gehört. Die Operation scheitert, wenn als Attribut-Ausprägung eines quantifizierten Attributs die Menge aller Ausprägungen von G angegeben ist. Im Beispiel des vorigen Bildes ist also «delete-gattung G'» nicht möglich, auch wenn es keine Ausprägung von G' gibt.

delete-gattung⁺ G

    G: definierte Gattung, weder Grundgattung noch "Ding"

ist eine etwas komfortablere Zusammensetzung mehrerer Operationen zum Entfernen einer Gattung G aus dem Begriffsgraphen. Zunächst wird jedes Attribut mit G als Quell- oder Zielgattung mittels delete-attribut entfernt. Falls G nicht atomar ist, wird danach für jedes Paar einer direkten Untergattung UG und einer direkten Obergattung OG von G die Operation «add-obergattung UG, OG» durchgeführt, anschließend «remove-obergattung UG, G» für jede direkte Untergattung UG. Ist G atomar, wird die Generalisierungshierarchie analog umgeformt, was keinerlei Konsistenzprobleme verursachen kann. Damit ist in beiden Fällen die Voraussetzung geschaffen, die gesamte Operation mit «delete-gattung G» abzuschließen. Scheitert eine der Teiloperationen, werden alle bereits durchgeführten Teiloperationen rückgängig gemacht, und die gesamte Operation scheitert ohne Veränderung des Zustands.

rename-gattung G, G'

G:	definierte Gattung, weder Grundgattung noch "Ding"
G':	neuer Bezeichner für eine Gattung

benennt die Gattung G in G' um. Die Operation scheitert, wenn als Attribut-Ausprägung eines quantifizierten Attributs die Menge aller Ausprägungen von G angegeben ist. Im vorigen Bild wäre es also nicht möglich, G' umzubenennen.

Zum Abschluß seien noch zwei Operatoren genannt, mit denen die Menge der Ausprägungen atomarer Gattungen modifiziert werden kann, ohne damit die Generalisierungsbeziehung zu verändern.

add-individuum G, Wert$_1$,...

G:	atomare Gattung, aber keine Grundgattung
Wert$_i$:	Individuen, die zu allen direkten Obergattungen von G gehören müssen

erweitert die Menge der möglichen Individuen von G um die angegebenen Werte. Die Operation scheitert, wenn G nach der Erweiterung genau dieselbe Menge von Individuen hätte wie eine andere atomare Gattung.

remove-individuum G, Wert$_1$,...

G:	atomare Gattung, aber keine Grundgattung
Wert$_i$:	Individuen, die zu keiner direkten Untergattung von G gehören dürfen

verringert die Menge der möglichen Individuen von G um die angegebenen Werte. Die Operation scheitert, wenn G nach der Verkleinerung genau dieselbe Menge von Individuen hätte wie eine andere atomare Gattung oder leer wäre. Ist G Zielgattung eines Attributs, so darf keiner der Wert$_i$ in der Liste der Standardwerte oder in einer Attribut-Ausprägung dieses Attributs vorkommen.

6.2 Die Gattungs-Evaluierungs-Sprache (GES)

Die Operatoren der GES machen die Struktur eines Begriffsgraphen zugänglich, der mit Hilfe der Operatoren des letzten Abschnitts aufgebaut und modifiziert wurde.

get-obergattungen G
get-untergattungen G
get-direkte_obergattungen G
get-direkte_untergattungen G
    G: definierte Gattung

liefert jeweils die Menge der entsprechenden Gattungen durch eine verschachtelte Liste, die die Struktur der Generalisierungshierarchie wiedergibt, und beschreibt somit die Stellung der Gattung G in der Generalisierungshierarchie und deren erzeugender Relation. Mit «get-untergattungen Ding» erhält man die Menge aller überhaupt definierten Gattungen.

get-individuen G
    G: atomare Gattung, keine Grundgattung

liefert die Menge aller möglichen Individuen von G.

get-attribute G
    G: Gattung

liefert die Menge der Beschreibungen aller Attribute, für die G als Quellgattung zulässig ist. Dies sind nicht nur die Attribute, die durch def-attribut mit Quellgattung G erzeugt worden sind, sondern auch alle Attribute, die von Obergattungen von G ererbt werden. Erbt die Gattung G ein Attribut attr von mehreren Obergattungen, so wird die Beschreibung von attr für G aus dem Durchschnitt der Merkmale dieser Attribute berechnet (siehe Kapitel 5 zur mehrfachen Vererbung).

get-strukturbedingungen G
    G: Gattung

liefert alle Strukturbedingungen, die für die Gattung G erklärt sind, einschließlich der ererbten. Für jede Strukturbedingung werden der Name des Prädikats und die Attributketten aller Parameter aufgeführt.

get-definition Bezeichner$_1$, ...

liefert für Bezeichner, die in «def-funktion Bezeichner$_i$, ...» oder «def-prädikat Bezeichner$_i$, ...» benutzt worden sind, die restlichen Angaben der Definitionen. Ist kein Bezeichner angegeben, werden die Angaben für alle definierten Funktionen und Prädikate geliefert.

6.3 Vordefinierte Gattungen und Prädikate für Strukturbedingungen

In den vorangegangenen Abschnitten dieses Kapitels sind die Möglichkeiten vorgestellt worden, mit denen in einem Diskursbereich vorkommende Objekt-Gattungen und Ablauf-Gattungen modelliert werden können. Neben den erwähnten Gattungen "Ding", "Integer", "Real", "Boolean" und "String" stellt EPEX einige weitere Gattungen und einige Prädikate für Strukturbedingungen bereit. Diese sind bei der Modellierung des Diskursbereichs "Straßenverkehr" entstanden, aber von genügender Allgemeinheit, daß sie auch für andere Diskursbereiche nützlich sein können. Die Gattungen unterstützen die Modellierung geometrischer Eigenschaften, die Prädikate beschreiben vor allem mengentheoretische und zeitliche Zusammenhänge.

Zunächst werden die vordefinierten Gattungen mit ihren Attributen beschrieben. Sie verhalten sich so, als seien sie mit den Mitteln der GDS definiert. Tatsächlich erhalten sie bei der Realisierung aus Effizienzgründen eine Sonderbehandlung.

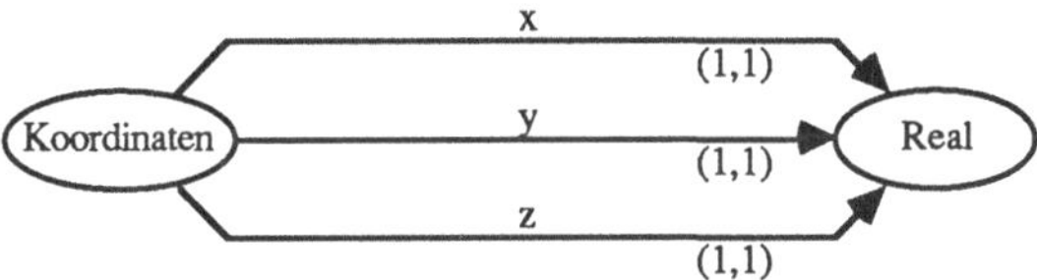

Bild 6.3_1: Die Gattung "Koordinaten"

Die intendierte Verwendung der Gattung "Koordinaten" ist, daß jede ihrer Ausprägungen maximale Lebenszeit hat, also in dem Sinne zeitunabhängig ist wie auch die Ausprägungen von Grundgattungen. Ansonsten dürfte die Definition selbsterklärend sein.

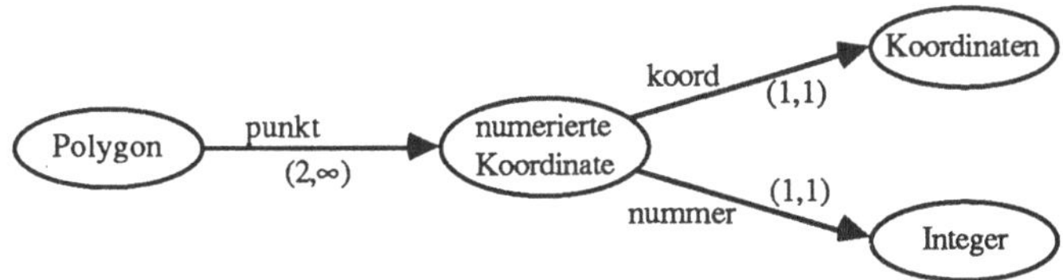

Bild 6.3_2: Die Gattung "Polygon"

Ein Individuum von "Polygon" beschreibt einen Polygonzug, also eine Folge von Punkten. Durch die Numerierung wird eine Reihenfolge festgelegt, so daß es sinnvoll ist, vom "nächsten Punkt" eines zu einem Polygonzug gehörigen Punkts zu sprechen oder zum Beispiel vom "zweiten Punkt" des Polygonzugs. Dies gilt auch dann, wenn die Numerierung nicht durch fortlaufende natürliche Zahlen erfolgt (allerdings erleichtert eine beliebig verstreute Numerierung nicht gerade die Verständlichkeit). Der letzte Punkt muß nicht gleich dem ersten sein. Damit lassen sich zum Beispiel Begrenzungslinien von Straßen oder Fahrspuren modellieren.

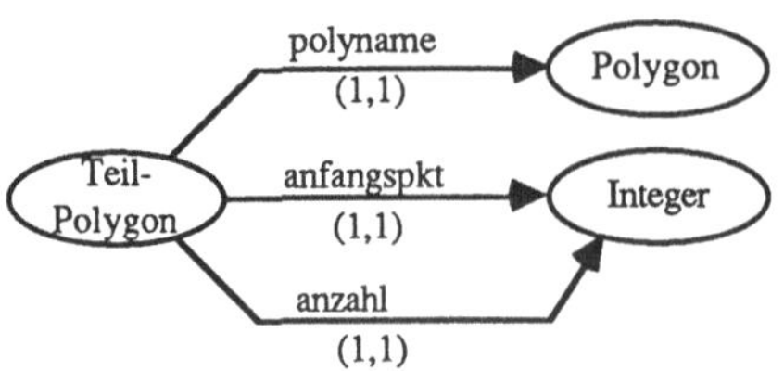

Bild 6.3_3: Die Gattung "Teil-Polygon"

Mit "Teil-Polygon" kann aus einem Polygonzug ein Teil "herausgegriffen" werden. Sei beispielsweise "P" ein Polygon, das den Rand einer Fahrspur beschreibt, der nur in einem Teilstück überfahren werden darf. Dieses Teilstück ist zum Beispiel das Teil-Polygon von "P", das aus drei Punkten beginnend mit dem fünften von "P" besteht. Die Koordinaten dieser Punkte sind dann nur einmal repräsentiert, was der Änderungsfreundlichkeit entgegenkommt. Man kann auch gemeinsame Begrenzungslinien benachbarter Flächenstücke durch Teil-Polygone modellieren, um sicherzustellen, daß ein Kurvenstück für beide Flächen durch denselben Polygonzug approximiert wird.

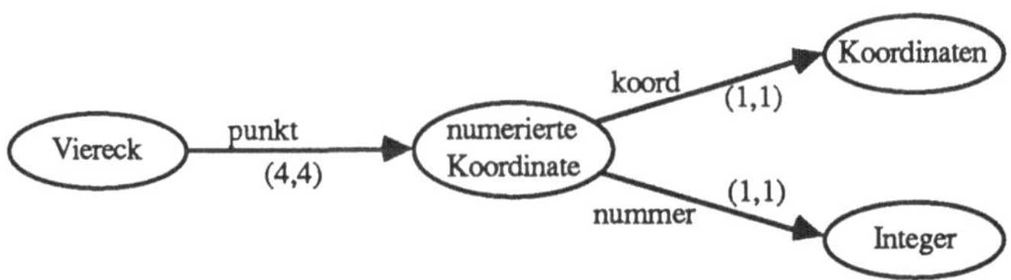

Bild 6.3_4: Die Gattung "Viereck"

Die Gattung "Viereck" sieht auf den ersten Blick aus wie eine Spezialisierung von "Polygon" mit eingeschränkter Kardinalität. Es gilt jedoch zusätzlich, daß der erste mit dem vierten Punkt implizit verbunden wird, so daß ein geschlossener Polygonzug entsteht. "Viereck" und "Polygon" sind in der Generalisierungshierarchie unvergleichbar. Die vier Punkte beschreiben normalerweise ein Rechteck, manchmal auch ein Parallelogramm, mit dem sich Kreuzungen, Fahrzeuge, Parkboxen und ähnliches grob umschreiben lassen. Dies kann benutzt werden, um den für einen Ablauf gerade relevanten räumlichen Bereich einzuschränken.

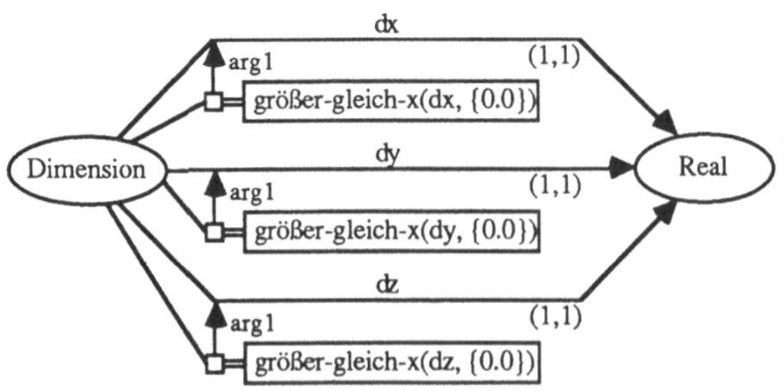

Bild 6.3_5: Die Gattung "Dimension"

Mit "Dimension" beschreibt man umschreibende Quader von Objekten, bezogen auf eine "Normallage" im Bezugssystem. Für ein Kraftfahrzeug könnte man die "Normallage" zum Beispiel so definieren, daß das rechte Hinterrad im Ursprung liegt, das rechte Vorderrad auf der x-Achse und das linke Hinterrad auf der y-Achse. Die drei Strukturbedingungen stellen sicher, daß keine negativen Abmessungen vorkommen. Das Prädikat größer-gleich-x wird weiter unten definiert.

Strukturbedingungen bestehen aus Prädikaten, an deren Argumentpositionen (normalerweise) Attributketten stehen, die zu den entsprechenden Parametergattungen passen. Zu jedem Individuum der Gattung, der die Strukturbedingung zugeordnet ist, ist durch eine Attributkette eindeutig eine Menge von Ausprägungen der Parametergattung bestimmt, nämlich die Menge aller Attribut-Ausprägungen des letzten Attributs in der Attributkette, die von dem gegebenen Individuum aus "erreichbar sind". Die Prädikate müssen also auf Mengen von Ausprägungen definiert sein.

Ist eine Parametergattung eine Grundgattung, ist es oft sinnvoll, anstelle einer Attributkette eine konstante Menge von Ausprägungen zu schreiben, und deren Lebenszeiten sind obendrein wegen der Zeitunabhängigkeit der Grundgattungen irrelevant. Also schreibt man einfach eine Menge von Individuen, die dann implizit um die maximale Lebenszeit ergänzt werden. Im letzten Beispiel ist von dieser Möglichkeit Gebrauch gemacht worden. Die Strukturbedingung größer-gleich-x(dz,{0.0}) ist also, wenn der gesamte Zeitraum etwa von 1 bis 1000 geht, eigentlich eine Abkürzung von größer-gleich-x(dz, {(0.0, [1,1000])}), und das Prädikat vergleicht in jedem Fall zwei Mengen von Ausprägungen. Es überprüft, ob alle Individuen der ersten Menge größer oder gleich allen Individuen der zweiten Menge sind.

Zwischen Mengen von Ausprägungen können verschiedenartige Beziehungen interessant sein. Betrachten wir beispielsweise die beiden Mengen AUS = {(Anna, [10,30]), (Otto, [20,40])} und AUS' = {(Anna, [5,25]), (Otto, [20,50]), (Elke, [20,30])} von Ausprägungen. Jedes Individuum, das in AUS vorkommt, kommt auch in AUS' vor, zwischen AUS und AUS' besteht also eine Teilmengenbeziehung bezüglich der Individuen ohne Berücksichtigung ihrer Zeiten. Es besteht aber nicht die schärfere Teilmengenbeziehung in dem Sinne, daß jedes Individuum für jeden Zeitpunkt, mit dem es in AUS vorkommt, auch in AUS' vorkommt. Dies wäre der Fall, wenn in AUS' anstelle von 25 eine Zahl größer oder gleich 30 stünde. Schließlich kann man auch allein die Zeiten vergleichen. In der Menge AUS kommen alle Zeitpunkte von 10 bis 40 vor, in AUS' alle von 5 bis 50. In Bezug auf die Zeiten ohne Berücksichtigung der Individuen besteht wieder eine Teilmengenbeziehung zwischen AUS und AUS'. Wir haben also drei Arten von Teilmengenbeziehungen unterschieden. Allgemein gibt es Prädikate, die sich nur auf die Individuen der Mengen beziehen, Prädikate, die Individuen und deren Lebenszeiten berücksichtigen, und Prädikate, die lediglich die Zeiten der Mengen betrachten.

Um die vordefinierten Prädikate für Strukturbedingungen präzise zu definieren, greifen wir auf die schon in Kapitel 5 benutzte Temporallogik zurück. Die Prädikate müssen jeweils Mengen von Ausprägungen als Argumente erhalten. Diese Mengen lassen sich mit einem notationellen Kunstgriff wie Prädikatensymbole schreiben. Ist AUS eine Menge von Ausprägungen, so soll AUS(x)[[t,t']] als

Kurzschreibweise für die Aussage stehen, daß AUS eine Ausprägung enthält, deren Individuum x ist und deren Lebenszeit alle Zeitpunkte von t bis t' enthält, aber möglicherweise noch weitere Zeitpunkte. Mit dieser Konvention können die Prädikate für die Strukturbedingungen mit Hilfe des GDS-Operators def-prädikat beschrieben werden, wobei als Deklaration jeweils eine Formel der Temporallogik angegeben wird.

Eine erste Gruppe von Prädikaten behandelt Mengeneigenschaften, die die Lebenszeiten der Ausprägungen der Menge unberücksichtigt lassen, sich also nur auf die Individuen beziehen. Das Suffix "-x" in den Bezeichnern dieser Prädikate soll andeuten, daß nur die Individuen betrachtet werden.

def-prädikat teilmenge-x (Ding, Ding),
    teilmenge-x(AUS, AUS') $\Leftrightarrow$ $\forall x\ (\exists t\ AUS(x)[\![t]\!]) \Rightarrow (\exists t'\ AUS'(x)[\![t']\!])$

def-prädikat nicht-leer-x (Ding),
    nicht-leer-x(AUS) $\Leftrightarrow$ $\exists x\ \exists t\ AUS(x)[\![t]\!]$

def-prädikat disjunkt-x (Ding, Ding),
    disjunkt-x(AUS, AUS') $\Leftrightarrow$ $\neg \exists x\ (\exists t\ AUS(x)[\![t]\!]) \wedge (\exists t'\ AUS'(x)[\![t']\!])$

def-prädikat gleich-x (Ding, Ding),
    gleich-x(AUS, AUS') $\Leftrightarrow$ $\forall x\ (\exists t\ AUS(x)[\![t]\!]) \Leftrightarrow (\exists t'\ AUS'(x)[\![t']\!])$

def-prädikat ungleich-x (Ding, Ding),
    ungleich-x(AUS, AUS') $\Leftrightarrow$ $\neg$ gleich-x(AUS, AUS')

Die nächste Gruppe von Prädikaten testet die üblichen Ordnungsrelationen elementweise zwischen den Individuen zweier Mengen von Ausprägungen. Damit kann man zum Beispiel testen, ob alle Geschwindigkeiten, die ein Überholter im Laufe eines Überholvorgangs gefahren ist, kleiner sind als alle Geschwindigkeiten des Überholers während derselben Zeitspanne. Die Tests beziehen sich wieder nur auf die vorkommenden Individuen, nicht auf ihre Lebenszeiten. Die Definitionen sind hier nur für die Parametergattung "Real" angegeben, analoge Definitionen gelten auch für "Integer" und "String". Das Überhol-Beispiel dürfte klarmachen, daß die Mengen der Ausprägungen durchaus zeitabhängig sein können, obwohl dies Grundgattungen sind.

def-prädikat kleiner-x (Real, Real),
    kleiner-x(AUS, AUS') $\Leftrightarrow$ $\forall x \forall x'\ ((\exists t\ AUS(x)[\![t]\!]) \wedge (\exists t'\ AUS'(x')[\![t']\!])) \Rightarrow x < x'$

größer-x, kleiner-gleich-x und größer-gleich-x sind entsprechend definiert. Es gilt kleiner-x(AUS, AUS') zum Beispiel für AUS = {(1, [20,50]), (2, [20,50])} und AUS' = {(3, [60,90]), (4, [60,90])}.

Zu den bisher nur bezüglich der Individuen definierten Prädikaten gibt es noch Versionen, die auch die Lebenszeiten der Ausprägungen berücksichtigen. Dies wird durch das Suffix "-xt" kenntlich gemacht. Für die Ordnungsrelationen werden wieder nur die Definitionen mit Parametergattung "Real" angegeben, für "Integer" und "String" gelten analoge Definitionen. Im Überhol-Beispiel kann man damit zum Beispiel testen, ob der Überholte zu jedem Zeitpunkt langsamer gefahren ist als der Überholer zum selben Zeitpunkt.

def-prädikat teilmenge-xt (Ding, Ding),
$\quad$ teilmenge-xt(AUS, AUS') $\quad \Leftrightarrow \quad \forall x \, \forall t \, (AUS(x)[\![t]\!] \Rightarrow AUS'(x)[\![t]\!])$

def-prädikat disjunkt-xt (Ding, Ding),
$\quad$ disjunkt-xt(AUS, AUS') $\quad \Leftrightarrow \quad \neg \exists x \, \exists t \, (AUS(x)[\![t]\!] \wedge AUS'(x)[\![t]\!])$

def-prädikat gleich-xt (Ding, Ding),
$\quad$ gleich-xt(AUS, AUS') $\quad \Leftrightarrow \quad \forall x \, \forall t \, (AUS(x)[\![t]\!] \Leftrightarrow AUS'(x)[\![t]\!])$

def-prädikat ungleich-xt (Ding, Ding),
$\quad$ ungleich-xt(AUS, AUS') $\quad \Leftrightarrow \quad \neg \text{ gleich-xt(AUS, AUS')}$

def-prädikat kleiner-xt (Real, Real),
$\quad$ kleiner-xt(AUS, AUS') $\quad \Leftrightarrow \quad \forall x \forall x' \, (\exists t \, AUS(x)[\![t]\!] \wedge AUS'(x')[\![t]\!]) \Rightarrow x < x'$

größer-xt, kleiner-gleich-xt und größer-gleich-xt sind analog definiert. Es gilt kleiner-xt(AUS, AUS'), aber nicht kleiner-x(AUS, AUS'), zum Beispiel für die Mengen AUS = {(1, [4,7]), (3, [6,9])} und AUS' = {(2, [1,5]), (4, [1,8])}.

Eine weitere Gruppe von Prädikaten testet die bisherigen Eigenschaften nur bezüglich der Zeiten, die in den Mengen von Ausprägungen vorkommen, also ohne Berücksichtigung der Übereinstimmung von Individuen. Für diese Prädikate wird das Suffix "-t" verwendet.

def-prädikat teilmenge-t (Ding, Ding),
$\quad$ teilmenge-t(AUS, AUS') $\quad \Leftrightarrow \quad \forall t \, (\exists x \, AUS(x)[\![t]\!]) \Rightarrow (\exists x' \, AUS'(x')[\![t]\!])$

def-prädikat disjunkt-t (Ding, Ding),
$\quad$ disjunkt-t(AUS, AUS') $\quad \Leftrightarrow \quad \neg \exists t \, (\exists x \, AUS(x)[\![t]\!]) \wedge (\exists x' \, AUS'(x')[\![t]\!])$

def-prädikat gleich-t (Ding, Ding),
$\quad$ gleich-t(AUS, AUS') $\quad \Leftrightarrow \quad \forall t \, (\exists x \, AUS(x)[\![t]\!]) \Leftrightarrow (\exists x' \, AUS'(x')[\![t]\!])$

def-prädikat ungleich-t (Ding, Ding),
$\quad$ ungleich-t(AUS, AUS') $\quad \Leftrightarrow \quad \neg \text{ gleich-t(AUS, AUS')}$

def-prädikat kleiner-t (Ding, Ding),

    kleiner-t(AUS, AUS')   ⇔ $\forall t \forall t'$ (($\exists x$ AUS(x)$[\![t]\!]$)$\wedge$($\exists x'$ AUS'(x')$[\![t']\!]$)) $\Rightarrow t < t'$

größer-t, kleiner-gleich-t und größer-gleich-t sind entsprechend definiert. Es gilt kleiner-t(AUS, AUS') und deshalb automatisch auch kleiner-xt(AUS, AUS'), aber es gilt nicht kleiner-x(AUS, AUS') zum Beispiel für AUS = {(1, [4,7]), (3, [6,9])} und AUS' = {(2, [10,15]), (4, [11,18])}.

Schließlich gibt es noch eine Gruppe von Prädikaten, die nur die minimalen und maximalen Zeitpunkte in zwei Mengen von Ausprägungen vergleichen. Wenn jede Menge nur eine Ausprägung mit einem Intervall als Lebenszeit enthält, entsprechen die Prädikate den bekannten Relationen zwischen Zeitintervallen [Allen 84]. Im allgemeinen besteht die Gesamtheit aller Lebenszeiten in einer Menge von Ausprägungen aber aus einer Vereinigung von Intervallen. Die Intervall-Relationen lassen sich auf derartige Mengen übertragen, wahlweise kombiniert mit "alle Zeitpunkte" oder "einige Zeitpunkte" [Ladkin 86]. Wir beschränken uns hier auf Kombinationen mit "alle Zeitpunkte".

Zur Vereinfachung der Schreibweise bezeichne t_{min} und t_{max} den kleinsten und den größten in einer nicht leeren Menge AUS von Ausprägungen vorkommenden Zeitpunkt. Diese haben die Eigenschaft

$$(\exists x\ AUS(x)[\![t_{min}]\!]) \ \wedge \ (\exists x\ AUS(x)[\![t_{max}]\!]) \ \wedge \ (\forall x\ \forall t\ AUS(x)[\![t]\!] \Rightarrow t_{min} \leq t \wedge t \leq t_{max}).$$

Es ist aber nicht verlangt, daß für jedes t zwischen t_{min} und t_{max} auch ein x mit AUS(x)$[\![t]\!]$ existiert. Definiert man analog t'_{min} und t'_{max} für eine Menge AUS' von Ausprägungen, lassen sich die Allen'schen Prädikate bequem formulieren.

def-prädikat gleichlang-t (Ding, Ding),

    gleichlang-t(AUS, AUS')   ⇔ $t_{min} = t'_{min} \ \wedge \ t_{max} = t'_{max}$

def-prädikat beginnt-t (Ding, Ding),

    beginnt-t(AUS, AUS')   ⇔ $t_{min} = t'_{min} \ \wedge \ t_{max} < t'_{max}$

def-prädikat beendet-t (Ding, Ding),

    beendet-t(AUS, AUS')   ⇔ $t'_{min} < t_{min} \ \wedge \ t_{max} = t'_{max}$

def-prädikat während-t (Ding, Ding),

    während-t(AUS, AUS')   ⇔ $t'_{min} < t_{min} \ \wedge \ t_{max} < t'_{max}$

def-prädikat überlappt-t (Ding, Ding),

    überlappt-t(AUS, AUS')   ⇔ $t_{min} < t'_{min} \ \wedge \ t'_{min} \leq t_{max} \ \wedge \ t_{max} < t'_{max}$

def-prädikat heranreicht-t (Ding, Ding),

    heranreicht-t(AUS, AUS')   ⇔ $t_{max} < t'_{min} \ \wedge \ \neg\ \exists t\ t_{max} < t < t'_{min}$

Beispielsweise gelten

    beginnt-t({(Anna, [2,6]), (Otto, [5,7])},   {(Elke, [2,3][6,8])}),
    gleichlang-t({(Anna, [2,6]), (Otto, [5,7])},   {(Elke, [2,3][6,7])}),
    während-t({(Anna, [2,6]), (Otto, [5,7])},   {(Elke, [1,3][6,9])}),
    heranreicht-t({(Anna, [2,6]), (Otto, [5,7])},   {(Elke, [8,9])}),
    überlappt-t({(Anna, [2,6]), (Otto, [5,7])},   {(Elke, [7,9])}).

Dagegen gelten nicht

    beginnt-t({(Anna, [2,6]), (Otto, [5,7])},   {(Elke, [2,3][6,7])}),
    gleichlang-t({(Anna, [2,6]), (Otto, [5,7])},   {(Elke, [1,6])}),
    während-t({(Anna, [2,6]), (Otto, [5,7])},   {(Elke, [2,3][6,8])}),
    heranreicht-t({(Anna, [2,6]), (Otto, [5,7])},   {(Elke, [7,9])}).

6.4 Die Ausprägungs-Manipulations-Sprache (AMS)

Ein mit der GDS aufgebauter Begriffsgraph enthält die Definitionen von Gattungen mit ihren Beziehungen. Außerdem ist festgelegt, welche Individuen an Ausprägungen atomarer Gattungen beteiligt sein können. Die AMS stellt nun die Mittel zur Verfügung, Gattungen und Attributen tatsächlich Ausprägungen zuzuordnen, derartige Zuordnungen wieder rückgängig zu machen sowie lesende Zugriffe vorzunehmen.

Die zugeordneten Ausprägungen müssen den Konsistenzbedingungen des Begriffsgraphen genügen. Um die Konsistenz sicherzustellen, kann es aber erforderlich sein, sehr viele Ausprägungen auf einmal zu betrachten. Zur Illustration des Problems sei folgender Begriffsgraph definiert:

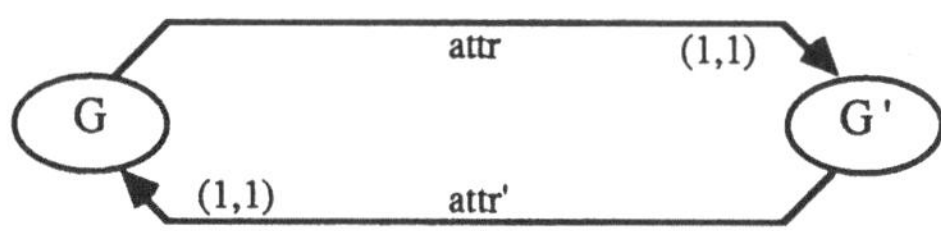

Bild 6.4_1: Begriffsgraph mit wechselseitig abhängigen Konsistenzbedingungen der Ausprägungen

Angenommen, alle Ausprägungen der Gattungen haben die Lebenszeit [1,100], und ein Individuum i_1 ist für diese Zeit der Gattung G zugeordnet. Dann verlangen die Merkmale des Attributs attr, daß es für i_1 genau eine Attribut-Ausprägung $(i_1', [1,100])$ von attr gibt, die damit auch Ausprägung von G' ist. Dies ist wiederum nur dann konsistent mit den Merkmalen von attr', wenn es für i_1' eine Ausprägung $(i_2, [1,100])$ des Attributs attr' gibt, die auch Ausprägung von G ist. Im allgemeinen ist i_2 ein anderes Individuum als i_1, also muß für i_2 wieder eine Ausprägung von attr und damit ein Individuum i_2' von G' sichergestellt sein und so weiter. Die Kette von immer weiteren Bedingungen bricht zum Beispiel ab, wenn für ein Individuum i_n von G die erforderliche Ausprägung von attr ein bereits betrachtetes Individuum i_i' von G' benutzt. Die Konsistenzbedingungen können nur dann eingehalten sein, wenn entweder alle oder gar keine der genannten i_i und i_i' als Ausprägungen von G und G' und als Ausprägungen von attr' und attr definiert sind.

Damit ist es unmöglich, die Ausprägungen sukzessive durch einzelne Operationen zuzuordnen und nach jeder Operation wie im Fall der GDS einen konsistenten Zustand zu garantieren. Es bleibt also nur die Wahl, mit einer Operation jeweils recht umfangreiche Änderungen zu bewirken oder aber die Forderung aufzugeben, daß alle Operatoren die Konsistenz erhalten.

Die erste Alternative ist offensichtlich nicht praktikabel. Bei dem einfachen Beispielgraph von oben müßten in einem Schritt den Gattungen Mengen $\{i_1,...,i_n\}$ und $\{i_1',...,i_m'\}$ von Individuen zugeordnet sowie in Form passender Attribut-Ausprägungen zwei Funktionen zwischen diesen Mengen definiert werden. Dies kann für große n zwar umfangreich sein, aber wenigstens ist die Art der Zusammenhänge noch einfach. Bei komplexeren Graphen wären die Individuen aber auch an weiteren Bedingungen infolge anderer Attribute beteiligt, die in vielfältiger Weise zusätzliche Wechselwirkungen zwischen den beiden Mengen verursachen könnten, und das auch noch über beliebig lange "Umwege". Allein die Anzahl der beteiligten Individuen verbietet in diesem Fall die Verwendung einer einzigen Operation, ganz zu schweigen von der kaum noch überschaubaren Komplexität der Zusammenhänge, die gleichzeitig mit formuliert werden müßten.

Also müssen Operatoren zugelassen werden, die aus konsistenten Zuständen inkonsistente erzeugen können. Natürlich sollte früher oder später die Inkonsistenz wieder behoben werden. Zur Beschreibung dieses Phänomens wird im Datenbankbereich der Begriff der *Transaktion* verwendet, das ist eine Veränderung der Daten, nach deren Abschluß die Konsistenz sichergestellt ist. Im Fall der GDS konnte jede einzelne Operator-Anwendung mit einer Transaktion gleichgesetzt werden. Die AMS benötigt dagegen spezielle Operatoren, die ein Transaktionsende anzeigen und damit die Konsistenzüberprüfung anstoßen.

Obwohl während einer Transaktion Inkonsistenzen toleriert werden müssen, ist es sicherlich nicht sinnvoll, beliebige Verstöße gegen beliebige Bedingungen zu erlauben. Gewisse Eigenschaften können nämlich bereits überprüft werden, wenn noch nicht alle betroffenen Individuen bekannt sind. Wir unterscheiden deshalb nach rein pragmatischen Gesichtspunkten zwischen der *partiellen Konsistenz* und der *totalen Konsistenz* der Datenbasis. Die partielle Konsistenz umfaßt alle Eigenschaften mit Ausnahme der Strukturbedingungen, der Ausprägungen von abhängigen Attributen und der Untergrenzen der Kardinalitäten. Alle AMS-Operatoren erhalten die partielle Konsistenz. Die Operatoren für den Transaktions-Abschluß überprüfen dann die restlichen Bedingungen und stellen die totale Konsistenz sicher.

In den folgenden Abschnitten werden die verschiedenen Arten von Operatoren der AMS vorgestellt. Den Anfang machen die Operatoren für die Behandlung von Transaktionen, darauf folgen die Zuordnungs-Operatoren, schließlich die Leseoperatoren.

6.4.1 Behandlung von Transaktionen

Der initiale Zustand, in dem zu einem Begriffsgraphen keine Ausprägungen existieren, ist total konsistent. Ausgehend von einem total konsistenten Zustand wird durch Anwendung irgend eines Zuordnungs-Operators der AMS (siehe nächsten Abschnitt) eine Transaktion eingeleitet. Während dieser Transaktion sind keine GDS-Operationen erlaubt, so daß der Begriffsgraph für die Dauer der Transaktion unverändert bleibt, aber beliebig viele Zuordnungs- und Leseoperationen der AMS sowie beliebige GES-Operationen. Die Transaktion wird durch einen der folgenden beiden Operatoren abgeschlossen. Danach kann eine neue Transaktion durch eine Zuordnungs-Operation eingeleitet oder auch der Begriffsgraph mit Hilfe der GDS-Operatoren modifiziert werden. Letztere sind so definiert, daß sie die totale Konsistenz auch dann erhalten, wenn Ausprägungen beteiligt sind.

abort

beendet die Transaktion ohne Konsistenzprüfung. Alle Veränderungen, die während der Transaktion durchgeführt wurden, werden rückgängig gemacht. Nach Anwendung des Operators ist somit der Ausgangszustand vor Beginn der Transaktion wieder hergestellt.

commit

führt die Überprüfung der Bedingungen für die totale Konsistenz durch. Für jede Ausprägung jeder Gattung wird zunächst für jedes für diese Quellgattung erklärte nicht abhängige Attribut überprüft, ob die Attribut-Ausprägungen für die gegebene Quellausprägung die Minimalzahl der Kardinalität des Attributs einhalten. Danach werden für alle Gattungen die Ausprägungen funktional abhängiger Attribute gelöscht und durch Aufruf der zugehörigen Funktionen neu beschafft und auf Verträglichkeit mit allen Merkmalen des jeweiligen Attributs überprüft. Die Reihenfolge ergibt sich aus der (nicht zyklischen) Verschachtelung der Abhängigkeiten über die Attributketten. Schließlich werden für jede Gattung G alle zugeordneten Strukturbedingungen evaluiert.

Sind alle Überprüfungen erfolgreich, ist der momentane Zustand total konsistent und die Transaktion wird abgeschlossen. Der momentane Zustand wird damit zum neuen Ausgangszustand. Bei Verletzungen von Bedingungen werden entsprechende Meldungen geliefert, die im Zuge dieser commit-Operation durchgeführten Veränderungen rückgängig gemacht und die Transaktion (mit dem Zustand bei Aufruf des Operators) weiterhin offen gehalten. Der Benutzer kann dann weitere Manipulationen mit den Zuordnungs-Operatoren der AMS vornehmen oder mit abort auf den letzten total konsistenten Zustand zurücksetzen.

Da eine Transaktion beliebig lang sein kann, ist es sinnvoll, gelegentlich Konsistenzprüfungen für Ausschnitte der Wissensbasis durchzuführen. Dies gibt dem Benutzer Hinweise auf noch zu ändernde Teile, ohne den ziemlich hohen Aufwand für eine commit-Operation zu erfordern. Der folgende Operator dient diesem Zweck.

verify G, i_1 ...

    G: Gattung

    i_i: Individuum von G für eine nicht leere Zeit

überprüft zunächst für die angegebenen Individuen (falls keine angegeben sind, für alle Individuen von G) und für jedes nicht abhängige Attribut von G, ob die Attribut-Ausprägungen für das gegebene Quellindividuum die Minimalzahl der Kardinalität des Attributs einhalten. Danach werden die Ausprägungen abhängiger Attribute von G gelöscht und durch Aufruf der zugehörigen Funktionen neu beschafft und auf Verträglichkeit mit allen Merkmalen des jeweiligen Attributs überprüft. Benutzen die Attributketten abhängige Attribute anderer Gattungen, werden dazu ebenfalls die Ausprägungen neu beschafft, aber nicht auf Einhaltung der Forderungen der anderen Gattungen und ihrer Attribute überprüft. Schließlich werden noch die Strukturbedingungen für G evaluiert, wobei abhängige Attribute in den Attributketten wie bei den Funktionen behandelt werden.

Verstöße gegen die genannten Bedingungen werden gemeldet. Falls «verify G» hintereinander für jede Gattung G ohne Beanstandungen bleibt, ist der Gesamtzustand total konsistent (dies ist allerdings keine sonderlich sinnvolle Verwendung der Operation, commit testet die totale Konsistenz effizienter). Die Transaktion wird unabhängig vom Ergebnis der Operation nicht abgeschlossen.

6.4.2 Zuordnungs-Operatoren

Unter den Zuordnungs-Operatoren werden alle Operatoren der AMS zusammengefaßt, die Ausprägungen zu Gattungen oder Attributen hinzufügen oder sie entfernen. Die Zuordnungen müssen den im Begriffsgraphen vorgegebenen Bedingungen so weit genügen, daß die partielle Konsistenz erhalten bleibt. Es wird allerdings nicht überprüft, ob die partielle Konsistenz auch erhalten bliebe, wenn ein Individuum einer spezielleren Gattung zugeordnet würde als vom Benutzer angegeben. Die AMS-Operatoren führen also keine automatische Klassifikation durch wie ein "Realizer" in einigen KL-ONE-artigen Systemen [Luck et al. 85].

Bei den meisten Operatoren kann eine "Zeitmenge" angegeben werden. Dabei handelt es sich um eine Vereinigung von konvexen Intervallen [Ladkin 86], die für die hier zugrundegelegte diskrete Zeit durch jeweils zwei natürliche Zahlen festgelegt sind. Wir behalten die bisher schon informell benutzte Notation bei, zum Beispiel steht [5,7] für die Menge der Zeitpunkte {5, 6, 7} und [3,5][7][9,12] für {3, 4, 5, 7, 9, 10, 11, 12}. Damit sind die üblichen Mengenoperationen für derartige Gebilde erklärt, der Durchschnitt von [3,5][7][9,12] und [5,10] etwa ist [5][7][9,10].

def-ausprägung G, Zeitmenge, Attributausprägungen$_1$, ...

    G: nicht atomare Gattung

erzeugt einen neuen Bezeichner für ein Individuum und etabliert die Gattungszugehörigkeitsbeziehung zwischen diesem Individuum und G für die angegebene Zeit, ebenso für alle Obergattungen von G. Sind keine Attribut-Ausprägungen angegeben, so werden dem neuen Individuum keine Attribut-Ausprägungen von Attributen von G zugeordnet, die Operation kann also keine Bedingung für die partielle Konsistenz verletzen. Ansonsten wird für das neue Individuum sofort die Operation «add-attributausprägungen G, Individuum, Attributausprägungen$_1$, ...» durchgeführt. Scheitert diese, so scheitert die gesamte Operation. Bei Erfolg wird als Ergebnis der Operation der neue Bezeichner zurückgeliefert.

add-ausprägung G, Individuum, Zeitmenge, Attributausprägungen$_1$, ...

    G: nicht atomare Gattung

    Individuum: mittels def-ausprägung erzeugter Bezeichner, nicht unbedingt Individuum von G

erweitert für G und für jede seiner Obergattungen die Menge der Zeitpunkte, für die die Gattungszugehörigkeitsbeziehung zwischen dem Individuum und der Gattung besteht, um die angegebene Zeitmenge.

Die Operation scheitert, falls dadurch folgender Zusammenhang entstünde: für einen gemeinsamen Zeitpunkt ist das Individuum sowohl G als auch einer mit G unvergleichbaren Gattung G' zugeordnet, und für G und G' sind gleichnamige Attribute definiert, die nicht von einer gemeinsamen Obergattung ererbt wurden. Dies könnte zu Konflikten ähnlich wie bei der multiplen Vererbung führen. Abgesehen von diesem Fall ist es aber zulässig, daß das Individuum für denselben Zeitpunkt mehreren unvergleichbaren Gattungen zugeordnet ist (vergleiche die Bemerkungen um Bild 5.5_2).

Existiert für das Individuum eine Attribut-Ausprägung eines Attributs mit einer Quellgattung, bezüglich der die Lebenszeit des Individuums durch die Operation verändert wird, so muß die Attribut-Ausprägung zu der neuen Lebenszeit passen. Bei variabler Zeitabhängigkeit entsteht nie ein Konflikt, bei konstanter Zeitabhängigkeit immer. In diesem Fall wird auch die Lebenszeit der Attribut-Ausprägung entsprechend erweitert, sofern die Lebenszeit der Zielausprägung dies zuläßt, sonst scheitert die Operation. Ein Beispiel dafür ist im nächsten Bild zu sehen.

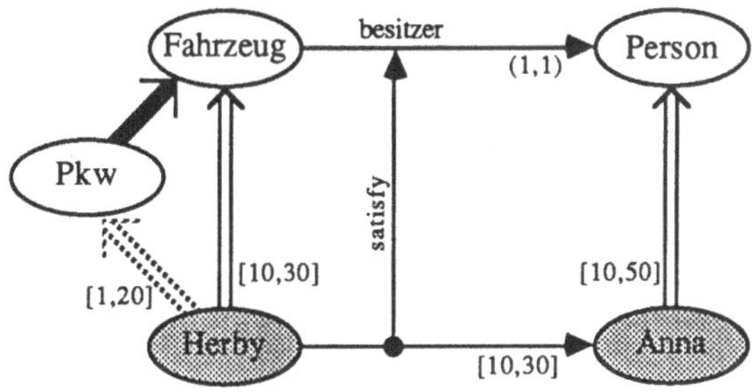

Bild 6.4.2_1: Scheitern von «add-ausprägung "Pkw", "Herby", [1,20]» wegen Lebenszeit der Ausprägung eines Attributs mit konstanter Zeitabhängigkeit

Abgesehen davon, daß die automatisch erzeugten Individuumbezeichner statt "Herby" und "Anna" wohl eher "i000815" und "i004711" wären, würde die Operation die Lebenszeit der Ausprägung ("Herby", [10,30]) von "Fahrzeug" zu [1,30] erweitern. Da "besitzer" konstante Zeitabhängigkeit hat, müßte die Lebenszeit der Attribut-Ausprägung ("Anna", [10,30]) ebenfalls zu [1,30] erweitert werden, was aber keine Teilmenge der Lebenszeit der Zielausprägung ("Anna", [10,50]) ist. Die Operation würde nicht scheitern, wenn "Anna" auch von 1 bis 9 zu "Person" gehörte.

Sind die bisherigen Stadien der Operation erfolgreich und sind Attribut-Ausprägungen angegeben, wird jetzt noch die Operation «add-attributausprägungen G, Individuum, Attributausprägungen$_1$, ...» durchgeführt. Scheitert diese, so scheitert die gesamte Operation und eventuelle Modifikationen werden rückgängig gemacht.

remove-ausprägung G, Individuum, Zeitmenge

    G: nicht atomare Gattung

    Individuum: mittels def-ausprägung erzeugter Bezeichner, nicht unbedingt Individuum von G

verringert für G und für jede seiner Obergattungen die Menge der Zeitpunkte, für die die Gattungszugehörigkeitsbeziehung zwischen dem Individuum und der Gattung besteht, um die angegebene Zeitmenge. Ist die verbleibende Zeit leer, wird die Gattungszugehörigkeitsbeziehung ganz aufgehoben.

Auch hier müssen eventuell bestehende Attribut-Ausprägungen zu der veränderten Lebenszeit passen. Besteht für das Individuum eine Attribut-Ausprägung eines Attributs mit einer Quellgattung, bezüglich der die Lebenszeit des Individuums durch die Operation verringert wird, so entsteht bei variabler Zeitabhängigkeit kein Konflikt. Bei konstanter Zeitabhängigkeit wird auch die Lebenszeit der Attribut-Ausprägung entsprechend verringert, wodurch die Attribut-Ausprägung ganz wegfallen kann. Ist das Individuum nicht Quell-, sondern Zielindividuum einer Attribut-Ausprägung und ist seine Zugehörigkeit zur Zielgattung des Attributs betroffen, so scheitert die Operation, wenn die (veränderte) Lebenszeit der Zielausprägung die Lebenszeit der Attribut-Ausprägung nicht mehr umfassen würde. Im obigen Beispiel würde die Operation «remove-ausprägung "Person", "Anna", [5,15]» aus diesem Grund scheitern, da [10,30] nicht in der verbleibenden Lebenszeit [16,50] enthalten ist.

add-attributausprägungen G, Individuum, Attributausprägungen$_1$, ...

    G: nicht atomare Gattung ungleich "Ding"

    Individuum: Individuum von G für eine nicht leere Zeit

Jeder weitere Parameter hat die Form (attr ausprägung$_1$ ...), wobei attr ein nicht abhängiges Attribut ist, dessen Quellgattung Q eine Obergattung von G ist und jedes ausprägung$_i$ aus einem Individuum und einer Zeit besteht. Die zugehörige Zielgattung sei Z. Das Individuum hat also eine nicht leere Lebenszeit auch bezüglich der Quellgattung Q.

Ist attr nicht quantifiziert, besteht jedes ausprägung$_i$ aus einem Zielindividuum und einer Lebenszeit der Attribut-Ausprägung. Das Zielindividuum muß für eine nicht leere Zeit der Gattung Z zugehörig sein. Existiert für das Quellindividuum schon eine Attribut-Ausprägung von attr mit demselben Zielindividuum, so ergibt sich die Lebenszeit durch Vereinigung der alten mit der neu angegebenen, andernfalls ist sie die neu angegebene. Diese Lebenszeit muß im Durchschnitt der Lebenszeiten der Quell- und Zielausprägung enthalten sein. Es ist zulässig, für ausprägung$_i$ nur ein Individuum zu schreiben, dann wird als Lebenszeit der Attribut-Ausprägung automatisch dieser Durchschnitt ergänzt. Hat attr konstante Zeitabhängigkeit, muß die Lebensdauer der Attribut-Ausprägung obendrein gleich der Lebensdauer der Quellausprägung sein. Ist eine dieser Forderungen verletzt oder würden für einen Zeitpunkt mehr Attribut-Ausprägungen erzeugt als die Obergrenze der Kardinalität zuläßt, scheitert die Operation. Lediglich ein Unterschreiten der Untergrenze wird zugelassen, da dies die partielle Konsistenz nicht berührt und bei einem schrittweisen Aufbau der Wissensbasis praktisch unvermeidbar ist (siehe Beginn von Abschnitt 6.4).

Falls attr quantifiziert ist, steht anstelle des Zielindividuums der Name einer Untergattung von Z, ansonsten gelten sinngemäß die gleichen Bedingungen.

Das folgende Beispiel zeigt, wie ausgehend von einem Begriffsgraphen ohne Ausprägungen die Operatoren allmählich Ausprägungen einfügen und modifizieren.

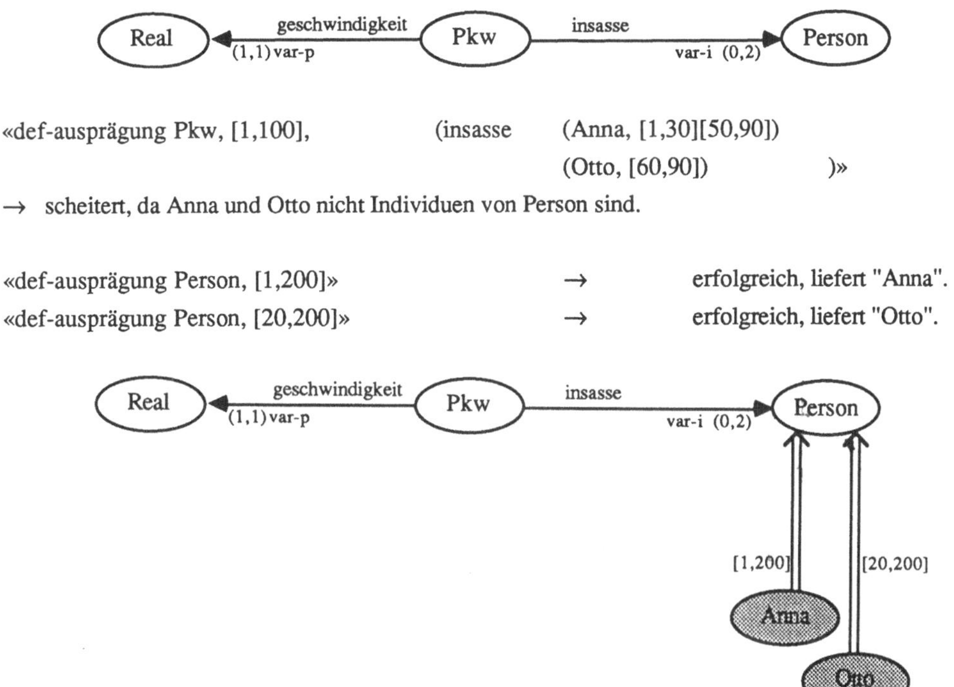

«def-ausprägung Pkw, [1,100],   (insasse (Anna, [1,30][50,90])

              (Otto, [60,90])   )»

→ scheitert, da Anna und Otto nicht Individuen von Person sind.

«def-ausprägung Person, [1,200]»   →   erfolgreich, liefert "Anna".

«def-ausprägung Person, [20,200]»   →   erfolgreich, liefert "Otto".

«def-ausprägung Pkw, [1,100],   (insasse   (Anna, [1,30][50,90])
                                                   (Otto, [60,90])   )»

→ erfolgreich, liefert "Herby".

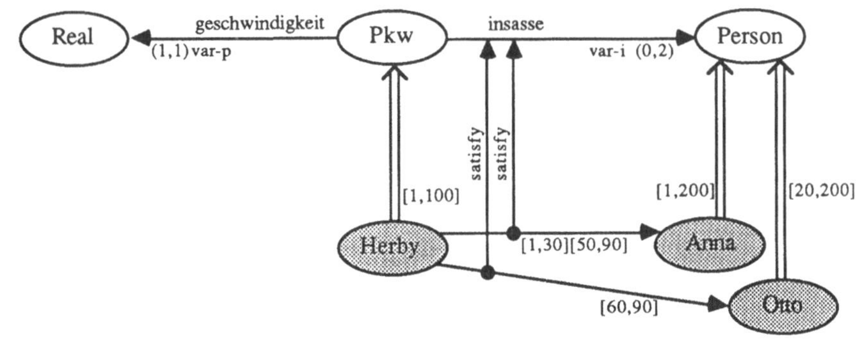

«add-attributausprägungen Pkw, Herby,   (geschwindigkeit   (4.8, [1,11])
                                                                  (3.9, [12])
                                                                  (5.5, [15,18])
                                                                  ...
                                                                  (11.0, [100]))»

→ erfolgreich, auch wenn statt ... nichts steht, da die Kardinalität von 13 bis 14 und von 19 bis 99
   nur unterschritten und die partielle Konsistenz dadurch nicht verletzt wird;
   Ausprägungen von Grundgattung werden nicht vom Benutzer zugeordnet, die Individuen 4.8,
   3.9, 5.5, ..., 11.0 sind der Grundgattung "Real" bereits a-priori mit unbeschränkter Lebenszeit
   zugeordnet.

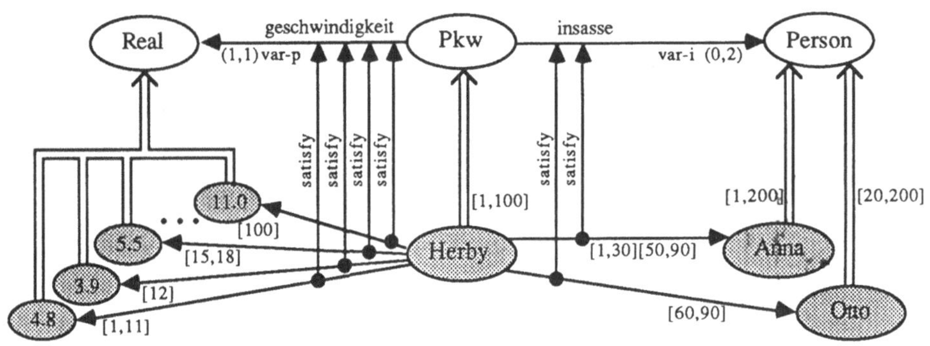

«add-attributausprägungen Pkw, Herby,   (geschwindigkeit   (2.3, [4,5]))»
→ scheitert, da Obergrenze 1 für Zeit 4 bis 5 überschritten würde.

«remove-ausprägung Pkw, Herby, [1,9]»
→ erfolgreich, reduziert Lebenszeit der Gattungs-Ausprägung und zweier Attribut-Ausprägungen.

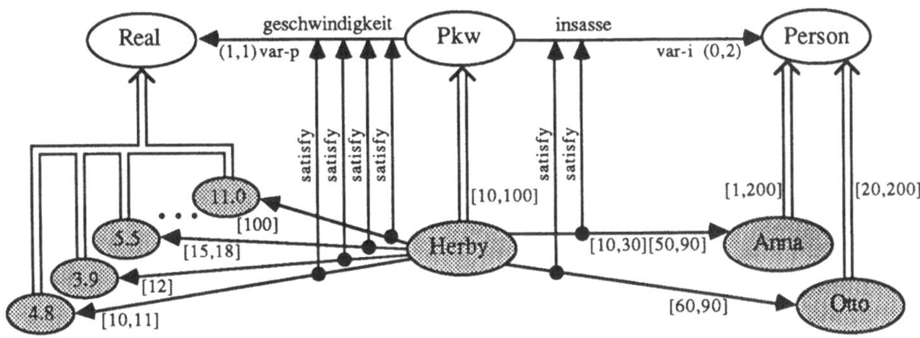

Bild 6.4.2_2: Sukzessive Modifikation von Ausprägungen mit AMS-Operatoren

remove-attributausprägungen G, Individuum, Attributausprägungen$_1$, ...

G:	nicht atomare Gattung ungleich "Ding"
Individuum:	Individuum von G für eine nicht leere Zeit

Jeder weitere Parameter hat die Form (attr ausprägung$_1$ ...), wobei attr ein nicht abhängiges Attribut ist und jedes ausprägung$_i$ aus einem Individuum und einer Zeit besteht. Existiert für das Quellindividuum keine Attribut-Ausprägung von attr mit diesem Zielindividuum, so passiert nichts. Andernfalls wird die Lebenszeit der bestehenden Attribut-Ausprägung um die angegebene Zeit verringert. Dies scheitert, falls attr konstante Zeitabhängigkeit hat, führt aber bei variabler Zeitabhängigkeit zu keinen Konflikten. Wird die verbleibende Zeit leer, fällt die Attribut-Ausprägung ganz weg.

Im letzten Beispiel wäre folgende Operation erfolgreich, sie würde die Obergrenzen der Lebenszeiten der beiden Attribut-Ausprägungen von "insasse" von 90 zu 80 verändern:

«remove-attributausprägungen Pkw, Herby, (insasse   (Anna, [81,100])
(Otto, [20,40][81,95])   )».

update-attributausprägungen G, Individuum, Attributausprägungen$_1$, ...

G:	nicht atomare Gattung ungleich "Ding"
Individuum:	Individuum von G für eine nicht leere Zeit

Jeder weitere Parameter hat die Form (attr ausprägung$_1$ ...), wobei attr ein nicht abhängiges Attribut ist und jedes ausprägung$_i$ aus einem Individuum und einer Zeit besteht. Dies bewirkt, daß alle Attribut-Ausprägungen von attr für das Quellindividuum gelöscht werden, danach werden die angegebenen wie mit add-attributausprägungen eingefügt.

Bisher wurde die Behandlung von Standardwerten ausgespart. Angenommen, ein Attribut attr hat Kardinalität (3,5) und eine Liste von Standardwerten (s1,s2,s3,s4). Wenn für ein Individuum i der Quellgattung für einen Zeitpunkt t weniger als drei Attribut-Ausprägungen von attr existieren, werden so viele Attribut-Ausprägungen mit Standardwert-Zielindividuen für diesen Zeitpunkt hinzugefügt, daß es zusammen genau vier Attribut-Ausprägungen sind (vier ist die Länge der Standardwertliste). Diese Standardwert-Attribut-Ausprägungen werden bei Hinzufügen von Attribut-Ausprägungen automatisch entfernt und umgekehrt bei Entfernungen wieder hinzugefügt. Hat also i bei seiner Erzeugung keine Ausprägungen von attr für den Zeitpunkt t, werden als Bestandteil der Erzeugungsoperation Attribut-Ausprägungen mit Zielindividuum s1, s2, s3 und s4 erzeugt. Ein Hinzufügen von Ausprägungen von attr mit Zielindividuen z1 und z2 bewirkt dann, daß diejenigen mit s3 und s4 wegfallen. Wird nun zum Beispiel die Attribut-Ausprägung mit Zielindividuum z2 gelöscht, wird die mit s3 wieder eingefügt. Sobald drei oder mehr vom Benutzer eingefügte Attribut-Ausprägungen für den Zeitpunkt t existieren, fallen alle Standardwert-Attribut-Ausprägungen für diesen Zeitpunkt weg, da die Minimalzahl nicht mehr unterschritten wird.

Bei den bisher vorgestellten Operatoren, mit Ausnahme von def-ausprägung, ist jeweils eine Gattung G und ein Individuum von G anzugeben. Anstelle des Individuums ist es auch erlaubt, ein Auswahlprädikat zu benutzen, das eine Teilmenge aller Ausprägungen von G auswählt. Die Operatoren werden dann entsprechend auf alle Individuen dieser ausgewählten Ausprägungen angewendet. Für die Formulierung des Auswahlprädikats können die Ausdrucksmittel benutzt werden, die im nächsten Abschnitt für den select-Operator beschrieben sind.

Außerdem haben alle Operatoren noch einen weiteren Parameter "Herkunft". Damit wird angegeben, ob die eingefügten Ausprägungen von "außen", also einem Bildauswertesystem, stammen, durch Interpolation gemäß var-i oder var-p ergänzt wurden oder eine hypothetische Vervollständigung einer Ablauf-Ausprägung darstellen, die von den Regeln erzeugt wurde.

Schließlich sei noch eine implementierungstechnische Besonderheit erwähnt. Tatsächlich existiert jeder Zuordnungs-Operator in zwei Versionen, von denen eine nur im Objektbereich und die andere nur im Ablaufbereich anwendbar ist. Sonst haben beide dieselbe Bedeutung. Damit wird sichergestellt, daß der Modellierer nicht versehentlich Aktionen in die Regeln einbaut, die in der dritten Phase zu Veränderungen an den Objekt-Ausprägungen durch den Regelinterpretierer führen.

6.4.3 Leseoperatoren

Die AMS stellt einen Selektions-Operator bereit, der ausgewählte Ausprägungen einer vorgegebenen Gattung als Ergebnis liefert. Der Selektions-Operator basiert auf einer objektzentrierten Sichtweise, d.h., daß zu einer Ausprägung zugehörige Attribut-Ausprägungen selektiert werden können, und zwar auch über längere Attributketten. In der einfachsten Version hat der Selektions-Operator folgende Form:

select NIL, G
     G: nicht atomare Gattung

liefert eine Liste aller Ausprägungen von G. Für die Gattung G = "Ding" sind dies nur Ausprägungen, die keine Ausprägungen von Grundgattungen (und damit auch nicht von atomaren Gattungen) sind.

Mit der ersten Angabe in diesem Operator kann man bestimmen, welche Daten der selektierten Ausprägungen zusätzlich zurückgeliefert werden sollen. Diese Angabe ist eine Liste, in der das Symbol "gattung" sowie Attributbezeichner für G vorkommen können. Hinter jedem Attributbezeichner kann aber wieder eine Liste stehen, die auf die gleiche Weise aufgebaut ist wie die äußere. Die in der Liste aufgeführten Attribute bezeichnen dann Fortsetzungen des Attributs vor der Liste zu Attributketten. Durch die Verschachtelung der Listen können also beliebig lange Attributketten angesprochen werden, deren Zielausprägungen in den zurückgelieferten Daten enthalten sein sollen. Die zusätzlich gelieferten Daten enthalten für die selektierten Individuen die Information über die Attribut-Ausprägungen der angegebenen Attribute und über die Gattungszugehörigkeitsbeziehung.

Die Wirkungsweise wird am besten an einigen Beispielen beschrieben. Diese beziehen sich auf folgende Ausgangssituation, wobei der Einfachheit halber alle Gattungen direkt unter "Ding" eingeordnet seien.

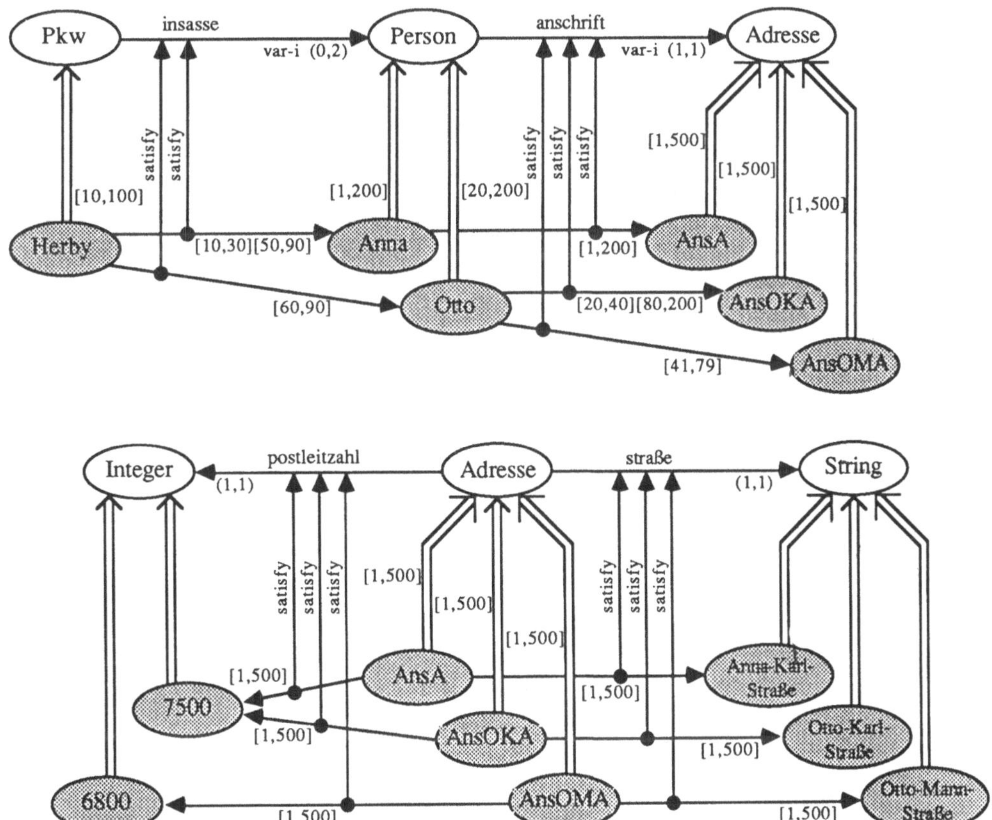

Bild 6.4.3_1: Beispieldatenbasis

110

«select NIL, Person»
→ ((Anna,   [1,200])
    (Otto,   [20,200]))

«select (gattung), Person»
→ ((Anna,   [1,200])
    (Otto,   [20,200]))
    zusätzlich: ((Anna   (gattung   (Person, [1,200])
                                           (Ding, [1,200])))
                  (Otto   (gattung   (Person, [20,200])
                                           (Ding, [20,200])))))

«select (gattung anschrift), Person»
→ ((Anna,   [1,200])
    (Otto,   [20,200]))
    zusätzlich: ((Anna   (gattung   (Person, [1,200])
                                           (Ding, [1,200]))
                             (anschrift   (AnsA, [1,200])))
                  (Otto   (gattung   (Person, [20,200])
                                           (Ding, [20,200]))
                             (anschrift   (AnsOKA, [20,40][80,200])
                                           (AnsOMA, [41,79])))))

«select (gattung insasse (anschrift (postleitzahl straße) gattung)), Pkw»
→ ((Herby,   [10,100]))
    zusätzlich: ((Herby   (gattung   (Pkw, [10,100])
                                           (Ding, [10,100]))
                             (insasse   (Anna, [10,30][50,90])
                                           (Otto, [60,90])))
                  (Anna   (anschrift   (AnsA, [1,200]))
                             (gattung   (Person, [1,200])
                                           (Ding, [1,200])))
                  (Otto   (anschrift   (AnsOKA, [20,40][80,200])
                                           (AnsOMA, [41,79]))
                             (gattung   (Person, [20,200])
                                           (Ding, [20,200]))))

```
(AnsA        (postleitzahl  (7500, [1,500]))
             (straße        (Anna-Karl-Straße, [1,500])))
(AnsOKA      (postleitzahl  (7500, [1,500]))
             (straße        (Otto-Karl-Straße, [1,500])))
(AnsOMA      (postleitzahl  (6800, [1,500]))
             (straße        (Otto-Mann-Straße, [1,500]))))
```

Die Operation scheitert, wenn über die Verschachtelung der Attributbezeichner Attributketten aufgebaut würden, die gar nicht definiert sind.

Die gewünschten Angaben werden jeweils aus der Datenbasis extrahiert und in der beschriebenen Form zugänglich gemacht. Bei großen Datenbasen kann dies sehr aufwendig werden, weshalb eine Einschränkung auf die überhaupt interessierenden Daten möglich sein sollte. Dies wird durch eine weitere Angabe beim select-Operator erreicht, der damit folgende endgültige Form hat:

select zurückzuliefernde-Daten, G, Auswahlprädikat

extrahiert für alle Ausprägungen von G, auf die das Auswahlprädikat zutrifft, die zurückzuliefernden Daten. Diese werden in der vorher beschriebenen Weise angegeben. Das Auswahlprädikat kann strukturelle Eigenschaften der Individuen von G und ihrer zugehörigen Attribut-Ausprägungen testen. Die für diese Auswahl zu untersuchenden Attributketten sind dabei völlig unabhängig von denen, aus denen die Ergebnisdaten beschafft werden, außer daß alle von Individuen von G ausgehen.

Das Auswahlprädikat hat eine Ausprägung als Argument. Seine syntaktische Form ist

Auswahlprädikat	::=	λ(*Variable*) *Bedingung*
Bedingung	::=	(not *Bedingung*)
	|	(and *Bedingung Bedingung* ...)
	|	(or *Bedingung Bedingung* ...)
	|	(all *Variable* {*Ausprägung*, ...} *Bedingung*)
	|	(all *Variable gebundeneVariable . Attributname Bedingung*)
	|	(some *Variable* {*Ausprägung*, ...} *Bedingung*)
	|	(some *Variable gebundeneVariable . Attributname Bedingung*)
	|	*atomareBedingung*

Im wesentlichen sind die Bedingungen spezielle temporallogische Formeln, die für die entsprechenden Ausprägungen zu Wahrheitswerten ausgewertet werden. Die durch λ eingeführte Variable kommt als einzige in der Bedingung des Auswahlprädikats frei vor. Ihr werden der Reihe nach die Ausprägungen von G zugewiesen und für jede Zuweisung wird die Bedingung ausgewertet.

Negation, Konjunktion, Disjunktion werden in der üblichen Weise ausgewertet, wobei die Auswertung von Teilbedingungen abbricht, sobald der Wahrheitswert feststeht.

Mit (all *Variable {Ausprägung, ...} Bedingung*) wird jeweils die am Anfang stehende Variable neu eingeführt und darf dann in der inneren Bedingung zusätzlich frei vorkommen. Der neuen Variable werden der Reihe nach die explizit angegebenen Ausprägungen zugeordnet und für diese Zuordnung wird jeweils die innere Bedingung ausgewertet. Die gesamte Bedingung ist erfüllt, wenn die innere Bedingung für jede Zuordnung zutrifft. Sobald für eine Zuordnung die innere Bedingung nicht erfüllt ist, bricht die Iteration ab. In der Variante (all *Variable gebundeneVariable . Attributname Bedingung*) wird die erste Variable neu eingeführt, während die zweite schon weiter außen eingeführt sein muß. Der zweiten Variable ist bei der tatsächlichen Auswertung also bereits eine Ausprägung zugewiesen. Für deren Individuum werden alle Ausprägungen des angegebenen Attributs ermittelt, und der neuen Variable werden der Reihe nach diese Attribut-Ausprägungen zugeordnet.

Die beiden Varianten von some werden analog ausgewertet, wobei die innere Bedingung nur für jeweils eine Zuordnung zutreffen muß.

Zur Bildung atomarer Bedingungen steht zunächst eine Reihe von Prädikaten zur Verfügung, die nur Zeiteigenschaften überprüfen. Dies sind gerade die Prädikate mit Suffix "-t", die auch für die Verwendung in Strukturbedingungen vordefiniert sind. Nur sind dort die Argumente jeweils Mengen von Ausprägungen, während hier jedes Argument genau eine Ausprägung ist, was aber für die zeitlichen Bedingungen unerheblich ist.

teilmenge-t(aus, aus')
disjunkt-t(aus, aus')
gleich-t(aus, aus')
ungleich-t(aus, aus')
kleiner-t(aus, aus')
größer-t(aus, aus')
kleiner-gleich-t(aus, aus')
größer-gleich-t(aus, aus')
gleichlang-t(aus, aus')
beginnt-t(aus, aus')
beendet-t(aus, aus')
während-t(aus, aus')
überlappt-t(aus, aus')
heranreicht-t(aus, aus')

Die Bedeutung ist also wie in Abschnitt 6.3 beschrieben. Jedes aus und aus' ist die mit λ eingeführte oder eine der mit all oder some eingeführten Variablen. Zur Vereinfachung der Notation lassen wir jeweils auch eine Zeitmenge in der bisherigen Schreibweise zu. Damit ist beispielsweise die Operation «select NIL, G, λ(aus) teilmenge-t(aus, [50,99][101,150])» zulässig und liefert diejenigen Ausprägungen von G, deren Lebenszeit im Intervall von 50 bis 150 liegt, aber 100 nicht enthält.

Im Beispiel 6.4.3_1 liefert «select NIL, Person, λ(per) (some ans per.anschrift kleiner-t([30], ans))» die Ausprägung (Otto, [20,200]). Für die Zuweisung von (Anna, [1,200]) an per iteriert ans über die eine Attribut-Ausprägung (AnsA, [1,200]), für die die innerste Bedingung nicht erfüllt ist. Für die Zuweisung von (Otto, [20,200]) an per iteriert ans über die Attribut-Ausprägungen (AnsOKA, [20,40][80,200]) und (AnsOMA, [41,79]), und für die zweite Zuweisung ist die innerste Bedingung und damit die some-Bedingung erfüllt.

Die anderen Prädikate testen Eigenschaften der Individuen der Ausprägungen und haben deshalb das Suffix "-x". Die Anwendbarkeit hängt davon ab, zu welcher Gattung die Ausprägungen gehören. Für beliebige Ausprägungen sind nur Vergleiche der Individuen auf Gleichheit und Ungleichheit erklärt.

gleich-x(aus, aus')
ungleich-x(aus, aus')

Hier sind aus und aus' entweder Variablen oder Individuen. Im Beispiel 6.4.3_1 würde das Auswahlprädikat λ(per) ungleich-x(per, Anna) aus der Gattung G = "Person" also die Ausprägung (Otto, [20,200]) selektieren. Werte von atomaren Gattungen sind ebenfalls Individuen, die anstelle von Variablen verwendet werden dürfen.

Für Ausprägungen von "Integer", "Real" und "String" stehen zusätzlich folgende Prädikate zur Verfügung.

kleiner-x(aus, aus')
größer-x(aus, aus')
kleiner-gleich-x(aus, aus')
größer-gleich-x(aus, aus')

Die Argumente sind Variable oder Werte der entsprechenden Grundgattung. Im Beispiel 6.4.3_1 selektiert das Auswahlprädikat λ(adr) (all plz adr.postleitzahl kleiner-x(plz, 7000)) aus der Gattung G = "Adresse" also die Ausprägung (AnsOMA, [1,500]). Im Fall "Integer" kann als Argument auch ein Ausdruck folgender Form stehen:

(count *Variable {Ausprägung, ...} Bedingung*)
(count *Variable gebundeneVariable . Attributname Bedingung*)

Dies iteriert ähnlich wie all und some über die (Attribut-)Ausprägungen, zählt aber, wie oft die Bedingung dabei zutrifft, und hat als Wert die entsprechende natürliche Zahl. Im Beispiel 6.4.3_1 selektiert das Auswahlprädikat λ(per) kleiner-x(1, (count ans per.anschrift kleiner-t([10], ans))) aus der

Gattung G = "Person" also die Ausprägung (Otto, [20,200]). In diesem Fall kann man denselben Effekt allerdings auch mit some erreichen.

Schließlich gibt es noch einige Prädikate, die sich mit den Gattungen der Ausprägungen beschäftigen. Dafür wird das Suffix "-g" benutzt.

teilmenge-g(aus, aus')
gleich-g(aus, aus')
ungleich-g(aus, aus')

Zu jeder gegebenen Ausprägung gilt die Gattungszugehörigkeitsbeziehung für die gegebene Zeit zwischen dem gegebenen Individuum und einer eindeutig bestimmten Menge von Gattungen. Auf diesen Gattungsmengen werden die üblichen Mengenvergleiche ausgeführt. Da jedes Individuum zumindest der Gattung "Ding" zugeordnet ist, fehlt ein Prädikat disjunkt-g. Man kann anstelle von Variablen für Ausprägungen in diesem Fall auch Mengen von Gattungen explizit angeben. Wenn im Beispiel 6.4.3_1 die Gattung "Person" noch die Untergattungen "Frau" und "Mann" hat, selektiert das Auswahlprädikat λ(pkw) (all per pkw.insasse teilmenge-g({Frau}, per)) diejenigen Ausprägungen von "Pkw", deren Attribut-Ausprägungen von "insasse" in der Lebenszeit der Attribut-Ausprägung sämtlich der Gattung "Frau" zugeordnet sind, anschaulich also alle Pkw, die nur von Frauen besetzt sind.

Für Ausprägungen der vordefinierten Gattungen "Koordinaten", "Polygon", "Teilpolygon", "Viereck", "Dimension" sind noch einige spezielle Prädikate vorgegeben.

in-umkreis(aus-koordinaten, aus'-real, aus"-koordinaten)
in-fläche(aus-koordinaten, aus'-viereck)
zwischen-polygonen(aus-koordinaten, aus'-polygon, aus"-polygon)
in-umgebung(aus-koordinaten, aus'-real, aus"-polygon)

Auch hier können anstelle von Variablen Individuen angegeben werden, beispielsweise in der Form (coord 1.0 1.0 0.0) oder (rectangle (0.0 0.0 0.0) (1.0 0.0 0.0) (1.0 1.0 0.0) (0.0 1.0 0.0)) oder analog für Polygone.

7. Abbildung von EPEX-F auf ein Standarddatenbankmodell

Mit der Darstellungsform EPEX-F werden potentiell in einem Diskursbereich vorkommende Objekte und Abläufe modelliert. Die Gattungen und Ausprägungen von Objekt- und Ablaufbereich sind Fakten, aus denen man mit Hilfe von Regeln weitere Fakten herleiten kann. Alle Fakten sollen mit einem Datenbanksystem verwaltet werden. Wie dies geschehen kann, wird in diesem Kapitel untersucht.

Wie schon im fünften Kapitel angesprochen, wird beim Datenbankentwurf meist so vorgegangen, daß in einem semantischen Datenmodell ein konzeptuelles Schema entworfen wird, das dann durch ein logisches Datenmodell in ein logisches Schema umgesetzt wird. Ein logisches Datenmodell wird stets von einem Datenbanksystem mit entsprechenden Operatoren zur Verfügung gestellt. Das logische Schema ist eine Beschreibung der zu speichernden Daten und gibt an, welche Datenarten möglich sind und welche Zugriffspfade zwischen ihnen bestehen. Diese Bedingungen für die Daten bilden die *Schema-Konsistenz*. Das Schema wird mit einer *Datendefinitionssprache* (Data Definition Language – DDL) erstellt. Den Umgang mit den Daten selbst führen Operatoren aus, die in der *Datenmanipulationssprache* (Data Manipulation Language – DML) zusammengefaßt sind.

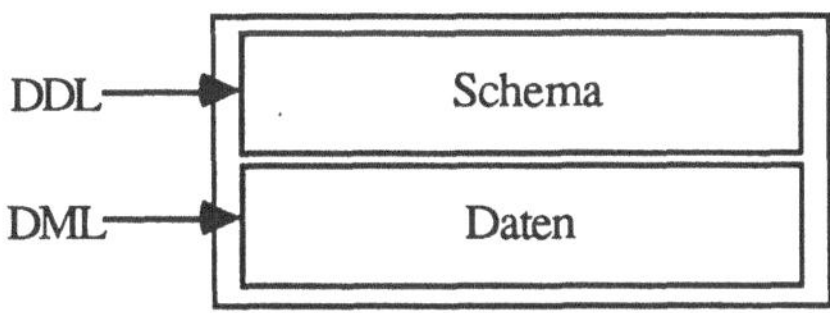

Bild 7_1: Schema und Daten

Die DDL dient nur zur Erzeugung des Schemas und ist für den Endbenutzer eines Datenbanksystems nicht zugänglich. Entsprechend hat er auch (fast) keine Möglichkeiten, über DDL-Abfrageoperatoren Informationen über das Schema zu bekommen. Zusätzlich wird implizit unterstellt, daß sich ein erstelltes Schema nicht oder nur sehr selten und dann auch nur geringfügig ändert.

Die DML interpretiert das Schema bei der Datenmanipulation und gewährleistet so, daß die durch die Schema-Konsistenz verlangten Bedingungen für die Daten eingehalten werden. Darüberhinausgehende Konsistenz muß ebenfalls durch die DML gewährleistet werden. Dazu können Konsistenzbedingungen definiert werden, was aber von den meisten Systemen nicht oder nur ungenügend unterstützt wird, oder aber die Bedingungen werden durch Programmteile realisiert.

Überträgt man diese Unterteilung auf EPEX, so liegt es nahe, die Ausprägungen als Daten und die Begriffsgraphen als Schema zu interpretieren. Die AMS-Operatoren entsprechen dann der DML.

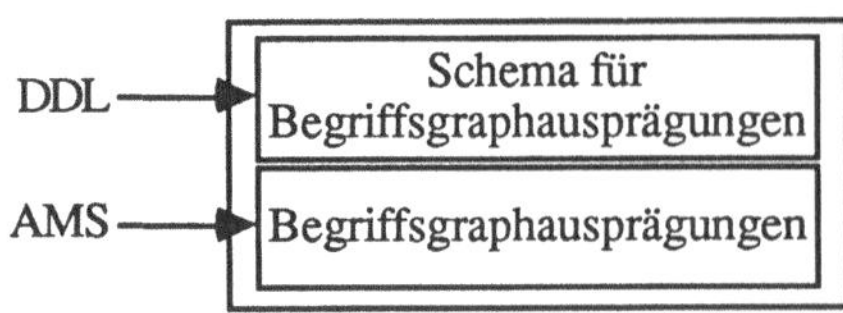

Bild 7_2: Darstellung von Ausprägungen

Die Begriffsgraphen selbst sind einem Benutzer bei diesem Vorgehen nicht mehr zugänglich, sondern nur noch datenbankintern vorhanden. Damit sind auch Änderungen an Begriffsgraphen durch einen Benutzer nicht möglich. In EPEX ist die Manipulation von Begriffsgraphen aber erforderlich. So benötigt z.B. der Regelinterpretierer die Information zur Herleitung von Ablauf-Ausprägungen. Dies bedeutet aus Datenbanksicht, daß ein Schema für die Begriffsgraphen notwendig ist.

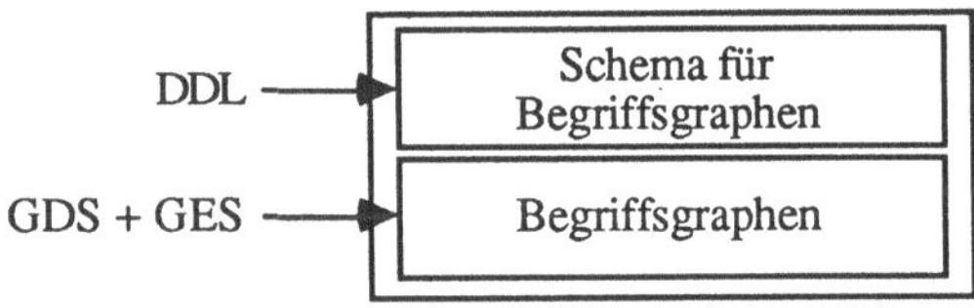

Bild 7_3: Darstellung von Begriffsgraphen

In diesem Fall werden die GDS- und GES-Operatoren als DML angesehen. Mit der DDL müssen die Beschreibungsmittel von EPEX-F ins Schema abgebildet werden.

Die in den beiden letzten Bildern vorgestellten Sachverhalte müssen in unserem Fall innerhalb eines einzigen Systems realisiert werden und sind deshalb zu vereinigen. Das bedeutet, daß die DML sowohl die AMS- als auch die GDS- und GES-Operatoren umfaßt, da erst dann alle manipulierbaren Daten dem Benutzer zugänglich sind. Die Konsequenz daraus ist, daß nicht ein Schema für Ausprägungen erstellt wird, sondern ein Schema für Begriffsgraphen. Aus den Daten in diesem Schema muß dann das Schema für die Ausprägungen abgeleitet werden.

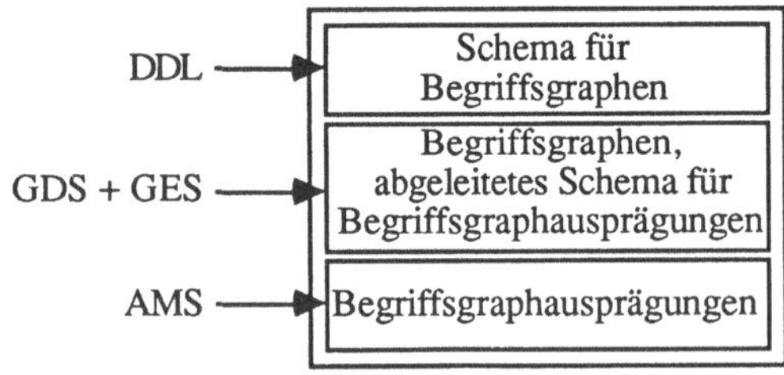

Bild 7_4: Zusammenhang zwischen Begriffsgraphen und Ausprägungen

Daraus ergeben sich zwei Probleme. Da die Begriffsgraphen genau wie die Ausprägungen als Daten betrachtet werden, ist die normalerweise durch das Schema definierte Konsistenz für Ausprägungen nicht gewährleistet. Damit muß auch diese Aufgabe von den AMS-Operatoren übernommen werden. Des weiteren sind mit der GDS Änderungen am Begriffsgraphen möglich, die dann zu Änderungen des Schemas für Ausprägungen führen. Auch hier sind die Auswirkungen gravierender, da die Konsistenzerhaltung der Ausprägungen durch die Überprüfung von Begriffsgraphendaten geschehen muß und nicht durch die Überprüfung des Schemas für Ausprägungen. In beiden Fällen bietet ein Datenbanksystem also keine Unterstützung.

Es bleibt zu untersuchen, wie eine Abbildung von EPEX-F auf ein logisches Datenmodell aussehen muß, damit ein Mindestmaß an Schema-Konsistenz erhalten bleibt und von den Operatoren ausgenutzt werden kann. Daraus lassen sich dann Forderungen an besser geeignete Datenbanksysteme ableiten. Da die angeführten Probleme unabhängig von einem konkret gewählten Datenbanksystem sind, kann man für die Abbildung ein irgendwie geeignet erscheinendes auswählen.

Die Auswahl kann durch zwei Kriterien bestimmt werden: ob das Datenbanksystem verfügbar ist und ob sein Datenmodell gut verstanden ist und außerdem möglichst nah an EPEX-F heranreicht. Leider sind Datenbanksysteme mit EPEX-F-nahen Datenmodellen erst im Entwurfs- bzw. Prototypstadium (z.B. POSTGRES [Stonebraker und Rowe 86], PROBE [Dayal und Smith 86]) oder gerade als erste Testversionen verfügbar (NF^2 [Dadam et al. 86], DAMOKLES [Dittrich et al. 87b]). Deswegen bleiben nur Datenbanksysteme mit konventionellen und etablierten Datenmodellen zu untersuchen. Dies sind hierarchisches, Netzwerk- und relationales Datenmodell. Das relationale Datenmodell ist am weitesten verbreitet und auch auf kleineren Rechnern verfügbar, so daß wir dieses benutzen.

Beschreibungs- ebene	Benutzersicht	Darstellung im relationalen Datenmodell
Beschreibungsmittel von EPEX-F	Gattungen, Generalisierungshierarchie, Attribute, Strukturbedingungen, …	?
Begriffsgraphen	Modellierung des Diskursbereichs mit Gattungs-Definitions-Sprache (GDS) Zugriff auf Information über schon modellierten Diskursbereich mit Gattungs-Evaluierungs-Sprache (GES)	?
Ausprägungen	Erzeugung von und Zugriff auf Ausprägungen mit Ausprägungs-Manipulations-Sprache (AMS)	?

Bild 7_5: Aufgaben bei der Abbildung von EPEX-F auf ein relationales Datenmodell

Die zu lösenden Teilaufgaben sind im obigen Bild dargestellt. Zunächst muß ein relationales Schema für Begriffsgraphen erstellt werden. Dabei ist darauf zu achten, daß soweit wie möglich Schema-Konsistenz ausgenutzt werden kann, aber auch unnötige Redundanz vermieden wird. Dies kann in bestimmten Grenzen durch Normalisierung erreicht werden. GDS- und GES-Operatoren sind so zu entwerfen, daß sie das Schema für die Manipulation von Begriffsgraphen ausnutzen. Zusätzlich müssen die GDS-Operatoren aber auch das Schema für Ausprägungen ableiten und modifizieren. Schließlich sind die AMS-Operatoren zu entwerfen, bei denen Leistungsgesichtspunkte wie möglichst geringe Änderungsanomalien zu berücksichtigen sind. Dies kann dazu führen, daß Redundanz wieder eingeschleppt wird. Hier muß zwischen nützlicher und unnötiger Redundanz abgewogen werden. Diese Abwägung ist insbesondere im Zusammenhang mit der in EPEX-F möglichen Vererbungen wichtig.

EPEX-F läßt sich aus Datenbanksicht als semantisches Datenmodell interpretieren, mit dem konzeptuelle Schemata, die Begriffsgraphen, erstellt werden. In der Literatur wird die Übertragung von semantischen Datenmodellen auf Standarddatenmodelle – außer für das ER-Modell [Chung et al. 83], [Dumpala und Arora 83], [Korth und Silberschatz 86] – nur selten beschrieben. Für die in der Expertensystemschale KEE benutzte Darstellungsform wurde die Übertragung auf ein relationales Datenmodell untersucht [Abarbanel und Williams 86]. Zur Übertragung von IRIS-Schemata, die sich aus den Datenmodellen TAXIS [Mylopoulos et al. 80] und DAPLEX [Shipman 81] entwickelt haben, gibt es ebenfalls ein Verfahren [Lyngbaek und Vianu 87]. Beide Ansätze verwenden das konzeptuelle Schema zur Erzeugung des logischen Schemas und zur Aufstellung von Konsistenzbedingungen. Das konzeptuelle Schema ist jedoch nicht selbst in Form von Daten vorhanden, wie dies bei EPEX der Fall sein muß. Sie behandeln also den in Bild 7_2 dargestellten Fall. Die Arbeiten zeigen aber Möglichkeiten auf, wie verschiedene Konstrukte durch Relationen repräsentiert werden können, so daß sie für den Entwurf des Schemas für Ausprägungen interessant sind.

Eine Arbeit, die sich mit der Verwaltung von konzeptuellen Schemata beschäftigt, ist [Börner und Studer 87]. In einigen wenigen NF^2-Relationen werden KL-ONE-Taxonomien als Daten dargestellt. Die Hinzunahme von Relationen für Ausprägungen ist in diesem Rahmen nicht untersucht worden, der Ansatz beschäftigt sich somit mit der in Bild 7_3 dargestellten Sachlage. Die Arbeit gibt jedoch Anregungen für den Entwurf der Relationen zur Darstellung von EPEX-F, da KL-ONE und EPEX-F ähnlich sind.

Der Sachverhalt, der in Bild 7_4 zu sehen ist, wurde im Rahmen eines Binär-Relationenmodells untersucht [Mark und Roussopoulos 83]. Die Autoren verwenden für die drei Ebenen die Begriffe "Metaschema", "Schema" und "Daten". Ausgangspunkt der Überlegungen der Autoren ist, daß ein einmal entwickeltes Schema im Laufe der Anwendung Änderungen unterworfen ist, und daß deshalb für einen Benutzer auch das Schema selbst zugänglich sein muß. Das bedeutet, daß sich das Schema aus den im Metaschema vorhandenen Daten ableitet. In ihrer Arbeit stellen sie Regeln vor, die Schemaänderungen in Datenänderungen umsetzen. Dabei wird auch untersucht, wann Schema-änderungen durchgeführt werden können, ohne daß Inkonsistenzen bei schon vorhandenen Daten auftreten. Die Zielsetzung dieser Arbeit entspricht der hier verfolgten. Allerdings benutzen Mark und

Roussopoulos eine einfachere Darstellungsform, so daß ihre Ansätze nur prinzipielle Hinweise vor allem für die Propagierung von Änderungen des Schemas geben können. Mit der Problematik von Schemaänderungen bei schon vorhandenen Daten im Rahmen von objektorientierten Datenmodellen befaßt sich die Arbeit [Banerjee et al. 86]. Sie ist deshalb interessant, weil die Eigenschaften des Datenmodells ähnlich zu den Eigenschaften von EPEX-F sind. Die dort erarbeiteten Bedingungen sind vergleichbar mit den bei den Operatoren der GDS in Kapitel 6.1 angegebenen Bedingungen.

Die angeführten Arbeiten befassen sich mit verschiedenen Aspekten, die bei der Übertragung von EPEX-F auf ein relationales Datenmodell zu berücksichtigen sind. Keiner der Ansätze kann aber direkt übernommen werden. Die von Studer und Börner benutzte objektorientierte Sichtweise zur Darstellung von KL-ONE scheint ein guter Ausgangspunkt für die Entwicklung des Begriffsgraphenschemas zu sein. Bei der Übertragung von KEE und IRIS, die in unserer Sichtweise Schemata für Ausprägungen erzeugen, sind zwei entgegengesetzte Ansätze verfolgt worden. Bei KEE wird möglichst viel Information über eine Objektklasse in einer Relation zusammengefaßt, bei IRIS wird jede Information über eine Objektklasse durch eine eigene Relation dargestellt. Die erste Form ist zugriffsfreundlicher, die zweite verkraftet Schemaänderungen besser. Für EPEX spielen beide Aspekte eine Rolle, so daß hier die Alternativen gegeneinander abgewogen werden müssen und möglicherweise ein Mittelweg gefunden werden kann. Aus der Arbeit von Mark und Roussopoulos schließlich läßt sich entnehmen, welche Probleme bei der Propagierung von Schemaänderungen in die Daten auftreten und inwieweit die Propagierung (zumindest im Binärrelationenmodell) automatisch erfolgen kann oder der Benutzerunterstützung bedarf. Da das hier verwendete Modell komplexer ist, können die Ergebnisse nur als Anhaltspunkt für die Untersuchung dienen.

In den folgenden Abschnitten wird eine auf EPEX-F zugeschnittene Übertragung entwickelt. Dabei sind spezielle Randbedingungen des EPEX-Systems zu berücksichtigt, die in Abschnitt 7.1 angeführt werden. Schließlich werden noch Forderungen an besser geeignete Datenmodelle aufgestellt.

7.1 Randbedingungen in EPEX

In EPEX bilden der Objekt- und der Ablaufbereich die Grundlage für die Herleitung von Episoden aus Bildfolgen. Für die beiden Bereiche lassen sich drei Phasen bei der Bereitstellung von Fakten unterscheiden. In der ersten Phase werden die Gattungen und ihre Beziehungen definiert, in der zweiten die aktuellen Objekt-Ausprägungen zugeordnet. Die Erzeugung von Ablauf-Ausprägungen erfolgt in der dritten Phase. Während in den ersten beiden Phasen Veränderungen am Begriffsgraphen und den Objekt-Ausprägungen vorgenommen werden dürfen, dürfen in der dritten Phase lediglich Ablauf-Ausprägungen hinzugefügt bzw. verändert werden. Alle anderen Daten sind unveränderlich, aber es wird während der Ablauf-Extraktion lesend darauf zugegriffen. Nach Abschluß der dritten Phase kann wieder zu Phase eins oder zwei gegangen werden. An dieser Stelle können durch Änderungen in den Begriffsgraphen Änderungen des Ausprägungsschemas erforderlich sein, die dann auch Änderungen der Daten nach sich ziehen.

Von den drei Phasen ist die dritte die für die Aufgabe von EPEX wesentliche. In dieser Phase finden in erster Linie lesende Zugriffe auf die Daten statt. Für die Übertragung von EPEX-F auf ein relationales Datenmodell ergibt sich daraus, daß der lesende Zugriff auf alle Daten möglichst effizient durchzuführen ist. Die Dominanz der lesenden Zugriffe würde eine gewisse Redundanz der Daten für solche Zugriffe rechtfertigen, falls damit Leistungssteigerungen möglich sind. Allerdings ist das Ausmaß der akzeptierbaren Redundanz auch abhängig vom Umfang der zu verwaltenden Daten.

In EPEX ist zu erwarten, daß die Daten über Begriffsgraphen nur einen Bruchteil der Daten von Ausprägungen ausmachen, die den Inhalt einer im Prinzip beliebig langen Bildfolge beschreiben. Somit ist Redundanz, wenn überhaupt, eher bei den Begriffsgraphen als bei den Ausprägungen vertretbar, da die Redundanz dort vom Datenumfang her nicht so kritisch ist. Der Mehraufwand durch Redundanz bei Veränderungen ist ebenfalls beim Begriffsgraph unkritischer, da Änderungen dort seltener zu erwarten sind. Ausprägungen hingegen sind bei jeder neu auszuwertende Bildfolge zu ändern und werden vor allem bei der Auswertung selbst verändert.

Redundanzen können bei Ausprägungen und bei Begriffsgraphen in Verbindung mit der Generalisierung und der sich daraus ergebenden Vererbung auftreten. Bei beiden ist abzuwägen, ob eine mögliche Effizienzsteigerung beim Zugriff einen größeren Verwaltungsaufwand rechtfertigt. Ein wesentlicher Gesichtspunkt hierzu ist, daß bei der Ablaufextraktion häufig Zugriffe auf allgemeinere Gattungen stattfinden, um geeignete Ausprägungen zu selektieren. Ein Zugriff auf alle Fahrzeuge z.B. bedeutet, daß auch auf alle Fahrräder, Straßenbahnen, Motorräder, Pkw usw. zugegriffen werden muß. Welche Gattungen hierbei betroffen sind, läßt sich über die Generalisierungshierarchie feststellen.

Da die Entscheidung über sinnvolle und unnütze Redundanz durch die Leistung der Operatoren motiviert ist, schauen wir uns exemplarisch Operatoren der drei Sprachen näher an. An ihnen sollte erkennbar sein, wie häufig Berechnungen über die Hierarchie durchgeführt werden. Für die GDS betrachten wir den Operator def-attribut für den Fall "restrict", für die GES den Operator get-attribute und für die AMS den Operator def-ausprägung.

Alle drei Operatoren benötigen die für eine Gattung G existierenden Attribute mit den aktuellen Werten. Diese berechnen sich über die Obergattungen von G und die dortigen Attribute. Bei def-attribut muß außerdem noch auf Verträglichkeit mit den Untergattungen von G überprüft werden. Informationen der Generalisierungshierarchie werden extensiv genutzt, und zwar bei allen drei Sprachen. Datenredundanz, die den Berechnungsaufwand einschränkt, scheint deshalb gerechtfertigt.

```
declare def-attribut-restrict (Q, attr, Z, m, n, Funktion, Standard)
   if ererbt(Q,attr) and not definiert-für(Q,attr)
      (* überprüft, daß attr für mindestens eine Obergattung von Q definiert ist *)
      (* und daß attr für Q selbst nicht schon mit def-attribut definiert wurde *)
   then   attributbeschreibung := berechne-merkmalswerte-neu
                                     (Q,attr,Z,m,n,Funktion,Standard)
      (* bildet Durchschnitt aus den angegebenen Werten und den Werten von attr *)
      (* bei Obergattungen von Q; falls kein Durchschnitt möglich, fehler *)
         if attributbeschreibung ≠ fehler
         then untergattungen := ermittle-untergattungen(Q)
                 while untergattungen ≠ ø and not verstoß do
                     ug := nächste-gattung(untergattungen)
                     untergattungen := untergattungen - ug
                     verstoß := verträglich(attributbeschreibung,ug)
                     (* falls attr Attribut von ug, so muß attributbeschreibung *)
                     (* allgemeiner sein als die Merkmale bei ug *)
                 if not verstoß
                 then attribut-zuordnen(Q,attributbeschreibung)
                 else fehlermeldung
         else fehlermeldung
   else fehlermeldung


declare get-attribute (G)
   attributmenge := ermittle-attribute(G)
      (* bestimmt alle Attributbezeichner von G und seinen Obergattungen *)
   ergebnisattribute := ø
   for all attr from attributmenge do
      attributbeschreibung := berechne-merkmalswerte(G,attr)
         (* bildet Durchschnitt der Merkmale von attr aus allen Vorkommnissen von *)
         (* attr bei den Obergattungen von G *)
      ergebnisattribute := hinzufügen(ergebnisattribute,attributbeschreibung)
   return(ergebnisattribute)


declare def-ausprägung (G, Zeitmenge, Attributausprägungsliste)
   individ := zuordnung(G,Zeitmenge) (* erzeugt Bezeichner, legt Ausprägung an *)
   if individ = fehler   (* Gattung nicht existent *)
   then fehlermeldung
   else while Attributausprägungsliste ≠ ø and not verstoß do
           attr := nächstes-attribut(Attributausprägungsliste)
           Attributausprägungsliste := Attributausprägungsliste - attr
           attributbeschreibung := berechne-merkmalswerte(G,bezeichner(attr))
           if attributbeschreibung = fehler   (* attribut existiert nicht *)
           then verstoß := true
           else verstoß := attributausprägung-zuordnen
                           (G,individ,Zeitmenge,attr,attributbeschreibung)
                   (* überprüft,ob aktuelle Werte mit den geforderten Merkmalen *)
                   (* übereinstimmen, falls ja, Zuordnung *)
         if verstoß
         then remove-ausprägung(G,individ,Zeitmenge)
                 fehlermeldung
         else return(individ)
```

Bild 7.1_1: Wirkungsweise ausgewählter Operatoren

7.2 Abbildung des Begriffsgraphen auf ein relationales Datenmodell

In diesem Abschnitt befassen wir uns mit der ersten Teilaufgabe aus Bild 7_5, nämlich der Erstellung eines Schemas für Begriffsgraphen. Begriffsgraphen werden mit den Beschreibungsmitteln der Darstellungsform EPEX-F modelliert, so daß sich diese Beschreibungsmittel im Schema wiederfinden müssen, also in Relationen umzusetzen sind. An Beschreibungsmitteln in EPEX-F existieren:
 - Gattungen,
 - Beziehungen zwischen Gattungen,
     - Generalisierung,
     - Attribute mit Merkmalen Attributart, Kardinalität, Zielgattung, Zeitabhängigkeit,
        Quantifizierung, Abhängigkeit, Standardwert,
 - Strukturbedingungen,
 - Funktionen und Prädikate.

Bei der Abbildung der Beschreibungsmittel auf ein relationales Datenmodell orientieren wir uns grob an dem auch in [Börner und Studer 87] verfolgten Vorgehen, nämlich wenige vorgegebene Relationen für die Verwaltung des Begriffsgraphen zur Verfügung zu stellen. Beim Entwurf wird so vorgegangen, daß zunächst jedes Beschreibungsmittel durch eine Relation repräsentiert wird. Danach wird durch Normalisierung versucht, Änderungsanomalien und unnötige Redundanzen zu vermeiden. Schließlich werden die im letzten Abschnitt angestellten Überlegungen zur Leistungsverbesserung mit eingebracht.

Atomare Gattungen lassen sich auf die folgende Relation abbilden:

Atomare-Gattung (gattungsname, wert).

Einträge in "wert" können von der Art "Integer", "Real", "Boolean" oder "String" sein.

Die Generalisierungshierarchie (genauer: ihre erzeugende Relation, von der sie die reflexiv-transitive Hülle ist) wird auf eine Relation "Hierarchie" abgebildet. Darin wird die direkte Unter/Obergattungs-Beziehung dargestellt. Für die Hierarchie Sportwagen → Pkw → Fahrzeug → Ding ergeben sich Einträge in die Relation "Hierarchie" wie im nächsten Bild dargestellt.

Hierarchie

untergattung	obergattung
Fahrzeug	Ding
Pkw	Fahrzeug
Sportwagen	Pkw

Bild 7.2_1: Die Relation "Hierarchie"

Die GDS-Operatoren erlauben die explizite Definition von direkten Unter/Obergattungs-Beziehungen, selbst wenn diese aus bereits bestehenden mit der Transitivität ableitbar sind. Die durch "Hierarchie" repräsentierte erzeugende Relation der Generalisierungsbeziehung muß also nicht minimal sein. Deshalb sind in der Relation "Hierarchie" noch weitere Tupel möglich, z.B. (Sportwagen, Fahrzeug).

Attribute werden auf die Relation "Gattung-Attribut" abgebildet. In dieser Relation werden Attribute den Quellgattungen zugeordnet und die Merkmale der Attribute inklusive Attribut-Typ aufgeführt. Die Relation hat folgendes Aussehen:

Gattung-Attribut
>(quellgattung, attributname, zeitart, attributart, zielgattung, min, max, quantifizierung,
>standardwert-nr, standardwert, funktion, parameter-nr, attribut-nr, name-attribut-nr).

Mit "quellgattung", "attributname" und "zielgattung" wird das Attribut bestimmt. Unter "zeitart" steht die Zeitabhängigkeit, die Art des Attributs (lokal, restrict, diffs) unter "attributart". Die Kardinalität ist durch "min" und "max" repräsentiert, die Quantifizierung durch das gleichnamige Relationenattribut und die Liste der Standardwerte durch "standardwert-nr" und "standardwert". Bei einem abhängigen Attribut wird unter "funktion" der Name der Funktion eingetragen, die die Ausprägungen des Attributs berechnet. Die Beschreibung der zur Funktion gehörenden Parameter erfolgt mit den Relationenattributen "parameter-nr", "attribut-nr" und "name-attribut-nr". Das erste Relationenattribut bestimmt die Argumentposition in der Funktion, das zweite die Position in der Attributkette und das dritte den Namen des Attributs an dieser Stelle der Attributkette. Im nächsten Bild sind die Einträge in die Relation "Gattung-Attribut" für das Beispiel aus Bild 5.5_15 zu sehen, erweitert um die Attribute von "Fahrzeug" aus Bild 5.5_11. Die Relation enthält nur Tupel für Attribute, die jeweils mit def-attribut für eine Gattung definiert wurden. Attribute, die von einer Gattung nur ererbt werden, sind für diese Gattung nicht explizit aufgeführt.

Gattung-Attribut

quell-gattung	attribut-name	zeitart	attribut-art	ziel-gattung	min	max	quanti-fizierung	standard-wert-nr	standard-wert	funk-tion	parame-ter-nr	attribut-nr	name-attribut-nr
Fahrzeug	lage	var	lokal	Koordinaten	1	1	NIL	NIL	NIL	NIL	NIL	NIL	NIL
Fahrzeug	geschwin-digkeit	var	lokal	Real	1	1	NIL	NIL	NIL	geschw	1	1	lage
Fahrzeug	fahrer	var	lokal	Person	0	1	NIL	NIL	NIL	NIL	NIL	NIL	NIL
Pkw	fahrer	var	restrict	Führersch.-besitzer	0	1	NIL	NIL	NIL	NIL	NIL	NIL	NIL
Pkw	insasse	var	lokal	Person	0	5	NIL	NIL	NIL	NIL	NIL	NIL	NIL
Sportwagen	insasse	var	restrict	Person	0	2	NIL	NIL	NIL	NIL	NIL	NIL	NIL

Bild 7.2_2: Die Relation "Gattung-Attribut"

Die den Gattungen zugeordneten Strukturbedingungen lassen sich in der folgenden Form in einer Relation "Gattung-Bedingung" abbilden:

Gattung-Bedingung
(quellgattung, interner-name, prädikat, parameter-nr, attribut-nr, name-attribut-nr, wert)

In "quellgattung" wird die Gattung angegeben, der die Strukturbedingung zugeordnet wird. Dasselbe Prädikat kann in mehreren Strukturbedingungen einer Gattung verwendet werden, wobei sich aber die Parameter unterscheiden müssen. Für jede Strukturbedingung, die einer Gattung zugeordnet ist, wird ein permanenter systeminterner Bezeichner generiert. Damit lassen sich Strukturbedingungen ohne Überprüfung der Parameter eindeutig unterscheiden. Die Parameter einer Strukturbedingung werden wie bei Funktionen von abhängigen Attributen mit "parameter-nr", "attribut-nr" und "name-attribut-nr" beschrieben. Parameter von Strukturbedingungen können auch konstante Werte der Grundgattungen oder der vordefinierten Gattungen sein. Bei konstanten Parametern ist in "wert" dann die Konstante vorhanden, die Relationenattribute "attribut-nr" und "name-attribut-nr" haben dann den Eintrag NIL. Für die Strukturbedingung aus Bild 5.5_14 ergeben sich die nachstehenden Einträge in die Relation. Auch hier werden ererbte Strukturbedingungen nicht aufgeführt.

Gattung-Bedingung

quell- gattung	interner- name	prädikat	parameter- nr	attribut- nr	name- attribut-nr	wert
Parkplatzsuchen	s1	nicht-leer	1	1	teil1	NIL
Parkplatzsuchen	s2	gleich	1	1	agent	NIL
Parkplatzsuchen	s2	gleich	2	1	teil2	NIL
Parkplatzsuchen	s2	gleich	2	2	agent	NIL
Parkplatzsuchen	s3	gleich	1	1	teil1	NIL
Parkplatzsuchen	s3	gleich	1	2	agent	NIL
Parkplatzsuchen	s3	gleich	2	1	teil2	NIL
Parkplatzsuchen	s3	gleich	2	2	agent	NIL

Bild 7.2_3: Die Relation "Gattung-Bedingung"

Schließlich lassen sich Funktionen und Prädikate durch Relationen der folgenden Form darstellen:

Funktionsdefinition (funktionsname, argumentnr, parametergattung)
Prädikatsdefinition (prädikatsname, argumentnr, parametergattung)

Die Relationen für Funktionen und Prädikate enthalten die Information, die bei der Erstellung von Begriffsgraphen notwendig ist. Das ist der Name der Funktion bzw. des Prädikats und die Anzahl und Art der Parameter. Die bei den Operatoren def-funktion und def-prädikat noch angeführte Beschreibung der Funktion oder des Prädikats, die einem Programmteil entspricht, wird nicht im Datenbanksystem verwaltet. Diese Programmteile werden zusammen mit den Programmen, die die Operatoren realisieren, durch das der Realisierung zugrunde liegende Betriebssystem verwaltet. Die Ergebnisgattung von Funktionen wird einfach mit der Argumentnummer 0 kodiert.

Die bisher vorgestellten Relationen sind das Ergebnis eines ersten Entwurfschritts. In der jetzigen Form sind Datenwiederholungen in den Relationen "Gattung-Attribut" und "Gattung-Bedingung" nicht zu vermeiden. Sowohl für Standardwerte als auch für Parameter von Strukturbedingungen und Funktionen können mehrere Werte existieren. Das führt dazu, daß für jeden dieser Werte ein Tupel erzeugt werden muß. In einem nächsten Schritt werden wir deshalb den Entwurf verbessern, indem wir normalisieren [Maier 83] und so Änderungsanomalien und Redundanzen weitestgehend vermeiden. Die Normalisierung führt dazu, daß Relationen aufgespalten werden. Wie weit die Normalisierung durchgeführt wird, hängt von Effizienzüberlegungen ab, wobei der Änderungsaufwand gegen den Leseaufwand abzuwägen ist.

Die Relationenattribute, durch deren Werte jedes Tupel einer Relation eindeutig bestimmt ist, bilden den *Schlüssel* der Relation. Der Schlüssel für die obige Relation "Gattung-Attribut" besteht aus den Relationenattributen "quellgattung", "attributname", "standardwert-nr", "parameter-nr", "attribut-nr". Die Relation ist nicht in zweiter Normalform, da das Relationenattribut "standardwert" bereits funktional abhängig von den Relationenattributen "quellgattung", "attributname", "standardwert-nr" ist, aber nicht von den anderen Schlüsselattributen. Das Relationenattribut "name-attribut-nr" ist funktional abhängig vom Schlüsselteil "quellgattung", "attributname", "parameter-nr", "attribut-nr". Durch die Erzeugung weiterer Relationen "Standardwert" und "Funktionsparameter" für die funktional abhängigen Attribute kann die zweite und hier sogar die dritte Normalform für die Relation "Gattung-Attribut" und für die beiden weiteren Relationen erreicht werden. Der Schlüssel von "Gattung-Attribut" besteht danach nur noch aus "quellgattung", "attributname". Um unnötige Zugriffe auf die Relation "Standardwerte" zu vermeiden, erscheint es angebracht, in "Gattung-Attribut" das Relationenattribut "standard" einzuführen, das lediglich anzeigt, ob Standardwerte existieren.

Die Relationen haben die folgende Form:

Gattung-Attribut
    (quellgattung, attributname, zeitart, attributart, zielgattung, min, max,
    quantifizierung, standard, funktion)
Standardwert (quellgattung, attributname, nr, wert)
Funktionsparameter (quellgattung, attributname, parameter-nr, attribut-nr, name-attribut-nr)

Für das Beispiel aus Bild 7.2_2 sehen die Einträge in den drei Relationen dann folgendermaßen aus:

Gattung-Attribut

quell-gattung	attribut-name	zeitart	attribut-art	ziel-gattung	min	max	quanti-fizierung	standard	funk-tion
Fahrzeug	lage	var	lokal	Koordinaten	1	1	NIL	NIL	NIL
Fahrzeug	geschwin-digkeit	var	lokal	Real	1	1	NIL	NIL	geschw
Fahrzeug	fahrer	var	lokal	Person	0	1	NIL	NIL	NIL
Pkw	fahrer	var	restrict	Führersch.-besitzer	0	1	NIL	NIL	NIL
Pkw	insasse	var	lokal	Person	0	5	NIL	NIL	NIL
Sportwagen	insasse	var	restrict	Person	0	2	NIL	NIL	NIL

Standardwert

quellgattung	attributname	nr	wert

Funktionsparameter

quell-gattung	attribut-name	parameter-nr	attribut-nr	name-attribut-nr
Fahrzeug	geschwindigkeit	1	1	lage

Bild 7.2_4: Die Relationen "Gattung-Attribut", "Standardwert" und "Funktionsparameter"

Der Schlüssel der Relation "Gattung-Bedingung" besteht aus den Relationenattributen "quellgattung", "interner-name", "parameter-nr", "attribut-nr". Das Relationenattribut "prädikat" ist funktional abhängig vom Schlüsselteil "quellgattung", "interner-name", das Relationenattribut "wert" von "quellgattung", "interner-name", "parameter-nr". Durch Aufspaltung der ursprünglichen Relation in die Relationen "Gattung-Bedingung", "Bedingungsparameter" und "Konstante-Bedingungsparameter" kann die zweite und hier sogar die dritte Normalform für die Relationen erreicht werden. Die normalisierten Relationen haben dann die folgende Form:

Gattung-Bedingung (quellgattung, interner-name, prädikat)
Bedingungsparameter (quellgattung, interner-name, parameter-nr, attribut-nr, name-attribut-nr)
Konstante-Bedingungsparameter (quellgattung, interner-name, parameter-nr, wert)

Im nächsten Bild ist das Beispiel aus Bild 7.2_3 mit den getrennten Relationen dargestellt.

Gattung-Bedingung

quellgattung	interner-name	prädikat
Parkplatzsuchen	s1	nicht-leer
Parkplatzsuchen	s2	gleich
Parkplatzsuchen	s3	gleich

Bedingungsparameter

quellgattung	interner-name	parameter-nr	attribut-nr	name-attribut-nr
Parkplatzsuchen	s1	1	1	teil1
Parkplatzsuchen	s2	1	1	agent
Parkplatzsuchen	s2	2	1	teil2
Parkplatzsuchen	s2	2	2	agent
Parkplatzsuchen	s3	1	1	teil1
Parkplatzsuchen	s3	1	2	agent
Parkplatzsuchen	s3	2	1	teil2
Parkplatzsuchen	s3	2	2	agent

Konstante-Bedingungsparameter

quellgattung	interner-name	parameter-nr	wert

Bild 7.2_5: Relationen "Gattung-Bedingung", "Bedingungsparameter",
"Konstante-Bedingungsparameter"

Damit ist die Normalisierung abgeschlossen, Anomalien und unnötige Redundanzen sind damit vermieden. Damit kommen wir zum letzten Schritt des Schemaentwurfs für Begriffsgraphen und wenden uns der Frage zu, wie Leistungssteigerungen beim Lesezugriff erreicht werden können. Wie wir in Abschnitt 7.1 an den Operatoren gesehen haben, sind durch die Generalisierungshierarchie und die Vererbung aufwendige Berechnungen notwendig, um alle benötigten Informationen über Ober- und Untergattungen einer Gattung und über die Attribute einer Gattung zu erhalten. Hier liegen also die Engpässe, die man weiter untersuchen muß.

Der erste Engpaß betrifft die Berechnung der transitiven Hülle der Hierarchie. Will man z.B. alle Ausprägungen von "Fahrzeug" (Bild 7.2_1), so kann man durch Bildung der transitiven Hülle der Hierarchie feststellen, daß damit auch die Ausprägungen von "Pkw" und "Sportwagen" gemeint sind. Auch die Attribute einer Gattung können bestimmt werden, indem man über die transitive Hülle feststellt, welche Obergattungen vorkommen, und dann von dort die benötigten Attribute übernimmt.

Die transitive Hülle wird sehr häufig bei Zugriffen benötigt, so daß die Einführung von Redundanz gerechtfertigt erscheint. Für die berechnete transitive Hülle der Hierarchie wird eine weitere Relation

Komplette-Hierarchie (untergattung, obergattung)

eingeführt. Für das Beispiel aus Bild 7.2_1 sehen die Einträge in der Relation folgendermaßen aus:

Komplette-Hierarchie

untergattung	obergattung
Fahrzeug	Ding
Pkw	Ding
Pkw	Fahrzeug
Sportwagen	Ding
Sportwagen	Fahrzeug
Sportwagen	Pkw

Bild 7.2_6: Die Relation "Komplette-Hierarchie"

Der zweite Engpaß betrifft die Bestimmung der Merkmale von Attributen bei multipler Vererbung. In diesem Fall muß bei jedem Zugriff auf das Attribut der Durchschnitt über die Merkmalswerte der Attribute gebildet werden, die zu der multiplen Vererbung beitragen.

Der dritte Engpaß hängt eng mit dem eben genannten zusammen. Um beispielsweise alle Attribute einer Gattung zu bestimmen (siehe Operator get-attribute in Bild 7.1_1), müssen alle ererbten Attribute von den Obergattungen aufgesammelt werden, und dann müssen die aktuellen Merkmale berechnet werden. Die komplette Liste der Attribute muß also ebenfalls bei den Zugriffen konstruiert werden.

Zur Vermeidung dieser beiden Engpässe werden die ererbten Attribute redundant gehalten, d.h. für eine Gattung werden alle – auch die ererbten – Attribute in der Relation "Gattung-Attribut" abgelegt. Zur Realisierung werden die möglichen Werte des Relationenattributs "attributart" um "ererbt" erweitert. Die anderen aktuellen Merkmale von Attributen werden nach den in Abschnitt 6.1 beschriebenen Bedingungen bestimmt, die insbesondere bei multipler Vererbung eine aufwendige Berechnung zur Folge haben. Da diese Berechnungen jedoch sowieso bei Veränderungen von Gattungen bzw. Attributen zur Überprüfung der korrekten Durchführung von GDS-Operatoren angestellt werden müssen, ist der Mehraufwand an dieser Stelle vernachlässigbar. Es ist aber ein schnellerer Zugriff auf Ausprägungen möglich, und die aktuellen Bedingungen für Ausprägungen, die sich aus den Begriffsgraphen ableiten, müssen nicht jedesmal neu bestimmt werden. Die Auswirkungen auf die Relation "Gattung-Attribut" für das Beispiel aus Bild 7.2_2 zeigt das anschließende Bild.

Gattung-Attribut

quell-gattung	attribut-name	zeitart	attribut-art	ziel-gattung	min	max	quanti-fizierung	standard	funk-tion
Fahrzeug	lage	var	lokal	Koordinaten	1	1	NIL	NIL	NIL
Fahrzeug	geschwin-digkeit	var	lokal	Real	1	1	NIL	NIL	geschw
Fahrzeug	fahrer	var	lokal	Person	0	1	NIL	NIL	NIL
Pkw	lage	var	ererbt	Koordinaten	1	1	NIL	NIL	NIL
Pkw	geschwin-digkeit	var	ererbt	Real	1	1	NIL	NIL	geschw
Pkw	fahrer	var	restrict	Führersch.besitzer	0	1	NIL	NIL	NIL
Pkw	insasse	var	lokal	Person	0	5	NIL	NIL	NIL
Sportwagen	lage	var	ererbt	Koordinaten	1	1	NIL	NIL	NIL
Sportwagen	geschwin-digkeit	var	ererbt	Real	1	1	NIL	NIL	geschw
Sportwagen	fahrer	var	ererbt	Führersch.besitzer	0	1	NIL	NIL	NIL
Sportwagen	insasse	var	restrict	Person	0	2	NIL	NIL	NIL

Bild 7.2_7: Redundante Einträge in der Relation "Gattung-Attribut"

Neben den Attributen werden auch die Strukturbedingungen vererbt. Hier sind jedoch keine weiteren Berechnungen notwendig, sondern es müssen alle von irgendeiner Obergattung ererbten Struktur-bedingungen gelten. Es genügt die transitive Hülle der Hierarchie, um jeweils alle für eine Gattung geltenden Strukturbedingungen aus der Relation "Gattung-Bedingung" zu bekommen, so daß hier durch Redundanz keine nennenswerte Leistungssteigerung erreicht werden kann. Deshalb wird hier auch darauf verzichtet.

Das Schema für EPEX-F enthält damit die folgenden Relationen:

Hierarchie (untergattung, obergattung)

Komplette-Hierarchie (untergattung, obergattung)

Atomare-Gattung (gattungsname, wert)

Gattung-Attribut (quellgattung, attributname, zeitart, attributart, zielgattung, min, max,
quantifizierung, standard, funktion)

Standardwert (quellgattung, attributname, nr, wert)

Funktionsparameter (quellgattung, attributname, parameter-nr, attribut-nr, name-attribut-nr)

Gattung-Bedingung (quellgattung, interner-name, prädikat)

Bedingungsparameter (quellgattung, interner-name, parameter-nr, attribut-nr, name-attribut-nr)

Konstante-Bedingungsparameter (quellgattung, interner-name, parameter-nr, wert)

Funktionsdefinition (funktionsname, argumentnr, parametergattung)

Prädikatsdefinition (prädikatsname, argumentnr, parametergattung)

Die durchgeführte Übertragung der Darstellungsform EPEX-F auf ein relationales Datenmodell erlaubt die Verwaltung von Begriffsgraphen und unterstützt die Manipulation von Ausprägungen. Im nächsten Abschnitt wird untersucht, wie das Schema für die Ausprägungen aussehen muß, das sich aus den Begriffsgraphen ableitet. Auf das Zusammenspiel der beiden Schemata wird anschließend eingegangen. Dabei werden sich noch Änderungen am Schema für EPEX-F ergeben.

7.3 Ein relationales Schema für Ausprägungen

In diesem Abschnitt beschäftigen wir uns mit der Darstellung von Ausprägungen, also der AMS-Ebene. Eigentlich wären hier die Begriffsgraphen als Schema angebracht, aber sie existieren selbst schon als Daten. Deshalb müssen die Ausprägungen über das Schema für Begriffsgraphen mit erfaßt werden. Das hat zur Folge, daß für Ausprägungen keine Schema-Konsistenz gewährleistet wird und damit alle Konsistenzmaßnahmen durch die Operatoren der AMS zu leisten sind. Das Datenbanksystem selbst bietet hierfür keine Unterstützung.

Die Relationen zur Verwaltung der Ausprägungen selbst hängen von den aktuellen Begriffsgraphen ab. Aus diesen Daten muß also ein Schema für die Ausprägungen abgeleitet werden. Dabei ist zu berücksichtigen, daß die Ausprägungen den Hauptanteil der zu verwaltenden Daten ausmachen. Verschiedene Schema-Alternativen werden vorgestellt und unter Berücksichtigung der Besonderheiten von EPEX bewertet. Danach wird der sich daraus ergebende Schema-Entwurf beschrieben.

Für die Darstellung von Ausprägungen im EPEX-System lassen sich zwei Ansätze verfolgen, die in der Literatur auch schon für die Übertragung von konzeptuellen Schemata auf Relationen vorgeschlagen wurden, nämlich

- der objekt-orientierte Ansatz:
  Für jede Gattung, der Ausprägungen zugeordnet werden können, wird eine Relation definiert. Für jedes Attribut der Gattung existiert entsprechend ein Attribut in der Relation. Für jede Ausprägung der Gattung existiert ein Tupel in der Relation. Dies gilt in unserem Fall nur, wenn keine mehrwertigen und variabel zeitabhängigen Attribute beteiligt sind. Sonst existieren mehrere Tupel. Dieser Ansatz wird im Prinzip in [Abarbanel und Williams 86] verfolgt.

- der domänen-orientierte Ansatz:
  Für jedes Attribut einer Gattung wird eine Relation definiert. Für jede Attribut-Ausprägung des Attributs existiert ein Tupel in der Relation, im Fall von variabel zeitabhängigen Attribute können mehrere Tupel existieren. Außerdem wird eine Relation definiert, die für jede Ausprägung angibt, zu welcher Gattung sie gehört. Dieses Vorgehen wird in [Lyngbaek und Vianu 87] favorisiert.

Beide Ansätze haben offensichtliche Nachteile. Da einem Attribut mehrere Attribut-Ausprägungen zugeordnet sein können und da Attribut-Ausprägungen auch noch zeitabhängig sein können, sind die beim objekt-orientierten Ansatz entstehenden Relationen nicht normalisiert. Das bedeutet, daß Änderungsanomalien zu erwarten sind. Beim domänen-orientierten Ansatz dagegen hat man zwar das Problem der Änderungsanomalien nicht, dafür sind für jede Ausprägung mit ihren Attributen sehr viele

Relationen zu durchsuchen. Das heißt, daß viele "join"-Operationen durchzuführen sind und damit der Zugriff sehr aufwendig wird.

Hinzu kommt bei beiden Ansätzen das durch die Generalisierung bedingte Problem der Vererbung. Wie soll beispielsweise dargestellt werden, daß eine Ausprägung nicht nur zu einer Gattung, z.B. "Sportwagen", gehört, sondern gleichzeitig auch noch zu den Obergattungen, z.B. "Pkw" und "Fahrzeug"? Wie schon bei den Begriffsgraphen ist auch hier abzuwägen, welche Redundanz unnötig und welche für die Leistungssteigerung sinnvoll ist.

Schließlich lassen sich bei beiden Ansätzen die Relationen nicht von Anfang an vorgeben, da die Relationen von den aktuellen Begriffsgraphen abgeleitet werden. Dies erzwingt die Behandlung dynamisch definierter Relationen.

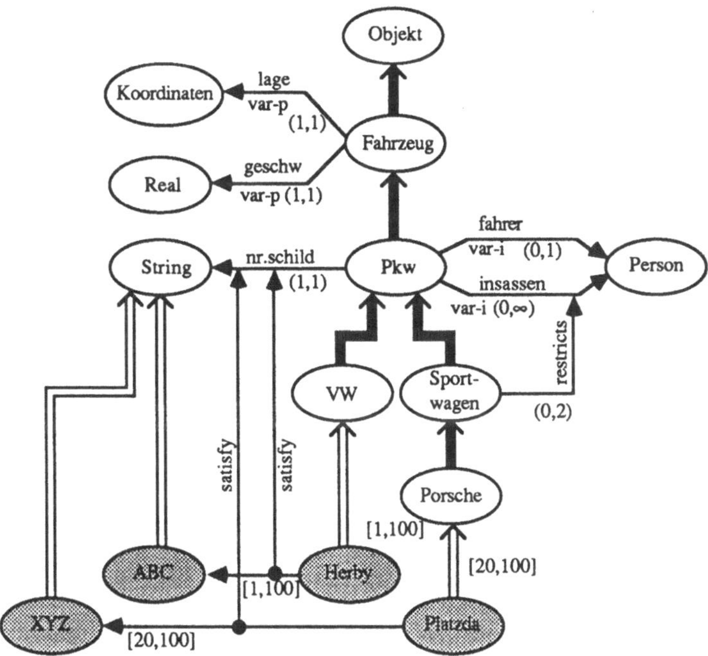

Bild 7.3_1: Beispiel eines Begriffsgraphen mit Ausprägungen

Die Überlegungen zum Entwurf des Schemas für Ausprägungen werden am Beispiel in Bild 7.3_1 illustriert. Die Betrachtungen beziehen sich darauf, wie die Vererbung am besten behandelt wird, damit weder unnötige Redundanz noch unnötiger Leistungsverlust auftritt. Bei der Untersuchung der verschiedenen Abbildungsmöglichkeiten beim objekt-orientierten und beim domänen-orientierten Ansatz beschränken wir uns zunächst auf konstante Zeitabhängigkeit und auf einwertige Attribute, so daß keine Normalisierungsprobleme auftreten. Variable Zeitabhängigkeit und Mehrwertigkeit werden erst nach der Diskussion der grundsätzlichen Probleme aufgegriffen.

Die verschiedenen Möglichkeiten, im Rahmen des objekt-orientierten Ansatzes die Problematik der Vererbung anzugehen, werden nun untersucht und bezüglich ihrer Vor- und Nachteile verglichen.

Fall 1: Für eine Ausprägung wird jeweils ein Tupel in die Relation für die spezialisierteste Gattung und in die entsprechenden Relationen aller generelleren Gattungen eingetragen. Jede Relation enthält neben den lokalen Attributen auch alle ererbten.

Objekt

individ	von	bis
Herby	1	100
Platzda	20	100

Fahrzeug

individ	von	bis	lage	geschw
Herby	1	100	...	...
Platzda	20	100	...	...

Pkw

individ	von	bis	nr.schild	fahrer	insassen	lage	geschw
Herby	1	100	ABC	...	...	...	...
Platzda	20	100	XYZ	...	...	...	...

VW

individ	von	bis	nr.schild	fahrer	...
Herby	1	100	ABC	...	...

Sportwagen

individ	von	bis	nr.schild	fahrer	...
Platzda	20	100	XYZ	...	...

Porsche

individ	von	bis	nr.schild	fahrer	...
Platzda	20	100	XYZ	...	...

Bild 7.3_2: Voll redundante Abbildung

Das im obigen Bild gezeigte Schema gilt für die im Beispiel angeführten Gattungen. Die Tupel für die Ausprägungen ("Herby", [1,100]) und ("Platzda", [20,100]) sind entsprechend eingetragen. Explizite Zeitangaben für die Attribut-Ausprägungen sind bei konstanter Zeitabhängigkeit nicht notwendig, da die Lebenszeiten der Attribut-Ausprägungen stets mit den Lebenszeiten der Quellgattungs-Ausprägungen übereinstimmen. Der Vorteil dieser Darstellung liegt darin, daß der Zugriff auf die Ausprägungen auf jeder Stufe der Hierarchie sehr einfach ist. Der Nachteil ist jedoch, daß hier die Redundanz sehr hoch ist.

Bei variabler Zeitabhängigkeit von Attributen müssen die Lebenszeiten der Attribut-Ausprägungen noch zu diesen Attributen hinzugenommen werden, und zwar in jeder Relation jeweils durch zwei weitere Spalten "von" und "bis" pro Attribut. Diese beiden Spalten sind funktional abhängig vom jeweiligen Attribut und werden bei der Normalisierung abgespalten. Bei allen Attributen, deren Kardinalitätsobergrenze größer eins ist, besteht eine mehrwertige Abhängigkeit. Um zu normalisieren, sind auch diese Attribute abzuspalten und durch weitere Relationen zu realisieren.

Fall 2: Für eine Ausprägung wird jeweils ein Tupel in die Relation für die spezialisierteste Gattung eingetragen. Jede Relation enthält neben den lokalen Attributen auch alle ererbten.

Das sich aus diesem Ansatz ergebende Schema für die Gattungen des Beispiels ist identisch mit dem in Bild 7.3_2. Für die Ausprägung ("Herby", [1,100]) existiert jedoch lediglich ein Tupel in der Relation "VW", für die Ausprägung ("Platzda", [20,100]) ein Tupel in der Relation "Porsche". Der Vorteil hier ist, daß die Ausprägungen für jede spezialisierteste Gattung nur einmal abgespeichert werden und damit Redundanzen vermieden werden. Dieser Vorteil wird aber durch erhöhten Zugriffsaufwand erkauft, denn sobald Ausprägungen allgemeinerer Gattungen interessieren, z.B. von "Pkw", müssen zusätzlich zur Relation für diese Gattung alle Relationen durchsucht werden, die Spezialisierungen dieser Gattung repräsentieren.

Die Normalisierung ist im zweiten Fall mit derjenigen des ersten Falls identisch.

Fall 3: Für eine Ausprägung wird jeweils ein Tupel in die Relation für die spezialisierteste Gattung und in sämtliche Relationen der generelleren Gattungen eingetragen. Jede Relation enthält jedoch nur die lokalen Attribute der Gattungen und keine ererbten.

Das sich aus diesem Ansatz ergebende Schema für das obige Beispiel ist in Bild 7.3_3 zu sehen. Die Relationen für Gattungen, denen nur ererbte Attribute zugeordnet sind, auch wenn diese eingeschränkt werden, bestehen nur aus Spalten zur Darstellung von Gattungs-Ausprägungen, also Individuum und Lebenszeit. Die Lebenszeit ist in allen Relationen vorhanden, weil ein Individuum mehreren Gattungen explizit zugeordnet sein kann, z.B. könnte "Herby" in [1,200] zu "Objekt" gehören, aber lediglich während [1,100] auch "VW" sein. Die Information über eine Ausprägung ist hier also über mehrere Tupel in verschiedenen Relationen verteilt.

Der Vorteil des Ansatzes liegt darin, daß weniger Daten gespeichert werden müssen, da Redundanz bei den Attributen vermieden wird. Außerdem sind die Probleme bei Änderungen geringer als im Fall 1. Der Nachteil ist jedoch, daß zur Beschaffung aller Daten einer Ausprägung die gesamte Hierarchie durchsucht werden muß, um alle Attribute aufzusammeln. Dies gilt sowohl, wenn eine Anfrage nach Ausprägungen einer spezialisierten Gattung, z.B. "VW", als auch, wenn sie nach einer allgemeineren Gattung, z.B. "Fahrzeug", gestellt wird.

Für die Normalisierung der Relationen von Fall drei gelten die gleichen Aussagen wie bei Fall eins.

Objekt

individ	von	bis
Herby	1	100
Platzda	20	100

Fahrzeug

individ	von	bis	lage	geschw
Herby	1	100	...	...
Platzda	20	100	...	...

Pkw

individ	von	bis	nr.schild	fahrer	insassen
Herby	1	100	ABC	...	...
Platzda	20	100	XYZ	...	...

VW

individ	von	bis
Herby	1	100

Sportwagen

individ	von	bis
Platzda	20	100

Porsche

individ	von	bis
Platzda	20	100

Bild 7.3_3: Relationen mit lokalen Attributen von Gattungen

Fall 4: Für eine Ausprägung wird jeweils ein Tupel in die Relation für die spezialisierteste Gattung eingetragen. In Relationen der generelleren Gattungen wird nur dann ein Tupel eingetragen, wenn dort lokale Attribute der Gattung realisiert sind. Jede Relation enthält nur die lokalen Attribute der Gattungen und keine ererbten. Für die Tupel gilt allerdings, daß etwaige Restriktionen der Attribute bei Spezialisierungen der Gattungen berücksichtigt werden.

Das Schema dieses Ansatzes entspricht für das Beispiel dem obigen Bild. Tupel für die Ausprägung ("Herby", [1,100]) sind lediglich in den Relationen "Fahrzeug", "Pkw" und "VW" vorhanden, für die Ausprägung ("Platzda", [20,100]) in "Fahrzeug", "Pkw" und "Porsche". Die Vorteile sind diesselben wie im Fall 3. Der Nachteil hier ist jedoch, daß bei einer Anfrage die Hierarchie nicht nur nach den Attribut-Ausprägungen, sondern auch noch nach den Gattungs-Ausprägungen durchsucht werden muß, d.h. es muß erst festgestellt werden, welche Ausprägungen überhaupt interessieren.

Für jede der vorgestellten Varianten führt die Normalisierung (siehe Fall 1) dazu, daß die Relationen aufgespalten werden müssen. Alle variabel zeitabhängigen Attribute und alle Attribute, die mehr als eine Attribut-Ausprägung pro Individuum erlauben, bilden zusätzliche Relationen. Dies bedeutet, daß in der Relation für eine Gattung nur einwertige Attribute mit konstanter Zeitabhängigkeit vertreten sind. In der Modellierung des Beispielsdiskursbereichs führt dies dazu, daß nur sehr wenige Attribute in der Relation für eine Gattung zu finden sind, so daß der objekt-orientierte Ansatz zu einem quasi domänen-orientierten Ansatz degeneriert.

Unabhängig von den bisherigen Überlegungen ist noch zu untersuchen, wie sich Änderungen in den Begriffsgraphen auf die Relationen auswirken. Welche Änderungen am Begriffsgraph erlaubt sind, wenn Ausprägungen existieren, ist in Kapitel 6 besprochen worden, so daß wir hierauf nicht näher eingehen. Hier befassen wir uns lediglich mit möglichen Änderungen an den Relationen.

Wird eine weitere Gattung hinzugefügt, ist eine weitere Relation für diese Gattung zu erstellen. Die Definition eines weiteren Attributs einer Gattung führt bei konstanter Zeitabhängigkeit und Maximalkardinalität eins zu einer Erweiterung der Gattungsrelation und in den ersten beiden vorgestellten Fällen zu einer Erweiterung der Gattungsrelation für die Untergattungen. Ist das Attribut variabel zeitabhängig oder mehrwertig, so werden weitere Relationen angelegt, um die normalisierte Form zu erhalten. Wird die Kardinalität eines schon definierten Attributs verändert (die Zeitabhängigkeit läßt sich nach Kapitel 6 nicht ändern), so kann das zur Folge haben, daß das Attribut aus der Gattungsrelation entfernt wird und eine weitere Relation bildet, oder aber daß das Attribut jetzt in der Gattungsrelation zu finden ist und die bisherige Attributrelation gelöscht wird. Problematisch ist auch die Behandlung von restringierten Attributen. Wird es bei einer Spezialisierung auf Maximalkardinalität eins eingeschränkt, gehört es dort eigentlich zur Gattungsrelation, für generellere Gattungen ist aber eine getrennte Relation erforderlich.

Bei Änderungen muß also jedesmal überprüft werden, wie die funktionalen und mehrwertigen Abhängigkeiten jetzt aussehen, um dann entsprechend reagieren zu können. Eine einheitlichere Behandlung, bei der entweder alle Attribute in der Gattungsrelation oder durch eigene Relationen dargestellt werden, wäre wünschenswert.

Zusammenfassend läßt sich feststellen, daß keiner der vier vorgestellten objekt-orientierten Ansätze völlig zufriedenstellend ist. Für die AMS-Operatoren sieht es so aus, daß beim Hinzufügen von Ausprägungen die Fälle 2 und 4 günstiger sind, da nur die Relationen für die Gattung und die Attribute betroffen sind, wobei im Fall 2 weniger Relationen besucht werden müssen. Beim lesenden Zugriff sind die vollredundanten Formen geschickter, wobei hier beim ersten Fall weniger Relationen betroffen sind. Allerdings sind aber auch die Redundanzen im ersten Fall erheblich, was sich bei der zu erwartenden großen Datenmenge von Ausprägungen negativ auswirkt. Hier erscheint es geschickter, über die transitive Hülle der Hierarchie die betroffenen Gattungen auszuwählen und dann auf die entsprechenden Relationen zuzugreifen. Vor allem bei Begriffsgraphen, die nur geringe Hierarchietiefe haben, ist diese Lösung vorzuziehen.

Auch beim domänen-orientierten Ansatz sind verschiedene Alternativen der Abbildung möglich. Sie entsprechen grob den beim objekt-orientierten Ansatz untersuchten Möglichkeiten.

Fall 1: Für jedes (auch ererbte) Attribut einer Gattung wird eine Relation definiert, außerdem gibt es eine Relation "Ausprägung-Gattung" für die Gattungszugehörigkeitsbeziehung. Für jede Attribut-Ausprägung existiert jeweils ein Tupel in der Attribut-Relation für die spezialisierteste und für alle generelleren Gattungen. Die Relation "Ausprägung-Gattung" enthält ein Tupel für die spezialisierteste Gattung und weitere Tupel für jede generellere Gattung der Ausprägung. Welche Relationen zu einer Gattung gehören, wird durch die Namensgebung für die Relationen bestimmt. Ein Teil der Strukturinformation ist damit über die Relationsnamen repräsentiert.

Das sich daraus ergebende Schema für unser Beispiel ist in Bild 7.3_4 zu sehen. Die Tupel für "Herby" und "Platzda" sind für den Fall 1 eingetragen. In der Relation "Ausprägung-Gattung" stehen die Individuen mit ihren Lebenszeiten. In den Relationen für die Attribute ist die Lebenszeit der Gattungs-Ausprägung dann nicht notwendig.

Steht eine Relation für ein Attribut mit konstanter Zeitabhängigkeit, so kann auf die explizite Angabe der Lebenszeit verzichtet werden. Die Lebenszeit der Attribut-Ausprägung stimmt mit der Lebenszeit der Quellgattungs-Ausprägung überein und kann somit aus "Ausprägung-Gattung" beschafft werden. Bei Relationen für Attribute mit variabler Zeitabhängigkeit müssen die Lebenszeiten der Attribut-Ausprägungen noch hinzugenommen werden. Jede solche Relation hat dann zwei weitere Spalten "von" und "bis". Diese Spalten sind aber im Beispiel zur Vereinfachung weggelassen, sie müßten jeweils bei .../fahrer, .../insassen, .../lage und .../geschw ergänzt werden.

Die bei der domänen-orientierten Darstellung verwendeten Relationen für Attribute mit variabler Zeitabhängigkeit entsprechen den Relationen für solche Attribute beim objekt-orientierten Ansatz, nachdem normalisiert wurde. Die Zusammenführung aller einwertigen Attribute mit konstanter Zeitabhängigkeit in einer einzigen Relation würde wieder zur objekt-orientierten Sichtweise führen. Deshalb sind hier weitere Überlegungen zur Normalisierung nicht notwendig.

Der Vorteil dieser Darstellung liegt darin, daß bei Zugriff auf Ausprägungen jeweils nur auf die Attribut-Relationen der betroffenen Hierarchiestufe zugegriffen werden muß und auf die Relation "Ausprägung-Gattung", die bestimmt, zu welchen Zeiten die Ausprägungen zur gesuchten Gattung gehören. Der Nachteil ist auch hier wieder, daß die Redundanz der Daten sehr hoch ist und sich durch die Redundanz zusätzliche Probleme beim Ändern ergeben.

Ausprägung-Gattung

individ	von	bis	gattung
Herby	1	100	Objekt
Herby	1	100	Fahrzeug
Herby	1	100	Pkw
Herby	1	100	VW
Platzda	20	100	Objekt
Platzda	20	100	Fahrzeug
Platzda	20	100	Pkw
Platzda	20	100	Sportwagen
Platzda	20	100	Porsche

Fahrzeug/lage

quell-individ	ziel-individ
Herby	...
Platzda	...

Fahrzeug/geschw

quell-individ	ziel-individ
Herby	...
Platzda	...

Pkw/nr.schild

quell-individ	ziel-individ
Herby	ABC
Platzda	XYZ

Pkw/fahrer

quell-individ	ziel-individ
Herby	...
Platzda	...

Pkw/insassen

quell-individ	ziel-individ
Herby	...
Platzda	...

Pkw/lage

quell-individ	ziel-individ
Herby	...
Platzda	...

Pkw/geschw

quell-individ	ziel-individ
Herby	...
Platzda	...

VW/nr.schild

quell-individ	ziel-individ
Herby	ABC

VW/fahrer

quell-individ	ziel-individ
Herby	...

VW/insassen

quell-individ	ziel-individ
Herby	...

VW/lage

quell-individ	ziel-individ
Herby	...

VW/geschw

quell-individ	ziel-individ
Herby	...

Sportwagen/nr.schild

quell-individ	ziel-individ
Platzda	XYZ

Sportwagen/fahrer

quell-individ	ziel-individ
Platzda	...

Sportwagen/insassen

quell-individ	ziel-individ
Platzda	...

Sportwagen/lage

quell-individ	ziel-individ
Platzda	...

Sportwagen/geschw

quell-individ	ziel-individ
Platzda	...

Porsche/nr.schild

quell-individ	ziel-individ
Platzda	XYZ

Porsche/fahrer

quell-individ	ziel-individ
Platzda	...

Porsche/insassen

quell-individ	ziel-individ
Platzda	...

Porsche/lage

quell-individ	ziel-individ
Platzda	...

Porsche/geschw

quell-individ	ziel-individ
Platzda	...

Bild 7.3_4: Domänen-orientierte voll-redundante Abbildung

Fall 2: Für jedes (auch ererbte) Attribut einer Gattung wird eine Relation definiert, außerdem existiert eine Relation für die Gattungszugehörigkeitsbeziehung "Ausprägung-Gattung". Für jede Attribut-Ausprägung einer Quellgattungs-Ausprägung wird jeweils ein Tupel in die Attribut-Relation für die spezialisierteste Gattung eingetragen. Für jede Quellgattungs-Ausprägung wird ein Tupel in die Relation "Ausprägung-Gattung" mit der spezialisiertesten Gattung eingetragen.

Das sich für diesen Fall ergebende Schema entspricht demjenigen aus dem obigen Bild, wobei auch hier ein Teil der Struktur durch die Bezeichnung der Relationen repräsentiert ist. Es sind jedoch wesentlich weniger Daten vorhanden. In der Relation "Ausprägung-Gattung" befinden sich die Tupel ("Herby", 1, 100, "VW") und ("Platzda", 20, 100, "Porsche"). Außerdem existieren für "Herby" Tupel in den Relationen für "VW", für "Platzda" Tupel in den Relationen für "Porsche". Der Vorteil ist, daß die Attribut-Ausprägungen und die Gattungszugehörigkeit nur einmal abgespeichert sind, und damit keine unnötigen Redundanzen entstehen. Damit fallen auch die durch Redundanzen verursachten Änderungsprobleme weg. Der Nachteil besteht darin, daß bei Anfragen nach Gattungen, für die es Spezialisierungen gibt, auch alle Attribut-Relationen dieser Gattungen durchsucht werden müssen.

Fall 3: Für jedes lokale Attribut einer Gattung wird eine Relation definiert, außerdem existiert eine Relation "Ausprägung-Gattung" für die Gattungszugehörigkeitsbeziehung. Für jede Attribut-Ausprägung wird jeweils ein Tupel in die Attribut-Relation eingetragen. Für jede Quell-gattungs-Ausprägung existiert ein Tupel in der Relation "Ausprägung-Gattung" mit der spezialisiertesten Gattung. Durch die Relationsnamen wird wiederum ein Teil der Struktur ausgedrückt.

Ausprägung-Gattung

individ	von	bis	gattung
Herby	1	100	VW
Platzda	20	100	Porsche

Fahrzeug/lage

quell-individ	ziel-individ
Herby	...
Platzda	...

Fahrzeug/geschw

quell-individ	ziel-individ
Herby	...
Platzda	...

Pkw/nr.schild

quell-individ	ziel-individ
Herby	ABC
Platzda	XYZ

Pkw/fahrer

quell-individ	ziel-individ
Herby	...
Platzda	...

Pkw/insassen

quell-individ	ziel-individ
Herby	...
Platzda	...

Bild 7.3_5: Domänen-orientierte nicht-redundante Abbildung

Das sich hier ergebende Schema ist für das verwendete Beispiel im obigen Bild zu sehen. Auch hier sind zur Vereinfachung für Attribute mit variabler Zeitabhängigkeit die Spalten für die Lebenszeit weggelassen. Die Anzahl der Relationen ist wesentlich kleiner, da für ererbte Attribute keine zusätzlichen Relationen erzeugt werden. Außerdem werden die Attribut-Ausprägungen nur einmal abgespeichert, so daß keine Redundanzen entstehen. Lediglich bei Attributen einer Gattung, die durch multiple Vererbung von unvergleichbaren Gattungen in der Generalisierungshierarchie entstehen (siehe auch Bild 5.5_18), treten Redundanzen auf. Bei Anfragen wird außerdem die Anzahl der betroffenen Relationen lediglich durch die Anzahl der lokalen und ererbten Attribute der gewählten Gattung bestimmt und nicht durch die Stellung der Gattung in der Hierarchie. Der Nachteil ist wie bei allen

Versionen des domänen-orientierten Ansatzes, daß mehrere Relationen bei einer Anfrage durchsucht werden müssen.

Unabhängig von der Untersuchung, wie die durch die Generalisierungshierarchie entstehende Vererbung behandelt werden kann, muß auch hier überlegt werden, wie sich Änderungen im Begriffs- graph auswirken. Wird lediglich eine neue Gattung hinzugefügt, sind keine Änderungen der Relationen notwendig. Wird zu einer Gattung G ein weiteres Attribut hinzugefügt, so wird im dritten Fall genau eine neue Relation für dieses Attribut erzeugt, in den beiden anderen Fällen wird je eine Relation für G und für alle Untergattungen von G erzeugt. Beim Löschen eines Attributs werden genau die Relationen für dieses Attribut entfernt. Änderungen der Kardinalität eines Attributs führen hier zu keiner Änderung bei den Relationen.

Aus Sicht der dynamischen Veränderung der Relationen für Ausprägungen ist auf jeden Fall der domänen-orientierte Ansatz vorzuziehen, da hier die Änderungen einheitlich sind. Unter den drei Möglichkeiten dieser Sichtweise ist die dritte am änderungsfreundlichsten, da bei ihr am wenigsten Relationen erzeugt oder gelöscht werden müssen.

Für die Operatoren der AMS ist es so, daß beim Eintrag einer Ausprägung im ersten Fall zunächst alle betroffenen Gattungen bestimmt werden müssen, da für jede Gattung ein Eintrag in die Relation "Ausprägung-Gattung" erfolgt. Danach werden die Attribut-Ausprägungen in die Attributrelationen aller betroffenen Gattungen eingetragen. Bei einer tiefen Hierarchie ist die Redundanz hier sehr hoch. Der lesende Zugriff ist aber effizient, da nur auf die Relationen für Attribute der Gattung zugegriffen wird.

Im zweiten Fall muß der entsprechende AMS-Operator beim Eintrag einer Ausprägung lediglich die Relationen der Attribute für die betroffene Gattung bestimmen. Dies ist durch Inspektion der Relation "Gattung-Attribut" leicht durchzuführen. Dafür ist der lesende Zugriff ineffizient, da auch auf alle Relationen der Untergattungen zugegriffen werden muß.

Beim dritten Fall gilt für das Eintragen von Ausprägungen, daß pro Attribut der Gattung auf genau eine Relation zugegriffen werden muß. Redundanzen treten beim Eintrag nicht auf. Allerdings muß erst durch Inspektion der Relationen "Komplette-Hierarchie" und "Gattung-Attribut" festgestellt werden, welche Gattungen betroffen sind und welche Attribute bei welcher Gattung definiert sind, um die interessierenden Relationen zu finden. Das gleiche Problem tritt auch beim lesenden Zugriff auf. Auch hier müssen erst die Relationen bestimmt werden, auf die zugegriffen werden muß. Zusätzlich muß aber noch bestimmt werden, welche Ausprägungen betroffen sind, und zwar wieder über die transitive Hülle der Hierarchie. Ist dies geschehen, muß aber nur noch auf genau so viele Relationen zugegriffen werden, wie Attribute vorkommen. Der Zugriff ist dann unabhängig von der Hierarchietiefe.

Der zuletzt vorgestellte Fall erscheint von den Versionen des domänen-orientierte Ansatz am interes- santesten. Zum einen, weil diese Version änderungsfreundlich ist, zum anderen, da praktisch keine Redundanzen vorkommen. Allerdings gilt dies nur unter der Voraussetzung, daß die Bestimmung der interessierenden Ausprägungen und Relationen ohne aufwendiges Suchen durchgeführt werden kann. Ist dies der Fall, ist diese Version dem objekt-orientierten Ansatz überlegen, der wesentlich änderungs-unfreundlicher ist und bei dem die Anzahl der Zugriffe auf Relationen für eine Gattung von der Stellung der Gattung in der Hierarchie abhängt. Hinzu kommt noch, daß durch die häufig auftretenden variabel zeitabhängigen und mehrwertigen Attribute quasi eine domänen-orientierte Darstellung der objekt-orientierten Sicht erzwungen wird.

Es bleibt also zu untersuchen, wie die Berechnung der betroffenen Ausprägungen und Relationen effizient durchgeführt werden kann.

Die Bestimmung der betroffenen Ausprägungen beim Zugriff läßt sich durch Redundanz in der Relation "Ausprägung-Gattung", die bei allen domänen-orientierten Ansätzen vorkommt, einfach lösen. Diese Lösung wurde auch in der ersten Version des domänen-orientierten Ansatzes vorgestellt. Die Redundanz beschränkt sich also auf eine einzige Relation.

Gattung-Attribut

quell-gattung	attribut-name	ausprägungs-relationsname	zeitart	attribut-art	ziel-gattung	min	max	quanti-fizierung	standard	funk-tion
Fahrzeug	lage	Fahrzeug/lage	var-p	lokal	Koordinaten	1	1	NIL	NIL	NIL
Fahrzeug	geschw	Fahrzeug/geschw	var-p	lokal	Real	1	1	NIL	NIL	NIL
Pkw	lage	Fahrzeug/lage	var-p	ererbt	Koordinaten	1	1	NIL	NIL	NIL
Pkw	geschw	Fahrzeug/geschw	var-p	ererbt	Real	1	1	NIL	NIL	NIL
Pkw	fahrer	Pkw/fahrer	var-i	lokal	Person	0	1	NIL	NIL	NIL
Pkw	insassen	Pkw/insassen	var-i	lokal	Person	0	∞	NIL	NIL	NIL
Pkw	nr.schild	Pkw/nr.schild	const	lokal	string	1	1	NIL	NIL	NIL
VW	lage	Fahrzeug/lage	var-p	ererbt	Koordinaten	1	1	NIL	NIL	NIL
VW	geschw	Fahrzeug/geschw	var-p	ererbt	Real	1	1	NIL	NIL	NIL
VW	fahrer	Pkw/fahrer	var-i	ererbt	Person	0	1	NIL	NIL	NIL
VW	insassen	Pkw/insassen	var-i	ererbt	Person	0	∞	NIL	NIL	NIL
VW	nr.schild	Pkw/nr.schild	const	ererbt	string	1	1	NIL	NIL	NIL
Sportwagen	lage	Fahrzeug/lage	var-p	ererbt	Koordinaten	1	1	NIL	NIL	NIL
Sportwagen	geschw	Fahrzeug/geschw	var-p	ererbt	Real	1	1	NIL	NIL	NIL
Sportwagen	fahrer	Pkw/fahrer	var-i	ererbt	Person	0	1	NIL	NIL	NIL
Sportwagen	insassen	Pkw/insassen	var-i	restrict	Person	0	2	NIL	NIL	NIL
Sportwagen	nr.schild	Pkw/nr.schild	const	ererbt	string	1	1	NIL	NIL	NIL
Porsche	lage	Fahrzeug/lage	var-p	ererbt	Koordinaten	1	1	NIL	NIL	NIL
Porsche	geschw	Fahrzeug/geschw	var-p	ererbt	Real	1	1	NIL	NIL	NIL
Porsche	fahrer	Pkw/fahrer	var-i	ererbt	Person	0	1	NIL	NIL	NIL
Porsche	insassen	Pkw/insassen	var-i	ererbt	Person	0	2	NIL	NIL	NIL
Porsche	nr.schild	Pkw/nr.schild	const	ererbt	string	1	1	NIL	NIL	NIL

Bild 7.3_6: Erweiterte Relation "Gattung-Attribut"

Zur Bestimmung der Relationen, die die Attribut-Ausprägungen von Individuen einer Gattung enthalten, muß zunächst über die Einträge in der Relation "Gattung-Attribut" ermittelt werden, welche Attribute für die relevante Gattung existieren. Danach ist festzustellen, für welche Gattungen die Attribute jeweils lokal sind. Aus dieser Information kann man dann die Relationen bestimmen. Nun ist in der Relation "Gattung-Attribut" schon Redundanz vorhanden, indem alle Attribute einer Gattung explizit aufgeführt sind. Die Erweiterung der Beschreibung eines Attributs für eine Gattung um den

Namen der Relation, in der Ausprägungen dieses Attributs verwaltet werden, ist sinnvolle Redundanz, da dadurch die Berechnungen überflüssig werden. Die Relation "Gattung-Attribut" wird somit um ein Relationenattribut "ausprägungs-relationsname" erweitert. Das obige Bild zeigt die Relation für das Beispiel aus Bild 7.3_1.

Bei der angestrebten Form der Relationen für Ausprägungen entstehen Redundanzen bei Attributen, die durch multiple Vererbung von unvergleichbaren Obergattungen verursacht werden. Für das Beispiel aus Bild 5.5._18 bedeutet dies, daß eine Attribut-Ausprägung für eine Ausprägung von Q3 sowohl in der Relation "Q3/attr" als auch in der Relation "Q2/attr" abzuspeichern ist. Das Relationenattribut "ausprägungs-relationsname" müßte somit mehrere Werte enthalten, es besteht also mehrwertige Abhängigkeit. Zur Normalisierung wird eine weitere Relation

Mehrfaches-Attribut (quellgattung, attributname, ausprägungs-relationsname)

angelegt. Für das Beispiel wären die Tupel (Q3, attr, Q2/attr) und (Q3, attr, Q3/attr) Einträge in dieser Relation. Da der Fall der multiplen Vererbung relativ selten vorkommt, erscheint es sinnvoll, das Relationenattribut "ausprägungs-relationsname" beizubehalten. Existieren mehrere Relationennamen, dann wird statt dieser Namen der Relationenname "Mehrfaches-Attribut" eingetragen und damit der Verweis auf diese Relation realisiert.

Da sich die Probleme des 3. Falls beim domänen-orientierten Ansatz ohne große Redundanz beheben lassen, verfolgen wir diesen Ansatz für die Abbildung. Für jedes lokale Attribut existiert eine Relation mit den Relationen-Attributen "quellindivid" und "zielindivid". Bei zeitveränderlichen Attributen kommen noch Relationen-Attribute "von" und "bis" für die Lebenszeit hinzu. Darüberhinaus wird noch ein weiteres Relationen-Attribut "herkunft" eingeführt, das die Herkunft der Attribut-Ausprägungen beschreibt. Mögliche Einträge sind: "Eingabe" für explizites Wissen; "Ableitung" für Ergänzungen bei var-i-Attributen; "Interpolation" für Ergänzungen bei var-p-Attributen; "Berechnung" bei abhängigen Attributen; "Standard i" für Ergänzungen durch Standardwerte, wobei i die Stellung innerhalb der Standardwertliste bestimmt; "Hypothese" für erwartete, aber nicht explizit vorhandene Individuen (tritt nur bei Abläufen auf).

Zur Beschleunigung des Zugriffs existiert in der Relation "Ausprägung-Gattung" ein Tupel für die spezialisierteste Gattung sowie weitere Tupel für jede generellere Gattung einer Ausprägung. Damit lassen sich auch Fälle wie in Bild 5.5_2 einfach handhaben. Für jedes Individuum wird ein systeminterner eindeutiger Bezeichner erzeugt. Abschließend wird jetzt die endgültige Schemaform für das Beispiel zusammengestellt, zur Verdeutlichung sind aber noch einige Attribut-Ausprägungen hinzugefügt worden, die in Bild 7.3_1 nicht vorkommen.

Ausprägung-Gattung

individ	von	bis	gattung
Herby	1	100	VW
Herby	1	100	Pkw
Herby	1	100	Fahrzeug
Platzda	20	100	Porsche
Platzda	20	100	Sportwagen
Platzda	20	100	Pkw
Platzda	20	100	Fahrzeug

Fahrzeug/lage

quell-individ	ziel-individ	von	bis	herkunft
Herby	...	1	1	Eingabe
Herby	...	2	2	Eingabe
...	...	...	...	...
Platzda	...	20	20	Eingabe
...	...	...	...	...

Fahrzeug/geschw

quell-individ	ziel-individ	von	bis	herkunft
Herby	...	1	1	Eingabe
Herby	...	2	2	Eingabe
...	...	...	...	...
Platzda	...	20	20	Eingabe
...	...	...	...	...

Pkw/nr.schild

quell-individ	ziel-individ	herkunft
Herby	...	Eingabe
Platzda	...	Eingabe

Pkw/fahrer

quell-individ	ziel-individ	von	bis	herkunft
Herby	Otto	10	60	Eingabe
Herby	Otto	80	100	Eingabe
Platzda	Anna	40	70	Eingabe
...	...	...	...	...

Pkw/insassen

quell-individ	ziel-individ	von	bis	herkunft
Herby	Otto	10	60	Eingabe
Herby	Otto	80	100	Eingabe
Platzda	Anna	40	70	Eingabe
Herby	Ede	30	50	Eingabe
...	...	...	...	...

Bild 7.3_7: Schemaform für Ausprägungen

Mit den vorgestellten Relationen für Begriffsgraphen und Ausprägungen ist die Verwaltung dieser Daten möglich. Für die Begriffsgraphen existieren einige wenige Relationen, die sich im wesentlichen aus den Beschreibungsmitteln von EPEX-F entwickelten. Die in den Relationen auftretende Redundanz ist zur Leistungsteigerung von Zugriffen sowohl auf Gattungen als auch Ausprägungen notwendig. Zur Verwaltung von Ausprägungen ist eine Relation "Ausprägung-Gattung" vorgegeben, alle anderen Relationen betreffen Attribute von Gattungen und werden dynamisch auf einheitliche Weise für alle Attribute behandelt. Redundanz bei Ausprägungen tritt lediglich in der vordefinierten Relation auf.

Wie gut diese gewählte Abbildung mit den Operatoren der GDS, GES und AMS harmoniert, wird nun noch anhand der in Abschnitt 7.1 skizzierten Operatoren demonstriert.

```
declare def-attribut-restrict (Q, attr, Z, m, n, Funktion, Standard)
   attributbeschreibung := hole-attribut-aus-gattung-attribut
                                 (Q, attr, attributart=ererbt)
   if attributbeschreibung ≠ ø
      (* ererbtes Attribut existiert *)
   then attributbeschreibung := berechne-merkmalswerte-neu (attributbeschreibung,
                                 Q, attr, Z, m, n, Funktion, Standard)
      (* bildet Durchschnitt aus den angegebenen Werten und den bisher gültigen
         Werten von attr für Q; falls kein Durchschnitt möglich, fehler *)
         if attributbeschreibung ≠ fehler
         then untergattungen := hole-untergattungen-aus-komplette-hierarchie(Q)
               while untergattungen ≠ ø and not verstoß do
                     ug := nächste-gattung(untergattungen)
                     untergattungen := untergattungen - ug
                     attrbeschr := hole-attribut-aus-gattung-attribut
                                       (ug, attr, attributart≠ererbt)
                     verstoß := verträglich(attributbeschreibung, ug)
                     (* falls attr Attribut von ug, so muß attributbeschreibung *)
                     (* allgemeiner sein als die Merkmale bei ug *)
               if not verstoß
               then attribut-zuordnen(Q, attributbeschreibung)
               else fehlermeldung
         else fehlermeldung
   else fehlermeldung


declare get-attribute (G)
   ergebnisattribute:= hole-attribut-aus-gattung-attribut(G)
   (* bestimmt alle Attributbeschreibungen von G *)
   return(ergebnisattribute)


declare def-ausprägung (G, Zeitmenge, Attributausprägungsliste)
   individ := zuordnung(G, Zeitmenge) (* erzeugt Bezeichner, legt Ausprägung an *)
   if individ = fehler   (* Gattung nicht existent *)
   then fehlermeldung
   else gattungen := hole-obergattungen-aus-komplette-hierarchie(G)
         for all g from gattungen
            erzeuge-ausprägung(g, individ, Zeitmenge)
         while Attributausprägungsliste ≠ ø and not verstoß do
            attr := nächstes-attribut(Attributausprägungsliste)
            Attributausprägungsliste := Attributausprägungsliste - attr
            attributbeschreibung := hole-attribut-aus-gattung-attribut
                                       (G, bezeichner(attr))
            if attributbeschreibung = fehler   (* attribut existiert nicht *)
            then verstoß := true
            else verstoß := attributausprägung-zuordnen
                           (G, individ, Zeitmenge, attr, attributbeschreibung)
                  (* überprüft, ob aktuelle Werte mit den geforderten Merkmalen *)
                  (* übereinstimmen, falls ja, Zuordnung *)
         if verstoß
         then remove-ausprägung(G, individ, Zeitmenge)
               fehlermeldung
         else return(individ)
```

Bild 7.3_8: Wirkungsweise ausgewählter Operatoren bei gewählter Abbildung von EPEX-F

Für def-attribut-restrict vereinfacht sich die Berechnung der Merkmale von Attributen für die Gattung, beim Vergleich mit Untergattungen bleibt der Aufwand ähnlich, lediglich die Zuordnung wird etwas aufwendiger, da die neuen Werte entlang der Hierarchie propagiert werden müssen.

Bei get-attribute ist nun nur ein einziger Zugriff auf die Relation "Gattung-Attribut" erforderlich.

Bei def-ausprägung ist die Zuordnung in "Ausprägung-Gattung" etwas aufwendiger, da zunächst über "Komplette Hierarchie" alle Obergattungen bestimmt werden müssen, für die Tupel in die Relation "Ausprägung-Gattung" einzutragen sind. Bei der Zuordnung der einzelnen Attribut-Ausprägungen müssen die Merkmale nicht länger berechnet werden, sondern sind durch Zugriff auf die Relation "Gattung-Attribut" einfach zu beschaffen. Mit diesem Zugriff ist auch die Relation bestimmt, in der die jeweilige Attribut-Ausprägung einzutragen ist. Statt der aufwendigen Berechnung der Attribute ist nun die unkomplizierte Erzeugung der Ausprägungen durchzuführen.

Wie man an diesen Beispielen sieht, unterstützt die gewählte Abbildung die Aufgaben der Operatoren der verschiedenen Sprachen. Die Abbildung ist somit für unsere Zwecke geeignet.

Bei den Überlegungen zur Abbildung von EPEX-F auf das relationale Modelle sind wir bisher nicht darauf eingegangen, wie die in Kapitel 6 angesprochene totale Konsistenz von Ausprägungen bezüglich des Begriffsgraphen gewährleistet werden kann. Die Operatoren der AMS, die Veränderungen vornehmen, können nur partielle Konsistenz bezüglich des Begriffsgraphen erfüllen. Diese Operatoren überprüfen bei ihrer Durchführung, ob die Zuordnung einer Ausprägung zu einer Gattung erlaubt ist, ob die Attribut-Ausprägungen den Bedingungen der Attribute wie Kardinalität genügen. Für die totale Konsistenz müssen aber noch weitere Bedingungen des Begriffgraphen erfüllt sein, nämlich die Untergrenze der Kardinalität, die abhängigen Attribute und die Strukturbedingungen. Diese können sinnvoll nur überprüft werden, wenn ein Transaktionsende erreicht ist. Für diesen Zweck stehen spezielle AMS-Operatoren "commit" und "verify" zur Verfügung. Diese Operatoren überprüfen dann sämtliche Ausprägungen auf Übereinstimmung mit den Bedingungen des Begriffsgraphs.

Im Falle von EPEX werden in einer Phase nur Objekt-Ausprägungen erzeugt und verändert, in einer anderen nur Ablauf-Ausprägungen. Deshalb erscheint es aus Effizienzgründen sinnvoll, solche Überprüfungen nicht für alle Ausprägungen durchzuführen, sondern nur für diejenigen, die entweder direkt verändert wurden oder die indirekt durch Veränderungen betroffen sind. Indirekt betroffen sind Funktionen und Strukturbedingungen durch die Attributketten der Parameter. Zu untersuchen bleibt also noch, inwieweit eine "eingeschränkte" Überprüfung der Bedingungen des Begriffsgraphs durch zusätzliche Verwaltungsinformation unterstützt werden kann. Hier kommen noch Aspekte eines transaktionsorientierten Schemaentwurfs hinzu.

Der commit-Operator der AMS muß zumindest alle diejenigen Individuen überprüfen, die seit dem letzten total konsistenten Zustand bezüglich der Begriffsgraphen verändert wurden. Dies ist jedoch noch nicht ausreichend, da diese Individuen in Attribut-Ausprägungen vorkommen können und damit auf sie über Attributketten der Strukturbedingungen und Funktionen zugegriffen werden kann. Existiert eine Gattung G mit Strukturbedingungen oder abhängigen Attributen, die über Attributketten auf solche Attribut-Ausprägungen zugreifen, so ist für Ausprägungen von G nicht mehr gesichert, daß sie den Bedingungen genügen, da sich die Voraussetzungen geändert haben. Änderungen an einer Stelle können Auswirkungen auf Ausprägungen an ganz anderen Stellen im Begriffsgraph haben. Das Problem ist, festzustellen, welche anderen Ausprägungen von einer Änderung auch noch betroffen sind, um möglichst wenige Überprüfungen durchführen zu müssen.

Die Information, welche Ausprägungen über Attributketten von anderen Ausprägungen abhängen, ist natürlich in den Attributketten der Funktionsparameter und Strukturparameter enthalten, also in den Relationen "Funktionsparameter", "Gattung-Bedingung" und "Bedingungsparameter". Hier sind die Attributketten so dargestellt, daß ausgehend von einer Gattung jeweils die Attributnamen aufgeführt sind. Bei der Berechnung, ob eine Änderung Auswirkungen hat, muß dann für alle Attributketten bestimmt werden, welche Gattungen in diesen tangiert werden. Ist eine der Gattungen einer Attributkette diejenige der geänderten Ausprägung, so muß die zur Attributkette gehörende Struktur-bedingung oder Funktion neu angewendet werden. Diese Berechnung ist relativ aufwendig. Hinzu kommt, daß in unserem Fall während einer Phase stets nur Objekt- oder Ablauf-Ausprägungen ver-ändert werden, so daß die Berechnung für einen Großteil der Attributketten jeweils unnötig durchge-führt wird. Um hier den Aufwand einzuschränken, wird eine weitere Relation "Abhängigkeiten" eingeführt, die die folgende Form hat:

Abhängigkeiten (betroffene-gattung, abhängigkeit, auslösende-gattung, auslösendes-attribut)

In dieser Relation wird für eine Gattung und eine zugehörige Strukturbedingung bzw. ein zugehöriges abhängiges Attribut festgehalten, welche Veränderungen Konflikte auslösen können. Am Beispiel aus Bild 5.5_12 sei dies verdeutlicht, unter der Zusatzannahme, daß eine Strukturbedingung "S1" existiert, die für die Gattung "Pkw" mit der Attributkette "fahrer.anschrift.postleitzahl" definiert wurde.

Abhängigkeiten

betroffene-gattung	abhängigkeit	auslösende-gattung	auslösendes-attribut
Pkw	S1	Pkw	fahrer
Pkw	S1	Person	anschrift
Pkw	S1	Adresse	postleitzahl

Bild 7.3_9: Die Relation "Abhängigkeiten"

Damit ist leicht zu überprüfen, ob bei Veränderungen einer Ausprägung auch Individuen einer anderen Gattung zu untersuchen sind oder nicht. Was man jedoch nicht erkennt ist, ob alle Individuen dieser Gattung zu überprüfen sind. Ändert man beispielsweise die Anschrift einer Person P, so ist im obigen Beispiel über die Strukturbedingung S1 die Gattung "Pkw" betroffen. Von den zu "Pkw" gehörenden Individuen müssen aber eigentlich nur diejenigen überprüft werden, für die P als Zielindividuum einer Attribut-Ausprägung von "fahrer" vorkommt.

Die Untersuchung, welche Individuen einer Gattung tatsächlich betroffen sind und welche nicht, ist sehr aufwendig. Für jedes Individuum der Gattung muß festgestellt werden, ob die Änderung eine Attribut-Ausprägung für dieses Individuum tangiert. Dazu müssen zumindest die von jedem Individuum ausgehenden Attributketten verfolgt werden, was schon den größten Teil der Berechnung von Strukturbedingungen und Funktionen ausmacht. Um herauszufinden, was genau überprüft werden muß, ist also ein Großteil der Überprüfung schon erforderlich. Da damit praktisch alle Individuen einer Gattung untersucht werden müssen, erscheint es nicht sinnvoll, zunächst festzustellen, welche Individuen später durch den commit-Operator zu überprüfen sind, sondern der Operator wird alle Individuen der Gattung untersuchen.

Für den commit-Operator genügt es also, alle von einer Änderung betroffenen Gattungen und die dann jeweils auszuführenden Strukturbedingungen oder Funktionen festzuhalten sowie die Individuen, die geändert wurden. Dafür werden die Relationen

Zu-Überprüfen-Gattung (gattungsname, abhängigkeit)
Zu-Überprüfen-Individuum (individ)

bereitgestellt. Bei jeder Änderung eines Individuums wird der entsprechende Bezeichner in die Relation "Zu-Überprüfen-Individuum" eingetragen. Gleichzeitig wird in der Relation "Abhängigkeiten" überprüft, ob diese Änderung Auswirkungen auf andere Individuen hat. Dazu werden die Gattung und die betroffenen Attribute des Individuums bestimmt. Mit dieser Information werden aus der Relation "Abhängigkeiten" alle Gattungen und die jeweils betroffenen Strukturbedingungen bzw. abhängigen Attribute extrahiert und in "Zu-Überprüfen-Gattung" bereitgestellt. Die Information wird dann von den AMS-Operatoren "commit" und "verify" verarbeitet. Im Gegensatz zu den anderen Relationen sind die Einträge in "Zu-Überprüfen-Gattung" und "Zu-Überprüfen-Individuum" nicht persistent, sondern werden nach der Überprüfung am Transaktionsende gelöscht.

Damit ist die Abbildung der EPEX-Darstellungsform auf ein relationales Datenmodell abgeschlossen. Die vorgestellte Abbildung erledigt die verschiedenen Aufgaben, die in Bild 7_5 aufgezeigt wurden. Für die Fragezeichen wurden die im nächsten Bild dargestellten Lösungen entwickelt. Nach der gleichen Anordnung ist auch Bild 7.3_11 aufgebaut, das die Abbildung an einem Beispiel aufzeigt.

Beschreibungs- ebene	Benutzersicht		Darstellung im relationalen Datenmodell
Beschreibungsmittel von EPEX-F	Gattungen, Generalisierungshierarchie, Attribute, Strukturbedingungen, ...		Vordefinierte Relationen
Begriffsgraphen	Modellierung des Diskursbereichs mit Gattungs-Definitions-Sprache	(GDS)	Erzeugung und Veränderung von Tupeln in den vordefinierten Relationen Erzeugung und Veränderung der Relationen für Ausprägungen
	Zugriff auf Information über schon modellierten Diskursbereich mit Gattungs-Evaluierungs-Sprache	(GES)	Lesezugriff auf Tupel in den vordefinierten Relationen
Ausprägungen	Erzeugung von und Zugriff auf Ausprägungen mit Ausprägungs-Manipulation-Sprache	(AMS)	Erzeugung und Veränderung von Tupeln in den von GDS erzeugten Relationen sowie in Relation Ausprägung-Gattung Lesezugriff auf Tupel in den von GDS erzeugten Relationen sowie in Relation Ausprägung-Gattung

Bild 7.3_10: Abbildung der Darstellungsform EPEX-F

Beschreibungs-ebene	Benutzersicht	Darstellung im relationalen Datenmodell
Beschreibungsmittel von EPEX-F	Gattung — Attribut — Generalisierungsrelation (aus Gründen der Übersichtlichkeit im darunterliegenden Feld weggelassen) — Strukturbedingung	Hierarchie (untergattung,obergattung) Komplette-Hierarchie (untergattung,obergattung) Atomare-Gattung (gattungsname,wert) Gattung-Attribut (quellgattung,attributname,ausprägungs-relationsname,zeitart,attributart, zielgattung,min,max,quantifizierung,standard,funktion) Standardwert (quellgattung,attributname,nr,wert) Funktionsparameter (quellgattung,attributname,parameter-nr,attribut-nr,name-attribut-nr) Gattung-Bedingung (quellgattung,interner-name,prädikat) Bedingungsparameter (quellgattung,interner-name,parameter-nr,attribut-nr,name-attribut-nr) Konstante-Bedingungsparameter (quellgattung,interner-name,parameter-nr,wert) Funktionsdefinition (funktionsname,argumentnr,parametergattung) Prädikatsdefinition (prädikatsname,argumentnr,parametergattung) Mehrfaches-Attribut (quellgattung,attributname,ausprägungs-relationsname) Abhängigkeiten (betroffene-gattung,abhängigkeit,auslösende-gattung,auslösendes-attribut) Ausprägung-Gattung (individ,von,bis,gattung) Zu-Überprüfen-Individuum (individ) Zu-Überprüfen-Gattung (gattungsname,abhängigkeit)

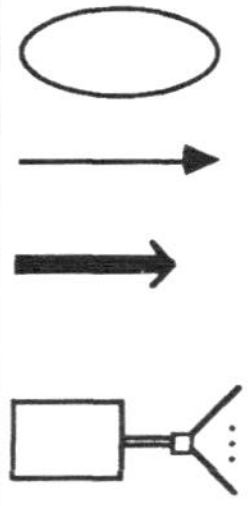

Begriffsgraph

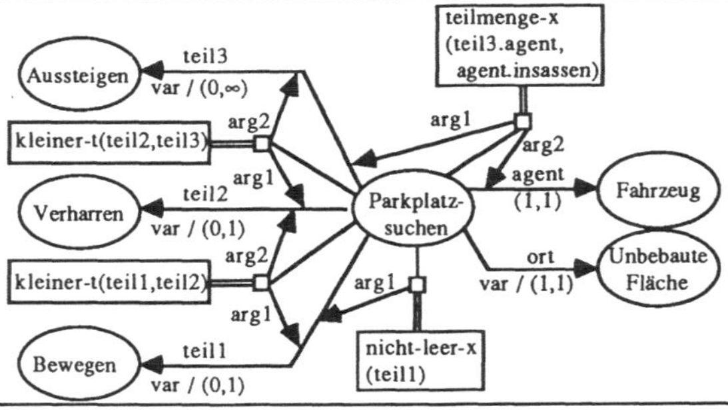

Hierarchie

untergattung	obergattung
Parkplatzsuchen	Ablauf
Ablauf	Ding

Komplette-Hierarchie

untergattung	obergattung
Ablauf	Ding
Parkplatzsuchen	Ding
Parkplatzsuchen	Ablauf

Gattung-Attribut

quell-gattung	attribut-name	ausprägungs-relationsname	zeit-art	attri-butart	ziel-gattung	min	max	quanti-fizierung	stan-dard	funk-tion
Parkplatz-suchen	agent	Parkplatz-suchen/agent	const	lokal	Fahrzeug	1	1	NIL	NIL	NIL
Parkplatz-suchen	teil1	Parkplatz-suchen/teil1	var	lokal	bewegen	0	1	NIL	NIL	NIL

Ausprägungen

```
(parkplatzsuchen1 [10,100] (gattung   (Parkplatzsuchen [10,100] )
                                      (Ablauf [10,100])
                                      (Ding [10,100]) )
                           (ort       (straße5 [10,80] )
                                      (parkbox3 [81,100] ) )
                           (teil1     (bewegen1 [10,20] )
                                      (bewegen3 [30,59] ) )
  ...
                           )
```

Ausprägung-Gattung

individ	von	bis	gattung
parkplatz-suchen1	10	100	Parkplatz-suchen
bewegen1	5	20	Bewegen
bewegen3	30	59	Bewegen
aussteigen2	80	100	Aussteigen
verharren1	60	140	Verharren
ortsüberg4	58	61	Ortsüber-gang
fahrzeug1	1	1000	PKW
straße5	1	1000	Straßenzug
parkbox3	1	1000	Parkbox

Parkplatzsuchen/teil1

quellindivid	zielindivid	von	bis	herkunft
parkplatz-suchen1	bewegen1	10	20	Eingabe
parkplatz-suchen1	bewegen3	30	59	Eingabe

Bild 7.3_11: Die EPEX-Darstellungsform und die Abbildung im relationalen Datenmodell

7.4 Forderungen an ein logisches Datenmodell

In den letzten Abschnitten ist die Abbildung der EPEX-Darstellungsform auf das relationale
Datenmodell besprochen worden. Dabei hat es sich gezeigt, daß ein Datenbanksystem mit einem
relationalen Datenmodell die in EPEX benutzte Darstellungsform nur ungenügend unterstützt. Dies ist
allerdings zum größten Teil kein spezifisches Problem des Relationenmodells, sondern ergibt sich aus
der Tatsache, daß die Begriffsgraphen, die eigentlich für das Schema der Ausprägungen herangezogen
werden müßten, selbst als Daten behandelt werden.

Ausgehend von den Problemen, die sich bei der Abbildung von EPEX-F gezeigt haben, werden in
diesem Abschnitt Eigenschaften aufgezählt, die ein Datenmodell eines Datenbanksystems haben müßte,
um einer Darstellungsform wie der in EPEX eher gerecht zu werden.

Ein wesentliches Manko der Abbildung von EPEX-F ist die fehlende Unterstützung bei der
Aufrechterhaltung der Konsistenz für Ausprägungen. Dies liegt daran, daß die Relationen für die
Ausprägungen aus den Daten der Begriffsgraphen abgeleitet werden, und die Schema-Konsistenz nur
für die Begriffsgraphen gegeben ist (siehe Bild 7_4). Das Problem ist, daß heutige Datenbanksysteme
nicht ein "Metaschema" (hier für Begriffsgraphen) und ein "Schema" (hier für Ausprägungen) zur
Verfügung stellen und auch unterstützen können. Die Forderung ist also, daß die durch die Operatoren
der GDS ausgeführte dynamische Erzeugung von Relationen aus Daten im Datenbanksystem vom
Datenbanksystem übernommen wird. Damit wäre dem Datenbanksystem der Zusammenhang zwischen
den Daten im Metaschema und dem Schema bekannt und könnte zur Unterstützung der
AMS-Operatoren beitragen.

Das Datenbanksystem könnte bei einem solchen Vorgehen auch die Überprüfung weiterer
Bedingungen übernehmen, die sich aus den Begriffsgraphen ableiten. Dazu gehört die Überprüfung der
Kardinalität, also wieviele Attribut-Ausprägungen pro Quellindividuum zugelassen sind, und die
Überprüfung der Art der Attribut-Ausprägungen. Dazu gehört auch, daß die für den commit-Operator
benötigte Information vom System selbst bereitgestellt wird. Diese Aufgaben können aber nur dann von
einem Datenbanksystem übernommen werden, wenn es Metaschema und Schema verwaltet.

Ein weiteres Problem bei der Abbildung ist die ungenügende Unterstützung der Generalisierung und
damit der Vererbung im Relationenmodell. Um effiziente Operatoren zu erhalten, wurde bei der durchgeführten Abbildung Redundanz eingeschleppt. Mit dieser Redundanz sind die ererbten Eigenschaften
explizit dargestellt worden, die Berechnung der Eigenschaften während des Lesezugriffs hat sich dann
erübrigt. Besser wäre es, wenn das Datenbanksystem eine geeignete Verwaltung der Vererbung
vorsehen würde, so daß dies nicht in den GDS-, GES- und AMS-Operatoren programmiert werden
muß.

In EPEX-F wird eine objekt-zentrierte Sichtweise unterstützt. Diese Sichtweise geht jedoch bei der
Abbildung für Ausprägungen verloren. Die zu einem Individuum einer Gattung gehörenden Attribut-

Ausprägungen sind über viele Relationen verstreut. Dies gilt auch für den im letzen Abschnitt vorgestellten objekt-orientierten Ansatz, sobald normalisiert wird. Die Forderung hier ist, daß das Datenmodell eine objekt-zentrierte Sichtweise unterstützt, und zwar so, daß auch mehrwertige Attribute zu keinen Änderungsanomalien führen. Damit wäre das bei der Abbildung auf das relationale Datenmodell entstandene Manko behoben, nämlich daß sich allein aus den Relationen für die Ausprägungen nicht erschließen läßt, zu welchen (Ober-)Gattungen die Ausprägungen gehören und welche Attribute betroffen sind, sondern daß dafür umfangreiche Operatoren notwendig sind.

Bisher haben wir uns mit dem objekt-zentrierten Aspekt der Darstellung beschäftigt. Beim Zugriff auf Ausprägungen und Gattungen wird jedoch nicht nur auf die direkt zugehörigen Attribute bzw. Attribut-Ausprägungen zugegriffen. Auch solche Attribute sind zugänglich, die über Attributketten erreichbar sind, deren erstes Element ein Attribut der betreffenden Gattung ist. Besonders deutlich ist dieses Vorgehen bei den Parametern von Strukturbedingungen und Funktionen, die Attributketten sind. Damit ist eine Navigation innerhalb des durch die Attribute aufgespannten Netzes notwendig. Das heißt, die Operatoren des Datenbanksystems müssen nicht nur (wie beim relationalen Datenmodell) den assoziativen Zugriff unterstützen, sondern auch den entlang der Attribute navigierenden. Analog hierzu sind auch Operationen auf den Ergebnisdaten eines Zugriffs vorzusehen, die nicht nur das nächste Datum liefern, sondern auch beliebige von diesem Datum aus zugängliche Daten.

Schließlich bleibt als letzte Forderung die Behandlung von geometrischen und zeitlichen Daten. Da diese beiden Datenarten oft benutzt werden und vor allem die geometrischen Daten meist sehr umfangreich sind, muß für sie eine geeignete datenbankinterne Darstellung gefunden werden. Dem Benutzer müssen entsprechende Operatoren zur Verfügung gestellt werden, bei denen spezielle Eigenschaften dieser Daten, wie die Linearität der Zeit, berücksichtigt sind.

Gewünscht wird also ein Datenbanksystem, das

- "Metaschema" und "Schema" verwaltet und die sich aus den Daten des Metaschemas ergebenden Bedingungen überprüft;
- objektorientiert im Sinne der Programmiersprachen ist, also die Generalisierungshierarchie und die Bestandteilhierarchie unterstützt;
- in diesen Hierarchien navigierende Operatoren bereitstellt;
- Datentypen zur Behandlung von Zeit- und geometrischen Eigenschaften enthält.

8. Darstellungsformen für den Regelbereich

Die Grobstruktur von EPEX unterscheidet drei Bereiche: Objekt-, Ablauf- und Regelbereich. Objekt- und Ablaufbereich enthalten die Fakten, im Regelbereich wird beschrieben, wie weitere Fakten (hier Ablauf-Ausprägungen) aus Fakten abgeleitet werden können, die sich bereits im Objekt- und Ablaufbereich befinden. Ziel dieses Kapitels ist es nun, eine geeignete Darstellungsform für den Regelbereich zu entwickeln.

Dazu untersuchen wir zunächst die Eigenschaften des Regelbereichs genauer und stellen Forderungen an die Beschreibungsmittel auf. Danach werden bekannte Darstellungsformen für Regeln vorgestellt und mit den Forderungen verglichen. Eine geeignete Darstellungsform wird als Grundlage für die Entwicklung einer auf die Belange der Episodenextraktion zugeschnittenen Darstellungsform herangezogen. Die sich ergebende Darstellungsform für den Regelbereich wird anschließend beschrieben. Im letzten Abschnitt gehen wir dann noch auf die Ergänzung unvollständig erkannter Abläufe im Rahmen der entwickelten Darstellungsform ein.

8.1 Eigenschaften des Regelbereichs

Die im Regelbereich zusammengefaßten Informationen dienen dazu, Ablauf-Ausprägungen aus den übrigen Daten zu extrahieren. Die Frage, welche Informationen nun genau im Regelbereich und welche in den anderen Bereichen untergebracht werden, ist schon im Abschnitt 4.2 beim Systementwurf angesprochen worden. Dabei hat es sich gezeigt, daß Informationen über Abläufe, die für das Verständnis eines Benutzers und für eine weitere Verarbeitung notwendig sind, im Ablaufbereich vorhanden sein müssen. Das bedeutet, daß alle externen Varianten von Abläufen dort anzutreffen sind.

Für den Ablauf "Parkplatzsuchen" könnten beispielsweise neben der in Bild 8.3.1_5b dargestellten Variante weitere externe Varianten "Parkplatzsuchen auf Parkplatz mit Schranke" und "Parkplatzsuchen innerstädtisch" definiert sein. In dieser Modellierung werden die Teil-Abläufe "Bewegen", "Verharren" und "Aussteigen" als interessant für eine weitere Verarbeitung angenommen und damit auch im Ablaufbereich dargestellt. "Rangieren" wird dagegen im Beispiel nicht als später noch interessierender Teil-Ablauf betrachtet, sondern lediglich zur Herleitung benutzt. "Parkplatzsuchen mit Rangieren" ist damit eine interne Variante und wird nur im Regelbereich betrachtet. Der Diskursbereichsmodellierer entscheidet, welche Informationen für Benutzer oder für die weitere Verarbeitung notwendig sind, und legt so fest, welche Varianten extern bzw. intern und in welchem Bereich sie darzustellen sind.

Weitere Eigenschaften der Abläufe können durch Strukturbedingungen im Ablaufbereich formuliert und damit bei Erzeugung von Ausprägungen von der Datenbank abgeprüft werden. Alternativ können auch entsprechende Tests im Regelbereich durchgeführt werden, oder auch beides. Auch hier muß der Diskursbereichsmodellierer entscheiden, in welchem Bereich die Bedingungen formuliert sind. Diese

Entscheidung hängt zunächst davon ab, ob die weiteren Eigenschaften relevante Information für die Weiterverarbeitung oder eine Erklärungskomponente enthalten. Ist dies der Fall, müssen sie als Strukturbedingungen im Ablaufbereich repräsentiert sein. Diejenigen Strukturbedingungen, die für die Ergänzung unvollständig erkannter Abläufe benötigt werden (siehe Abschnitt 5.2), müssen immer im Ablaufbereich zu finden sein. In dem schon genannten Bild beschreibt die Strukturbedingung "teilmenge-x", daß der Agent von "Aussteigen" ein Insasse des Agenten von "Parkplatzsuchen" sein muß. Kann für ein Quellindividuum von "Parkplatzsuchen" und dessen Attribut "teil3" kein Zielindividuum von "Aussteigen" hergeleitet werden, so kann die Information der Strukturbedingung über die beteiligten Agenten zur Erzeugung verwendet werden.

In allen übrigen Fällen ist es mehr eine Frage der Ästhetik, ob die weiteren Eigenschaften durch Strukturbedingungen im Ablaufbereich oder durch Tests im Regelbereich modelliert werden. Strukturbedingungen können mit Hilfe des AMS-Operators verify vom Regelbereich aus wie Tests verwendet werden, deren Auswertung von der Datenbank übernommen wird, so daß zumindest die Prädikate nicht zweimal geschrieben zu werden brauchen. Häufige Datenbankzugriffe verlangsamen aber das System.

Zu dem Wissen, das nur im Regelbereich dargestellt werden kann, gehört neben den internen Varianten die Information über die Reihenfolge der Herleitungsschritte. Dabei ist es nicht immer zu vermeiden, daß bereits im Ablaufbereich vorhandene Information im Regelbereich wiederholt wird.

Die verschiedenen Informationen, die im Regelbereich benötigt werden, lassen sich im Prinzip durch Prozeduren in einer Implementierungssprache darstellen. Dem widerspricht aber die Komplexität der Herleitung und auch die Erwartung, daß nicht alle relevanten Abläufe eines Diskursbereichs von Beginn an modelliert sind, sondern erst nach und nach hinzukommen. Gefordert ist also eine übersichtliche und leicht zu ändernde Darstellung. Dies ist am ehesten durch eine deklarative Repräsentation zusammen mit einem Interpretierer zu erreichen, also wie in Kapitel vier vorgeschlagen, durch Regeln und Regelinterpretierer. Ausgehend von dieser Prämisse werden nun die verschiedenen Eigenschaften vorgestellt, die der Regelbereich erfüllen muß.

Die erste Forderung an Regelbereich und Regelinterpretierer ergibt sich aus der Struktur des EPEX-Systems. EPEX soll auf Benutzeranfragen hin Ablauf-Ausprägungen extrahieren. Ein Benutzer kann nur Antworten auf Anfragen nach Ablauf-Ausprägungen erwarten, für die entsprechende Ablauf-Gattungen definiert sind. Es liegt also eine Hypothesenverifikations-Aufgabe vor. Herleitungen werden somit zielgesteuert durchgeführt. Der Kontrollmechanismus für die Auswertung der Regeln muß damit ein zielgesteuertes Vorgehen unterstützen. Gleichzeitig stellt der Regelinterpretierer die Verbindung zwischen Benutzer und den verschiedenen Datenbereichen her.

Regeln haben ganz allgemein die Aufgabe, den aktuellen Zustand einer globalen Datenbasis zu überprüfen und bei erfolgreicher Überprüfung Veränderungen in der Datenbasis durchzuführen. Die Teile, die die Überprüfung vornehmen, werden *Tests* genannt, diejenigen, die die Veränderungen durchführen, *Aktionen*. Aktionen erledigen alle Veränderungen in einer Datenbasis, und damit auch die

Erzeugung von Individuen, die an Stelle nicht ableitbarer Individuen als Attribut-Ausprägungen genommen werden. Es muß zum Abarbeiten der Strukturbedingungen des Ablaufbereichs deshalb spezielle Aktionen geben, die dann alle Individuen erzeugen, die den jeweiligen Bedingungen genügen.

Über Aktionen und Tests sollen beliebige Abläufe herleitbar sein. Dies schließt aus, daß alle gewünschten Aktionen und Tests vom System vorgegeben werden können. Deshalb müssen sie benutzerdefinierbar sein. Die globale Datenbasis, auf der Tests und Aktionen arbeiten, besteht zunächst aus dem gesamten Objekt- und Ablaufbereich. Da diese Bereiche jedoch sehr umfangreich werden können, muß die globale Datenbasis auf die für die Regelanwendung relevanten Teile beschränkt werden können. Dieser eingeschränkte Datenbereich wird dann als lokaler Datenbereich für die Regel betrachtet.

Der Ablaufbereich ist durch Ablauf-Gattungen strukturiert, die selbst wiederum durch Attribute strukturiert sind. Um einen Ablauf einer bestimmten Gattung herzuleiten, müssen Attribut-Ausprägungen für die einzelnen Attribute bestimmt werden. Dies bedeutet, daß für die Extraktion eines Ablaufs normalerweise mehrere Regeln notwendig sind, nämlich mindestens eine pro Attribut. Zum Beispiel muß für "Parkplatzsuchen" überprüft werden, ob Ausprägungen von "Bewegen" und von "Verharren" existieren, die gleiche Individuen in Attribut-Ausprägungen von "Agent" haben, und die in der richtigen zeitlichen Reihenfolge vorkommen. Alle Regeln, die für die Extraktion eines Ablaufs benötigt werden, sollten in einer Einheit zusammengefaßt werden können, damit die umfangreiche Regelmenge handhabbarer wird und sich die Struktur des Ablaufbereichs auch im Regelbereich widerspiegelt. Eine solche Einheit wird als *Regelnetz* bezeichnet. Für jedes Regelnetz existiert dann (wie für Regeln) ein lokaler Datenbereich, und nur auf diesem arbeiten die Tests und Aktionen aller beteiligten Regeln.

Jede Regel innerhalb eines Regelnetzes darf nur bei einem definierten Zustand des lokalen Datenbereichs angewandt werden. Die Abarbeitungsreihenfolge der Regeln wird durch die Reihenfolge der erreichten Zustände bestimmt. Die Abarbeitungsreihenfolge muß es erlauben, daß Regeln sequentiell, iterativ und alternativ angewandt werden können. Die Alternativ-Anwendung von Regeln ist unter anderem bei der Bearbeitung von Varianten einer Ablauf-Gattung notwendig, z.B. "Parkplatzsuchen" mit "Rangieren" oder ohne. Iterationen sind für die Erkennung gleichartiger Teile wichtig, beispielsweise können beim "Parkplatzsuchen" mehrere "Bewegen" beteiligt sein. Die Reihenfolge der Regelanwendung soll unabhängig von der zeitlichen Reihenfolge der beteiligten Teil-Abläufe möglich sein. Das bedeutet, daß bei "Parkplatzsuchen" zunächst "Verharren" und dann "Bewegen" extrahiert werden darf, obwohl die zeitliche Reihenfolge umgekehrt ist. Diese Forderung erlaubt ein dem jeweiligen Auswertungskontext angepaßteres Vorgehen und ist möglich, weil retrospektive Auswertungen durchgeführt werden.

Die im Regelbereich repräsentierten Regeln müssen verschiedenartige Aufgaben lösen, auf die im folgenden eingegangen wird. Diese Aufgaben sind von unterschiedlicher Komplexität. Jede beschreibt jedoch einen ganz bestimmten Aspekt während der Herleitung von Ablauf-Ausprägungen. Um den Regelbereich auch nach diesen Gesichtspunkten strukturieren zu können, erscheint eine Unterscheidung von Regeln durch ein Merkmal "Aufgabenart" angebracht. Dieses Merkmal sollte aber unabhängig von den Tests und Aktionen sein.

Eine der auszuführenden Aufgaben betrifft den Anstoß der Abarbeitung von Regeln eines anderen Regelnetzes. Eine solche Situation liegt vor, wenn während der Extraktion eines Ablaufs nach anderen Ablauf-Ausprägungen gesucht wird, die Teile der gerade herzuleitenden Ablauf-Ausprägung sind, z.B. nach Ausprägungen von "Bewegen" während der Extraktion einer Ausprägung von "Parkplatzsuchen". Nach der Grobstruktur von EPEX können schon einmal extrahierte Ablauf-Ausprägungen im Ablaufbereich gespeichert sein oder auch nicht. Je nachdem kann also mit dem Anstoß eines Regelnetzes ein Zugriff auf den Ablaufbereich verbunden sein oder nicht.

Eine weitere Aufgabe besteht darin, den lokalen Datenbereich zu initialisieren, also die benötigten Daten aus Objekt- und Ablaufbereich für ein Regelnetz zugänglich zu machen, bzw. Platzhalter für noch zu besorgende oder zu erzeugende Daten zu schaffen.

Das Beenden eines Regelnetzes und die Übergabe des Ergebnisses an die Stelle, die das Regelnetz angestoßen hat, bildet eine andere Aufgabe. Beispielsweise muß vom Regelnetz für "Bewegen" eine "Bewegen"-Ausprägung oder ein "Fehlschlag" an das aufrufende "Parkplatzsuchen"-Regelnetz gesendet werden. Außerdem kann beim Beenden eines Regelnetzes, mit dem eine Ablauf-Ausprägung erzeugt wurde, ein optionaler Eintrag dieser Ausprägung in den Ablaufbereich erfolgen. Gleichzeitig ist die Gattungszugehörigkeitsbeziehung zu etablieren, und zwar mit allen Gattungen, zu denen die Ausprägung gehört. Dies kann sowohl für generelle Gattungen als auch für speziellere der Fall sein. Damit übernehmen solche Regeln Aufgaben, die in KL-ONE-artigen Implementierungen vom sogenannten "Realizer" [Luck et al. 85] durchgeführt werden.

Die Überprüfung von möglichen Zuordnungen einer Ausprägung zu spezialisierteren Gattungen kann komplex werden, wenn beispielsweise weitere, bis jetzt nicht betrachtete Attribute berücksichtigt werden müssen. In diesem Fall müssen weitere Attribut-Ausprägungen zugeordnet werden. Solche Sachverhalte lassen sich durch eine einzige Regel nicht mehr darstellen, sondern erfordern wiederum Regelnetze.

Bei der Herleitung von Ablauf-Ausprägungen werden Objekt-Ausprägungen und schon abgeleitete Ablauf-Ausprägungen, sowie Ablauf- und Objekt-Gattungen mit ihren Beziehungen benötigt. Zugriffe auf Daten der EPEX-Datenbasis bilden eine weitere Aufgabenart. Hier ist zu beachten, daß Bilddaten von Natur aus nicht eindimensional sind wie beispielsweise Sprachdaten, sondern immer mehrdimensional. So kann es in einem Bild mehrere Objekte geben, die die gleiche x-Koordinate, aber verschiedene y-Koordinaten haben. Das bedeutet, daß eigentlich eine mengenorientierte Schnittstelle vorliegt. Bei der Erzeugung einzelner Ablauf-Ausprägungen werden jedoch Einzeldaten benötigt. Deshalb müssen Auswahl- und Navigationsoperatoren für die gelieferten Daten bereitgestellt werden. Bei der Beschaffung der Daten sollten die Möglichkeiten der GES- und AMS-Operatoren soweit wie möglich ausgenutzt werden können.

Schließlich muß es auch Regeln geben, die lediglich auf dem lokalen Datenbereich Tests und Aktionen ausführen und denen keine weitere spezielle Aufgabe zugeordnet ist.

Bisher sind wir davon ausgegangen, daß die Regeln zusammengefaßt werden, die für die Herleitung einer Ablauf-Ausprägung notwendig sind. Diese Strukturierung ist unbefriedigend, da zu erwarten ist, daß bestimmte Regelabfolgen bei der Herleitung verschiedenartiger Abläufe gebraucht werden. Solche Regelabfolgen sollten ebenfalls durch Regelnetze modelliert und von verschiedenen Stellen aus aktiviert werden können.

Insgesamt müssen die Beschreibungsmittel für das Regelwissen folgenden Forderungen genügen:

– Regeln durch verschiedenartige Regelnetze strukturieren
– lokaler Datenbereich für jedes Regelnetz
– benutzerdefinierbare Tests und Aktionen
– Aufgabenarten der Regeln
– zielgesteuerte Analyse
– Analyse unabhängig von zeitlicher Reihenfolge der Ausprägungen.

8.2 Bekannte Darstellungsformen

Wie schon beim Entwurf der Grobstruktur von EPEX dargelegt, kann EPEX als Regelsystem betrachtet werden. Objekt- und Ablaufbereich stellen hierbei den Faktenteil dar, der Regelbereich enthält die Transformationsbeschreibungen, mit denen neue Fakten aus den bestehenden hergeleitet werden. Der Regelinterpretierer wählt die jeweils als nächstes anzuwendende Regel aus.

Im folgenden werden exemplarisch Verfahren vorgestellt, die man als "regelbasiert" klassifizieren kann. Die Untersuchung von "hybriden" Systemen, wie sie die Expertensystem-Schalen "BABYLON" [di Primio et al. 85] oder "ART" [Williams 85, Clayton 85] darstellen, wird hier nicht einbezogen.

8.2.1 Regelbasierte Expertensysteme

Produktionsregelsysteme werden häufig zur Realisierung von Expertensystemen eingesetzt. In letzter Zeit wurden *Expertensystem-Schalen* (shells) entwickelt, die aus einem leeren Regelteil bestehen, aber einen Regelanwender zur Verfügung stellen, der bestimmte Kontrollstrategien beinhaltet. Die am häufigsten benutzten Strategien sind die *Generierungsstrategie*, auch *datengetriebene Regelanwendung* oder *synthetisches Schließen* (forward chaining) genannt, und die *Validierungsstrategie*, die auch *zielgetriebene Regelanwendung* oder *analytisches Schließen* (backward chaining) genannt wird. Ein System, das nur auf der Generierungsstrategie basiert, ist "OPS5". Es wurde z.B. zur Konfiguration von Rechnersystemen eingesetzt [McDermott 82]. Ausgehend von den Prämissen (Daten) werden die

Konklusionen abgeleitet. Das Problem hierbei ist, daß nicht zielgetrieben abgeleitet wird. "EMYCIN" [Buchanan und Shortliffe 84] ist ein Beispiel für ein System, das eine Validierungsstrategie verfolgt. Hier werden Regeln genau dann ausgewertet, wenn ihre Konklusionen benötigt werden. In der Diagnostik haben sich Mischformen bewährt, die z.B. zunächst aus vorhandenen Daten Hypothesen bilden (Generierung) und diese dann validieren. Ein Beispiel hierfür ist "MED1" [Puppe 85].

In EPEX sollen Ablauf-Hypothesen validiert werden. d.h. das angestrebte Ziel ist bekannt. Damit ist ein Ansatz, wie er in EMYCIN verfolgt wird, im Prinzip geeignet. Allerdings ist die Darstellung der Fakten in EMYCIN nur durch Viertupel möglich. Die Unterteilung der Fakten nach unterschiedlichen Gesichtspunkten wird nicht unterstützt, so daß eine zum Ablaufbereich passende Regelstrukturierung nicht möglich ist. Sind mehrere Regeln anwendbar, wird die Auswahl implizit über die Reihenfolge der Regeln sowie der Prämissen getroffen. Die Bildung von "lokalen" Faktenmengen, die den Suchraum bei Anwendung von bestimmten Regeln einschränken würde, ist nicht explizit vorgesehen.

8.2.2 Prolog

"Prolog" [Clocksin und Mellish 81] ist eine Programmiersprache, die auf einer eingeschränkten Prädikatenlogik erster Stufe (Horn-Logik) basiert. Ein Prolog-Programm besteht zunächst aus einer Menge von Fakten und Regeln. Fakten sind Literale. Ein Literal ist ein Prädikatensymbol angewandt auf die entsprechende Anzahl von Termen. Jede Regel besteht aus einem "Kopf" und einem "Rumpf". Der Kopf ist wiederum ein Literal, der Rumpf besteht aus beliebig vielen Literalen. Der Kopf einer Regel ist mit der Konklusion, der Rumpf mit den Prämissen einer logischen Implikation gleichzusetzen.

Die Fakten und Regeln eines Prolog-Programms können rein deklarativ als logische Aussagen über den Diskursbereich betrachtet werden. Eine prozedurale Sichtweise ergibt sich, wenn man den Regelkopf als Prozedurdefinition auffaßt, und den Regelrumpf als Anweisung, jedes Literal mit einem Fakt oder einem Regelkopf zu unifizieren. Dabei ist auch noch die Arbeitsweise des "Prolog-Interpretierers" zu berücksichtigen, der bei der Auswertung der Fakten und Regeln die Reihenfolge des Auftretens ausnutzt. Der Prolog-Interpretierer wird durch die Angabe eines "Ziels" angestoßen, das die gleiche Form hat wie ein Regelrumpf. Prolog verfährt nach einer "Validierungs"-Kontrollstrategie. Durch ein Rückfallverfahren (Backtracking) wird gewährleistet, daß alle Alternativen untersucht werden.

Durch die über die Prädikatenlogik hinausgehenden Erweiterungen, z.B. den "Cut-Operator" zur Beeinflussung des Interpretierers, wird eine in vielen Anwendungen erforderliche Flexibilität erreicht. Andererseits geht dadurch auch die deklarative Semantik verloren und Prolog wird im Prinzip zu einer beliebigen Programmiersprache mit etwas eigenwilliger Syntax. Die vom Prolog-Interpretierer vorgegebenen Kontrollstrategien, insbesondere die implizite Vorgabe der Fakten und Regelauswahl, sind vor allem bei großen Faktenmengen ungünstig. Eine stärkere Systemunterstützung bei einer Untergliederung wäre wünschenswert. Im Moment müssen solche Angaben durch einen Modellierer als Zusatzargumente der Literale kodiert werden (siehe z.B. [Pereira und Warren 80]).

8.2.3 Erweiterte Übergangsnetze

Als eine spezielle Form von Produktionsregelsystemen kann man die im Bereich der maschinellen Sprachverarbeitung entwickelten "Erweiterten Übergangsnetze" (Augmented Transition Networks – ATN [Woods 70]) betrachten. Ein ATN ist ein benanntes Netzwerk, das aus Zuständen und Zustandsübergängen sowie einem dem Netzwerk zugeordneten Datenbereich, sogenannten Registern, besteht. Übergänge lassen sich in vier Kategorien einteilen (Bezeichnung nach [Winograd 83]): Übergänge, bei denen ein anderes Netzwerk aufgerufen wird (SEEK); Übergänge, bei denen ein Netzwerk verlassen wird (SEND); Übergänge, die zu bearbeitende Daten besorgen (CATegory); und Übergänge, die auf dem Datenbereich arbeiten, der dem Netzwerk zugeordnet ist (JUMP).

Jedem Übergang sind "Tests" und "Aktionen" zugeordnet, die mit den innerhalb eines Netzwerks vorhandenen Daten arbeiten. Sind die Tests erfolgreich, können die Aktionen ausgeführt werden, was meist einen Eintrag in den lokalen Datenbereich zur Folge hat. Danach wird in den Folgezustand übergegangen. Die Tests und Aktionen eines Übergangs bilden also eine Regel. Sind die Tests nicht erfolgreich, kann der Übergang nicht erfolgen. Mögliche Alternativen werden durch ein Rückfallverfahren (backtracking) zugänglich gemacht.

Von einem Zustand können beliebig viele Übergänge ausgehen (Alternation). Übergänge können auch iterativ oder sequentiell sein. Innerhalb eines Netzwerks ist die Reihenfolge der Übergangsanwendung durch die Zustände explizit festgelegt, lediglich bei Alternationen wird die Reihenfolge implizit über die Aufzählung festgelegt.

ATN arbeiten mit einem Validierungs-Kontrollprinzip. Als Ziel wird ein Netzwerk angegeben. Dieses Ziel gilt als erreicht, wenn innerhalb des Netzwerks ein netzwerkverlassender Übergang erfolgt ist. Das Netzwerk selbst kann als "Rumpf" betrachtet werden, der die zur Erreichung des Ziels benötigten Fakten und Regeln enthält. Da ATN für die Analyse von geschriebenen Sätzen entwickelt wurden, wird bei Übergängen, die zu bearbeitende Daten besorgen, jeweils *ein* nächstes Datum besorgt. Um auch "mehrdimensionale" Eingaben verarbeiten zu können – dies gilt z.B. für Bilddaten – sind Erweiterungen vorgenommen worden, die zu den "Generalisierten ATN" [Woods 78] führen. Dabei steht es einem Modellierer frei, verschiedene Strategien für die Auswahl eines Elements aus einer Menge von Eingabedaten zu definieren.

8.2.4 Wertung und Auswahl

Regelsysteme, die eine Validierungsstrategie unterstützen, stimmen mit der Zielsetzung überein, die innerhalb des EPEX-Systems vom Regelbereich und dem Regelinterpretierer erfüllt werden soll. Prinzipiell lassen sich die in Abschnitt 8.1 aufgestellten Forderungen an den Regelbereich, wie Merkmale von Regeln, in allen Darstellungsformen modellieren. Die verschiedenen ATN-Übergänge können z.B. durch verschiedene Literale in Prolog modelliert werden [Pereira und Warren 80].

Die Fakten, mit denen im EPEX-Regelbereich gearbeitet wird, sind im Objekt- und Ablaufbereich von EPEX enthalten. Diese Bereiche werden von einem Datenbanksystem verwaltet. Die Bereitstellung von geeigneten Zugriffsfunktionen sowie von Auswahlfunktionen, die aus einer mengenorientierten Datenbankschnittstelle Einzeldaten auswählen, kann nicht von einem Modellierer verlangt werden, sondern muß von EPEX selbst erfolgen. Da wir es in EPEX mit unterschiedlichen Daten zu tun haben, erscheint es sinnvoll, dem Regelmodellierer Beschreibungsmittel zur Verfügung zu stellen, aus denen erkennbar ist, mit welchen Daten gerade gearbeitet wird.

Die Möglichkeiten zur Strukturierung der Regeln passend zum Ablaufbereich und die Unterscheidung nach Regelarten sind in ATN explizit gegeben. Deshalb wird für EPEX eine Regeldarstellung entwickelt, die sich an den Ideen der ATN orientiert.

8.3 Die Darstellungsform EPEX-R

In diesem Abschnitt wird nun eine Darstellungsform EPEX-R für den Regelbereich vorgestellt, die durch Erweiterungen von ATN-Beschreibungsmitteln [Woods 70] entsteht. Mit EPEX-R soll es möglich sein, die folgenden Aufgaben zu bearbeiten:

- Herleitung von Ablauf-Ausprägungen
- Zuordnung von Ablauf-Ausprägungen zu Gattungen
- Ergänzung von unvollständig hergeleiteten Ablauf-Ausprägungen (Episoden-Ausprägungen).

Die Eigenschaften von ATN wurden in Abschnitt 8.2.3 kurz vorgestellt. Die Struktur der ATN wird für die Regeln des EPEX-Regelbereichs beibehalten. Eine Regel entspricht einem Zustandsübergang, die zu einer Einheit zusammengefaßten Regeln entsprechen einem ATN. Die Bezeichnungen für die verschiedenen Übergangsarten werden in den Fällen für die Regeln übernommen, in denen die Aufgabenarten erhalten bleiben, also ein ATN-Übergang genau die gleiche Funktion hat wie eine entsprechende Regel.

Die ATN-Strukturen werden für unsere Zwecke erweitert. Zur deutlicheren Unterscheidung verwenden wir deshalb den Begriff *Regelnetz* statt ATN. Regelnetze unterscheiden sich von ATN hauptsächlich dadurch, daß verschiedene Regelnetzarten existieren und daß andere Regelarten vorkommen oder daß die Bedeutung von Regelarten modifiziert ist. Die verschiedenen Beschreibungsmittel werden nun im einzelnen vorgestellt. Anschließend wird die Zuordnung von Ablauf-Ausprägungen zu Gattungen beschrieben.

8.3.1 Bestandteile von EPEX-R

Grundbestandteile von EPEX-R sind Regeln, Regelnetze, die Regeln zusammenfassen sowie Register. Bevor wir uns mit den verschiedenen Regelarten beschäftigen, werden zunächst die Regelnetze beschrieben und damit auch die prinzipielle Arbeitsweise des Regelinterpretierers. Aus dieser Arbeitsweise ergeben sich Bedingungen für die einzelnen Regeln.

Der Regelbereich hat zwei wesentliche Aufgaben, nämlich Ablauf-Ausprägungen aus den Daten einer aktuellen Bildfolge, den Objekt-Ausprägungen, zu extrahieren und sie dann den passenden Ablauf-Gattungen zuzuordnen. Beide Aufgaben können sehr umfangreich werden und erfordern dann die Anwendung mehrerer Regeln (siehe auch Abschnitt 8.1). Die jeweils betroffenen Regeln kann man zu Regelnetzen zusammenfassen, allerdings ist die Zielsetzung und damit die Bedeutung der verschiedenen Regelnetze unterschiedlich.

Es ist zu erwarten, daß bestimmte Regelabfolgen in verschiedenen Regelnetzen vorkommen, um gleiche Aufgaben zu realisieren. Um solche Regelabfolgen nicht in jedem betroffenen Regelnetz neu angeben zu müssen, wäre es wünschenswert, die Abfolgen zu eigenen Regelnetzen zusammenfassen zu können, auf die dann an den entsprechenden Stellen zugegriffen werden kann. Diese Regelnetze erfüllen dann lediglich Hilfsfunktionen, sie erzeugen weder Ablauf-Ausprägungen noch ordnen sie diese zu.

Damit müssen drei Arten von Regelnetzen realisiert werden, die sich durch die jeweils zu lösende Aufgabe unterscheiden: *Ablauf-Regelnetz*, *Spezialisierungs-Regelnetz* und *Intern-Regelnetz*. Die Form der Regeln, die ein Regelnetz bilden, ist unabhängig von der Art des Regelnetzes. Die Unterschiede wirken sich in der Bearbeitung durch den Regelinterpretierer und in den Merkmalen aus, die ein Netz als Gesamtheit beschreiben und hier als *Regelnetzkopf* bezeichnet werden.

Jedes Regelnetz ist eindeutig durch seinen Namen bestimmt. Zu jedem Regelnetz existiert genau eine Startregel, die festlegt, welche Register innerhalb des Netzes zugänglich sind und welche Register als Eingabe- bzw. Ausgabewerte dienen. Die Startregel bestimmt also den Umfang der lokalen Datenbasis. Die exakte Beschreibung von Startregeln wird bei der Behandlung der Regelarten gegeben. Der Regelnetzkopf für ein Intern-Regelnetz besteht also aus Regelnetzname und Startregel. Im nächsten Bild ist dies exemplarisch dargestellt, wobei Zustände durch Rechtecke, Übergänge durch Pfeile repräsentiert sind.

Netzname:

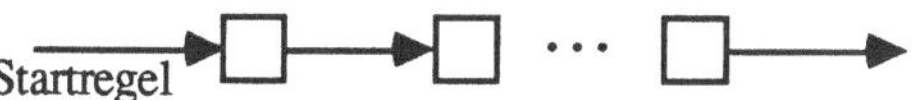

Bild 8.3.1_1: Darstellung von "Intern-Regelnetz"

Ablauf-Regelnetze leiten neue Ablauf-Ausprägungen aus schon vorhandenen Fakten her. Um Ablauf-Regelnetze mit den Gattungen zu verbinden, für die sie Ausprägungen herleiten sollen, wird der Regelnetzkopf um die Angabe der zugehörigen Gattungen erweitert. Für die Zuordnung von Regelnetzen und Gattungen lassen sich im Prinzip zwei Wege beschreiten. Der eine verlangt, daß zu jeder Gattung, die Ablauf-Ausprägungen besitzen kann, die nicht immer weiter spezialisiert werden müssen, genau ein Ablauf-Regelnetz existiert, mit dem Ausprägungen dieser Gattung hergeleitet werden. Zur Überprüfung möglicher Spezialisierungen existieren Spezialisierungs-Regelnetze. Der andere verlangt, daß jede Gattung mit den oben genannten Eigenschaften genau einem Ablauf-Regelnetz zugeordnet ist, daß jedoch mehrere Gattungen, die zueinander in der Generalisierungsbeziehung stehen, einem einzigen Ablauf-Regelnetz zugehören können. Die Idee dahinter ist, daß sich die Regelnetze für Abläufe in einem Hierarchieausschnitt sehr stark ähneln können, z.B. gilt dies für einige Varianten von "Parkplatzsuchen". In diesem Fall würden bei Realisierung des ersten Wegs mehrere gleichartige Regelnetze existieren. Der zweite Weg erlaubt ein einziges Regelnetz, wobei dann die Unterschiede zwischen Gattungen wieder duch Spezialisierungs-Regelnetze überprüft werden. Der zweite Weg erscheint aus pragmatischen Gründen naheliegend, so daß wir also die Zuordnung mehrerer Gattungen zu einem Ablauf-Regelnetz erlauben. Jede Gattung darf aber nur einem Ablauf-Regelnetz zugeordnet sein.

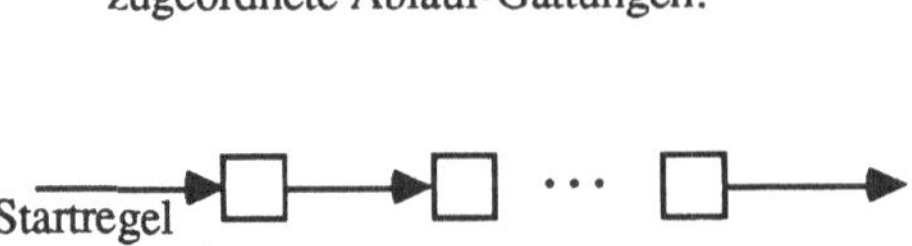

Bild 8.3.1_2: Darstellung von "Ablauf-Regelnetzen"

Auch Spezialisierungs-Regelnetze müssen mit Gattungen verbunden sein, wobei hier aber genau eine Ablauf-Gattung zugeordnet wird. Für diese wird mit dem Regelnetz überprüft, ob eine zu einer generelleren Ablauf-Gattung passende Ausprägung auch zu dieser spezielleren Gattung paßt. Zur Unterscheidung von Ablauf- und Spezialisierungs-Regelnetzen wird bei der graphischen Darstellung noch ein Generalisierungspfeil hinzugenommen.

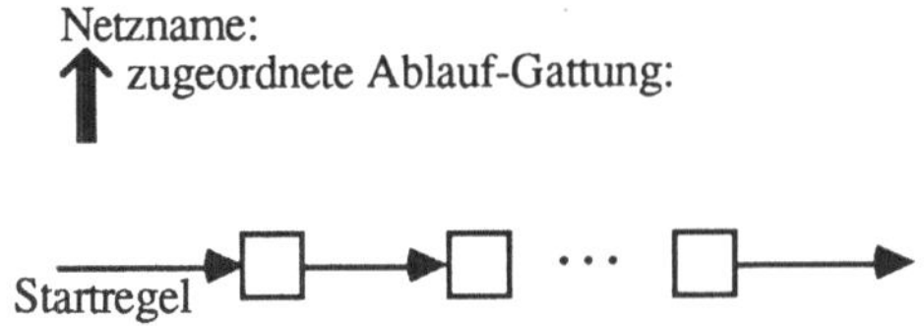

Bild 8.3.1_3: Darstellung von "Spezialisierungs-Regelnetz"

Gattungen sind also Regelnetzen zugeordnet, die entsprechende Ablauf-Ausprägungen herleiten sollen. Damit ist aber noch nicht erreicht, daß die vom Regelnetz erzeugten Ablauf-Ausprägungen auch tatsächlich Attribut-Ausprägungen für die Attribute besitzen, die durch die Gattung vorgegeben sind. Eine stärkere Kopplung von Gattungen und Regelnetzen ist also erforderlich. Sie kann durch die Register erfolgen, die die lokale Datenbasis eines Regelnetzes darstellen und damit (zumindest bei Beendigung des Regelnetzes) die Informationen enthalten müssen, die eine neu erzeugte Ablauf-Ausprägung ausmachen. Die Bereitstellung entsprechender Register sollte jedoch automatisch erfolgen, um eine gewisse Übereinstimmung zwischen Gattung und Regelnetz zu garantieren. Damit fällt diese Aufgabe dem Regelinterpretierer bzw. während der Erstellungsphase von Regelnetzen einem Regel-editor zu.

Der Regelinterpretierer für die verschiedenen Regelnetze arbeitet analog zu dem von Woods entwickelten ATN-Interpretierer nach einem Validierungs-Kontrollprinzip und wendet bei nicht erfolgreich anwendbaren Regeln ein Rückfallverfahren zum Auffinden von Alternativen an. Der Regelinterpretierer bildet die Schnittstelle zum Benutzer (Bild 4.2_1). Er wird stets durch eine Benutzeranfrage nach in der aktuell bearbeiteten Bildfolge vorkommenden Ablauf-Ausprägungen angestoßen. Benutzeranfragen selbst werden in Form des Selektions-Operators der AMS angegeben, damit eine einheitliche Betrachtungsweise von Objekt- und Ablaufbereich gewährleistet ist.

Aus dem Zugriff auf Ablauf-Ausprägungen über die AMS kann man ableiten, daß nur solche Ablauf-Ausprägungen extrahiert werden können, für die auch tatsächlich eine Ablauf-Gattung im Ablaufbereich defininiert ist. Außerdem heißt es aber auch, daß die Extraktion nur stattfinden kann, wenn ein Ablauf-Regelnetz existiert, dem der gesuchte Ablauf zugeordnet ist. Ist ein solches Regelnetz vorhanden, muß der Regelinterpretierer die Verbindung zwischen dem Regelnetz und der im Ablauf-bereich stehenden Ablauf-Gattung herstellen. Dies geschieht dadurch, daß für jedes zur Gattung gehörende Attribut ein Register für das Ablauf-Regelnetz erzeugt wird. Sind dem Ablauf-Regelnetz mehrere Ablauf-Gattungen zugeordnet, wird die allgemeinste für die Registererzeugung verwendet. Speziellere Ablauf-Gattungen werden dann mit Spezialisierungs-Regelnetzen behandelt. Die vom Regelinterpretierer bereitgestellten Register werden bei Beendigung eines Ablauf-Regelnetzes für die Erzeugung von Ablauf-Ausprägungen herangezogen.

Sind mit einem Ablauf-Regelnetz Ablauf-Ausprägungen erzeugt worden, so müssen diese den speziellsten Gattungen zugeordnet werden, für die eine Zuordnung noch möglich ist. Dafür stehen die Spezialisierungs-Regelnetze bereit, mit denen notwendige Ergänzungen und Überprüfungen durchge-führt werden. Genau wie bei den Ablauf-Regelnetzen werden auch hier für alle Attribute der zugeord-neten Gattung Register erzeugt. Das genaue Vorgehen bei der Zuordnung ist in Abschnitt 8.3.2 beschrieben.

Nach erfolgter Zuordnung können die Ablauf-Ausprägungen in den Ablaufbereich eingebracht werden. Wird zu einem späteren Zeitpunkt nochmals nach diesen Ausprägungen gefragt, so kann der Regelinterpretierer diese im Prinzip direkt aus dem Ablaufbereich gewinnen. Für den Benutzer soll es jedoch nicht erkennbar sein, auf welche Art und Weise die aktuelle Anfrage beantwortet wird. Dies ist zum einen durch die Benutzung der AMS-Operatoren gewährleistet. Zum anderen muß dies aber auch vom Regelinterpretierer entsprechend gehandhabt werden. Da es auch bei der Herleitung von Ablauf-Ausprägungen passieren kann, daß benötigte Ablauf-Ausprägungen bereits im Ablaufbereich präsent sind, muß diese Aufgabe bei der Bearbeitung von Regeln gelöst werden. Darauf gehen wir dann bei der Beschreibung von Regeln ein.

Schließlich muß der Regelinterpretierer auch ein Intern-Regelnetz bearbeiten können. Diese sind dafür da, häufig wiederkehrende Regelabfolgen an einer Stelle zusammenzufassen. Intern-Regelnetze sind keinen Ablauf-Gattungen zugeordnet und werden deshalb nur während der Bearbeitung von Ablauf- oder Spezialisierungs-Regelnetzen von Regeln dieser Netze angestoßen. Bei Intern-Regelnetzen werden auch keine Register durch den Regelinterpretierer erzeugt.

Wir haben nun den prinzipiellen Aufbau von Regelnetzen und die Arbeitsweise des Interpretierers kennengelernt. In den nächsten Schritten werden wir uns mit dem Aufbau von Registern und den verschiedenen Regelkategorien beschäftigen.

Mit dem Beschreibungsmittel der *Register* von EPEX-R soll das Problem der großen Faktenmengen in EPEX gelöst werden. Im Prinzip muß bei jeder Test- oder Aktionsanwendung bei einer Regel die Gesamtheit aller im Objekt- und Ablaufbereich vorhandener Information auf Anwendbarkeit untersucht werden. Um die zu berücksichtigende Datenmenge einzuschränken, müssen lokale Umgebungen für Regelnetze definierbar sein. Die Register eines Regelnetzes lassen sich von ihrer Aufgabe her mit den lokalen Variablen bzw. Prozedurparametern in gängigen Programmiersprachen gleichsetzen. Über sie können also Ein- und Ausgabeparameter von Regelnetzen sowie nur innerhalb eines Regelnetzes benötigte Daten verwaltet und manipuliert werden.

Für Ablauf- und Spezialisierungs-Regelnetze bedeutet dies, daß die vom Regelinterpretierer aus den Daten der Ablauf-Gattungen erzeugten Register genau den Ein- und Ausgabeparametern der Regelnetze entsprechen. Eventuell weitere angegebene Register bei diesen Regelnetzen sind dann für lokale Daten gedacht.

Register enthalten also die zu verarbeitenden Daten aus Objekt- und Ablaufbereich, sowie Daten, die durch Aktionen innerhalb eines Regelnetzes erzeugt werden. Auf Daten des Objekt- und Ablaufbereichs kann über die Operatoren der GES und AMS zugegriffen werden. Register müssen damit Daten aufnehmen können, die durch die Operatoren beschafft wurden, aber auch Daten, die innerhalb eines Regelnetzes erzeugt wurden.

Entsprechend dieser Vorgaben müssen in EPEX die folgenden Register-Arten unterschieden werden: Gattungshierarchie, Gattungsattribut, Strukturbedingung, Ausprägung und Frei-Definierbar.

Die ersten drei Registerarten sind für Daten gedacht, die über die GES-Operatoren get-obergattungen usw., get-attribute und get-strukturbedingungen besorgt werden. Diese Daten werden in den Registern in einer für Aktionen und Tests geeigneten Form dargestellt.

Daten, die mit dem select-Operator der AMS aus dem Datenbereich extrahiert werden, werden in Registern der Art Ausprägung verwaltet. In Registern dieser Art werden auch die Daten verwaltet, die Bestandteil von Ablauf-Ausprägungen sind, die durch das Ablauf-Regelnetz erzeugt wurden. Sie werden für den Operator def-ausprägung benötigt, der eine Ausprägung einer Gattung zuordnet.

Daten, die innerhalb eines Regelnetzes berechnet werden und nicht in einer Form vorliegen, die durch die schon beschriebenen Registerarten abgedeckt wird, werden mit Registern der Art Frei-Definierbar verwaltet. In diesem Fall ist keine Überprüfung der Form der abgespeicherten Daten durch das System möglich.

Die Unterteilung der Register spiegelt sich in den in EPEX vordefinierten Aktionen zur Register-Manipulation wider. Register selbst werden durch einen innerhalb eines Regelnetzes eindeutigen Namen identifiziert, und außerdem wird festgelegt, ob sie als Ein- oder Ausgabeparameter oder nur als lokale Variablen betrachtet werden.

Neben Regelnetzen und Registern stellt EPEX-R noch das Beschreibungsmittel *Regel* zur Verfügung. Die Regeln, die zusammen mit den Registern und dem Regelnetzkopf ein Regelnetz bilden, enthalten die eigentliche Information für die Extraktion von Abläufen aus den in Objekt- und Ablaufbereich vorhandenen Angaben. Die Besonderheit der EPEX-Anwendung besteht darin, daß die von der Umgebung bereitgestellten Ausgangsdaten für die Extraktion Datenmengen sind, während ATN bei CAT-Übergängen (Abschnitt 8.2.3) immer genau ein Datum erwarten. Zusätzlich wird gefordert, daß für einen Systembenutzer einschließlich des Regelmodellierers nicht erkennbar ist, ob die durch Regeln erzeugten Ablauf-Ausprägungen gerade erzeugt wurden oder sich schon vorher im Ablaufbereich befanden. Um diese Besonderheiten mit einem ATN-ähnlichen Mechanismus lösen zu können, müssen die für ATN vorgesehenen Regelarten erweitert werden.

Weniger zur Behandlung von Mengen von Eingabedaten als zur Verringerung der Zahl der Übergänge hat Woods "Generalisierte ATN" (GATN) [Woods 78] vorgeschlagen. GATN erlauben die Bildung von Datenmengen, aus denen dann mit geeigneten Operatoren Daten ausgewählt werden können. Allerdings wird auf die Operatoren selbst und wo man sie anwenden kann nicht näher eingegangen. Die Grundidee kann jedoch für EPEX übernommen werden.

Das Problem der Transparenz der Beschaffung von Ablauf-Ausprägungen läßt sich nur dann lösen, wenn in beiden Fällen die gleiche Art von Regel verwendet wird. Dies bedeutet, daß man den (ATN-) SEEK-Übergang so erweitern muß, daß damit sowohl ein beliebiges Regelnetz aufgerufen als auch bei Bedarf aus dem Ablaufbereich Ausprägungen geholt werden können. Da in EPEX schon verschiedene Regelnetzarten unterschieden werden, läßt sich eine entsprechende Erweiterung vertreten. Allerdings hat man sich damit eingehandelt, daß nun zwei mengenorientierte Arten von Regeln existieren, nämlich zum Zugriff auf den Objektbereich und die Ablauf-Gattungen, und auch zum Aufruf von Regelnetzen.

Da zwei mengenorientierte Regelarten notwendig sind, erscheint es sinnvoll, die Operatoren zur Auswahl von Daten aus den Mengen nicht mit diesen Regelarten zu verbinden, sondern durch eine weitere Regelart LET zu realisieren. Dies hat auch den Vorteil, daß eindeutig ersichtlich ist, wann neue Daten beschafft werden und wann aus diesen dann ausgewählt wird. Die Bezeichnung CAT für einen beliebigen Zugriff auf Objektbereich und Ablauf-Gattungen wird bei dieser Gelegenheit zu Gunsten der näherliegenden Bezeichnung GET aufgegeben.

Auf Grund dieser Überlegungen, den in Abschnitt 8.1 untersuchten Eigenschaften des Regelbereichs sowie der Ausführungen zum Regelnetzkopf werden in EPEX-R die folgenden Regelarten bereitgestellt:

- INIT, zum Initialisieren eines Regelnetzes
- JUMP, zum Zustandswechsel
- GET (GET-NOT), zum Zugriff auf Objektbereich und Ablauf-Gattungen
- SEEK (SEEK-NOT), zum Aufruf von Regelnetzen
- LET, zur Auswahl von Daten
- SEND, zum Verlassen eines Regelnetzes.

Eine Regel ist eindeutig durch ihren Namen und die Zugehörigkeit zu einem Regelnetz gekennzeichnet. Jede Regel muß also zu einem Regelnetz gehören. Eine Regel beschreibt den Übergang von einem Zustand in einen anderen. Sie besitzt somit einen Quellzustand und einen Zielzustand, die durch eindeutige Bezeichner unterschieden werden. Außerdem können mit jeder Regel Aktivitäten verbunden sein, dies sind Tests und Aktionen. Schließlich ist jede Regel von einer der oben angeführten Arten. Der prinzipielle Aufbau von Regeln sieht folgendermaßen aus:

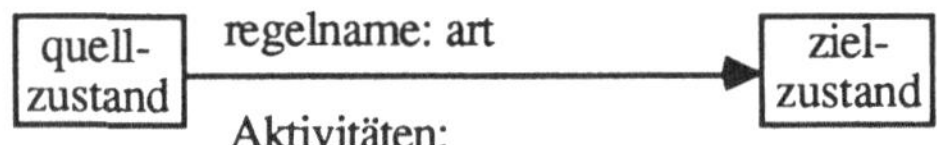

Bild 8.3.1_4: Prinzipieller Aufbau einer Regel

Wir befassen uns nun mit der Bedeutung der verschiedenen Regelarten, wobei darauf hingewiesen wird, welche Reaktionen vom Regelinterpretierer erwartet werden. Bei der Beschreibung beziehen wir uns auf das Beispiel in den folgenden Bildern. Das Beispiel zeigt einen Ausschnitt der Ablauf-Gattung "Parkplatzsuchen". Zu sehen sind drei Teilabläufe von "Parkplatzsuchen" mit der zeitlichen Strukturbedingung "kleiner-t". Die Strukturbedingung "teilmenge-x" verlangt, daß nur Individuen von "Aussteigen" als Attribut-Ausprägungen von "teil3" in Frage kommen, deren Agenten auch Insassen des Fahrzeugs sind, das Attribut-Ausprägung von "agent" von "Parkplatzsuchen" ist. Die Ablauf-Gattung "Ortsübergang" wird innerhalb des Ablauf-Regelnetzes von "Parkplatzsuchen" verwendet, um festzustellen, ob und wann ein potentieller Agent von "Parkplatzsuchen" auf eine Parkspur gewechselt ist.

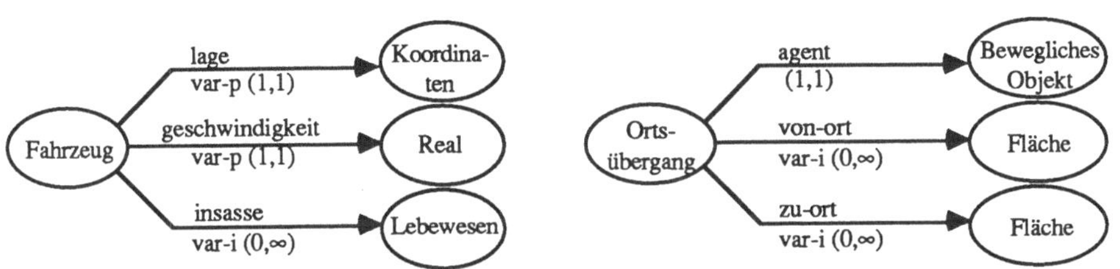

Bild 8.3.1_5a: Ausschnitte aus der Objekt-Gattung "Fahrzeug" und der Ablauf-Gattung "Ortsübergang"

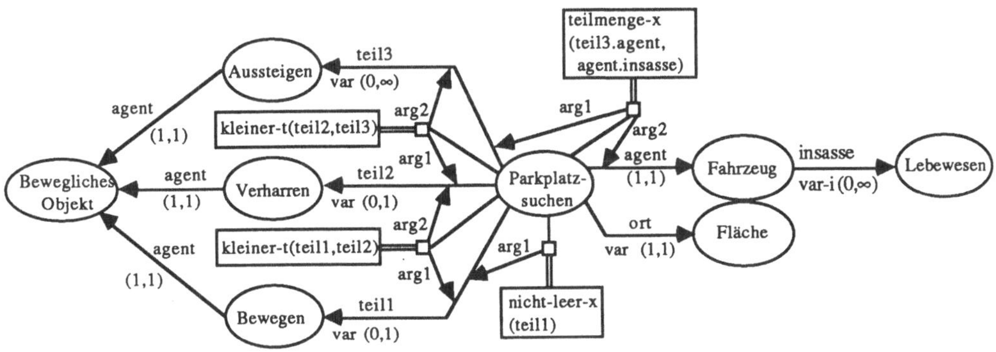

Bild 8.3.1_5b: Ausschnitt aus der Ablauf-Gattung "Parkplatzsuchen"

Netzname: Netz-Parkplatzsuchen
zugeordnete Ablauf-Gattungen: Parkplatzsuchen

1: INIT
implizite Aktionen:
 (create-registers lebenszeit agent ort teil1 teil2 teil3)
 (create-registers result)

[1]

2: GET fahrzeuge
 select (lage insasse), Fahrzeug,
  λ(fhz) (some gsw fhz.geschwindigkeit (ungleich-x gsw 0))

[2]

3: LET fhz $\subseteq_1$ fahrzeuge
Aktion: (putregister agent fhz)

[3]

4: SEEK ortsübergänge Netz-Ortsübergang
 select (agent von-ort zu-ort), Ortsübergang,
  λ(oüg) (and (all agt oüg.agent
             (some ragt (getregister agent) (gleich-x agt ragt)))
        (some zo oüg.zu-ort (teilmenge-g {Parkspur} zo)))

[4]

•
•
•

[n]

m: SEND
implizite Aktion:
 (putregister result (create-instance Parkplatzsuchen))
implizite Tests:
 (verify Parkplatzsuchen (getregister result))
 (non-existing-in-database (getregister result))
implizite Aktion:
 (classify (getregister result))

Bild 8.3.1_6: Ausschnitt aus dem Ablauf-Regelnetz zur Ablauf-Gattung "Parkplatzsuchen"

– INIT-Regel

Jedes Regelnetz beginnt mit einer INIT-Regel, der Startregel. Mit dieser Regel wird festgelegt, welche Ein- und Ausgabeparameter ein Regelnetz besitzt und welche lokalen Variablen existieren, d.h. die Register für das zugehörige Regelnetz werden definiert. Für INIT-Regeln von Ablauf- oder Spezialisierungs-Regelnetzen sind die Ein- und Ausgabeparameter implizit durch die Zuordnung zu Ablauf-Gattungen gegeben, sie werden nicht explizit durch das Beschreibungsmittel INIT-Regel festgelegt. Jedes Attribut der Ablauf-Gattung entspricht einem Register im Regelnetz, wobei diese Register von der Art Ausprägung sind und sowohl als Ein- als auch als Ausgabeparameter dienen. Durch diese automatische Übernahme wird der Zusammenhang zwischen Ablauf-Gattungen und den Ablauf-Ausprägungen erzeugenden Regelnetzen gewährleistet. Bei INIT-Regeln zu Intern-Regelnetzen müssen dagegen die Ein- und Ausgabeparameter explizit definiert werden.

Der Quellzustand von INIT-Regeln fehlt, der Zielzustand ist der erste Zustand des Regelnetzes, von dem dann weitere Regeln ausgehen. Pro Regelnetz kann die INIT-Regel nur einmal definiert sein.

Die bei einer INIT-Regel auszuführenden Aktionen und Tests beziehen sich auf die Erzeugung und Vorbesetzung der Register. Sie sind der INIT-Regel fest zugeordnet und können vom Regelmodellierer nicht erweitert werden. Eine INIT-Regel ist dann erfolgreich, wenn bei Ablauf- bzw. Spezialisierungs-Regelnetzen die zugeordnete Ablauf-Gattung existiert und wenn eventuelle Vorbesetzungen für Eingaberegister durchgeführt werden können, d.h. wenn das Register existiert und als Eingaberegister gekennzeichnet ist und die Vorbesetzungswerte mit den vom Register vorgegebenen Eigenschaften verträglich sind. In diesem Fall wird der durch die Regel gegebene Zielzustand erreicht, sonst wird die Abarbeitung des Regelnetzes als gescheitert betrachtet.

Im Beispiel führt die Regel 1 die Netzinitialisierung durch und erzeugt mit der implizit vorhandenen Aktion "create-registers" nach den Vorgaben der Ablauf-Gattung die Register "agent", "ort", "teil1", "teil2", "teil3" sowie ein Register für die Lebenszeit der herzuleitenden Ablauf-Ausprägung. Diese Register sind innerhalb des Regelnetzes frei zugänglich, können also über Aktionen und Tests manipuliert werden. Zusätzlich wird noch ein Register "result" angelegt, das aber lediglich vom Regelinterpretierer benutzt wird und sonst nicht zugänglich ist. Eventuelle Vorbesetzungen, die beim Aufruf des Regelnetzes angegeben werden (siehe auch SEEK-Regel), werden ebenfalls bei Ausführung dieser Aktion durchgeführt. Für unser Beispiel wäre es möglich, die Zielgattung des Attributs "agent" auf die Untergattung "Pkw" von "Fahrzeug" einzuschränken. Sind keine Vorbesetzungen angegeben, werden für Ablauf- und Spezialisierung-Regelnetze die Informationen aus dem Ablaufbereich übernommen.

– JUMP-Regel

Diese Regel dient dazu, Tests und Aktionen mit den in Registern vorhandenen Daten durchzuführen. Die auszuführenden Aktivitäten sind explizit durch den Modellierer vorzugeben. Sind keine Aktivitäten angegeben, so modelliert die JUMP-Regel einen spontanen Übergang vom Quellzustand in den Zielzustand. Sind Aktivitäten vorhanden, so wird in den Zielzustand übergegangen, wenn alle Tests erfolgreich durchgeführt wurden.

– GET (GET-NOT)-Regel

Diese Regel hat die Aufgabe, Daten über Gattungen und Objekt-Ausprägungen für eine spätere Bearbeitung innerhalb des Regelnetzes bereitzustellen. Neben Quell- und Zielzustand sowie den Aktivitäten wird zusätzlich der Zugriff auf den Datenbereich definiert. Diese Definition umfaßt die Beschreibung des auszuführenden Operators – ein GES-Operator oder der Selektionsoperator der AMS für Objekt-Ausprägungen – sowie einen Bezeichner, unter dem die zurückgelieferte Datenmenge zugänglich ist. Dieser Bezeichner steht für ein Ergebnisregister, das bei einer GET-Regel erzeugt wird. Die Ergebnisdatenmenge wird in ihrer Gesamtheit diesem Ergebnisregister der GET-Regel zugeordnet.

Eine Auswahl einzelner Daten aus dieser Menge findet bei der GET-Regel nicht statt. Das ist Aufgabe der LET-Regel. Ergebnisregister von GET-Regeln haben einen Sonderstatus unter den Registern, da auf ihnen keine Tests und Aktionen durchgeführt werden können.

Tests und Aktionen sind bei dieser Regel nur auf den bereits vorhandenen Registerwerten, aber nicht auf der zurückgelieferten Datenmenge im Ergebnisregister möglich. Der Grund ist wiederum in der noch nicht durchgeführten Auswahl zu finden. Die Aktivitäten werden vom Modellierer bestimmt.

Bei der Definition des Zugriffs auf den EPEX-Datenbereich können Bedingungen angegeben werden, die die zurückgelieferten Daten erfüllen müssen. Mögliche Bedingungen sind durch die bei den GES- und AMS-Operatoren erlaubten Angaben bestimmt. Um in diesen Beschreibungen auch aktuelle Registerwerte mit einbeziehen zu können, wird die Verwendung von Ausdrücken der Form (getregister registername) erlaubt, die erst expandiert werden, bevor der entsprechende Ausdruck an den Operator übergeben wird. Die Auswahlprädikate werden direkt im Datenbereich bei der Auswahl der Daten angewandt. Damit wird (zumindest teilweise) verhindert, daß Daten aus dem Datenbereich ins Netz geholt und dann erst dort durch Anwendung von Tests als nicht passend verworfen werden. Es ist deshalb auch nicht notwendig, direkt mit der GET-Regel Tests auf den einzelnen zurückgelieferten Daten auszuführen. Es bliebe lediglich ein Test, der den Umfang der Datenmenge überprüft. Dieser wird jedoch implizit bei der noch zu beschreibenden LET-Regel durchgeführt.

Mit einer GET-Regel kann also vom Quellzustand aus genau dann der Zielzustand erreicht werden, wenn mindestens ein Datum zurückgeliefert wurde und alle Tests erfolgreich waren. Bei der GET-NOT-Regel ist es dann der Fall, wenn kein Datum zurückgeliefert wurde (negation-by-failure), aber alle Tests erfolgreich waren.

In unserem Beispiel werden mit der Regel 2 Ausprägungen der Objekt-Gattung "Fahrzeug" für das Regelnetz besorgt, und zwar werden die Ausprägungen zusammen mit den Attribut-Ausprägungen der Attribute "lage" und "insasse" zurückgeliefert, und sind unter dem Ergebnisregister "fahrzeuge" für die weitere Bearbeitung durch LET-Regeln zugänglich. Als Ergebnis sind nur diejenigen Ausprägungen von "Fahrzeug" zulässig, für die mindestens eine Attribut-Ausprägung von "geschwindigkeit" ungleich null ist.

– SEEK (SEEK-NOT)-Regel

Diese Regel hat die Aufgabe, die Abarbeitung eines Ablauf-Regelnetzes oder eines Intern-Regelnetzes anzustoßen. Im Fall des Ablauf-Regelnetzes kann damit implizit auch der Zugriff auf Ablauf-Ausprägungen realisiert sein, die sich schon im Ablaufbereich befinden. Bei der SEEK-Regel wird zunächst, genau wie bei der GET-Regel, ein Ergebnisregister für die zurückzuliefernde Datenmenge angegeben. Darauf folgt der Bezeichner eines Regelnetzes, das angestoßen wird. Bei der SEEK-Regel kann außerdem eine Aufrufbedingung für das Regelnetz definiert werden. Beim Aufruf eines Ablauf-Regelnetzes besteht sie aus dem Selektions-Operator der AMS mit einem dort erlaubten Auswahlprädikat. Auch hier wird wieder die Verwendung von Ausdrücken (getregister registername) im Auswahlprädikat erlaubt, die zuerst geeignet expandiert werden. Wird ein Intern-Regelnetz aufgerufen, so besteht die Aufrufbedingung aus den aktuellen Ein- und Ausgabeparametern zu den Registern des aufgerufenen Netzes.

Die vom aufgerufenen Regelnetz zurückgelieferte Datenmenge wird wie bei der GET-Regel in einem bei der Regel erzeugten Ergebnisregister abgelegt, auf dem keine Tests und Aktionen durchgeführt werden können. Lediglich die LET-Regel kann darauf zugreifen. Aktivitäten, die sonstige Register betreffen, können bei der SEEK-Regel vom Modellierer angegeben werden.

Analog zur GET-Regel werden auch bei der SEEK-Regel Bedingungen angegeben, die direkt bei der Bereitstellung der Ergebnisdaten des aufgerufenen Netzwerks ausgewertet werden. Deshalb erübrigt sich auch bei der SEEK-Regel die Anwendung von Tests auf die zurückgelieferten Daten. Mit einer SEEK-Regel kann ausgehend von einem Quellzustand genau dann der Zielzustand erreicht werden, wenn mindestens ein Datum zurückgeliefert wurde und alle Tests erfolgreich waren. Bei der SEEK-NOT-Regel ist es entsprechend dann der Fall, wenn kein Datum zurückgeliefert wurde (negation-by-failure), aber alle Tests erfolgreich waren.

In unserem Beispiel wird mit der SEEK-Regel 4 nach Ablauf-Ausprägungen der Gattung "Ortsübergang" gefragt, die unter dem Bezeichner "ortsübergänge" für spätere Bearbeitungen zugänglich sein sollen. Das betreffende Ablauf-Regelnetz heißt "Netz-Ortsübergang". Zu jeder Ausprägung sollen auch die Attribut-Ausprägungen für "agent", "von-ort", "zu-ort" verfügbar sein. Es sind alle diejenigen Ausprägungen als Ergebnis zugelassen, deren Attribut-Ausprägungen von "agent" dieselben Zielindividuen enthalten wie die Ausprägungen im Register "agent" und für die mindestens eine Attribut-Ausprägung von "zu-ort" zur Gattung "Parkspur" gehört. Einzelne Ausprägungen dieser Menge werden später mit der LET-Regel ausgewählt.

– LET-Regel

Aufgabe der LET-Regel ist es, aus einer als linear geordnet betrachteten Datenmenge, die durch eine GET- oder SEEK-Regel bereitgestellt wurde, die als nächstes zu bearbeitenden Daten auszuwählen. Durch die Auswahlbedingung der Regel wird definiert, aus welcher Datenmenge wieviele Elemente ausgewählt werden sollen. So bedeutet die Angabe "fhz $\subseteq_1$ fahrzeuge" an der Regel 3 im Beispiel, daß eine einelementige Menge von Ausprägungen aus der Datenmenge "fahrzeuge" ausgewählt wird, "fhz $\subseteq_2$ fahrzeuge", daß zwei Ausprägungen ausgewählt werden usw. Zusätzlich kann noch angegeben werden, ob Elemente einer Menge, die schon bei einer anderen LET-Regel ausgewählt wurden, nicht mehr berücksichtigt werden. Beispielsweise würde durch "fhz' $\subseteq_1$ (fahrzeuge after fhz)" ein Element aus "fahrzeuge" ausgewählt, das nach dem für "fhz" ausgewählten in "fahrzeuge" vorkommt. Ein Iterationsschritt bei der Datenauswahl wird immer dann durchgeführt, wenn die Regel angewandt wird. Bei jedem Schritt des Rückfallverfahrens, bei dem die Regel erneut ausgewertet wird, werden die nächsten Daten ausgewählt.

Auch bei der LET-Regel wird ein Ergebnisregister mit dem bei ihr angegeben Bezeichner erzeugt. Im Gegensatz zu den anderen Ergebnisregistern, die durch die LET-Regel ausgewertet werden, wird das bei der LET-Regel erzeugte direkt bei der Regel und nur dort ausgewertet. Das bedeutet, daß die vom Modellierer definierten Tests und Aktionen bei der LET-Regel sowohl auf den ausgewählten Elementen im Ergebnisregister als auch mit den in anderen Registern vorhandenen Daten durchgeführt werden können. Der vom Quellzustand der LET-Regel erreichbare Zielzustand wird genau dann erreicht, wenn alle Tests erfolgreich durchgeführt wurden.

Bei der LET-Regel im Beispiel wird aus der Datenmenge "fahrzeuge", die durch die GET-Regel 2 bestimmt wurde, jeweils die nächste aus genau einer Ausprägung bestehende Menge ausgewählt. Diese ist unter "fhz" zugänglich und wird mit der Aktion "putregister" dem Register "agent" zugeordnet. Das nächste Element wird immer dann ausgewählt, wenn beim Rückfall (backtracking) die Regel erneut ausgewertet wird.

– SEND-Regel

Aufgabe einer SEND-Regel ist es, ein Regelnetz zu beenden und die erarbeiteten Ergebnisse weiterzureichen. Ergebnisse können nur dann erzeugt und weitergereicht werden, wenn alle vom Modellierer vorgegebenen Tests und Aktionen bei der SEND-Regel erfolgreich durchgeführt sind. Sind die Tests erfolgreich, so wird ein zur Regelnetzart passendes Ergebnis erzeugt.

Für ein Intern-Regelnetz werden die Werte derjenigen Register aufgesammelt, die als Ausgaberegister definiert wurden, und den bei der aufrufenden SEEK-Regel als Ausgabeparameter angegebenen Registern zugeordnet. Die Liste der Ausgabeparameter ist dann das an diese SEEK-Regel zu liefernde Ergebnis.

Bei einem Ablauf-Regelnetz wird aus den Werten derjenigen Register, die bei der INIT-Regel aus den Attributen der zugehörigen Ablauf-Gattung gebildet wurden, eine Ablauf-Ausprägung erzeugt. Mit dieser Ablauf-Ausprägung werden dann implizite Tests und Aktionen ausgeführt, die überprüfen, ob die Ausprägung der Ablauf-Gattung zugeordnet werden kann, und wenn ja, diese Zuordnung auch durchführen. Auf die gleiche Weise wird auch bei Spezialisierungs-Regelnetzen vorgegangen, allerdings sind andere implizite Tests und Aktionen beteiligt. Auf Einzelheiten wird im nächsten Abschnitt eingegangen. Die Aktivitäten zur Erzeugung und Zuordnung von Ausprägungen werden vom Regelinterpretierer automatisch bei einer SEND-Regel ausgeführt, der Modellierer braucht sich nicht um das Zusammenspiel zwischen Regelbereich und Ablaufbereich zu kümmern.

Bei ATN in ihrer ursprünglichen Form wird so vorgegangen, daß ein aufgerufenes Unternetz ein oder kein Ergebnis liefert und sich dann beendet. Beim Zugriff auf den Ablaufbereich in EPEX werden Datenmengen geliefert. Beim Zugriff auf Ablauf-Ausprägungen über eine SEEK-Regel soll es aber keinen Unterschied machen, ob die Ablauf-Ausprägungen gerade vom entsprechenden Regelnetz erzeugt werden oder schon im Ablaufbereich vorhanden sind. Um also keine Unterscheidung zwischen

Aufruf eines Ablauf-Regelnetzes und implizitem Zugriff auf den Ablaufbereich machen zu müssen, liefern Regelnetze Ergebnismengen zurück. Aus diesem Grund wird nach erfolgreichem Auswerten der SEND-Regel das zugehörige Netz nicht wie sonst bei ATN direkt verlassen, sondern es werden mit dem Rückfallverfahren weitere mögliche Ergebnisse erzeugt. Diese werden aufgesammelt und die gesamte Ergebnismenge wird dann zurückgeliefert, wenn das Rückfallverfahren keine weiteren Abarbeitungs-Alternativen findet.

Die Wirkungsweise einer SEND-Regel wird wiederum am Beispiel aufgezeigt. Durch die implizit vorhandene Aktion "create-instance" wird zunächst eine Ablauf-Ausprägung erzeugt, deren Attribut-Ausprägungen der Attribute "agent", "ort", "teil1", "teil2", "teil3" den entsprechenden Registern entnommen werden. Die Lebenszeit der erzeugten Ablauf-Ausprägung ist durch den Wert des Registers "lebenszeit" festgelegt. Mit dieser Lebenszeit werden die Lebenszeiten der Attribut-Ausprägungen geschnitten, das heißt, die Lebenszeit einer Attribut-Ausprägung ist höchsten so groß wie die Lebenszeit der Ablauf-Ausprägung. Diese Anpassung der Lebenszeiten der Attribut-Ausprägungen wird durch die Aktion "create-instance" ausgeführt. Für die so erzeugte Ablauf-Ausprägung wird überprüft, ob sie alle Bedingungen inklusive Strukturbedingungen, die bei der Ablauf-Gattung "Parkplatzsuchen" angegeben sind, erfüllt (Test "verify"). Ist dies der Fall, und existiert außerdem noch keine Ablauf-Ausprägung mit gleicher Lebenszeit, die genau die gleichen Attribut-Ausprägungen besitzt (Test "non-existing-in-database"), wird die Zuordnung der Ablauf-Ausprägung zur speziellsten Gattung durchgeführt (Aktion "classify") und ist danach im Ablaufbereich präsent. Verletzt die erzeugte Ablauf-Ausprägung Bedingungen der Gattung, der sie zugeordnet werden soll, ist die SEND-Regel nicht erfolgreich. Alle ausgeführten Aktionen werden rückgängig gemacht. Dies schließt auch die Erzeugung der Ablauf-Ausprägung ein.

Damit sind alle Beschreibungsmittel von EPEX-R vorgestellt. Mit ihnen ist es möglich, die Herleitung von Ablauf-Ausprägungen vorhandener Ablauf-Gattungen zu definieren. Bevor wir uns damit beschäftigen, wie die Zuordnung von erzeugten Ablauf-Ausprägungen zu Gattungen durch EPEX-R realisiert wird, noch eine Bemerkung zu den Ablauf-Regelnetzen.

Es gibt Ablauf-Gattungen, die lediglich der Strukturierung dienen. Das bedeutet, daß es für diese Gattungen keine Ablauf-Ausprägungen gibt, die nur diesen Gattungen zugeordnet sind. Ein Beispiel hierfür ist die Ablauf-Gattung "Episode", die lediglich alle als Episoden angesehenen Abläufe zusammenfaßt. Ein Ablauf-Regelnetz für eine solche Gattung besteht nur aus den Aufrufen der Ablauf-Regelnetze für die direkten Untergattungen. Der Zusammenhang ist im nächsten Bild dargestellt.

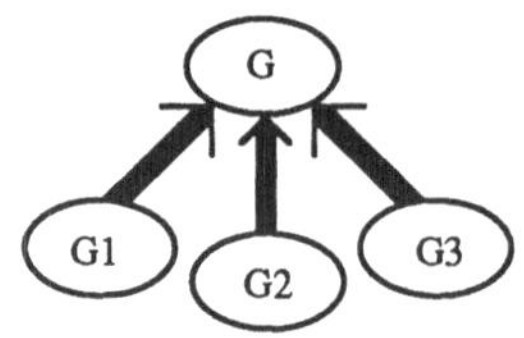

Netzname: Netz-G
    zugeordnete Ablauf-Gattungen: G

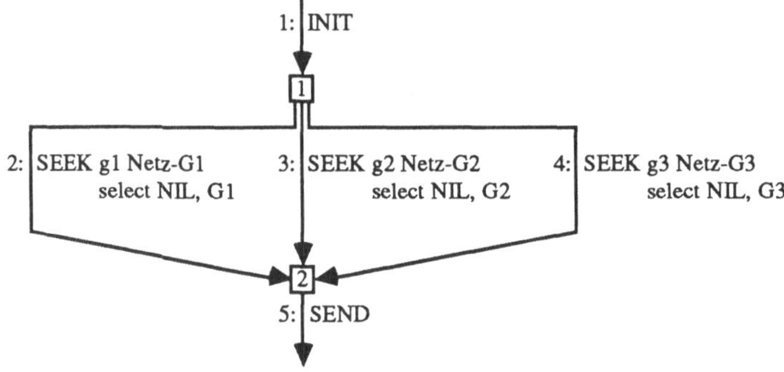

Bild 8.3.1_7: Ablauf-Regelnetz für Ablauf-Gattung, die nur zur Strukturierung dient

Um die Modellierung des Regelbereichs zu erleichtern, wird erlaubt, daß es Ablauf-Gattungen geben darf, die keinem Ablauf-Regelnetz zugeordnet sind. Für diese Gattungen wird angenommen, daß sie dem gerade geschilderten Sachverhalt entsprechen und daß damit die Ablauf-Regelnetze von der Form sind, wie sie im obigen Bild dargestellt ist. Diese "trivialen" Ablauf-Regelnetze werden vom System automatisch bei der Verträglichkeitsüberprüfung von Regel- und Ablaufbereich erzeugt.

8.3.2 Zuordnung von Ablauf-Ausprägungen

Eine Ablauf-Ausprägung wird zunächst immer dann erzeugt, wenn eine SEND-Regel ausgeführt wird, die zu einem Ablauf-Regelnetz gehört. Die zugehörigen Attribut-Ausprägungen werden den Registern entnommen, die den Attributen der dem Regelnetz zugeordneten generellsten Ablauf-Gattung entsprechen. Dieses Vorgehen gewährleistet, daß zumindest die Form der Ablauf-Ausprägung derjenigen der Gattung entspricht. Damit ist jedoch weder garantiert, daß die Ablauf-Ausprägung auch tatsächlich allen Bedingungen gerecht wird, die durch die Beschreibung der Ablauf-Gattung im Ablaufbereich verlangt werden, noch, daß es keine speziellere Ablauf-Gattung gibt, der die Ausprägung zugeordnet werden könnte. Beide Probleme haben ihren Ursprung darin, daß sich insbesondere Episoden durch die Möglichkeit der Varianten auszeichnen und einem Benutzer diese (externen) Varianten gegenwärtig sein müssen.

Varianten, die der Systemmodellierer als relevant für den Benutzer oder für eine spätere Weiterverarbeitung betrachtet (nach unserem Sprachgebrauch also die externen Varianten), und die damit dem Benutzer mit ihren Eigenschaften zugänglich sein müssen, werden in Form von Hierarchien von Ablauf-Gattungen im Ablaufbereich realisiert. Damit existieren Spezialisierungen. Würde man auf diese Darstellung verzichten und alle notwendigen Informationen über mögliche Ablauf-Gattungen nur im Regelbereich modellieren, so könnten Informationen über externe Varianten dem Benutzer nur über zusätzliche Systemkomponenten, wie Erklärungskomponenten, zugänglich gemacht werden (siehe auch Abschnitt 4.2). Diese Komponenten brauchen aber wiederum genau die gleiche Information, die dann möglicherweise nur implizit vorläge.

Interne Varianten eines Ablaufs, die zwar bei der Erzeugung einer Ausprägung eine Rolle spielen, die aber für eine spätere Weiterverarbeitung nicht mehr relevant sind, finden sich nur innerhalb des Regelbereichs, und sie werden alle durch eine Ablauf-Gattung im Ablaufbereich repräsentiert. Welche Varianten wie behandelt werden, liegt im Ermessen des jeweiligen Modellierers. Die Berücksichtigung interner Varianten erfordert nun, daß der Regelmodellierer Freiheit beim Aufbau der Regelnetze hat und insbesondere den Registern, deren Inhalt als Attribut-Ausprägungen einer zu erzeugenden Ablauf-Ausprägung verwendet werden, durch Aktionen im Prinzip beliebige Daten zuweisen kann. Damit ist jedoch nicht mehr automatisch sichergestellt, daß nur passende Ablauf-Ausprägungen generiert werden.

Bei der Zuordnung von Ablauf-Ausprägungen, die durch Regelnetze erzeugt wurden, sind damit zwei Aufgaben zu erfüllen. Es muß sichergestellt werden, daß die erzeugte Ausprägung auch tatsächlich zu der entsprechenden Ablauf-Gattung paßt, das heißt, allen dort angegebenen Bedingungen genügt. Und es muß gewährleistet werden, daß die Ablauf-Ausprägung den speziellsten Gattungen zugeordnet ist, was bedeutet, daß es keine Untergattungen geben darf, zu denen sie auch noch gehört.

Ziel der Zuordnung in EPEX ist es also, eine erzeugte Ablauf-Ausprägung an der richtigen Stelle im Ablaufbereich einzuordnen, falls sie den Vorgaben der dem Ablauf-Regelnetz beigeordneten Ablauf-Gattung oder einer ihrer Spezialisierungen aus dem Ablaufbereich genügt. Wir verwenden hierfür den Begriff *Klassifikation*. Mit der SEND-Regel ist eine implizite Aktion "classify" verbunden. Genügt die Ausprägung den Vorgaben nicht, so schlägt die Klassifikation und damit die SEND-Regel fehl. Zur Durchführung dieser Aufgabe benutzt die Klassifikation Operatoren der AMS und Spezialisierungs-Regelnetze. Die Bearbeitung sieht wie folgt aus.

Zunächst wird mit dem AMS-Operator def-ausprägung die Ablauf-Ausprägung versuchsweise der allgemeinsten Ablauf-Gattung zugeordnet, die zum Ablauf-Regelnetz gehört. Der verify-Operator der AMS überprüft dann, ob die Zuordnung legitim ist. Ist die Zuordnung erlaubt und existieren außerdem keine Spezialisierungen dieser Gattung (Aktion "classify"), wird die Zuordnung permanent. Im Fehlerfalle wird die Zuordnung rückgängig gemacht und die Klassifikation als nicht erfolgreich beendet.

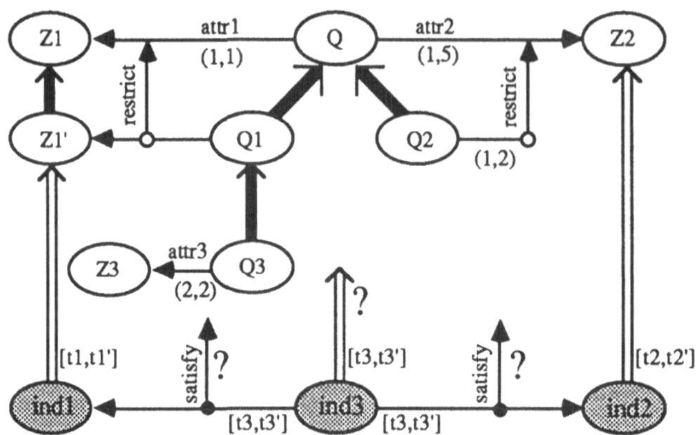

Bild 8.3.2_1: Zuordnung von Ausprägungen

Existieren Spezialisierungen, so wird analog zur Struktur in der Generalisierungshierarchie für jede dieser Gattungen die Zuordnung der Ablauf-Ausprägung versuchsweise durchgeführt und überprüft. Dabei wird so vorgegangen, daß jeder Ast in der Teilhierarchie soweit verfolgt wird, bis entweder keine weitere Spezialisierung existiert oder die Zuordnung fehlschlägt. Die Ausprägung wird dann der Gattung permanent zugeordnet, bei der die Zuordnung zuletzt erfolgreich war. Für die Ausprägung (ind3, [t3,t3']) im obigen Bild ist die Überprüfung für die Gattungen Q, Q1 und Q2 erfolgreich, bei Q3 scheitert sie. Da sich Q1 und Q2 in zwei verschiedenen Ästen befinden, wird ind3 beiden Gattungen zugeordnet, ind3 ist außerdem über die Generalisierungshierarchie natürlich auch Q zugeordnet.

Die Überprüfung einer möglichen Zuordnung von Ablauf-Ausprägungen zu spezielleren Ablauf-Gattungen wird von Spezialisierungs-Regelnetzen durchgeführt. Ein Spezialisierungs-Regelnetz ist genau einer Ablauf-Gattung zugeordnet, für die die Möglichkeit der Zuordnung überprüft wird.

Stehen zwei Gattungen in der Generalisierungsbeziehung zueinander, so unterscheidet sich die speziellere von der anderen dadurch, daß Merkmale von Attributen verschärft werden oder daß weitere Attribute hinzukommen. Sind zusätzliche Attribute vorhanden, muß die zunächst erzeugte Ablauf-Ausprägung entsprechend ergänzt werden, bevor die versuchsweise Zuordnung zur spezielleren Gattung erfolgen kann. Im Beispiel aus dem letzten Bild müssen Individuen von Z3 besorgt werden, die als Attribut-Ausprägungen des Attributs attr3 für ind3 dienen.

Die Bearbeitung von Ablauf- und Spezialisierungs-Regelnetzen ist bis auf zwei Stellen identisch. Der Unterschied besteht darin, daß bei der INIT-Regel die Register mit den Attribut-Ausprägungen der gerade untersuchten Ablauf-Ausprägung vorbesetzt werden, und daß bei der SEND-Regel zwar die Zuordnung verifiziert (Test "verify"), aber keine Klassifikation durch die implizite Aktion "classify" angestoßen wird. Ist ein Spezialisierungs-Regelnetz erfolgreich, d.h. die Zuordnung ist erlaubt, wird als Ergebnis die erweiterte Ablauf-Ausprägung zurückgeliefert. Die durch eine SEND-Regel eines Ablauf-Regelnetzes angestoßene Klassifikation arbeitet dann mit dieser Variante der Ausprägung weiter.

Spezialisierungs-Regelnetze können genauso komplex sein wie andere Regelnetze. Sie können aber auch sehr einfach sein, und zwar dann, wenn bei der spezielleren Gattung keine weiteren Attribute hinzukommen. Dann genügt es im Prinzip, ein Regelnetz lediglich mit INIT- und SEND-Regel zu erstellen. Solche Spezialisierungs-Regelnetze brauchen nicht vom Regelmodellierer erstellt zu werden, sie können automatisch vom System erzeugt werden. Diese Art der Spezialisierungs-Regelnetze wird immer dann angenommen, wenn für eine speziellere Gattung kein Regelnetz vom Modellierer definiert wurde.

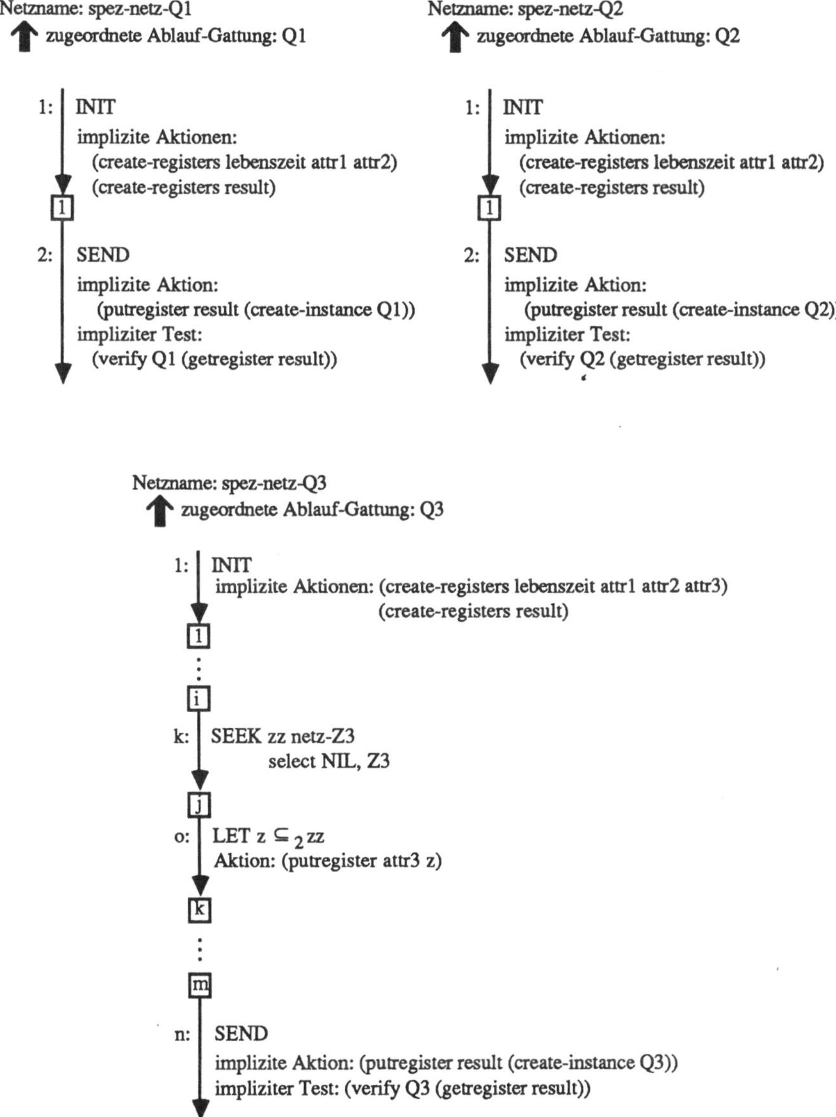

Bild 8.3.2_2: Spezialisierungs-Regelnetze zur Hierarchie aus Bild 8.3.2_1

Im obigen Bild sind mögliche Spezialisierungs-Regelnetze für die zuvor gezeigte Beispielhierarchie dargestellt. Für die Gattungen Q1 und Q2 bestehen die Spezialisierungs-Regelnetze jeweils aus INIT- und SEND-Regel. Bei der Initialisierung wird direkt überprüft, ob die Attribut-Ausprägungen auch den Register- (sprich Attribut-)Vorgaben entsprechen, also z.B. ob sie auch zur erwarteten Gattung gehören. Nur wenn dies der Fall ist, wird die SEND-Regel ausgeführt und damit die Verifizierung angestoßen. Das Spezialisierungs-Regelnetz spez-netz-Q3 zur Gattung Q3 ist komplizierter aufgebaut, da dieses Attribut-Ausprägungen für attr3 herleiten muß (im Beispiel genau zwei). Wird das Spezialisierungs-Regelnetz spez-netz-Q3 für die Ausprägung (ind3, [t3,t3']) erfolgreich ausgeführt, dann existieren jetzt für ind3 zwei Attribut-Ausprägungen von attr3. In diesem Fall würde ind3 den Gattungen Q3 und Q2 zugeordnet.

8.4 Ergänzung von Ablauf-Ausprägungen mit EPEX-R

Die Bildfolge, die der aktuellen Auswertung zugrunde liegt, kann immer nur einen zeitlich und räumlich begrenzten Ausschnitt beinhalten. Dies hat zur Folge, daß es Ablauf-Ausprägungen geben kann, die sich nicht vollständig aus den Daten einer Bildfolge extrahieren lassen. Entweder liegt dann der Anfang bzw. das Ende eines solchen Ablaufs außerhalb des vorgegebenen Zeitrahmens oder aber er findet außerhalb des sichtbaren Bereiches statt. Zusätzlich können auch noch Verdeckungen auftreten, so daß an Abläufen beteiligte Objekte nicht die gesamte für den Ablauf relevante Zeit sichtbar sind.

Ein charakteristisches Merkmal von Episoden ist es nun, daß man Aussagen darüber machen kann, wie noch fehlende Teile einer unvollständig extrahierten Ablauf-Ausprägung beschaffen sein müßten, damit eine vollständige Ablauf-Ausprägung zu einer bestimmten Gattung entsteht. Dabei wird davon ausgegangen, daß der größte Teil des Ablaufs bereits hergeleitet wurde, so daß es genügend Evidenz dafür gibt, daß der herzuleitende Ablauf auch wirklich zur angenommenen Ablauf-Gattung gehört. Ausgehend von den gesicherten Fakten werden dann weitere (hypothetische) Fakten abgeleitet, deren Richtigkeit nicht mehr durch das Bildmaterial gegeben ist. Sie ergeben sich lediglich aus Plausibilitäts-annahmen.

Die hypothetische Ergänzung entspricht einem Phänomen, das in der KI unter dem Namen "default reasoning" bekannt ist. Grundlagenarbeiten dazu sind [Reiter 80] und [Etherington 87a], die sich mit der Erweiterung der Prädikatenlogik um zusätzliche "default rules" beschäftigen, die keine logischen Konsequenzen, sondern plausible Zusatzannahmen aus gegebenen Formeln ableiten, ohne dabei Wider-sprüche zu erzeugen. Die Ergebnisse auf diesem Gebiet sind bei weitem noch nicht abgeschlossen, wie man an der Vielzahl von neueren Arbeiten dazu erkennt [Etherington 87b], [Bidoit und Froidevaux 88], [Delgrande 88], [Dubois und Prado 88], [Konolige 88], [Morris 88], [Pearl 88], [Poole 88]. Diese Arbeiten basieren auf der Prädikatenlogik. Für einen eventuellen Einsatz in EPEX müßte erst noch die Übertragung auf die Temporallogik untersucht werden, was über den Rahmen dieser Arbeit weit hinausgehen würde.

Wir beschränken unsere Untersuchung deshalb darauf, wie und wann hypothetische Ergänzungen mit den in EPEX-F und EPEX-R bereitgestellten Mitteln möglich sind und für welche Bestandteile von Ablauf-Ausprägungen eine Ergänzung überhaupt sinnvoll ist. Das Problem der hypothetischen Ergänzungen ist in EPEX dadurch etwas abgemildert, daß vorausgesetzt ist, daß Änderungen bei den Objekt-Ausprägungen stets zur Löschung sämtlicher hergeleiteter Ablauf-Ausprägungen führen (siehe Abschnitt 9.3), so daß zumindest keine Widersprüche zwischen hypothetischen und später aus Objekt-Ausprägungen hergeleiteten Daten entstehen.

In dieser Arbeit ist zwischen externen und internen Varianten von Gattungen unterschieden worden. Die externen Varianten sind diejenigen, die im Ablaufbereich explizit dargestellt sind, und die für einen Benutzer auch unterscheidbar sind. Interne Varianten dagegen spielen nur bei der Herleitung eine Rolle, und sind danach nicht mehr unterscheidbar. Ergänzungen von Daten durchzuführen, die nicht als Teil des Ergebnisses einer hergeleiteten Ablauf-Ausprägung verwendet werden und somit auch für einen Benutzer nicht weiter interessant sind, erscheint wenig sinnvoll. Ergänzungen werden in EPEX deshalb nur für Attribute von Ablauf-Gattungen durchgeführt, deren Zielgattung ein Ablauf ist, wobei die Merkmale der Attribute auch die Form einer Ergänzung bestimmen.

Die hypothetische Ergänzung zu einer Ablauf-Ausprägung kann nur bezogen auf diese durchgeführt werden. Können beispielsweise zu einer Ablauf-Ausprägung der Gattung "Parkplatzsuchen" keine Individuen extrahiert werden, die Zielindividuen des Attributs "Aussteigen" sein können, so müssen die Ergänzungen so beschaffen sein, daß sie Insassen des beteiligten Fahrzeugs als Agenten heranziehen und als Ort den Standort dieses Fahrzeugs benutzen. Die angeführten Bedingungen entsprechen in etwa denen, die als Strukturbedingungen zu Ablauf-Gattungen im Ablaufbereich anzutreffen sind.

Die Randbedingungen, die mindestens bei der Erzeugung berücksichtigt werden müssen, sind also durch die Strukturbedingungen und die Merkmale der Attribute der Ablauf-Gattung definiert. Da auch genau diese Angaben für einen Benutzer wesentlich sind und auch bei einer Weiterverarbeitung berücksichtigt werden, genügt es für unsere Zwecke, bei der Erzeugung einer Ergänzung diese Bedingungen zu berücksichtigen. Dies hat außerdem den Vorteil, daß nur eine Beschreibung, nämlich die innerhalb des Begriffsgraphen, notwendig ist und auf weitere verzichtet werden kann.

Eine hypothetische Ergänzung zu einer Ablauf-Ausprägung muß während der Herleitung dieser Ausprägung erzeugt werden, da beim impliziten Test "verify" und bei der Aktion "classify" bei einer SEND-Regel stets von vollständigen Ablauf-Ausprägungen ausgegangen wird. Die Frage, die sich nun stellt ist, wann die Ergänzungen erzeugt werden und wie bestimmt wird, daß Ergänzungen erzeugt werden können.

Zunächst einmal ist die Entscheidung, wann genügend Information über einen Ablauf bekannt ist, um ihn als zu einer Ablauf-Gattung gehörig betrachten zu können, subjektiv. Damit kann eine solche Entscheidung nicht automatisch erfolgen, sondern muß vom Modellierer der Regeln für die Herleitung getroffen werden. Entscheidet der Modellierer, daß die (unvollständige) Information ausreicht, können dann die notwendigen Ergänzungen durchgeführt werden. Der Modellierer muß in unserem Fall also die Herleitung von Ergänzungen veranlassen.

Die Entscheidung darüber, wann die Ergänzungen innerhalb eines Regelnetzes erzeugt werden können, muß die Arbeitsweise des Regelinterpretierers und die Zuordnung von Ausprägungen zu Gattungen berücksichtigen. Die Individuen, die als Attribut-Ausprägungen für die gerade hergeleitete Ablauf-Ausprägung fungieren, sind entweder aus dem Objektbereich und dann vor Beginn der Herleitung schon zugeordnet, oder aber sie sind aus dem Ablaufbereich und dann über andere Regelnetze jeweils bei SEND-Regeln den Gattungen zugeordnet worden. Alle Attribut-Ausprägungen sind also als Ausprägungen im Objekt- oder Ablaufbereich präsent. Dies gilt jedoch noch nicht für die neu zu erzeugenden Ergänzungen. Werden Ergänzungen generiert, so müßten sie eigentlich im Ablaufbereich zugeordnet werden, um eine einheitliche Behandlung von Attribut-Ausprägungen zu gewährleisten. Da die Ergänzungen aber spezifisch für die gerade herzuleitende Ablauf-Ausprägung sind, dürfen sie genaugenommen nur dann existieren, wenn die aktuelle Ausprägung auch wirklich zugeordnet werden kann. Im anderen Fall müßten sie wieder gelöscht werden. Dies kann aber geordnet nur geschehen, wenn dabei das den Regeln zugrunde liegende Rückfallverfahren eingehalten wird. Das heißt, daß die Ergänzungen immer dort zurückgenommen werden müssen, wo sie auch erzeugt wurden.

Das aufgezeigte Problem tritt nicht nur bei hypothetischen Ergänzungen auf, sondern immer dann, wenn Änderungen im Ablaufbereich durchgeführt werden. In EPEX dürfen Ablauf-Ausprägungen nur über die Regeln erzeugt und eingefügt werden. Über die Regeln und die von ihnen benutzten AMS-Operatoren muß damit auch die Konsistenz bezüglich der Begriffsgraphen gewährleistet werden – die totale Konsistenz ist bei Beginn der Herleitung von Ablauf-Ausprägungen vorausgesetzt. Zumindest für vollständig hergeleitete Ausprägungen kann dies mit der SEND-Regel verknüpft werden, da an dieser Stelle eine komplette Ausprägung mit "def-ausprägung" zugeordnet wird und dann auch ein "commit" möglich ist. Würde bei der Ausführung anderer Regeln eine Veränderung im Ablaufbereich durchgeführt, ohne die totale Konsistenz herzustellen, könnte es passieren, daß danach über einen SEEK-Übergang andere Regelnetze aktiviert würden, die ihre Ablauf-Ausprägungen aus diesem inkonsistenten Datanbankzustand herleiten müßten. Also kann die Konvention nur sein, daß keine Transaktion mehr als eine Regelanwendung umfassen darf.

Um zu gewährleisten, daß beim Scheitern einer Regel oder beim Rückfallverfahren alle Veränderungen, die durch diese Regel durchgeführt wurden, auch wieder rückgängig gemacht werden, wird die explizite Verwendung von Änderungsoperatoren der AMS durch den Regelmodellierer verboten. Sie dürfen nur in speziellen vom System vorgegebenen Aktionen und Tests benutzt werden.

Dem Regelmodellierer wird für die hypothetische Ergänzung eine Aktion "complete" zur Verfügung gestellt, die für ein angegebenes Attribut der betroffenen Gattung passende Ablauf-Ausprägungen erzeugt. Diese Aktion verwendet dazu die Daten, die sich in den Registern des Regelnetzes befinden sowie die bei der Ablauf-Gattung definierten Strukturbedingungen, soweit die Prädikate zu den vom

EPEX-System vorgegebenen gehören. Die Einschränkung ist notwendig, da nur für vordefinierte Prädikate entsprechende Aktionen zur Erzeugung von Daten bereitgestellt werden können. Fehlen Daten für die Erzeugung einer hypothetischen Ausprägung, so werden diese durch "UNKNOWN"-Angaben ersetzt. Sind Bedingungen für die Erzeugung nicht eindeutig, beispielsweise die Anzahl der Attribut-Ausprägungen, so wird die allgemeinste (im Falle der Zielgattung) oder kleinste Lösung (im Falle der Kardinalität) gewählt.

Hypothetisch erzeugte Ablauf-Ausprägungen werden wie alle anderen Ausprägungen einer Ablauf-Gattung zugeordnet, und sind damit im Ablaufbereich vorhanden. Allerdings wird diese hypothetische Ablauf-Ausprägung nur in dem Kontext verwendet, in dem sie erzeugt wurde, d.h. sie dient nur zur Ergänzung einer speziellen Ablauf-Ausprägung und kann damit nur indirekt – nämlich über die ergänzte Ablauf-Ausprägung – an weiteren Abläufen beteiligt sein. Die hypothetische Ablauf-Ausprägung wird durch ein zusätzliches Merkmal "Hypothese" gekennzeichnet, das die Herkunft erläutert. Ansonsten wird eine hypothetische Attribut-Ausprägung genau wie andere Attribut-Ausprägungen behandelt.

Mit dem vorgestellten Mechanismus lassen sich also Aussagen über mögliche Fortsetzungen eines Ablaufs machen, die sich an den Gegebenheiten dieses speziellen Ablaufs orientieren. Damit können nun alle drei Aufgaben des Regelbereichs – Herleitung von Ablauf-Ausprägungen; Zuordnung von Ablauf-Ausprägungen zu Gattungen; Ergänzung von unvollständig hergeleiteten Ablauf-Ausprägungen – behandelt werden. Wie Regeln definiert und verändert werden und welche vordefinierten Aktionen und Tests bereitstehen, beschreibt das nächste Kapitel.

9. Realisierung von EPEX-R

Nachdem die Beschreibungsmittel der Darstellungsform für die Regeln festgelegt sind, geht es nun um ihre konkrete Umsetzung in geeignete Operatoren zur Definition und Verwaltung von Regeln. Die Operatoren werden in der *Regel-Definitions-Sprache* (RDS) zusammengefaßt, englisch rule definition language (RDL).

Die Erstellung des Regelbereichs mit der RDS erfolgt unabhängig von der Erstellung des Objekt- und Ablaufbereichs. Die RDS-Operatoren können dementsprechend auch nur Zusammenhänge zwischen Regeln wirklich überprüfen und dafür sorgen, daß die Konsistenz bezüglich der im letzten Kapitel aufgestellen Bedingungen für Regeln gewährleistet ist, also innerhalb des Regelbereichs. Analog gilt für die GDS- und AMS-Operatoren, daß sie nur die Konsistenz bezüglich der durch EPEX-F gegebenen Bedingungen gewährleisten können, also innerhalb des Ablauf- und Objektbereichs.

Die Verträglichkeit zwischen den verschiedenen Bereichen zu gewährleisten, kann nicht Aufgabe der jeweiligen Operatoren der beteiligten Sprachen sein, sondern sie muß vom Gesamtsystem garantiert werden. Auf diese Problematik gehen wir am Schluß dieses Kapitels ein. Zunächst werden nun aber die Operatoren der RDS vorgestellt.

9.1 Die Regel-Definitions-Sprache (RDS)

Der initiale Zustand für den Regelbereich besteht aus der leeren Regelmenge. Dieser Zustand kann durch die Operatoren der RDS schrittweise verändert werden, wobei nach jedem Schritt die partielle Konsistenz gewährleistet ist. Diese besteht darin, daß jede Regel, jedes Register und jeder Zustand zu genau einem Regelnetz gehört. Angaben, die mit dem Ablaufbereich zusammenhängen, werden nicht überprüft. Würde eine Operation zur Verletzung der partiellen Konsistenz führen, so scheitert sie, läßt aber den Ausgangszustand unverändert. Die totale Konsistenz des Regelbereichs erfordert darüber hinaus, daß jede Regel eines Netzes von der INIT-Regel des Netzes und daß von jeder Regel des Netzes eine SEND-Regel erreichbar sein muß und daß jedes bei einer SEEK-Regel aufgerufene Regelnetz auch definiert ist. Die totale Konsistenz wird durch spezielle Operatoren zum Transaktionsabschluß gesichert. Die Verträglichkeit mit dem Ablaufbereich bleibt auch hier unberücksichtigt.

def-regelnetz N, "ABLAUF", G_1, ...
    N: neuer Bezeichner für ein Regelnetz
    G_i: Ablauf-Gattung

erklärt N zum Namen eines neuen Ablauf-Regelnetzes, dem die Ablauf-Gattungen G_i zugeordnet sind. Die Operation scheitert, wenn N bereits als Bezeichner für ein Regelnetz vergeben ist oder wenn nicht

mindestens eine Ablauf-Gattung zugeordnet wurde. Die Existenz der Ablauf-Gattungen im Begriffsgraphen wird hier nicht überprüft.

def-regelnetz N, "SPEZIALISIERUNG", G

    N: neuer Bezeichner für ein Regelnetz

    G: Ablauf-Gattung

erklärt N zu einem Spezialisierungs-Regelnetz, dem die Ablauf-Gattung G zugeordnet ist. Die Operation scheitert, wenn bereits ein Regelnetz mit gleichem Bezeichner existiert oder wenn nicht genau eine
Ablauf-Gattung zugeordnet ist. Die Existenz von G im Begriffsgraphen wird nicht überprüft.

def-regelnetz N, "INTERN"

    N: neuer Bezeichner für ein Regelnetz

erkärt N zu einem neuen Intern-Regelnetz. Die Operation scheitert, wenn ein anderes Regelnetz mit
gleichem Namen existiert.

def-register Reg, N, Registerart, Registerverwendung

    Reg: neuer Bezeichner eines Registers

    N: definiertes Regelnetz

    Registerart: Gattungshierarchie, Gattungsattribut, Strukturbedingung, Ausprägung oder
                              Frei-Definierbar

    Register-

    verwendung: Eingabe, Ausgabe, Ein/Ausgabe oder Intern

definiert ein Register Reg als neues Register für das Regelnetz N. Durch die Registerart wird die
Struktur des Registers festgelegt, durch Registerverwendung die Art und Weise, wie es innerhalb des
Regelnetzes benutzt wird. Bei Ablauf- und Spezialisierungs-Regelnetzen darf die Registerverwendung
nur "Intern" sein. Die Operation scheitert, wenn kein Regelnetz namens N definiert ist oder wenn Reg
bereits innerhalb des Regelnetzes verwendet wurde oder wenn die Angaben bei Registerart und
Registerverwertung nicht mit den möglichen Werten übereinstimmen bzw. bei Ablauf- und
Spezialisierungs-Regelnetzen die Registerverwendung $\neq$ "Intern" ist.

Register, die Attributen von Ablauf-Gattungen entsprechen, werden implizit durch den Regelinterpretierer erzeugt und damit nicht mit def-register durch den Regelmodellierer. Zur Unterstützung des
Modellierers wird ein Operator «get-ablauf-register G» bereitgestellt, der Information über die Attribute
der Gattung G liefert. Damit kann der Modellierer feststellen, welche Register er bei Aktionen und Tests
verwenden kann.

Im folgenden werden verschiedene Varianten des Operators def-regel vorgestellt, die abhängig von der Regelart sind (wobei GET-NOT analog zu GET und SEEK-NOT analog zu SEEK ist, aber durch "negation as failure" behandelt wird).

def-regel R, N, "INIT", Zielzustand

R:	neuer Bezeichner einer Regel
N:	Bezeichner eines Regelnetzes
Zielzustand:	Bezeichner eines Zustands

erklärt R zum Namen der INIT-Regel des Regelnetzes N mit erreichbarem Zustand Zielzustand. Der Regel werden alle Register zugeordnet, die mit def-register für das Regelnetz definiert wurden. Die Operation scheitert, wenn das Regelnetz nicht existiert oder wenn der Bezeichner von Zielzustand schon als Zustand in einem anderen Regelnetz verwendet wurde.

def-regel R, N, "JUMP", Quellzustand, Zielzustand, Aktivitäten

R:	neuer Bezeichner einer Regel
N:	Bezeichner eines Regelnetzes
Quellzustand:	Bezeichner eines Zustands
Zielzustand:	Bezeichner eines Zustands
Aktivitäten:	Tests und Aktionen

erklärt R zu einer JUMP-Regel des Regelnetzes N mit angegebenem Quell- und Zielzustand. Aktivitäten bestimmt die bei der Regel auszuführenden Tests und Aktionen. Dies können vordefinierte oder auch vom Modellierer in einer eingebetteten Programmiersprache definierte Aktivitäten sein. Eine Überprüfung der Aktivitäten an dieser Stelle ist deshalb nicht möglich. Die Operation scheitert, wenn das Regelnetz noch nicht definiert wurde oder wenn R schon für eine andere Regel desselben Regelnetzes verwendet wurde. Außerdem dürfen Quellzustand und Zielzustand nicht in anderen Regelnetzen benutzt worden sein.

def-regel R, N, "GET", Quellzustand, Zielzustand, Aktivitäten,
      Datenname, GES/AMS-Zugriffsoperation

R:	neuer Bezeichner einer Regel
N:	Bezeichner eines Regelnetzes
Quellzustand:	Bezeichner eines Zustands
Zielzustand:	Bezeichner eines Zustands
Aktivitäten:	Tests und Aktionen
Datenname:	Bezeichner für Ergebnisregister

erklärt eine GET-Regel mit Zugriffsoperator GES/AMS-Zugriffsoperation, der bestimmt, welche Daten beschafft werden. Unter Datenname sind diese Daten zugänglich. Für die GET-Regel gelten ansonsten die gleichen Bedingungen wie bei der JUMP-Regel. Die Operation scheitert zusätzlich, wenn Datenname schon als Bezeichner für zu beschaffende Daten bei einer anderen GET- oder SEEK-Regel des gleichen Regelnetzes vorkommt oder wenn der Zugriffsoperator nicht ein GES-Operator oder der Select-Operator der AMS ist. Die bei den Operatoren angegebenen Bedingungen müssen bis auf zusätzlich erlaubte Ausdrücke "getregister" syntaktisch den Vorgaben der Operatoren entsprechen.

Die Operation zur Erzeugung einer Regel der Art "GET-NOT" ist analog zu der für "GET".

def-regel R, N, "SEEK", Quellzustand, Zielzustand, Aktivitäten,
       Subnetz, Datenname, AMS-Selektionsoperation

R:	neuer Bezeichner einer Regel
N:	Bezeichner eines Regelnetzes
Quellzustand:	Bezeichner eines Zustands
Zielzustand:	Bezeichner eines Zustands
Aktivitäten:	Tests und Aktionen
Subnetz:	Bezeichner eines Ablauf-Regelnetzes
Datenname:	Bezeichner für Ergebnisregister

definiert eine SEEK-Regel, die das Ablauf-Regelnetz Subnetz anstößt. Für R, N, Quellzustand, Zielzustand, Aktivitäten, Datenname und den Select-Operator gelten die gleichen Bedingungen wie bei der GET-Regel.

def-regel R, N, "SEEK", Quellzustand, Zielzustand, Aktivitäten,
       Subnetz, Datenname, Aktuelle Ein/Ausgabe-Register

R:	neuer Bezeichner einer Regel
N:	Bezeichner eines Regelnetzes
Quellzustand:	Bezeichner eines Zustands
Zielzustand:	Bezeichner eines Zustands
Aktivitäten:	Tests und Aktionen
Subnetz:	Bezeichner eines Intern-Regelnetzes
Datenname:	Bezeichner für Ergebnisregister

definiert eine SEEK-Regel, die das Intern-Regelnetz Subnetz anstößt. Mit Aktuelle Ein/Ausgabe-Register werden Register des anstoßenden und des angestoßenen Regelnetzes einander zugeordnet, ähnlich zu den Parametern bei Prozeduraufrufen in gängigen Programmiersprachen. Die Zuordnung wird hier aber nicht überprüft.

Die Operation zur Erzeugung einer Regel der Art "SEEK-NOT" ist analog zu der für "SEEK".

def-regel R, N, "LET", Quellzustand, Zielzustand, Aktivitäten, Auswahlbedingung

R:	neuer Bezeichner einer Regel
N:	Bezeichner eines Regelnetzes
Quellzustand:	Bezeichner eines Zustands
Zielzustand:	Bezeichner eines Zustands
Aktivitäten:	Tests und Aktionen
Auswahl- bedingung:	Datenname1 $\in$ Datenname2,

$$\text{Datenname1} \subseteq_1 \text{Datenname2},$$
$$\text{Datenname1} \subseteq_2 \text{Datenname2}, \ldots$$
$$\text{Datenname1} \subseteq_1 (\text{Datenname2 after Datenname3}), \ldots$$

definiert eine neue Regel der Art LET mit den üblichen Regelbedingungen. Zusätzlich wird mit Auswahlbedingung bestimmt, aus welcher bei einer GET- oder SEEK-Regel beschafften Datenmenge Daten ausgewählt werden, wieviele Daten dies sind und ob schon ausgewählte Daten dabei berücksichtigt werden. Die erste Auswahlbedingung bedeutet, daß aus Datenname2 ein Element ausgewählt und als Ergebnis geliefert wird, im Gegensatz zur zweiten Auswahlbedingung, wo das Ergebnis eine einelementige Menge ist. Entsprechend können auch mehrelementige Mengen ausgewählt werden. Die letzte angeführte Auswahlbedingung gibt an, daß aus Datenname2 eine einelementige Menge geliefert wird. Das ausgewählte Element muß innerhalb der in Datenname2 bestehenden Ordnung nach den Elementen von Datenname3 auftreten.

def-regel R, N, "SEND", Quellzustand, Aktivitäten

R:	neuer Bezeichner einer Regel
N:	Bezeichner eines Regelnetzes
Quellzustand:	Bezeichner eines Zustands
Aktivitäten:	Tests und Aktionen

definiert eine neue SEND-Regel mit den üblichen Bedingungen, wobei hier nur der Quellzustand erforderlich ist.

Die bisherigen Operatoren sind Erzeugungsoperatoren, mit denen der Regelbereich aufgebaut wird. Nun folgen Operatoren, die Veränderungen an bestehenden Regelnetzen ermöglichen. Auch mit diesen wird nur eine partielle Konsistenz gewährleistet.

delete-register Reg, N

Reg:	Bezeichner eines Registers
N:	Bezeichner eines Regelnetzes

entfernt das Register Reg aus der Menge der zum Regelnetz N gehörenden Register und gibt den Bezeichner wieder frei.

delete-regel R, N

    R: Bezeichner einer Regel

    N: Bezeichner eines Regelnetzes

entfernt die Regel R, die zum Regelnetz N gehört, und gibt den Bezeichner frei.

delete-regelnetz N

    N: Bezeichner eines Regelnetzes

entfernt das Regelnetz N aus dem Regelbereich und macht den Bezeichner anderweitig verfügbar. Die Operation scheitert, wenn noch Regeln und Register zu diesem Regelnetz existieren.

Mit den nächsten Operatoren lassen sich schon erzeugte Regelnetze und Regeln verändern.

rename-regelnetz N, N'

    N: Bezeichner eines Regelnetzes

    N':   neuer Bezeichner eines Regelnetzes

Alle Regeln und Register, die zum Regelnetz mit Bezeichner N gehören, sind nach Operationsende dem Regelnetz mit dem neuen Bezeichner zugeordnet. Wird N bei einer SEEK-Regel verwendet, wird der Name entsprechend angepaßt. Der Bezeichner N ist dann anderweitig verfügbar. Die Operation scheitert, wenn der neue Bezeichner bereits für ein Regelnetz verwendet wurde.

rename-regel R, N, R'

    R, R':   Bezeichner einer Regel

    N: Bezeichner eines Regelnetzes

benennt R in R' um und gibt den alten Bezeichner frei. Die Operation scheitert, wenn R' schon für eine Regel des Regelnetzes N verwendet wurde.

rename-register Reg, N, Reg'

    Reg, Reg':   Bezeichner einer Regel

    N: Bezeichner eines Regelnetzes

benennt Reg in Reg' um und gibt den alten Bezeichner frei. Die Operation scheitert, wenn Reg' schon für ein Register des Regelnetzes N verwendet wurde.

update-regelnetz N, $G_1, \ldots$

    N: Bezeichner eines Regelnetzes

    G_i: Bezeichner einer Ablauf-Gattung

verändert beim Ablauf- oder Spezialisierungs-Regelnetz N die zugeordneten Ablauf-Gattungen. Die Operation scheitert, wenn für ein Ablauf-Regelnetz nicht mindestens eine Ablauf-Gattung, für ein Spezialisierungs-Regelnetz nicht genau eine Ablauf-Gattung zugeordnet ist. Die Änderung des Netznamens N muß mit rename-regelnetz durchgeführt werden. Die Existenz der Ablauf-Gattungen wird nicht überprüft.

update-register Reg, N, Registerart, Registerverwendung
    Reg: definiertes Register
    N: definiertes Regelnetz

ändert die Registerart und/oder die Verwendung von Reg innerhalb des Regelnetzes N. Die Operation scheitert, wenn bei einem Ablauf- oder Spezialisierungs-Regelnetz die Verwendung nicht "Intern" ist.

update-regel R, N, Quellzustand, Zielzustand, Aktivitäten,
                Subnetz, Datenname, Aufrufbedingung
    R: definierte Regel
    N: definiertes Regelnetz

verändert die Merkmale Quellzustand, Zielzustand, Aktivitäten, Subnetz, Datenname, Aufrufbedingung der Regel R. Abhängig von der Regelart können unterschiedliche Merkmale verändert werden. Die Operation scheitert, wenn eine der Bedingungen, die bei den Varianten von def-regel angegeben sind, verletzt wird.

Der inititale Zustand des Regelbereichs, in dem keine Regelnetze existieren, ist total konsistent. Ausgehend von einem total konsistenten Zustand wird durch Anwendung irgend eines RDS-Operators implizit eine Transaktion eingeleitet. Während dieser Transaktion wird durch die oben genannten RDS-Operatoren die partielle Konsistenz gewährleistet. Die Transaktion wird durch einen der folgenden beiden Operatoren abgeschlossen, die wieder zu einem total konsistenten Zustand führen.

abort-regeln

beendet die Transaktion ohne Konsistenzprüfung. Alle Veränderungen, die während der Transaktion durchgeführt wurden, werden rückgängig gemacht. Nach Anwendung des Operators ist also der Ausgangszustand wieder hergestellt.

commit-regeln

führt die Überprüfung der Bedingungen für die totale Konsistenz durch. Für jedes Regelnetz wird zunächst festgestellt, ob genau eine INIT-Regel zugeordnet ist und mindestens eine SEND-Regel existiert. Innerhalb eines Regelnetzes muß gelten, daß jede Regel, die nicht die INIT-Regel ist, von der INIT-Regel aus erreichbar sein muß, und daß von jeder Regel aus auch eine SEND-Regel erreicht werden kann. Außerdem muß für jede SEEK-Regel überprüft werden, ob das mit ihr anzustoßende Regelnetz existiert. Sind diese Bedingungen für alle Regelnetze erfüllt, ist der momentane Zustand total konsistent und die Transaktion wird abgeschlossen. Bei Verletzungen von Bedingungen werden entsprechende Meldungen geliefert und die Transaktion weiterhin offen gehalten. Der Modellierer kann dann weitere Veränderungen an den Regelnetzen durchführen oder aber mit abort auf den letzten total konsistenten Zustand zurücksetzen.

Für Aktivitäten, die zu Regeln definiert sind, sind keine Überprüfungen möglich. Dies ist unter anderem darauf zurückzuführen, daß zum Zeitpunkt der Überprüfung für Ablauf- und Spezialisierungs-Regelnetze nicht alle Register bekannt sind, mit denen gearbeitet werden kann. Außerdem kann ein Modellierer beliebige Tests und Aktionen in einer eingebetteten Programmiersprache definieren, die praktisch an dieser Stelle nicht überprüfbar sind. Aktivitäten werden deshalb erst bei ihrer Ausführung insofern überprüft, als unerlaubte Anwendungen von AMS-Operatoren sowie Zugriffe auf nicht existente Register zu entsprechenden Meldungen und Abbruch der Anfragebearbeitung führen.

9.2 Vordefinierte Aktionen und Tests

Im letzten Abschnitt sind die Operatoren vorgestellt worden, mit denen Regeln zur Herleitung von Ablauf-Ausprägungen definiert werden können. Einen wesentlichen Bestandteil einer Regel machen die Aktivitäten aus, mit denen Daten überprüft, erzeugt und verändert werden. Der Regelmodellierer kann beliebige Aktionen und Tests definieren, die auf Registern eines Regelnetzes arbeiten. Allerdings sollte es ihm nicht erlaubt sein, über benutzerdefinierte Aktivitäten unkontrollierte Veränderungen im Ablauf-bereich oder an der lokalen Datenbasis, d.h. den Registern, vorzunehmen. Darüberhinaus erscheint es sinnvoll, häufig benötigte Tests und Aktionen schon von vornherein zur Verfügung zu stellen. In EPEX-R sind deshalb verschiedene Tests und Aktionen vordefiniert, die nun kurz vorgestellt werden.

Die wichtigsten vordefinierten Aktionen betreffen den Zugriff auf die Register.

(putregister Reg Wert)

ordnet Wert dem Register Reg zu. Schon vorhandene Werte werden überschrieben. Die Aktion scheitert, wenn kein Register mit angegebenem Namen existiert.

(addregister Reg Wert)

setzt voraus, daß der Inhalt von Reg eine Liste ist und fügt Wert an den Anfang dieser Liste hinzu. Die Aktion scheitert, wenn kein Register dieses Namens existiert.

(getregister Reg)

liefert die Werte des Registers Reg. Die Aktion scheitert, wenn kein Register dieses Namens existiert oder wenn keine Werte vorhanden sind.

(getregister-n Reg n)

setzt voraus, daß der Inhalt von Reg eine Liste ist und liefert deren n-tes Element als Ergebnis. Die Aktion scheitert, wenn kein Register Reg existiert oder wenn nicht genügend Werte vorhanden sind.

Veränderungen im Ablaufbereich können die Konsistenz gefährden und sind deshalb nur über vordefinierte Aktivitäten erlaubt:

(verify-instance G)

erzeugt aus den Registerwerten, die für Attribute der Ablauf-Gattung G stehen, eine Ablauf-Ausprägung dieser Gattung und ordnet sie mit def-ausprägung zu. Für diese Ausprägung werden mit dem Operator «verify G, Individuenbezeichner» die Konsistenzbedingungen überprüft. Anschließend wird die Ausprägung mit "remove-ausprägung" wieder entfernt. Ergebnis dieses Tests sind Meldungen über Verletzungen der durch den Begriffsgraph gegebenen Bedingungen. Der Test scheitert, falls die Regel, an der der Test durchgeführt wird, nicht zu einem Ablauf- oder Spezialisierungs-Regelnetz gehört, oder falls es keine Ablauf-Gattung G im Ablaufbereich gibt.

(complete G attr registerliste)

erzeugt Ablauf-Ausprägungen, die als hypothetische Ergänzungen für das Attribut attr der Ablauf-Gattung G dienen (siehe Abschnitt 8.4). Die erzeugten Ausprägungen werden über "def-ausprägung" der Zielgattung des Attributs zugeordnet. Die Aktion scheitert, wenn die Regel, an der die Aktion durchgeführt wird, nicht zu einem Ablauf- oder Spezialisierungs-Regelnetz gehört, oder wenn es keine Ablauf-Gattung G im Ablaufbereich gibt oder wenn es kein Attribut attr zu dieser Gattung gibt.

Die mit "complete" erzeugten Ausprägungen werden vom Regelinterpretierer mit "remove-ausprägung" gelöscht, wenn das Regelnetz nicht mit einer SEND-Regel verlassen werden konnte und so beim Rückfallverfahren die durchgeführten Aktionen wieder rückgängig gemacht werden müssen.

Alle anderen Tests und Aktionen zur Manipulation von Ausprägungen im Ablaufbereich sind nur implizit vorhanden, d.h. sie sind dem Regelinterpretierer zugänglich, nicht aber dem Regelmodellierer. Dies sind die im letzten Kapitel angesprochenen Aktionen "create-registers", "create-instance" und "classify" sowie der Test "verify".

Schließlich sind noch Tests vorgegeben, die den vordefinierten Strukturbedingungen im Objekt- und Ablaufbereich entsprechen. Damit wird sichergestellt, daß diese Tests auch genau die gleiche Bedeutung wie im Datenbereich besitzen. Die Bedeutung dieser Tests ist in Abschnitt 6.3 beschrieben.

Alle weiteren benötigten Tests und Aktionen muß der Regelmodellierer selbst bereitstellen. Er kann dabei so vorgehen, daß er diese zunächst unabhängig von einer Regel definiert. Danach können sie bei jeder Regel angewandt werden. Tests und Aktionen lassen sich aber auch so definieren, daß sie nur bei einer einzigen Regel zur Anwendung kommen können. Wie Tests und Aktionen verwendet werden, hängt allein vom Regelmodellierer ab.

9.3 Verträglichkeit der EPEX-Datenbasis

Nachdem nun die Operatoren zur Erzeugung der drei Bereiche vorgestellt sind, bleibt noch zu klären, wie die Verträglichkeit der Bereiche garantiert werden kann. Die Verträglichkeit zwischen Objekt- und Ablaufbereich ist durch die Operatoren von EPEX-F sichergestellt. Sobald Änderungen an Gattungen oder Ausprägungen durchgeführt werden, wird entweder direkt die totale Kosistenz wieder hergestellt oder spätestens durch ein commit oder abort erreicht. Der Regelbereich wird separat erstellt und ist in sich konsistent, muß aber nicht von vornherein zu den anderen Bereichen passen. Die Frage ist nun, wann die Übereinstimmung erreicht sein muß.

Das EPEX-System ist so konzipiert, daß zu Beginn einer Herleitungsphase alle Daten mit Ausnahme der Ablauf-Ausprägungen existieren müssen und nach Beginn dieser Phase auch nicht mehr verändert werden dürfen. Erst wenn die Herleitungsphase abgeschlossen ist, sind Veränderungen an den "unveränderlichen" Daten erlaubt. Wann die verschiedenen Phasen anfangen und enden, kann aber nur über das EPEX-System entschieden werden, so daß das System als ganzes auch für die Übereinstimmung der verschiedenen Bereiche zu sorgen hat.

Eine Verträglichkeitsüberprüfung ist immer dann notwendig, wenn mit der Herleitungsphase begonnen wird. Im initialen Zustand bedeutet dies, daß noch keine Ablauf-Ausprägungen zugeordnet sind. Der Regelbereich muß dann mit dem Ablaufbereich und auch mit dem Objektbereich korrespondieren.

Zur Verträglichkeit gehört in diesem Fall, daß jede Ablauf-Gattung einem Ablauf-Regelnetz zugeordnet ist. Gibt es Ablauf-Gattungen, die keinem Ablauf-Regelnetz zugeordnet sind, werden für diese die trivialen Ablauf-Regelnetze automatisch erzeugt (siehe Bild 8.3.1_7). Sind einem Ablauf-Regelnetz mehrere Ablauf-Gattungen zugeordnet, so muß eine davon Obergattung aller anderen sein, und für diese anderen muß es Spezialisierungs-Regelnetze geben. Ist dies für eine der angegebenen Gattungen nicht der Fall, wird automatisch ein triviales Spezialisierungs-Regelnetz erzeugt (siehe Bild 8.3.2_2). Jede Gattung, die einem Spezialisierungs-Regelnetz zugeordnet ist, muß auch im Ablaufbereich existieren. Zusätzlich ist noch die Existenz derjenigen Gattungen zu überprüfen, die in den AMS-

oder GES-Operatoren bei GET- oder SEEK-Regeln verwendet werden. Sind die Überprüfungen erfolgreich, so sind die Bereiche verträglich und die Herleitungsphase kann beginnen.

Eine Herleitungsphase endet stets dann, wenn an den Daten Veränderungen durchgeführt werden, die während einer Herleitung nicht verändert werden dürfen. Dies kann die Begriffsgraphen, die Regeln oder die Objekt-Ausprägungen betreffen.

Werden Objekt-Ausprägungen verändert, so ist nicht mehr gewährleistet, daß die aus ihnen hergeleiteten Abläufe auch aus den veränderten Daten noch hergeleitet werden können. Man kann zwar überprüfen, ob die Ablauf-Ausprägungen im Ablaufbereich noch den dort gegebenen Bedingungen genügen. Ob aber Zusammenhänge noch gegeben sind, die lediglich bei der Erzeugung berücksichtigt werden, ist nur über die Regeln und damit nur durch erneutes Erzeugen der Ablauf-Ausprägungen überprüfbar. Die Ablauf-Ausprägungen müssen deshalb auf jeden Fall vor Beginn einer neuen Herleitungsphase entfernt worden sein.

Werden Objekt-Gattungen verändert, ist auch hier die Verträglichkeit nicht ohne weiteres gewährleistet, auch wenn die Veränderung zunächst keine Auswirkung auf die Ablauf-Ausprägungen hat. Beispielsweise könnte eine Objekt-Gattung gelöscht werden, der keine Ausprägungen zugeordnet sind, die aber innerhalb des Regelbereichs bei einer GET-Regel angesprochen wird.

Änderungen im Begriffsgraphen des Ablaufbereichs wirken sich stets direkt auf den Regelbereich aus, sei es, daß Gattungen nicht mehr existieren oder daß sich ihre Attribute verändert haben. Hier müssen die Regeln entsprechend angepaßt werden. Schließlich haben Änderungen im Regelbereich Rückwirkungen auf die Gattungen und vor allem auf die Ablauf-Ausprägungen.

Änderungen in einem der Bereiche ziehen also fast immer Verträglichkeitsprobleme nach sich, so daß es sinnvoll erscheint, jede Herleitungsphase mit einer Löschung eventuell vorhandener Ablauf-Ausprägungen zu beginnen und dann zu einer Verträglichkeitsüberprüfung überzugehen. Wird diese erfolgreich abgeschlossen, so können die gelöschten Ablauf-Ausprägungen bei Bedarf jederzeit wieder – in einer zu den veränderten Daten konsistenten Weise – erzeugt werden.

10. Ein Prototyp

In den letzten Kapiteln ist das EPEX-System mit seinen verschiedenen Bereichen vorgestellt worden. In diesem Kapitel wird nun auf die Realisierung der verschiedenen Komponenten und auf ein Modellierungsbeispiel eingegangen.

10.1 Implementierungsgesichtspunkte

Das Prototyp-System wurde auf einer SUN-3-workstation unter UNIX™ implementiert. Als Basis diente das relationale Datenbanksystem ORACLE, das auf dieser Anlage verfügbar ist und eine SQL-Schnittstelle anbietet, die in die Programmiersprache C eingebettet ist. In dieser Sprache wurden die in Kapitel 6 beschriebenen Operatoren von EPEX-F unter Verwendung der Übertragungstechniken aus Kapitel 7 programmiert. Damit stehen GDS, GES und AMS in Form von C-Prozeduren zur Verfügung. In Anbetracht der beschränkten personellen und maschinellen Resourcen wurde allerdings die Realisierung der abhängigen Attribute einstweilen zurückgestellt.

Eine Eigenheit des Datenbanksystems erzwang eine Modifikation der Abbildung von EPEX-F auf das relationale Datenmodell. In ORACLE müssen alle Werte eines Relationen-Attributs vom selben Typ sein, also nur "Integer" oder nur "Real" oder nur "String". Diese Forderung wird von einigen der Relationen in Tabelle 7.2_8 verletzt, so von "Atomare-Gattung", "Konstante-Bedingungsparameter" und "Standardwert". Die betroffenen Relationen wurden passend in weitere Relationen aufgespalten.

Der Operator def-prädikat und der (wegen der Zurückstellung der abhängigen Attribute einstweilen nicht erforderliche) Operator def-funktion erwarten eine Deklaration in einer Implementierungssprache. In dem Prototyp-System ist dies C. Aufgrund der komfortablen Möglichkeiten der UNIX-Umgebung konnte hier eine recht einfache Lösung gefunden werden, so daß die angegebene C-Prozedurdeklaration jeweils automatisch übersetzt und an das Gesamtsystem angebunden wird.

Für die Bedingungen, die beim Select-Operator und bei einigen anderen Operatoren der AMS angegeben werden können, wurde ein Interpretierer geschrieben, der die Bedingung in Form von Zeichenketten akzeptiert und in entsprechende SQL-Zugriffe umsetzt. Hier wurden zwar grobe Ineffizienzen vermieden, aber eine Verbesserung des Verhaltens ist an dieser Stelle sicher noch möglich.

Auf der Anlage ist ein COMMONLISP-System verfügbar, von dem aus C-Prozeduren aufgerufen werden können. Dieses wurde für den Regelinterpretierer und die in Kapitel 9 beschriebenen Operatoren von EPEX-R benutzt. Die RDS-Operatoren erzeugen also keine Datenbankeinträge, sondern Lisp-Datenstrukturen, die über das normale Dateisystem abgespeichert werden können. Auf diesen Datenstrukturen operiert dann der Regelinterpretierer. Auch die Schnittstelle zum Benutzer ist in COMMONLISP implementiert.

Das Zusammenspiel des Regelbereichs mit Objekt- und Ablaufbereich erfolgt nun über die in C implementierten Operatoren. Beim Abarbeiten einer GET-Regel wird der Select-Operator der AMS mit den angegebenen Parametern, insbesondere der angegebenen Bedingung, aufgerufen. Bei einer SEEK-Regel kann ebenfalls eine Bedingung angegeben werden, die wie folgt behandelt wird. Beim ersten Aufruf eines Ablauf-Regelnetzes N für eine Ablauf-Gattung G mit einer SEEK-Regel wird die angegebene Bedingung zunächst ignoriert. Die Abarbeitung des Regelnetzes N stellt sicher, daß sämtliche Ausprägungen der Ablauf-Gattung G erzeugt und in die Datenbank eingetragen werden. Daraus werden dann die gewünschten Ablauf-Ausprägungen mit dem Select-Operator der AMS herausgeholt und als Ergebnis der SEEK-Regel geliefert. Für die Dauer einer Herleitungsphase bleiben einmal berechnete Ausprägungen in der Datenbank bestehen. Bei weiteren Aufrufen von N erfolgt direkt ein Datenbankzugriff mit dem Select-Operator der AMS und der dann angegebenen Bedingung, ohne das Netz noch einmal abzuarbeiten.

Diese einfache Behandlung müßte bei Bildfolgen, in denen sehr viele Ablauf-Ausprägungen vorkommen, wahrscheinlich verfeinert werden. Im Moment hat sie den Vorteil, daß der Test non-existing-in-database, der jeweils bei der SEND-Regel implizit durchgeführt wird, für die Gattungen überflüssig wird, für deren Untergattungen die Generalisierungsbeziehung baumförmig ist (also keine Gattung unvergleichbare Obergattungen besitzt) und noch kein Ablauf-Regelnetz für eine Untergattung abgearbeitet wurde.

10.2 Bereitstellung der Eingabedaten

Eingabedaten im Sinne von EPEX sind alle diejenigen Daten, die während einer Herleitungsphase nicht mehr verändert werden, also die Objekt- und Ablauf-Gattungen, die Objekt-Ausprägungen und die Regeln. Diese Daten müssen von anderen Systemen (im weitesten Sinn) erzeugt und EPEX zur Verfügung gestellt werden. Im nächsten Bild ist skizziert, woher die Daten kommen und wie sie in EPEX verarbeitet werden, wobei die Rechtecke für Systeme stehen, die rundlichen Gebilde für Daten, die unterlegten Daten repräsentieren die verschiedenen Bereiche von EPEX. Auf einzelne Teile gehen wir nun genauer ein.

Ausgangspunkt für alle weiteren Schritte ist die Modellierung der Objekt-Gattungen und ihrer Beziehungen. Damit wird zunächst festgelegt, welcher Diskursbereich betrachtet wird. Darüberhinaus wird aber auch festgelegt, was später an Abläufen prinzipiell modellierbar ist. Ist beispielsweise im Objektbereich nicht modelliert, daß zwischen Straßenspuren nur an bestimmten Stellen gewechselt werden darf, so ist ein "unerlaubtes Spurwechseln" entweder gar nicht oder nur in Spezialfällen durch zusätzliches Wissen wie "x Meter vor Kreuzung verboten" zu erkennen. Dabei läßt sich gerade bei solchem Wissen streiten, ob es zum Objektbereich zählt oder ob es nur bei den Regeln relevant ist. Im zweiten Fall wird natürlich die Herleitung entsprechender Ablauf-Ausprägungen komplizierter.

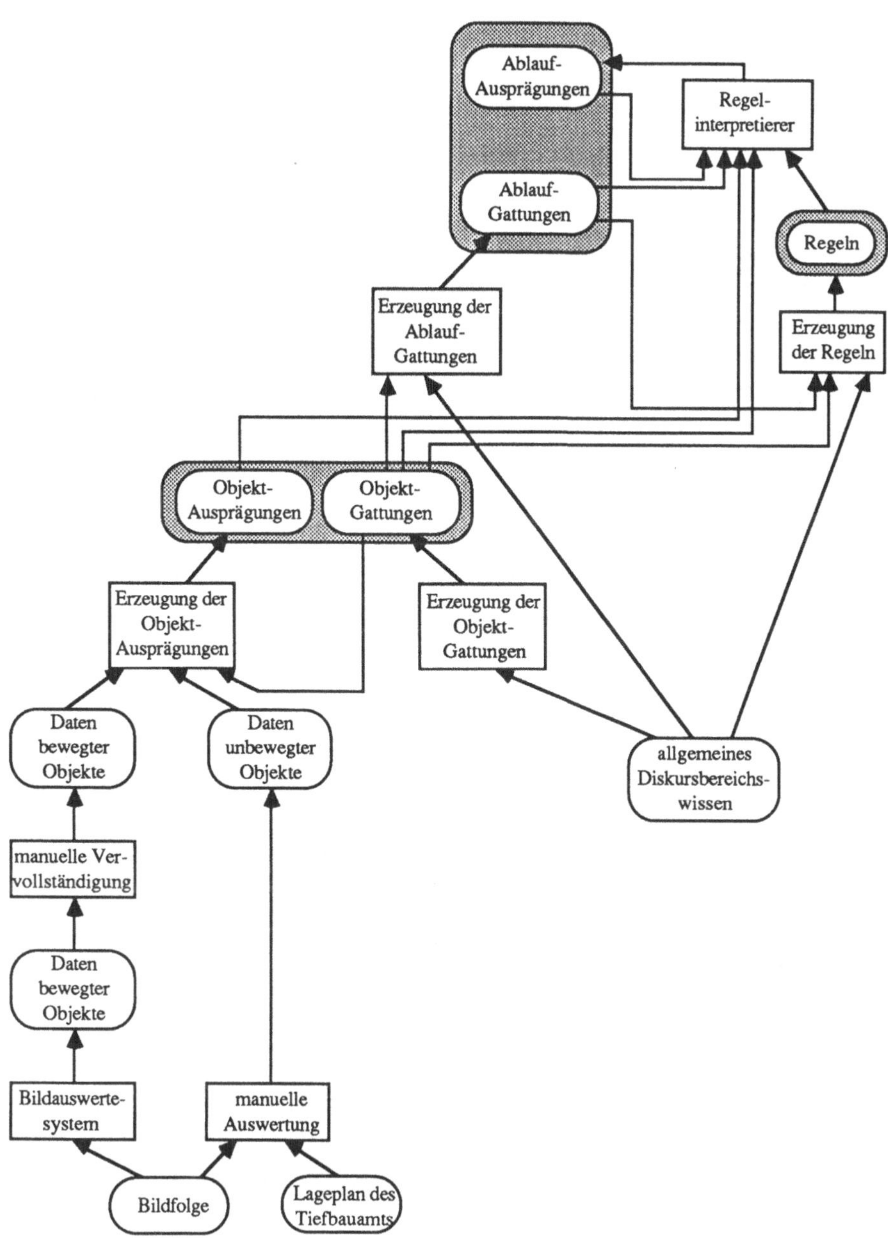

Bild 10.2_1: Herkunft und Verarbeitung der Daten für EPEX

Die Objekt-Gattungen und ihre Beziehungen werden durch einen Modellierer festgelegt, der das benötigte allgemeine Diskursbereichswissen einbringt. Aufbauend auf dem Begriffsgraphen für Objekte läßt sich dann der Begriffsgraph für Abläufe ebenfalls von einem Modellierer definieren, wobei wieder Diskursbereichswissen einfließt. Die Genauigkeit der Modellierung entscheidet hier darüber, welche

Varianten von Abläufen unterscheidbar sind, und auch, welche hypothetischen Ergänzungen später möglich sein werden.

Schließlich müssen noch die Regeln für die Ablaufherleitung bereitgestellt werden. Dazu werden die Begriffsgraphen für Objekte und Abläufe sowie Diskursbereichswissen zugrundegelegt. Auch hier tritt wieder ein Modellierer in Aktion.

Die Beschaffung der Objekt-Ausprägungen kann angegangen werden, sobald die Objekt-Gattungen und ihre Beziehungen modelliert sind. Dann ist festgelegt, welche Daten aus einer Bildfolge zu extrahieren sind und in welcher Form sie vorzuliegen haben. Angestrebtes Ziel dabei ist, die Objekt-Ausprägungen möglichst ohne zusätzliche manuelle Eingriffe zu erzeugen. Mit dem uns zur Zeit zur Verfügung stehenden Bildauswertesystem [Sung und Zimmermann 86] ist dies noch nicht möglich. Es werden aber Anstrengungen unternommen, die Lücke zwischen Bildauswertesystem und EPEX-Objektbereich zu verkleinern.

Die GSB-Daten für die Beispiele wurden deshalb in mehreren Schritten gewonnen. Die auszuwertenden Bildfolgen enthalten Szenen der Straßenkreuzung "Durlacher Tor" in Karlsruhe. Im nächsten Bild ist eine Aufnahme aus einer Bildfolge zu sehen.

Bild 10.2_2: Aufnahme aus Durlacher-Tor-Bildfolge

Ausprägungen unbeweglicher Objekte wie Straßen und Spuren wurden rein manuell erzeugt. Grundlage für die Erzeugung der Ausprägungen war aber nicht eine Bildfolge, sondern ein Lageplan der Kreuzung, der vom Karlsruher Tiefbauamt zur Verfügung gestellt wurde. Mittlerweile gibt es allerdings Teilergebnisse zur automatischen Extraktion derartiger Daten aus Bildfolgen [Sung 88].

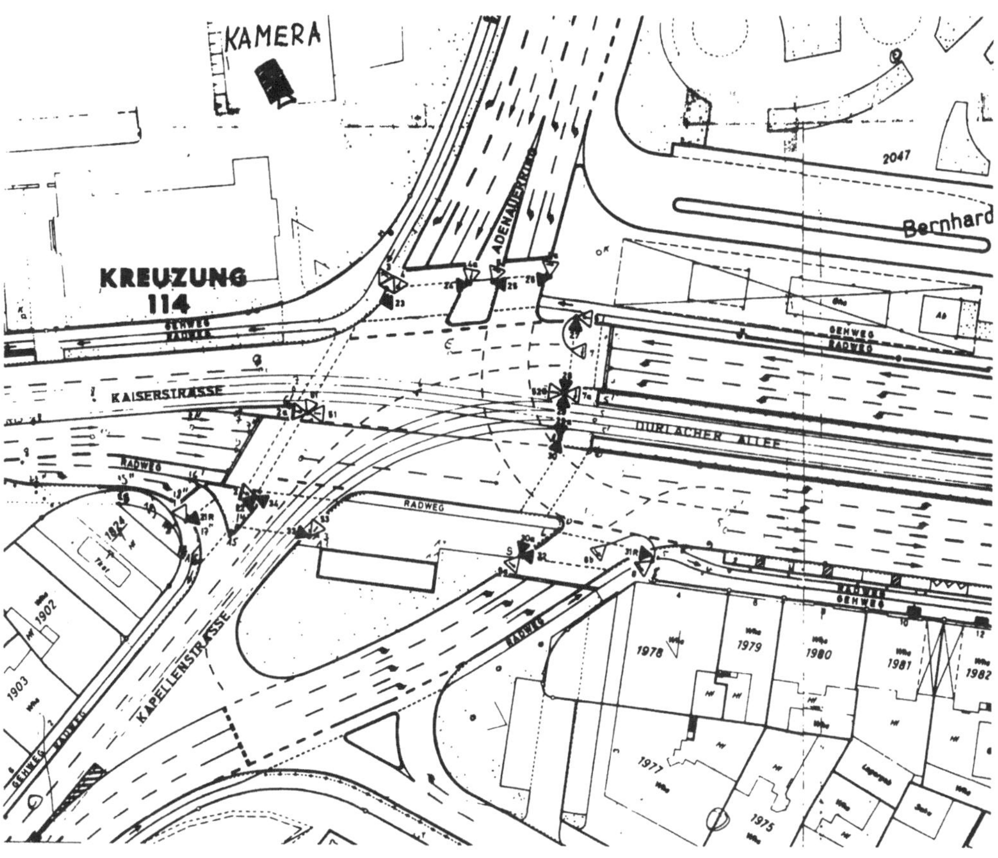

Bild 10.2_3: Kopie des Lageplans der Kreuzung (um 180° gegenüber den übrigen Bildern gedreht)

Mit dem verfügbaren Bildauswertesystem können sich bewegende Objekte detektiert und über mehrere Bilder verfolgt werden. Für jedes dieser Objekte sind dann pro Bild Angaben über die Position, über das umschreibende Rechteck und über daraus ableitbare Daten wie Geschwindigkeit usw. möglich. Alle weiteren Informationen mußten bei Erstellung des Prototypen durch andere Komponenten hinzugefügt werden. Das betraf auch die Anpassung der Koordinatensysteme von Lageplan und Bildfolgendaten sowie Daten über bewegliche Objekte, die sich aber gerade nicht bewegen. Die letztgenannten Daten sowie Daten über sich bewegende Objekte, die aufgrund der perspektivischen Verzerrung nur noch sehr klein sind, wurden mit einem interaktiven System aus den Bildfolgen entnommen. Inzwischen sind auch bei einigen dieser Probleme Fortschritte erzielt worden [Sung 88].

10.3 Modellierung eines exemplarischen Diskursbereichs

Der Diskursbereich, der modelliert wird, ist "Straßenverkehr". Die auszuwertenden Bildfolgen zeigen einen Ausschnitt der schon erwähnten Kreuzung "Durlacher Tor" in Karlsruhe. Das "Durlacher Tor" steht für eine typische innerstädtische Umgebung mit Häusern, Grünflächen, verschiedenen Verkehrsspuren, Ampeln. Hinzu kommen sich bewegende Objekte wie Personen, Tiere, Autos und Straßenbahnen. Andere mögliche Szenarien dieses Diskursbereichs sind Autobahnen oder Landstraßen, in denen beispielsweise keine Straßenbahnen vorkommen. Die hier entwickelte Modellierung von "Straßenverkehr" hat zum Ziel, innerstädtische Umgebungen darzustellen. Auf Besonderheiten anderer Umgebungen wird deshalb nicht weiter eingegangen

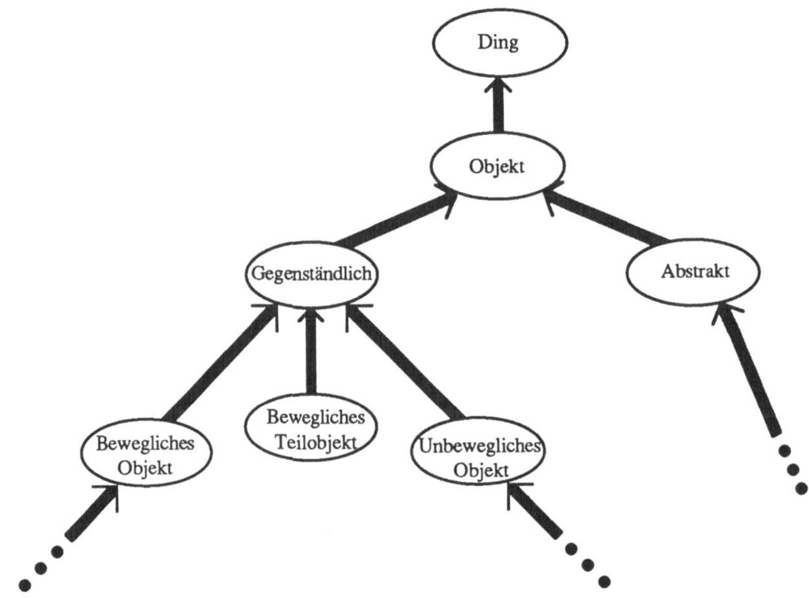

Bild 10.3_1: Hierarchie des Objektbereichs

Das obige Bild zeigt die globale Struktur des Objektbereichs. Objekte sind in gegenständliche Objekte wie Fahrzeuge und abstrakte Objekte wie Höchstgeschwindigkeit klassifiziert. Gegenständliche Objekte lassen sich danach unterscheiden, ob sie beweglich sind oder nicht. Zusätzlich gibt es gegenständliche Objekte, die als Teil eines Ganzen beweglich sind (Bsp. Tür). Diese Unterscheidung ist hier zwar aufgeführt, wird aber nicht weiter verfolgt. Der Grund dafür besteht in der Benutzung einer sich nicht bewegenden Kamera bei den Bildfolgenaufnahmen. Um dann noch einen genügend großen Bildausschnitt zu erfassen, in dem sich Episoden abspielen können, sind die einzelnen Objekte in der Bildfolge relativ klein, so daß Einzelheiten wie Türen nicht erkannt werden können.

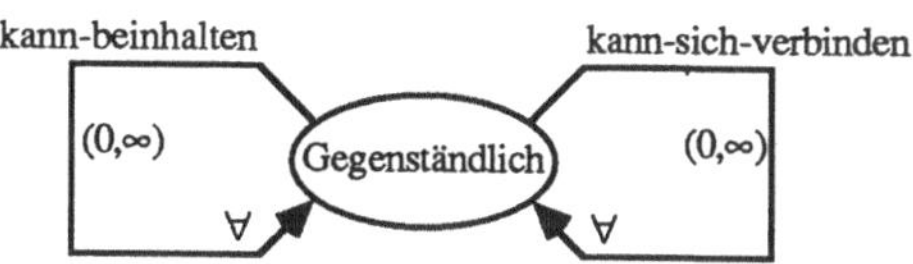

Die Attribute von "Gegenständlich" drücken aus, daß ein Gegenstand einen anderen beinhalten kann und daß sich ein Gegenstand mit einem anderen verbinden kann. Durch die Quantifizierung gilt die Eigenschaft dann für jedes Individuum einer angegebenen Gattung. Die Gattungen "Objekt" und "Abstrakt" dienen lediglich der Untergliederung und haben keine Attribute.

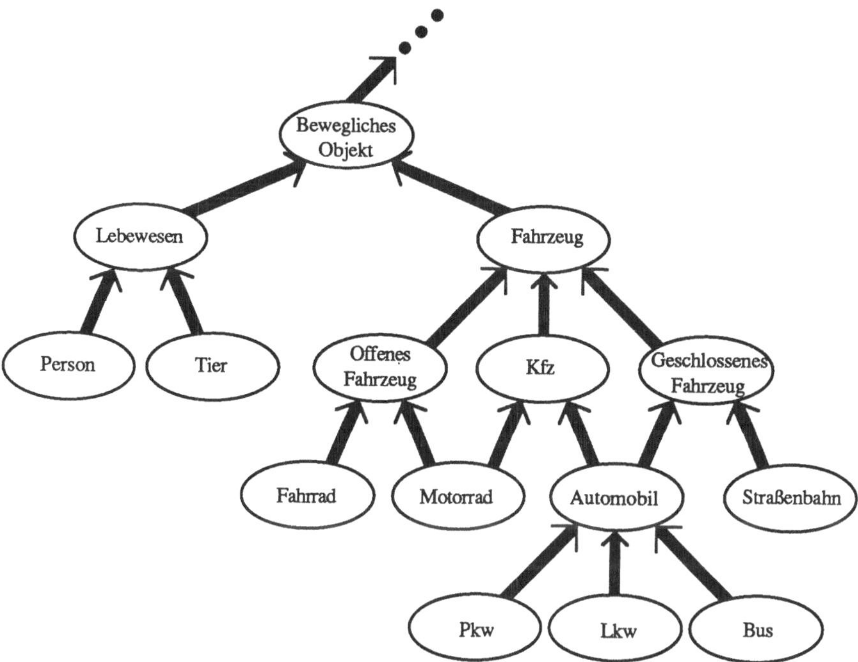

Bild 10.3_2: Hierarchie des Objektbereichs – bewegliche Objekte

Die beweglichen Objekte unterteilen sich in Lebewesen und Fahrzeuge. Da wir uns mit dem Straßenverkehr beschäftigen, sind die Fahrzeuge wesentlich stärker differenziert. Unterschiede zwischen Tierarten und ähnliches sind für die Zwecke dieser Untersuchung unwesentlich und lassen sich zur Zeit mit dem benutzten Bildauswertesystem ohnehin nicht erkennen.

Die Attribute beweglicher Objekte beschreiben hauptsächlich Merkmale der Bewegung und sind im folgenden exemplarisch aufgeführt (die fehlenden Gattungen haben ähnliche Attribute). Der Bewegungsvektor zu einem Zeitpunkt ist die Differenz der Lage des folgenden und des aktuellen Zeitpunkts. Mit dem Blickrichtungsvektor wird festgelegt, wo für ein Objekt "vorne" ist.

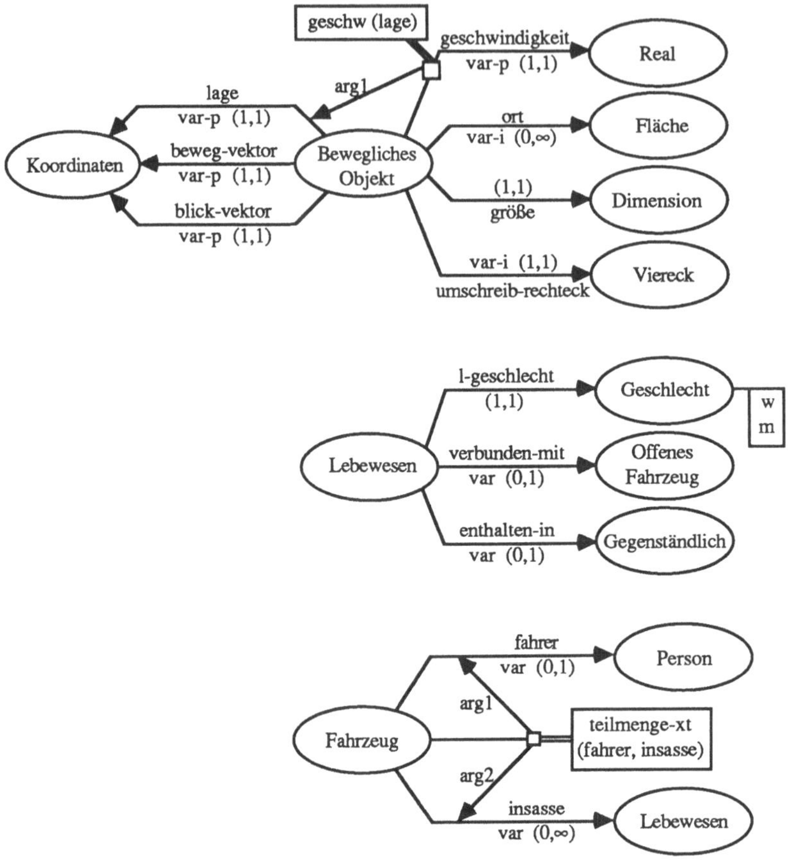

Unter den abstrakten Objekten gibt es keine weitere Hierarchie, die Gattungen sind unvergleichbar miteinander.

Bild 10.3_3: Hierarchie des Objektbereichs – abstrakte Objekte

199

Mit diesen Objekten wird eine Art "Hintergrundwissen" über den Diskursbereich dargestellt. Dazu gehören Angaben über Geschwindigkeitsbegrenzungen oder über Wechselmöglichkeiten zwischen benachbarten Spuren. Hier wird auch modelliert, daß aus einer Spur mehrere werden bzw. daß aus mehreren eine wird. Die Attribute der Gattungen sind wie folgt.

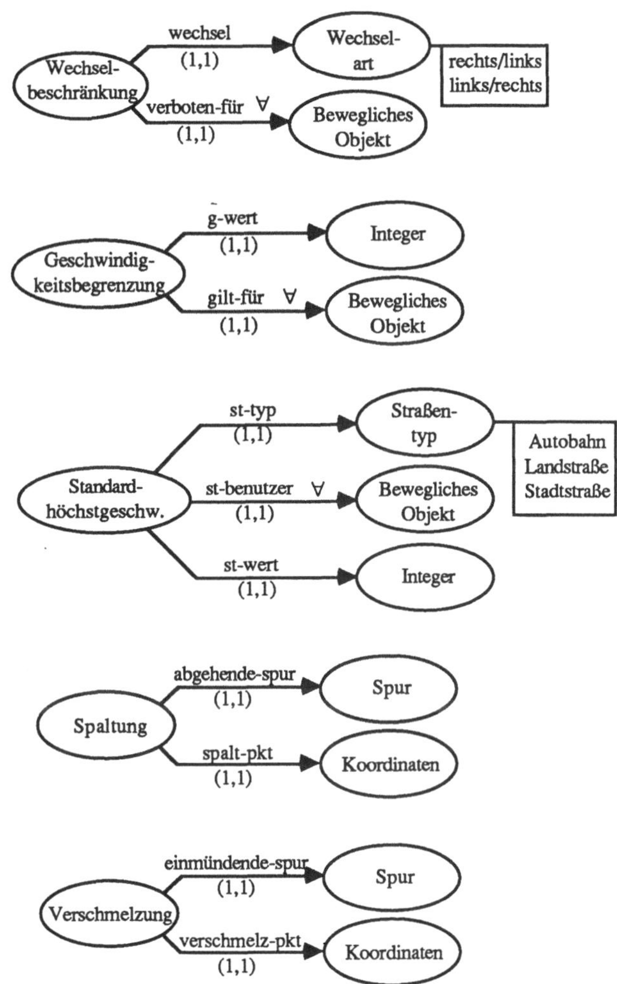

Die nun folgende Teilhierarchie der unbeweglichen Objekte ist die am stärksten untergliederte unter den Objekten.

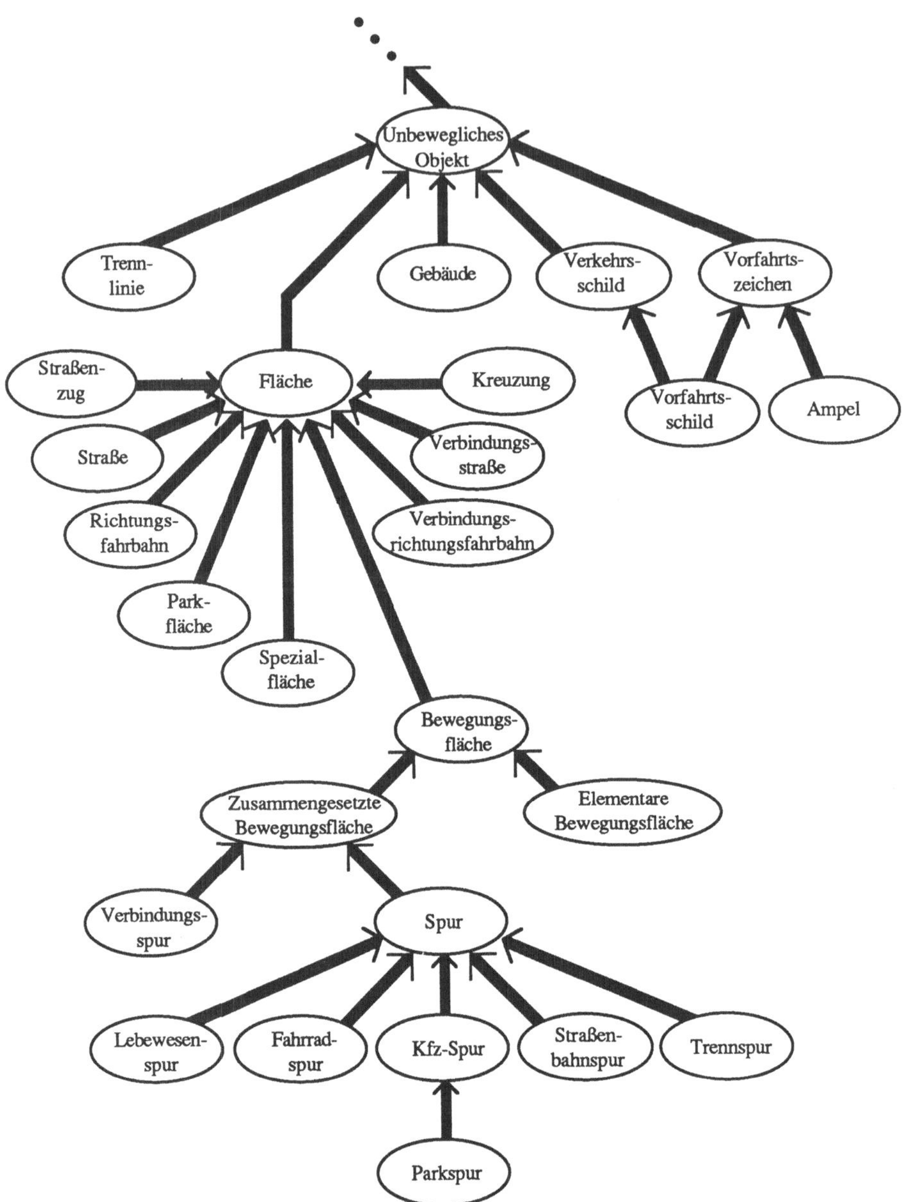

Bild 10.3_4: Hierarchie des Objektbereichs – unbewegliche Objekte

Unbewegliche Objekte besitzen ein Attribut "geometrie", mit dem sie als Punkte, Linien, Flächen oder Körper klassifiziert werden können.

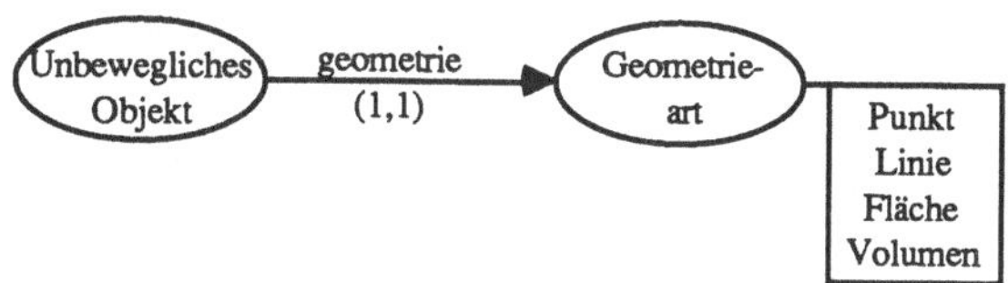

Die Gattungen für unbewegliche Objekte, die keine Flächen sind, haben folgende Attribute:

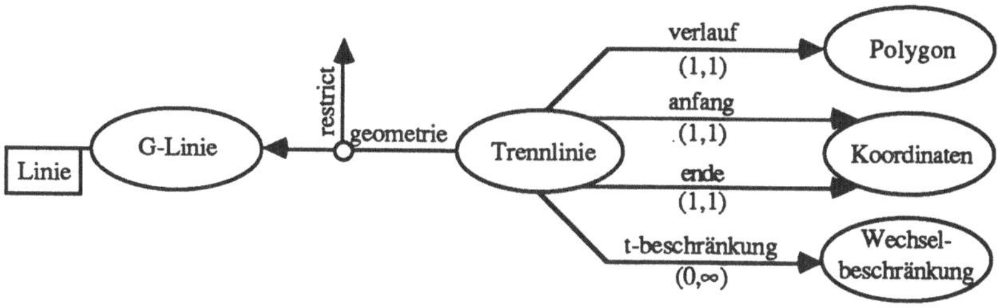

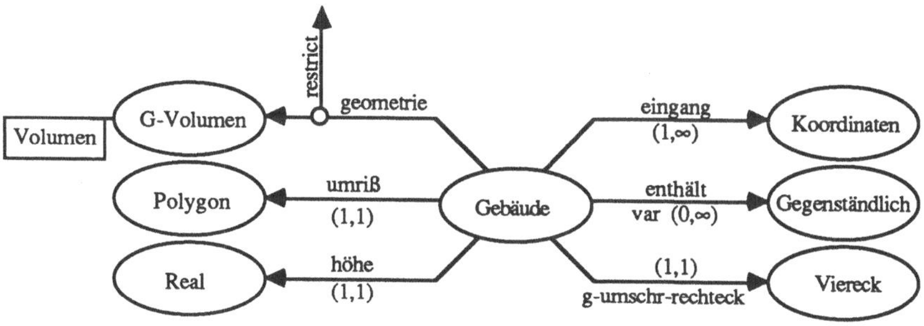

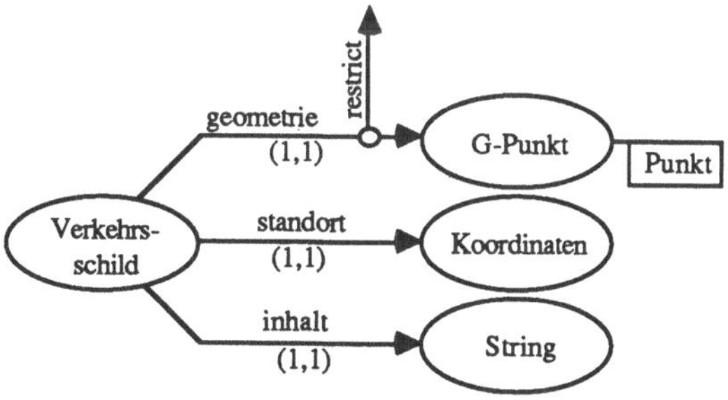

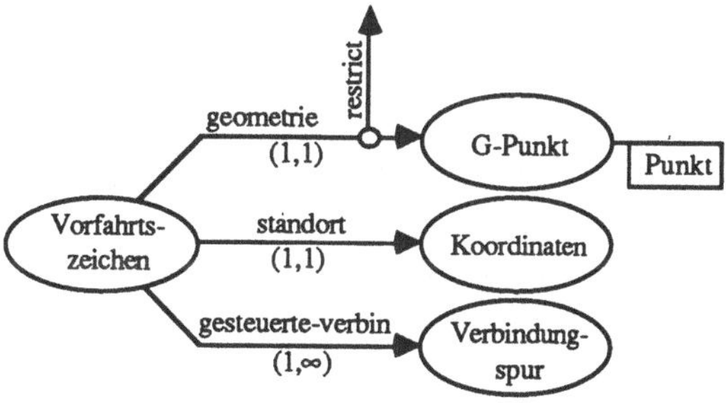

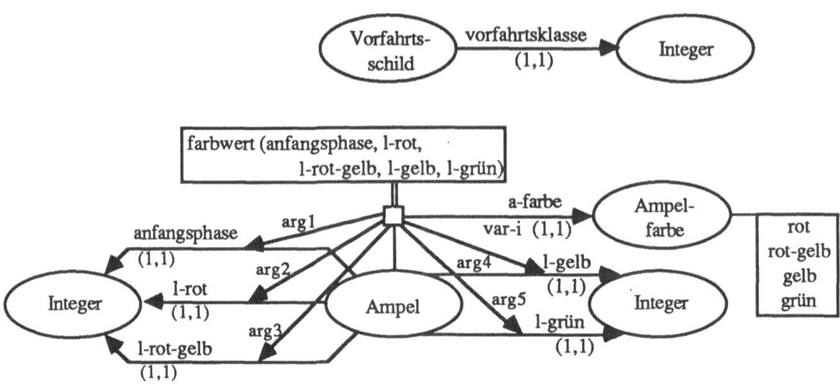

Das Attribut "l-rot" von "Ampel" modelliert die Länge der Rotphase, entsprechend für die übrigen Ampelfarben. Die Ampelfarbe zu einem Zeitpunkt läßt sich mit einer Funktion farbwert aus diesen Längen und dem Anfangswert berechnen.

Flächen sind unbewegliche Objekte mit der zu erwartenden Restriktion von "geometrie", außerdem besitzen sie Begrenzungslinien. Bewegungsflächen sind orientierte Flächenstücke, so daß "links" und "rechts" für sie definiert sind, außerdem sind ihnen Gattungen von beweglichen Objekten als potentielle Benutzer zugeordnet.

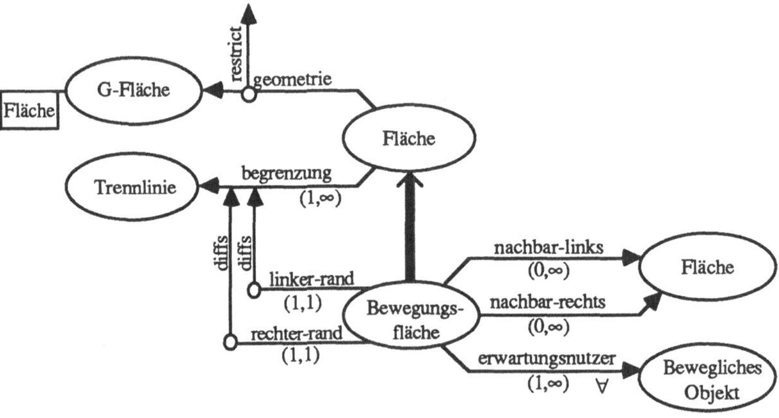

Wir betrachten zunächst die Spezialisierungen von "Bewegungsfläche". Es gibt zusammengesetzte und elementare Bewegungsflächen. Eine Fahrspur ist beispielsweise eine Bewegungsfläche, die nicht auf ihrer ganzen Länge dieselben Eigenschaften aufweist, so kann ab an einer Stelle ein Spurwechsel-Verbot wirksam werden, das vor dieser Stelle nicht besteht. Ein Teilstück der Fahrspur, das bezüglich der hier interessierenden Eigenschaften homogen ist, wird als "Elementare Bewegungsfläche" modelliert. Die gesamte Fahrspur ist dann eine Folge von solchen Teilstücken.

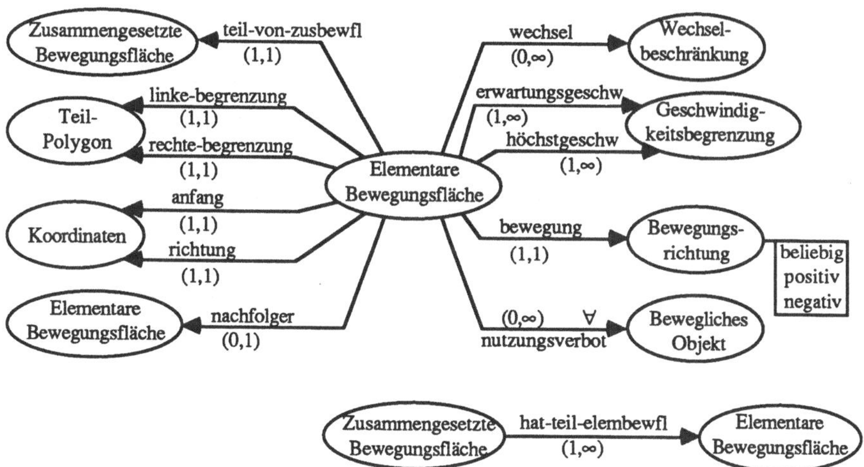

Die Attribute von "Elementare Bewegungsfläche" beschreiben die Eigenschaften, bezüglich deren das Flächenstück homogen ist. Die elementaren Bewegungsflächen derselben zusammengesetzten Bewegungsfläche sind über das Attribut "nachfolger" verkettet. Sie sind überschneidungsfrei und ihre Vereinigung ergibt genau ihre zusammengesetzte Bewegungsfläche. Elementare Bewegungsflächen von verschiedenen zusammengesetzten Bewegungsflächen, zum Beispiel von zwei Fahrspuren im Bereich einer Kreuzung, können sich dagegen überschneiden.

Eine spezielle zusammengesetzte Bewegungsfläche ist "Spur". Aus Spuren sind andere Flächen wie Straßen zusammengesetzt, die aber keine Bewegungsflächen *sind* sondern als Bestandteil enthalten. In der Bestandteil-Hierarchie (nicht der Generalisierungs-Hierarchie) von oben nach unten enthält die Modellierung:

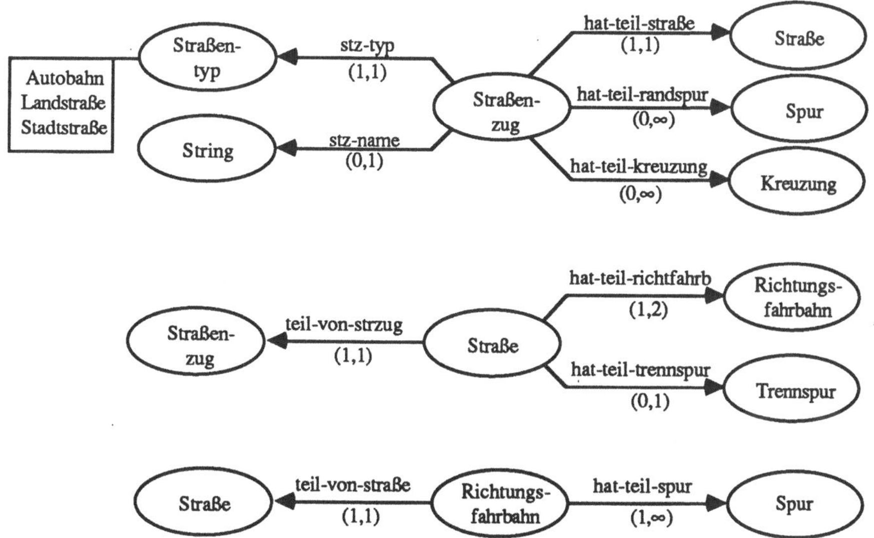

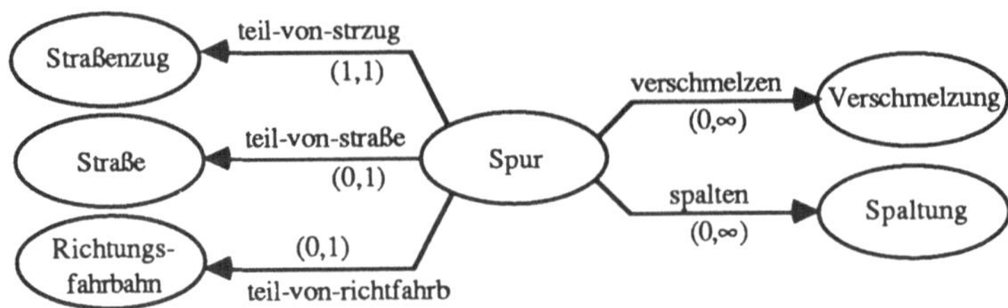

Die Bestandteil-Hierarchie ist also einfach über "hat-teil"- und "teil-von"-Attribute realisiert. Einbahnstraßen haben nur eine Richtungsfahrbahn, andere Straßen zwei, daneben gibt es Randspuren wie Gehwege, Fahrradwege, Grünstreifen, Parkspuren. Richtungsfahrbahnen bestehen aus beliebig vielen Spuren, und nur diese sind Bewegungsflächen und setzen sich unmittelbar aus elementaren Bewegungsflächen zusammen. Die anderen genannten Gattungen sind direkte Untergattungen von Fläche und untereinander bezüglich der Generalisierungsbeziehung unvergleichbar.

Spuren müssen nicht durch Fahrbahnmarkierungen vorgegeben sein, sie werden nach der Verwendung von Flächenstücken definiert. Beispielsweise sind die Ränder der meisten Straßen zusammen mit anstoßenden Randspuren unmarkierte Parkspuren. Diese sind als Untergattung von "Spur" mit weiteren Attributen modelliert.

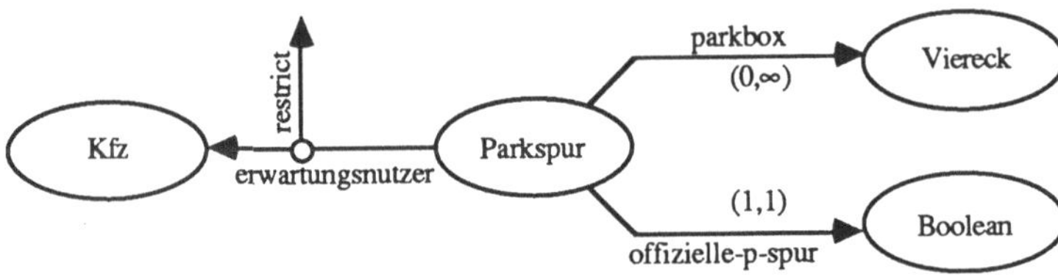

Die Parkboxen können insbesondere auch quer angeordnet sein, was später noch ausgenutzt wird.

Für Kreuzungen ist eine analoge Bestandteil-Hierarchie aufgebaut, deren Basis diesmal die Verbindungsspuren bilden. Eine Verbindungsspur entspricht einem Weg, auf dem die Kreuzung (legal) überquert werden kann.

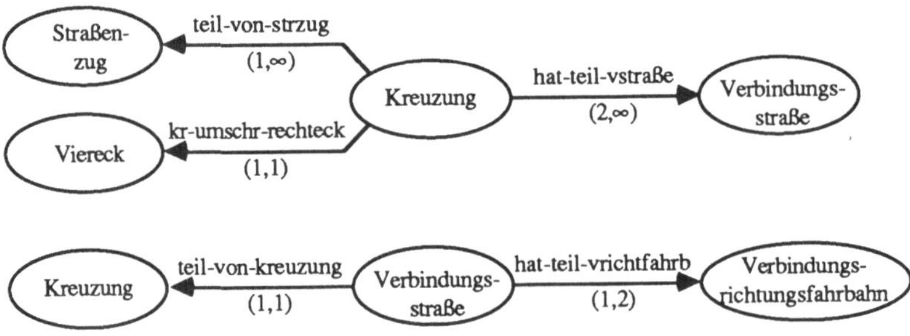

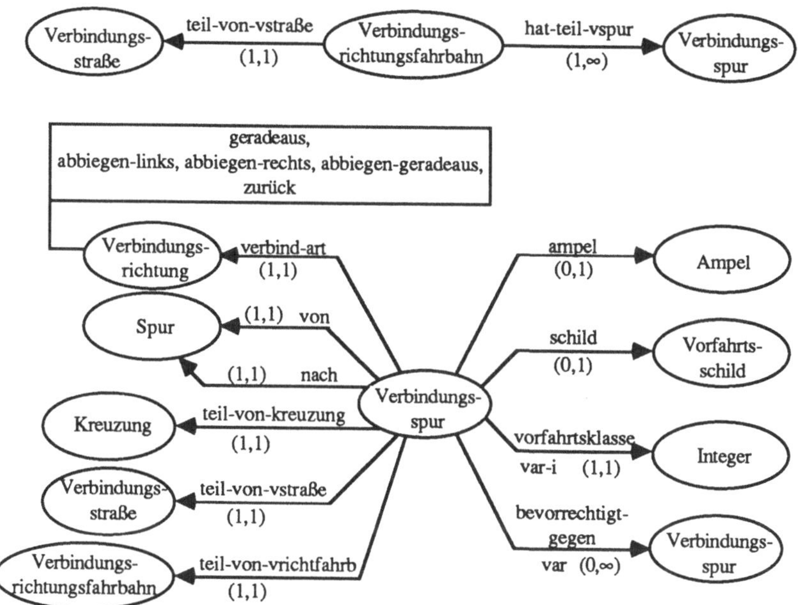

Eine Verbindungsspur führt immer von einer Spur nach einer Spur, die zu in eine Kreuzung ein-
mündenden Straßenzügen gehören. Die Attribute auf der rechten Seite hängen mit Vorfahrtsregelungen
für die Benutzer von Verbindungsspuren zusammen. Auch Verbindungsspuren müssen nicht durch
Fahrbahnmarkierungen vorgegeben sein. Insbesondere wurden für die Beispielszene auch Verbindungsspuren für Wendevorgänge modelliert.

Schließlich bleibt noch die Parkfläche, also ein großer Platz, auf dem viele Fahrzeuge abgestellt
werden. Hierfür wurde folgende Betrachtung angestellt: Die Parkfläche besteht (im wesentlichen) aus
Straßenzügen, d.h. aus Straßen und Randspuren, die Parkspuren sind. Deren Parkboxen sind häufig
quer zu den Straßen angeordnet. Ist dies der Fall und schließt sich unmittelbar an die Parkboxen eine
weitere Reihe von Parkboxen parallel an, so gehören diese Parkboxen zur Randspur eines anderen
Straßenzugs. Es werden also nicht stets zusammenstoßende Parkboxen zu Einheiten zusammengefaßt.
Die Straßenzüge schneiden sich an Kreuzungen, so daß die gesamte Parkfläche sich aus allen Arten von
Flächen zusammensetzen kann, die bisher vorgestellt wurden. Damit können also auch Gehwege und
Grünstreifen Bestandteile einer Parkfläche sein.

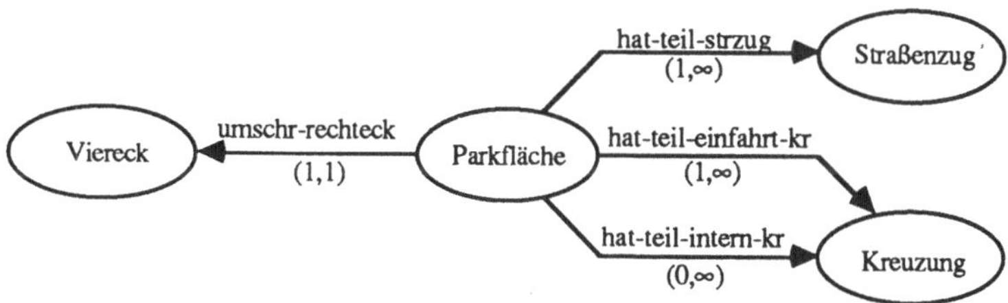

Dieser Ausschnitt des Begriffsgraphen für den Objektbereich mag genügen. Wie schon in Abschnitt 10.2 erwähnt, konnten die Ausprägungen der unbeweglichen Objekte für die Modellierung des "Durlacher Tor" nicht automatisch erzeugt werden, sondern wurden manuell aus einem Lageplan entnommen. Um bei der doch recht komplexen Szene überprüfen zu können, ob die Modellierung fehlerfrei ist, wurde ein Programm geschrieben, das den Datenbankinhalt in graphische Form umsetzt. Im wesentlichen mußten dazu die Polygonzüge gezeichnet werden, die die Bewegungsflächen begrenzen. Als Hilfsmittel dazu dienten die von UNIX unterstützten "X-windows".

Die folgenden Zeichnungen wurden mit diesem Programm erstellt. Man vergleiche sie mit dem Lageplan in Bild10.2_3:

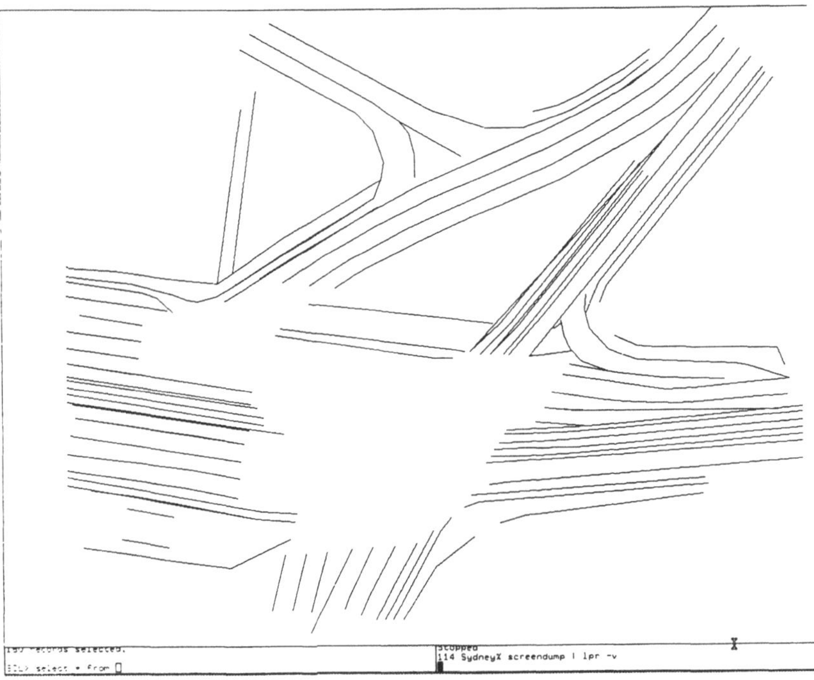

Bild 10.3_5 a: Objekt-Ausprägungen "Unbewegliches Objekt" – Spuren (Parkspuren dunkel getönt)

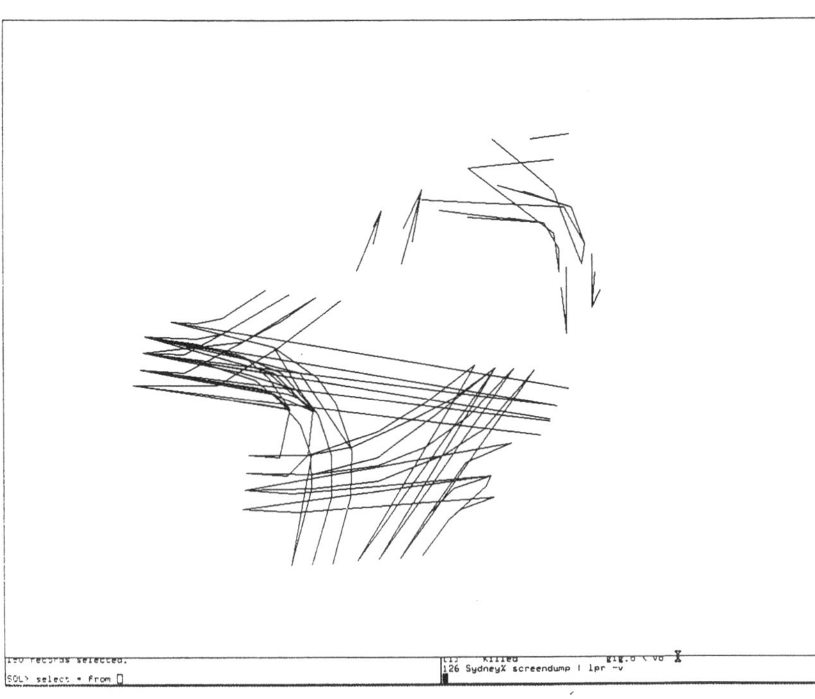

Bild 10.3_5 b: Objekt-Ausprägungen – Verbindungsspuren Kfz

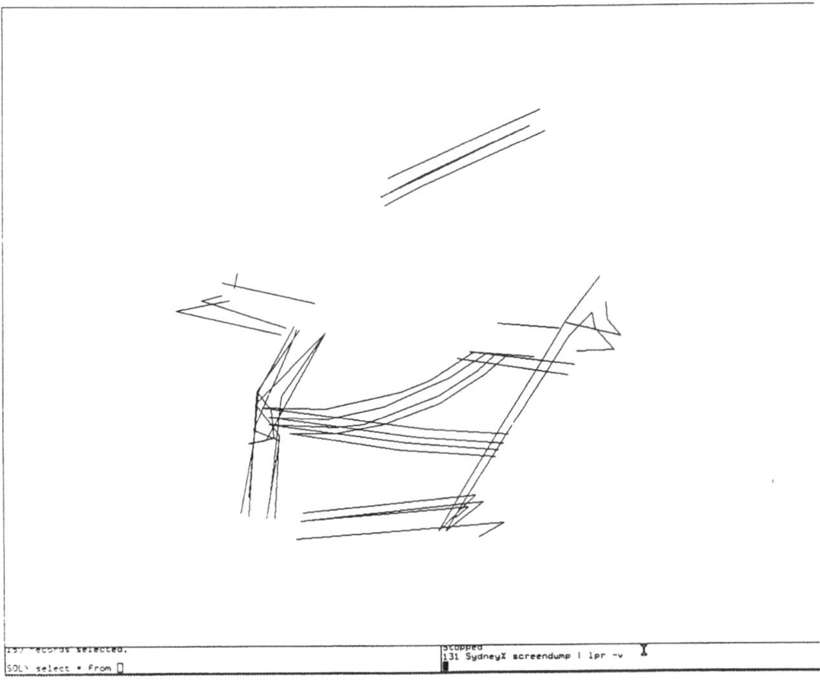

Bild 10.3_5 c: Objekt-Ausprägungen – Verbindungsspuren Straßenbahn, Fahrrad, Fußgänger

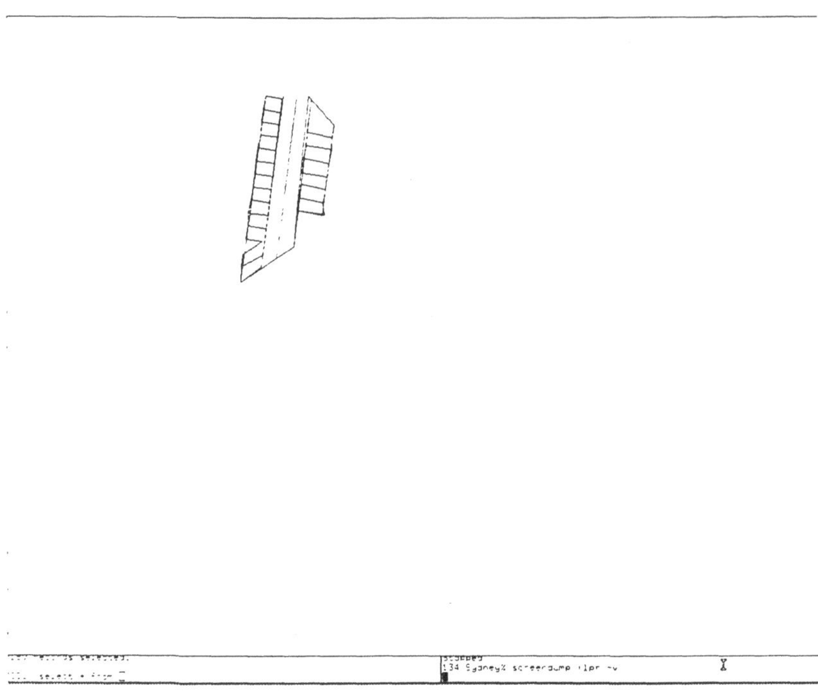

Bild 10.3_5 d: Objekt-Ausprägungen – Parkflächen

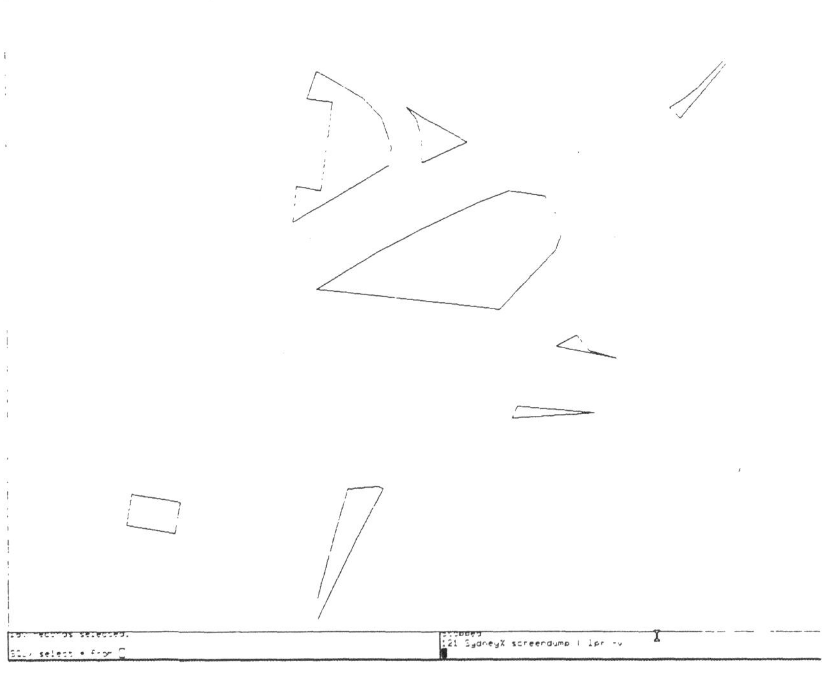

Bild 10.3_5 e: Objekt-Ausprägungen – Spezialflächen

Die vorgestellte Modellierung der im Diskursbereich potentiell vorkommenden Objekte ist relativ detailliert und wirkt vielleicht auf den ersten Blick etwas übertrieben. Sie sollte aber nicht unabhängig von den später zu modellierenden Abläufen betrachtet werden. Die Reichhaltigkeit der Darstellung im Objektbereich entscheidet zum Beispiel mit darüber, ob sehr viel Aufwand in die Regeln gesteckt werden muß oder ob bestimmte Abläufe überhaupt extrahiert werden können. Beispielsweise lassen sich die Abläufe "Abbiegen" und "Straßenverlauf folgen" nicht durch die Trajektorie des beteiligten Objekts allein bestimmen, die in beiden Fällen dieselbe sein kann. Zusätzlich müssen der Verlauf der aktuellen Straße und Einmündungen anderer Straßen bekannt sein. Ein anderes Beispiel für die Notwendigkeit einer ausführlichen Objektmodellierung ist "Unerlaubtes Spurwechseln". Um diesen Ablauf zu erkennen, muß man wissen, an welchen Stellen eine Fahrspur einen Wechsel zuläßt. Die Modellierung darf also nicht erzwingen, daß Fahrspuren auf ihrer ganzen Länge die gleichen Eigenschaften haben. Überhaupt scheinen Verstöße gegen die Straßenverkehrsordnung in dieser Hinsicht interessante Abläufe zu sein.

Die obige Modellierung des Objektbereichs dient also zur Unterstützung der Modellierung des Ablaufbereichs. Im folgenden werden einige ausgewählte Ausschnitte des Begriffsgraphen für Abläufe beschrieben.

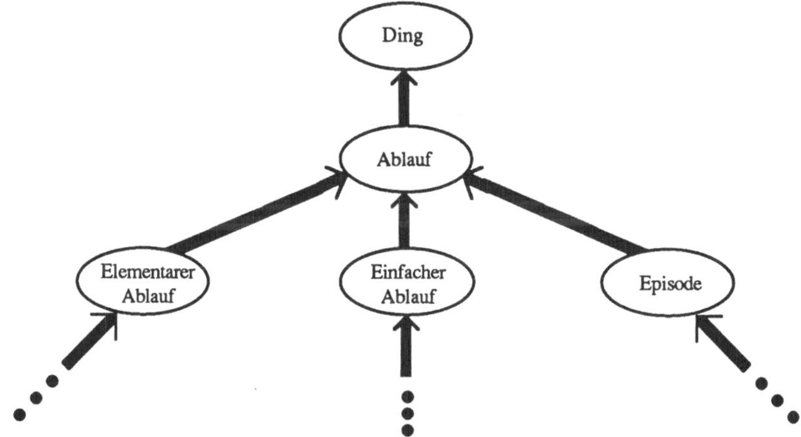

Bild 10.3_6: Hierarchie des Ablaufbereichs

Global werden drei Klassen von Abläufen unterschieden, wobei "Einfacher Ablauf" die Abläufe umfaßt, die nicht mehr elementar sind, aber noch nicht die Eigenschaften von Episoden besitzen. Jeder Ablauf hat mindestens ein gegenständliches Objekt während seiner gesamten Lebenszeit als Agent.

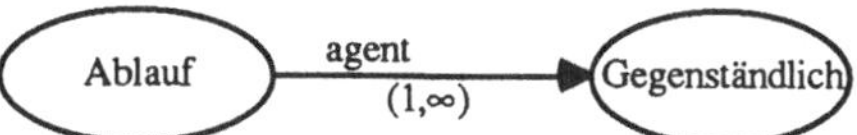

Die elementaren Abläufe sind für den hier beschriebenen Prototyp nur über Bewegungsänderungen erklärt, es sind also beispielsweise keine Abläufe "Signalfarbe wechseln" für Ampeln oder "Gestalt verändern" modelliert.

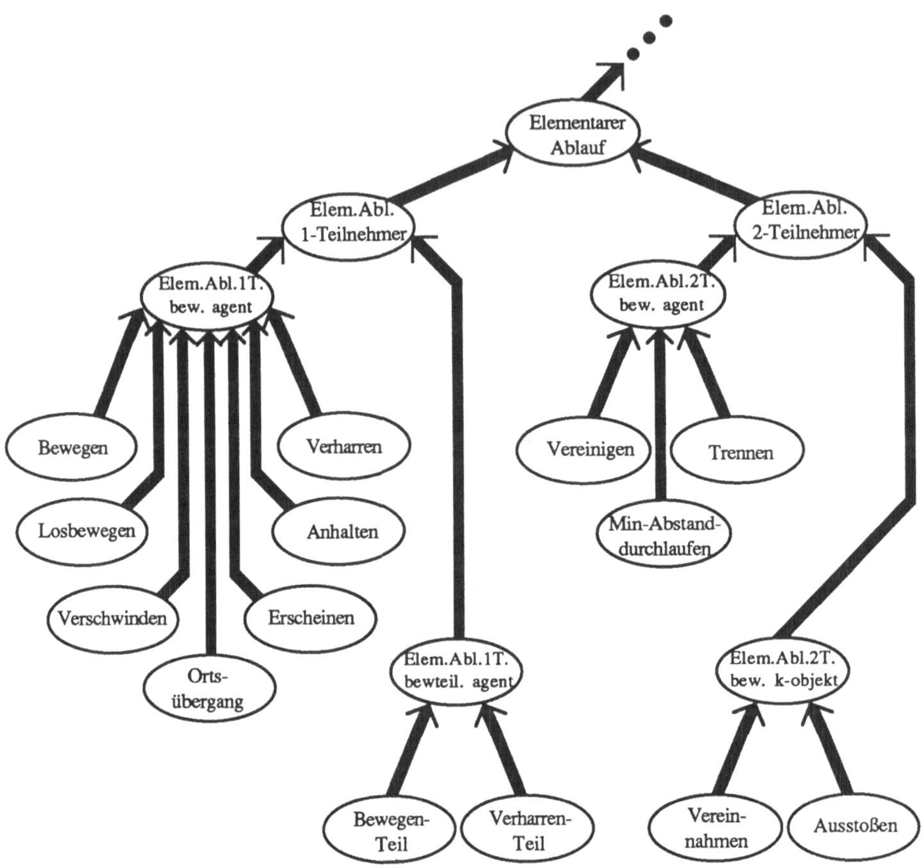

Bild 10.3_7: Hierarchie des Ablaufbereichs – elementare Abläufe

In dieser Teilhierarchie dienen die Zwischenknoten nur dazu, gleichartige Attributdefinitionen für mehrere Ablauf-Gattungen zusammenfassen zu können. Jede Ausprägung für diesen Teil des Begriffsgraphen ist also stets auch Ausprägung einer Gattung an den Blättern der Hierarchie. Die Regelnetze für Ablauf-Gattungen, die keine Blätter sind, sind dementsprechend jeweils die trivialen, die einfach die Regelnetze für die direkten Untergattungen aufrufen und die Ausprägungsmengen vereinigen (siehe Bild 8.3.1_7).

Jeder elementare Ablauf hat nicht mehr beliebig viele, sondern genau einen Agenten. Dieser gehört je nach Ablauf-Gattung zu einer Untergattung der gegenständlichen Objekte. Bei Abläufen mit zwei Teilnehmern kommt noch ein (Kasus-)Objekt dazu, das ebenfalls ein gegenständliches Objekt ist, eventuell beschränkt auf eine echte Untergattung. Außerdem haben alle hier modellierten elementaren Abläufe

Orte, das sind die Flächen, auf denen die Abläufe stattfinden. Allerdings ist "ort" kein Attribut der Gattung "Ablauf", so daß man auch Abläufe wie "Einsetzen von Schneefall" ohne Ort definieren könnte. Insgesamt sind für die Untergattungen von "Elementarer Ablauf", die keine Blätter der Hierarchie sind, folgende Attribute definiert.

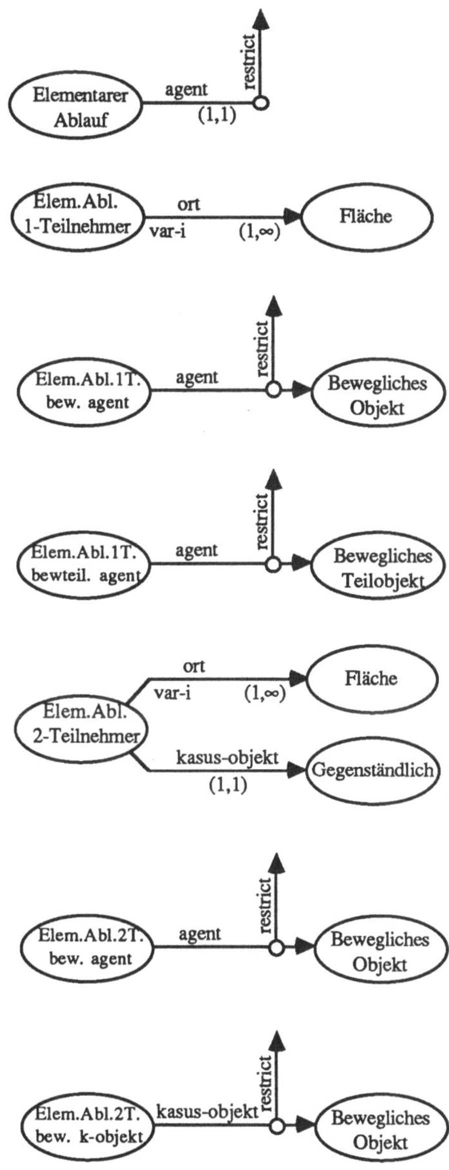

Diese Attribute vererben sich an die "eigentlichen" Ablauf-Gattungen an den Blättern der Hierarchie. Dort können jeweils weitere Attribute hinzukommen. Außerdem muß für jede dieser Gattungen ein nichttriviales Regelnetz existieren. Dies sei exemplarisch anhand der Ablauf-Gattung "Bewegen" demonstriert.

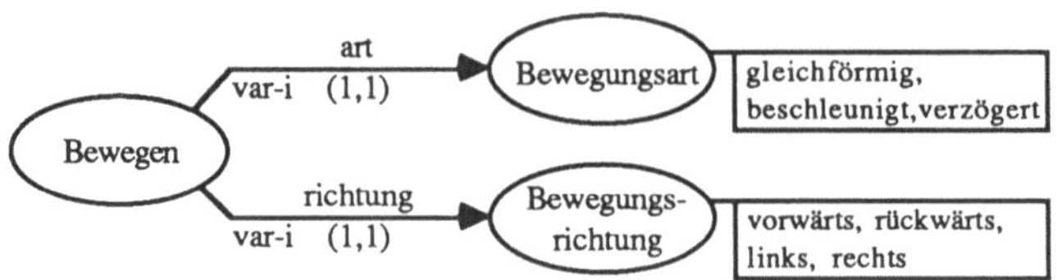

Zur leichteren Lesbarkeit sind im Regelnetz einige Konventionen eingeführt, die auch im Rest des Kapitels beibehalten werden. Aktionen der Form (putregister name wert) werden als name := wert geschrieben, statt (getregister name) steht einfach der Registername. Mit dem Kommentar (* systemdefinierte register: name1 ... *) wird angezeigt, welche Register vom Regelinterpretierer automatisch erzeugt werden, entsprechend stehen unter (* zusätzliche register: name1 ... *) die Bezeichner der Register, die mit dem Operator def-register vom Diskursbereichsmodellierer definiert werden.

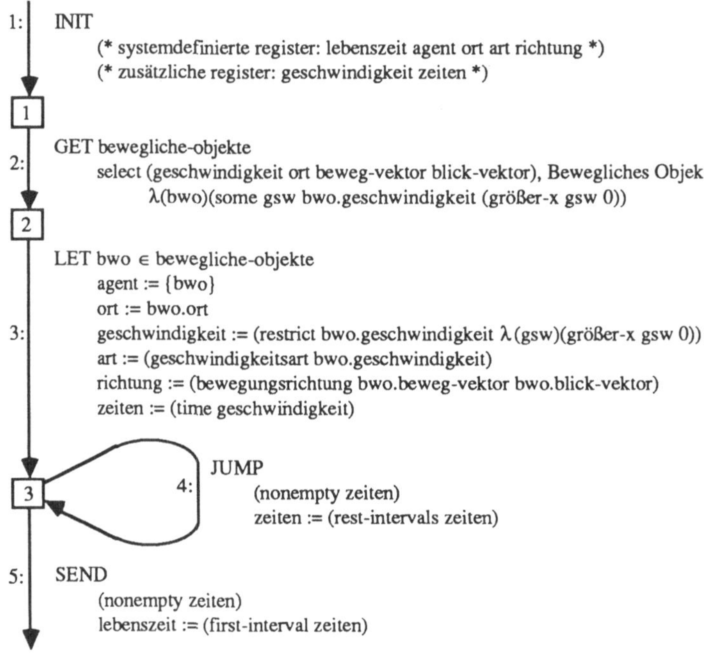

Die automatisch erzeugten Register des Netzes entsprechen den Attributen der Gattung, sie nehmen also für die jeweils erzeugte Ausprägung von "Bewegen" die entsprechenden Attribut-Ausprägungen auf. Zunächst beschafft die GET-Regel alle Ausprägungen von "Bewegliches Objekt", die in ihren Attribut-Ausprägungen von "geschwindigkeit" einen Wert größer Null enthalten. Daraus wählt die LET-Regel jeweils eine Ausprägung bwo aus. Für eine zu erzeugende Ausprägung von "Bewegen", deren Agent das gewählte Objekt ist, können Ort und Geschwindigkeit im wesentlichen von bwo übernommen werden, wobei nur Geschwindigkeiten größer Null betrachtet werden. Die Einschränkung der Geschwindigkeit wird durch "restrict" erreicht: (restrict AUS, λ(aus)bedingung) ist die maximale Menge von Ausprägungen AUS', so daß teilmenge-xt(AUS', AUS) gilt und für jedes aus ∈ AUS' die Bedingung erfüllt ist.

Für das Attribut "art" wird eine Funktion geschwindigkeitsart vorausgesetzt, die eine Menge von Ausprägungen von "Real" als Eingabe erhält, diese als Geschwindigkeiten zu den jeweiligen Zeiten auf-faßt, und eine dazu passende Menge von Ausprägungen mit den Individuen "gleichförmig", "verzögert" und "beschleunigt" als Wert liefert. Die Funktion bewegungsrichtung erwartet zwei Mengen von Aus-prägungen von "Koordinaten", faßt diese als Bewegungsvektoren und Blickvektoren zu den jeweiligen Zeiten auf und berechnet aus den Winkeln zwischen den Vektoren mit selbem Zeitpunkt eine passende Menge von Ausprägungen mit Individuen "vorwärts", "rückwärts", "links", "rechts".

Danach ist noch die Lebenszeit zu bestimmen. Wenn sich das Objekt bwo eine Weile bewegt, dann nicht bewegt und danach wieder bewegt, so sind dies zwei verschiedene Ausprägungen von "Bewegen" mit demselben Agent und möglicherweise weiteren gleichen Bestandteilen. Mit anderen Worten, die Lebenszeit jeder "Bewegen"-Ausprägung muß ein Intervall sein. Dies wird dadurch erreicht, daß aus den Zeiten, für die die Geschwindigkeit von bwo größer Null ist, jeweils ein Intervall herausgegriffen und zur Lebenszeit einer Ausprägung gemacht wird. Das Rückfallverfahren des Regelinterpretierers stellt sicher, daß mit den Regeln 4 und 5 alle Ausprägungen erfaßt werden. Bei der SEND-Regel werden automatisch die Ausprägungen in den Attribut-Registern auf den Durchschnitt ihrer Zeiten mit dem Inhalt des Registers "lebenszeit" reduziert (siehe SEND-Regel, Abschnitt 8.3.1), wodurch zum Beispiel ein Ort von bwo für die gerade erzeugte Ablauf-Ausprägung wegfallen kann, wenn sich bwo außerhalb der Lebenszeit dieser Ausprägung dort bewegt.

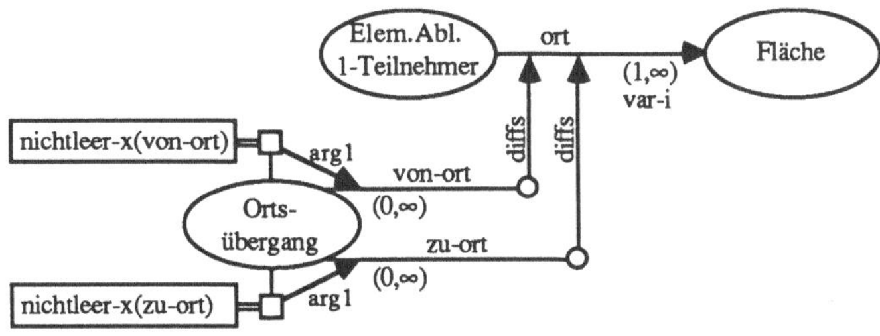

Zum Abschluß der elementaren Abläufe sei noch der Ablauf "Ortsübergang" angesprochen. Dieser elementare Ablauf ist äußerst nützlich zur Erkennung von komplexeren Abläufen. Der Agent ist ein bewegliches Objekt, das für jeden Zeitpunkt beliebig viele Orte besitzen kann. Zu einem Zeitpunkt können dazu zum Beispiel eine elementare Bewegungsfläche, eine Spur, eine Richtungsfahrbahn, eine Straße und ein Straßenzug gehören (die zwar Bestandteile, aber keine Spezialisierungen voneinander sind). Die Lebenszeit von "Ortsübergang"-Ausprägungen besteht immer aus zwei aufeinanderfolgenden Zeitpunkten. Das differenzierte Attribut "von-ort" entspricht den Flächen, die zum ersten, aber nicht zum zweiten Zeitpunkt Ort des Agenten sind. Für den zweiten Zeitpunkt kann es also keine Attribut-Ausprägungen geben, weshalb die Untergrenze Null der Kardinalität zugelassen werden muß. Die Strukturbedingung stellt sicher, daß es wenigstens eine Attribut-Ausprägung für den ersten Zeitpunkt gibt. Völlig analog ist "zu-ort" definiert.

Das Regelnetz für "Ortsübergang" beschafft Ausprägungen von "Bewegen", untersucht jeweils für aufeinanderfolgende Zeitpunkte die Orte und erzeugt bei Einhaltung der obigen Bedingungen eine Ausprägung von "Ortsübergang". Ihr Agent kann einfach von der "Bewegen"-Ausprägung übernommen werden.

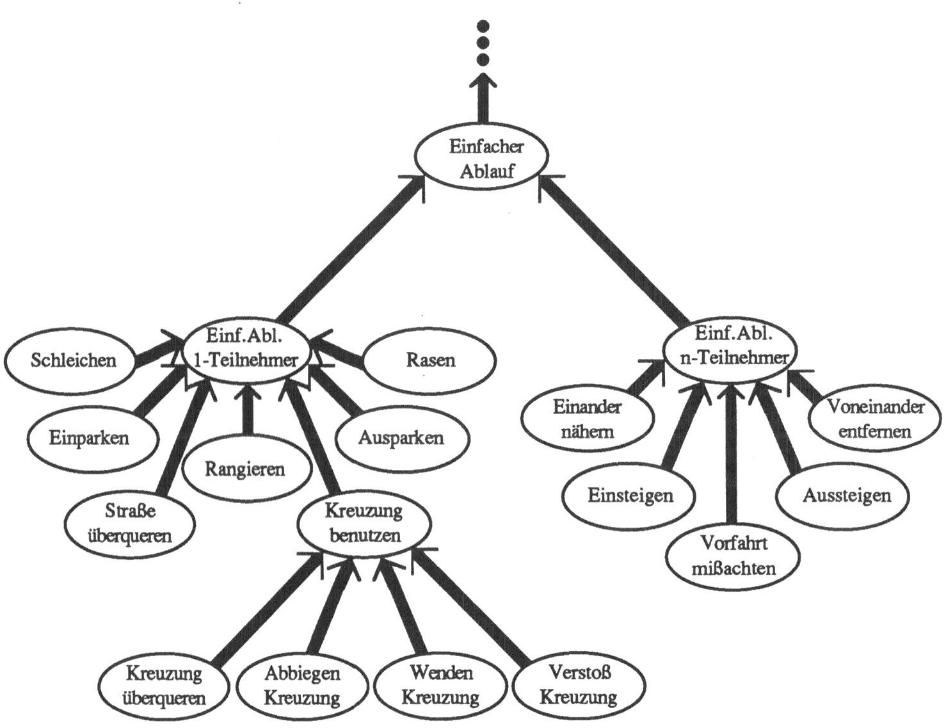

Bild 10.3_8: Hierarchie des Ablaufbereichs – einfache Abläufe

Die nächste Gruppe von Abläufen ist durch die Gattung "Einfacher Ablauf" repräsentiert. Diese Abläufe sind nicht elementar, das heißt, sie setzen sich aus anderen Abläufen zusammen. Allerdings erfüllen sie nicht die Kriterien, um als Episoden zu gelten. Die Hierarchie klassifiziert im wesentlichen danach, ob nur ein oder mehrere Objekte an dem Ablauf beteiligt sind.

Auch hier dienen die Zwischenknoten, "Einf. Abl. 1-Teilnehmer" und "Einf. Abl. n-Teilnehmer", nur der Strukturierung, es sind nicht einmal eigene Attribute dafür erklärt. Die Regelnetze sind für diese Gattungen wieder die trivialen Ablauf-Regelnetze (siehe Bild 8.3.1_7). Als Beispiel für einen einfachen Ablauf mit mehr als einem Teilnehmer betrachten wir "Aussteigen".

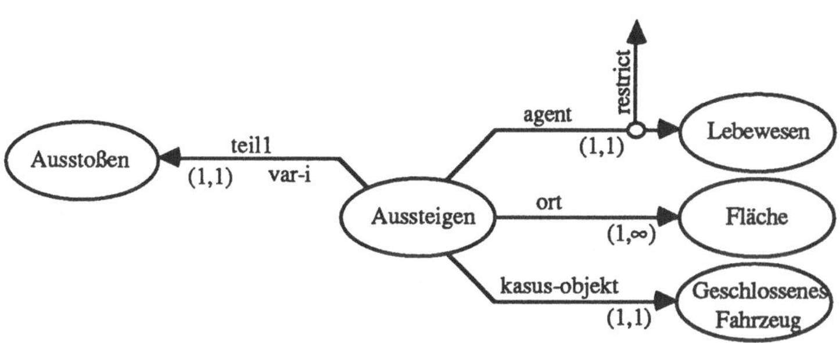

Neben einem Agenten ist ein Kasus-Objekt an dem Ablauf beteiligt. Das Attribut "ort" hat diesmal konstante Zeitabhängigkeit, da sich das Fahrzeug während eines "Aussteigen"-Ablaufs nicht bewegt. Als Teilablauf ist jeweils ein "Ausstoßen" beteiligt, wobei der Zusammenhang im wesentlichen durch die Vertauschung von Agent und Kasus-Objekt gegeben ist: wenn "Otto" der Agent und "Herby" das Kasus-Objekt einer Ausprägung von "Aussteigen" ist, dann ist "Herby" der Agent und "Otto" das Kasus-Objekt des "Ausstoßen"-Teilablaufs. Man hätte diesen Zusammenhang auch innerhalb des Ablaufbereichs durch Strukturbedingungen darstellen können. Hier wird er stattdessen nur im Regelnetz überprüft und für die Erzeugung ausgenutzt.

Zunächst werden im Netz alle Ausprägungen von "Ausstoßen" beschafft, deren Agent und Kasus-Objekt zu den geeigneten Untergattungen von "Bewegliches Objekt" gehören. Für die zu erzeugende Ausprägung von Aussteigen wird das Kasus-Objekt des Teilablaufs zum Agenten und der Agent des Teilablaufs zum Kasus-Objekt, der Rest wird übernommen.

Netzname: Netz-Aussteigen
   zugeordnete Ablauf-Gattungen: Aussteigen

```
1:   INIT
          (* systemdefinierte register: lebenszeit agent ort kasus-objekt teil1 *)

 1

2:   SEEK ausstöße Netz-Ausstoßen
          select (agent ort kasus-objekt), Ausstoßen,
               λ(aus)(and (all agt aus.agent (teilmenge-g {GeschlossenesFahrzeug} agt))
                         (all kob aus.kasus-objekt (teilmenge-g {Lebewesen} kob)))

 2

3:   LET aus ∈ ausstöße
          agent := aus.kasus-objekt
          kasus-objekt := aus.agent
          ort := aus.ort
          teil1 := {aus}

 3

4:   SEND
          lebenszeit := (time teil1)
```

Von den einfachen Abläufen mit einem Teilnehmer greifen wir zur Illustration "Kreuzung benutzen" mit seinen Untergattungen heraus, die externe Varianten modellieren.

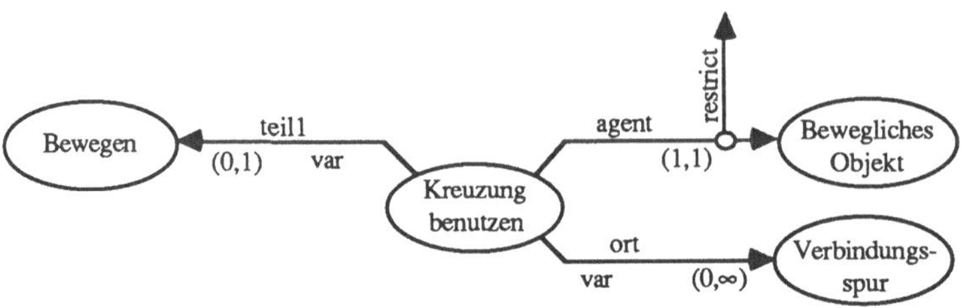

Der Agent dieses Ablaufs ist genau ein bewegliches Objekt, der Ort ist auf Verbindungsspuren beschränkt. Verbindungsspuren sind Teilflächen von Kreuzungen, wie oben bei den unbeweglichen Objekten beschrieben. Verbindungsspuren besitzen insbesondere ein Attribut "verbind-art" mit den möglichen Zielindividuen "geradeaus", "abbiegen-rechts", "abbiegen-links", "abbiegen-geradeaus", "zurück". Aufgrund dieser Werte ergibt sich dann die Zugehörigkeit zu den Untergattungen "Kreuzung überqueren", "Abbiegen Kreuzung" und "Wenden Kreuzung".

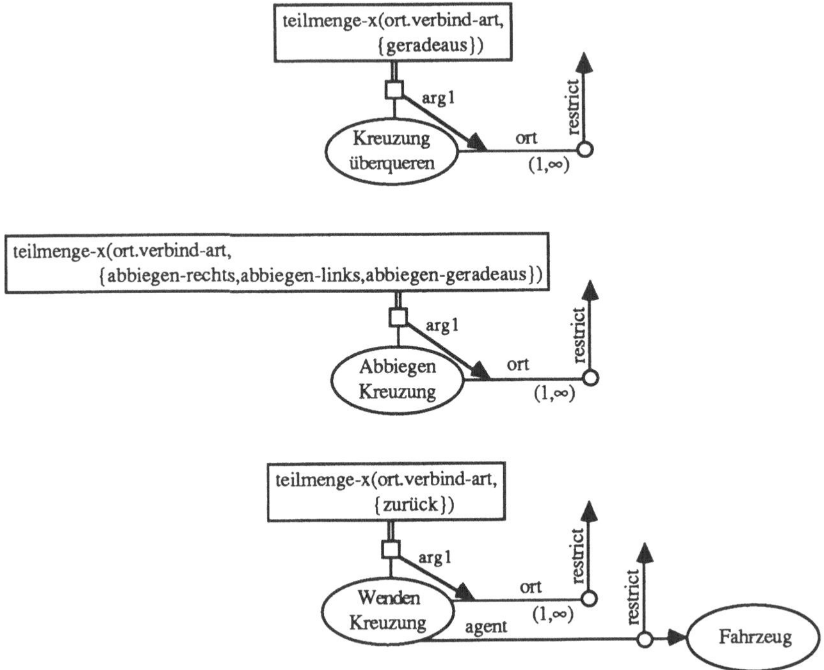

Wenn sich der Agent so auf der Kreuzung bewegt, daß gar keine passenden Verbindungsspuren als Ort zugeordnet werden können, handelt es sich um einen Regelverstoß. Passend in diesem Sinn sind Verbindungsspuren derselben Verbindungsrichtungsfahrbahn, die jeweils übereinstimmende Attribut-Ausprägungen von "verb-art" besitzen. Abläufe ohne passenden Ort bilden eine weitere Untergattung von "Kreuzung benutzen".

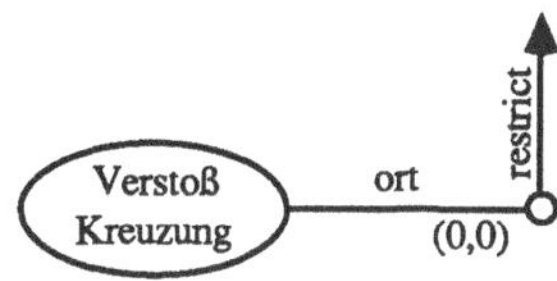

Man könnte nun für jede der vier Gattungen unterhalb von "Kreuzung benutzen" jeweil ein Regelnetz entwerfen. In diesem Fall ist es aber günstiger, von den Spezialisierungs-Regelnetzen (Abschnitt 8.3.2) Gebrauch zu machen. Wir benötigen nur ein Ablauf-Regelnetz für "Kreuzung benutzen", dem außerdem die vier Untergattungen zugeordnet sind. Die von diesem Regelnetz erzeugten Ausprägungen von "Kreuzung benutzen" werden dann durch die trivialen Spezialisierungs-Regelnetze (siehe Bild 8.3.2_2) einfach denjenigen Untergattungen zugeordnet, für die der AMS-Operator verify nicht scheitert. Da die Strukturbedingungen und Kardinalitätsbedingungen einander wechselweise ausschließen, wird jede Ausprägung von "Kreuzung benutzen" höchstens einer der vier Untergattungen zugeordnet. Insgesamt sind Ablauf- und Regelbereich für diese Gattungen also recht wirksam und trotzdem übersichtlich verzahnt.

Das Ablauf-Regelnetz für "Kreuzung benutzen" erhält also als zugeordnete Ablauf-Gattungen zusätzlich die vier Spezialisierungen "Kreuzung überqueren", "Abbiegen Kreuzung", "Wenden Kreuzung" und "Verstoß Kreuzung". Daran erkennt der Interpretierer, daß für die von diesem Regelnetz erzeugten Ausprägungen Spezialisierungs-Regelnetze aufgerufen werden müssen, und da keine explizit definiert sind, werden die trivialen automatisch erzeugt und verwendet.

Man beachte bei dem Regelnetz, daß die Registernamen, die bei den SEEK-Regeln innerhalb des select verwendet werden, eine Abkürzung für Ausdrücke der Form (getregister registername) sind. Diese Ausdrücke müssen erst expandiert werden, bevor der eigentliche AMS-Ausdruck entsteht.

Die Regeln 1 bis 5 beschaffen Paare von Ortsübergängen "rein" und "raus" mit selbem Agenten, so daß der erste in eine Kreuzung hinein- und der zweite aus derselben Kreuzung herausführt. Die Lebenszeit der zu erzeugenden Ablauf-Ausprägung ist durch das Zeitintervall zwischen diesen beiden Übergängen gegeben, so daß der Ort zunächst durch Einschränkung der Orte des Agenten auf diese Lebenszeit eingegrenzt werden kann. Das Hilfsregister "dauerort" nimmt nun alle diejenigen Orte auf, die während der gesamten Lebenszeit Ort des Agenten sind. Sollte der Agent zwischen "rein" und "raus" die Kreuzung noch einmal verlassen und danach wieder betreten, ist "dauerort" leer, andernfalls muß mindestens die von beiden Übergängen betroffene Kreuzung darin enthalten sein. In diesem Fall werden alle Verbindungsrichtungsfahrbahnen aus "dauerort" herausgegriffen und in "vrichtfahrb" gespeichert. Die Modellierung der unbeweglichen Objekte stellt sicher, daß diese alle zu derselben Kreuzung gehören.

Netzname: Netz-Kreuzungbenutzen
zugeordnete Ablauf-Gattungen: Kreuzung benutzen, Kreuzung überqueren, Abbiegen Kreuzung,
Wenden Kreuzung, Verstoß Kreuzung

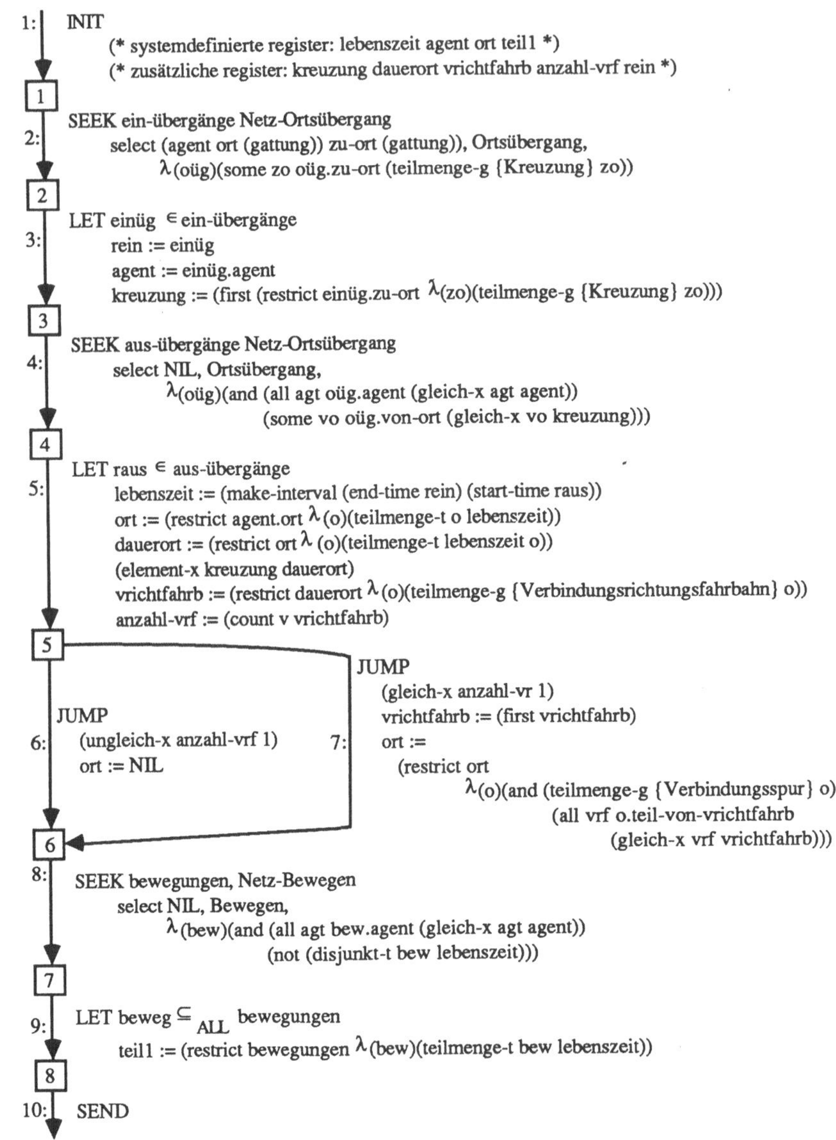

Falls es genau eine Verbindungsrichtungsfahrbahn gibt, auf der sich der Agent während der gesamten Lebenszeit befindet, ergibt sich mit Regel 7 der Ort des Ablaufs aus der Menge aller zu dieser Verbindungsrichtungsfahrbahn gehörenden Verbindungsspuren, die irgendwann während der Lebenszeit Ort des Agenten sind. Die Attribut-Ausprägungen von "verbind-art" stimmen für diese Verbindungsspuren überein. Andernfalls erzeugt Regel 6 die leere Menge als Attribut-Ausprägungen von "ort", womit die Ausprägung von den Spezialisierungs-Regelnetzen später der Gattung "Verstoß Kreuzung" zugeordnet wird.

Diese Verstöße erfassen zwei Fälle. Da sich die Verbindungsrichtungsfahrbahnen an ihren Anfängen und Enden überlappen, kann der Agent für manche Zeitpunkte mehrere davon als Ort besitzen. Gilt dies aber für die gesamte Zeit zwischen den Ortsübergängen, bewegt sich der Agent nur auf einem solchen Überlappungsbereich, verläßt die Kreuzung also etwa an derselben Stelle, an der er sie betritt, was bei regelgerechtem Verhalten nicht möglich ist. Im zweiten Fall gibt es gar keine Verbindungsrichtungsfahrbahn, auf der sich der Agent während der gesamten Zeit zwischen den Ortsübergängen befindet. Die Verbindungsrichtungsfahrbahnen sind so definiert, daß dies nur bei ziemlich ungewöhnlichen Bewegungen auf der Kreuzung vorkommen kann, so daß die Ausprägung ebenfalls als "Verstoß Kreuzung" klassifiziert werden kann.

Mit Regel 8 und 9 werden schließlich noch alle Ausprägungen von "Bewegen" mit dem aktuellen Agenten und der aktuellen Lebenszeit ermittelt und zu Attribut-Ausprägungen von "teil1" gemacht.

Die übrigen Definitionen für Untergattungen von "Einf. Abl. 1-Teilnehmer" sind ähnlich. Die Attribute unterscheiden sich vor allem in den Zielgattungen, zum Beispiel ist der Agent bei "Schleichen" und "Einparken" ein Kfz, bei "Rangieren" ein Automobil, bei "Straße überqueren" eine Person. Einige, wie "Rangieren", besitzen neben "Bewegen"- auch "Verharren"-Teilabläufe. Bei "Einparken" wird der "ort" nach "end-ort" und "einpark-ort" unterschieden, analog dazu bei "Ausparken" nach "start-ort" und "auspark-ort". Die Regelnetze sind meist wesentlich einfacher als für "Kreuzung benutzen". Die Grundidee der Erkennung wird für einige noch verbal beschrieben.

"Schleichen" bzw. "Rasen" sind Bewegungen eines Agenten, deren Geschwindigkeit deutlich unter bzw. über der Normalgeschwindigkeit liegt. Diese wird folgendermaßen bestimmt: Zunächst wird ein umschreibendes Rechteck um den Agenten gelegt (im Moment neunmal die Länge, fünfmal die Breite des Automobils), und die sich darin bewegenden Automobile werden gezählt. Sind dies genügend viele Automobile, so wird der Durchschnitt aus ihren Geschwindigkeiten pro Zeitpunkt jeweils als Normalgeschwindigkeit betrachtet. Sind es zu wenige, wird der Durchschnitt der Erwartungsgeschwindigkeiten aller elementaren Bewegungsflächen benutzt, die zum selben Zeitpunkt Ort des Agenten sind.

Bei "Rangieren" wird ausgenutzt, daß "Bewegen" ein Attribut "richtung" besitzt, dessen Zielindividuen unter anderm "vorwärts" und "rückwärts" sein können. "Rangieren" ist erklärt als eine alternierende Folge von Teilbewegungen mit Richtung "vorwärts" und "rückwärts", wobei wenigstens ein "rückwärts" vorkommt und zwischen den Teilbewegungen jeweils kurzzeitige "Verharren" liegen. Außerdem muß für jede Teilbewegung die Lage (beschrieben durch ein Koordinatentupel) zum letzten Zeitpunkt innerhalb eines Rechtecks um die Lage zum ersten Zeitpunkt liegen, desse Seitenlänge zwei Fahrzeuglängen beträgt.

Das "Einparken" orientiert sich an einem "Ortsübergang", dessen "zu-ort" eine Parkspur und dessen "von-ort" keine Parkspur ist. Auf der Parkspur muß sich kurz danach ein "Verharren" anschließen, das nicht zu kurz sein darf (in der Bildfolge kommt tatsächlich ein Ablauf vor, bei dem ein Pkw in eine quer zur Straße angeordnete Parkbox fährt, diese aber gleich wieder verläßt; er parkt nicht, sondern wendet).

Alternativ dazu kann es auch ein "Rangieren" sein, bei dem der Ort am Ende der letzten Teilbewegung eine Parkfläche ist.

Die letzte und im Hinblick auf die Zielsetzung der Arbeit wichtigste Untergattung von Abläufen ist "Episode". Ihre Untergattungen sind ohne Zwischenknoten in der Hierarchie direkt angefügt, in einigen Fällen sind externe Varianten als Untergattungen repräsentiert wie oben bei "Kreuzung benutzen".

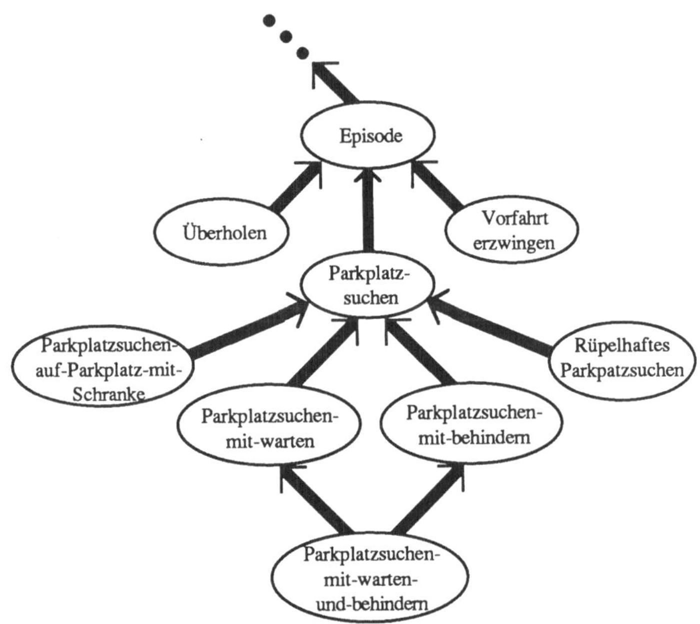

Bild 10.3_9: Hierarchie des Ablaufbereichs – Episoden

In der obigen Teilhierarchie sind exemplarisch einige als Episoden angesehene Abläufe angegeben. Hier sind nur für "Parkplatzsuchen" externe Varianten modelliert, es sind aber auch externe Varianten der anderen Episoden denkbar, z.B. "Überholen mehrspurige Straßen".

Als Beispiel für eine Episode betrachten wir "Parkplatzsuchen" mit seinen externen Varianten näher. In dieser Teilhierarchie kann es Ausprägungen aller Varianten geben, insbesondere auch zur Gattung "Parkplatzsuchen". Sie dient also nicht lediglich zur Strukturierung, wie häufig die Zwischengattungen in den Teilhierarchien für elementare und einfache Abläufe.

Der Agent des Ablaufs "Parkplatzsuchen" ist ein Automobil, Ort können beliebige Flächen sein, die sich während der Lebenszeit einer Ausprägung ändern können. Die weiteren Attribute der Gattung beschreiben Teilabläufe des Ablaufs "Parkplatzsuchen". Mit dem Attribut "bewegen" werden alle "Bewegen"-Abläufe erfaßt, die während des Parkplatzsuchens stattfinden, mit "vorherige-verharren" entsprechend alle "Verharren" bis auf dasjenige, das sich auf dem endgültig gefundenen Parkort ereignet. Dies wird durch "end-verharren" beschrieben. Schließlich steht das Attribut "aussteigen" für alle "Aussteigen"-Abläufe aus dem am Parkplatzsuchen beteiligten Automobil. Weitere Attribute zur Modellierung von "Parkplatzsuchen" sind denkbar. So könnte man beispielsweise den "Einparken"-Ablauf explizit machen oder auch ein möglicherweise beteiligtes "Rangieren".

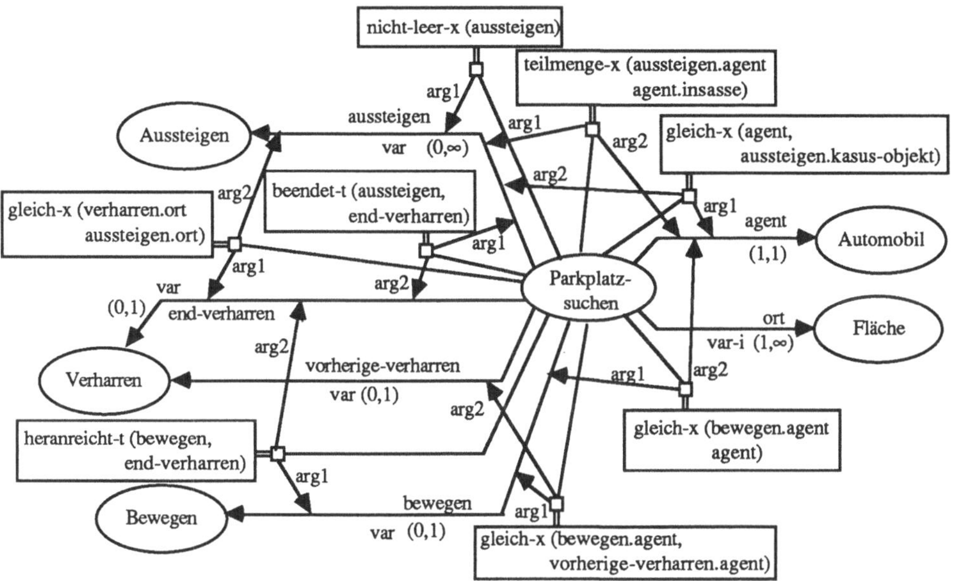

Die bei "Parkplatzsuchen" verwendeten Strukturbedingungen dienen in erster Linie dazu, die hypothetische Ergänzung von "Aussteigen"-Abläufen durchführen zu können. Die Strukturbedingungen, von denen ein Argument über das Attribut "aussteigen" bestimmt wird, erlauben die Erzeugung von hypothetischen Attribut-Ausprägungen der Attribute von "Aussteigen", unter Zuhilfenahme von Attribut-Ausprägungen der Attribute von "Parkplatzsuchen". Die anderen Strukturbedingungen dienen der zusätzlichen Überprüfung beim Zuordnen einer erzeugten "Parkplatzsuchen"-Ausprägung.

Das Ablauf-Regelnetz, mit dem zu "Parkplatzsuchen" passende Ausprägungen erzeugt werden können, wird auch für die Extraktion aller Spezialisierungen verwendet. Alle Gattungen, die eine Variante des Parkplatzsuchens beschreiben, sind diesem Regelnetz zugeordnet. Für die Spezialisierungen existieren dann Spezialisierungs-Regelnetze. Das Ablauf-Regelnetz selbst gliedert sich in drei Bereiche. Zunächst wird das eigentliche Einparken bestimmt. Nur wenn dies extrahierbar ist, kann es sich überhaupt um ein Parkplatzsuchen handeln. Danach wird über das Aussteigen das Ende des Parkplatzsuchens festgelegt, und schließlich wird der Anfang bestimmt.

Netzname: Netz-Parkplatzsuchen
zugeordnete Ablauf-Gattungen: Parkplatzsuchen, Parkplatzsuchen-mit-warten,
        Parkplatzsuchen-mit-behindern, Parkplatzsuchen-auf-Parkplatz-mit-Schranke,
        Rüpelhaftes Parkplatzsuchen, Parkplatzsuchen-mit-warten-und-behindern

1: INIT
      (* systemdefinierte register: lebenszeit agent ort aussteigen end-verharren vorherige-verharren
           bewegen *)
      (* zusätzliche register: parker einp lebenszeit-ende parkflächen vorherige-abläufe vorherig *)

  [1]

2: SEEK einpark-abläufe Netz-Einparken
      select (agent (lage ort (gattung)) end-ort (gattung) ort), Einparken

  [2]

      LET e $\in$ einpark-abläufe
3:      einp := e
      agent := einp.agent
      parker := (first agent)

  [3]

4: SEEK verharren-abläufe Netz-Verharren
      select NIL, Verharren,
          λ(vh) (all agt vh.agent (gleich-x agt parker))

  [4]

      LET verharr $\subseteq_{ALL}$ verharren-abläufe
5:      end-verharren := (restrict verharr λ (vh) (or (überlappt-t einp vh)
                  (beendet-t vh einp)))
      vorherige-verharren := (restrict verharr λ (vh) (kleiner-t vh end-verharren))

  [5]

Mit der Regel 1 des obigen Teil-Regelnetzes werden zunächst alle Register bestimmt. Regel 2 bestimmt alle "Einparken"-Abläufe und liefert für jede Ausprägung den Agenten mit den später noch erforderlichen Attribut-Ausprägungen und die Orte. Regel 3 wählt jeweils eine "Einparken"-Ausprägung aus. Alle "Verharren", die der Agent der ausgewählten "Einparken"-Ausprägung jemals ausgeführt hat, werden mit Regel 4 beschafft. Aus diesen wird mit Regel 5 dasjenige als Attribut-Ausprägung für "end-verharren" ausgewählt, das entweder direkt an das Einparken anschließt oder vom Einparken überlappt wird. Die Bedingung in "restrict" trifft immer auf genau eine Ausprägung von "Verharren" zu: gäbe es gar keine, hätte das "Einparken" gar nicht erkannt werden können, gäbe es mehrere, würden diese sich zeitlich überlappen und damit zusammenfallen. Alle anderen "Verharren", die vor dem ausgewählten stattfinden, werden zu "vorherige-verharren". An dieser Stelle stehen für eine potentielle "Parkplatzsuchen"-Ausprägung die Attribut-Ausprägungen von "agent" und "end-verharren" fest, der Rest muß noch genauer untersucht werden.

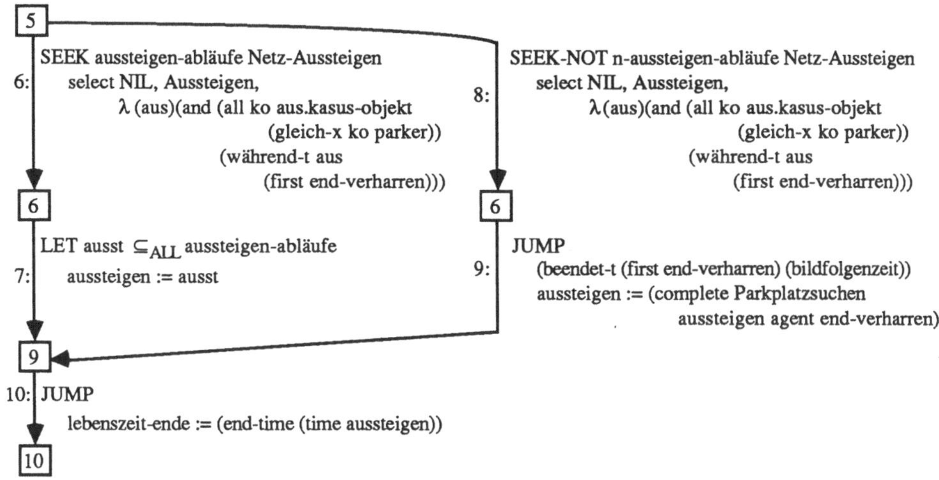

Mit diesem Teilstück wird das Ende der Lebenszeit der zu erzeugenden Ausprägung bestimmt. Das Ende eines Parkplatzsuchens wird über die beteiligten "Aussteigen"-Abläufe berechnet. Durch die Regeln 6 und 7 werden alle "Aussteigen" bestimmt, die während der Lebenszeit der Attribut-Ausprägung von "end-verharren" auftreten und deren Kasus-Objekt das am Parkplatzsuchen beteiligte Automobil ist. Der Endzeitpunkt des letzten auftretenden Aussteigens wird als Endzeitpunkt des gesamten Parkplatzsuchens interpretiert (Regel 10). Gibt es keine "Aussteigen"-Abläufe mit den genannten Bedingungen, aber das letzte Verharren endet mit der Bildfolge, dann werden hypothetische Ergänzungen von "Aussteigen"-Ausprägungen erzeugt (Regeln 8 und 9). Das Ende der Lebenszeit dieser hypothetischen Abläufe bestimmt wiederum das Ende von "Parkplatzsuchen" (Regel 10). Man beachte, daß bei dieser Definition ein beliebig langes Verharren zusammen mit Einparken nicht für einen "Parkplatzsuchen"-Ablauf ausreicht. Jetzt sind für die zu erzeugende Ausprägung also zusätzlich die Attribut-Ausprägungen von "aussteigen" bestimmt, außerdem das Ende der Lebenszeit.

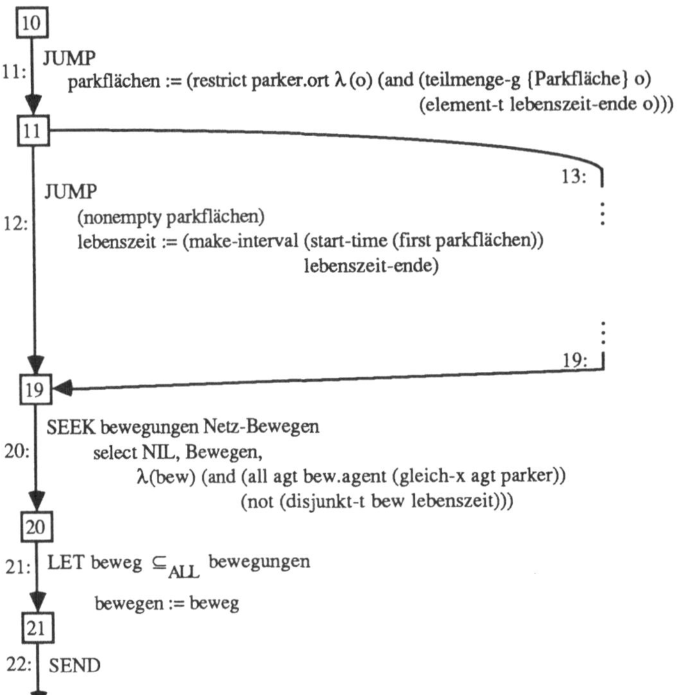

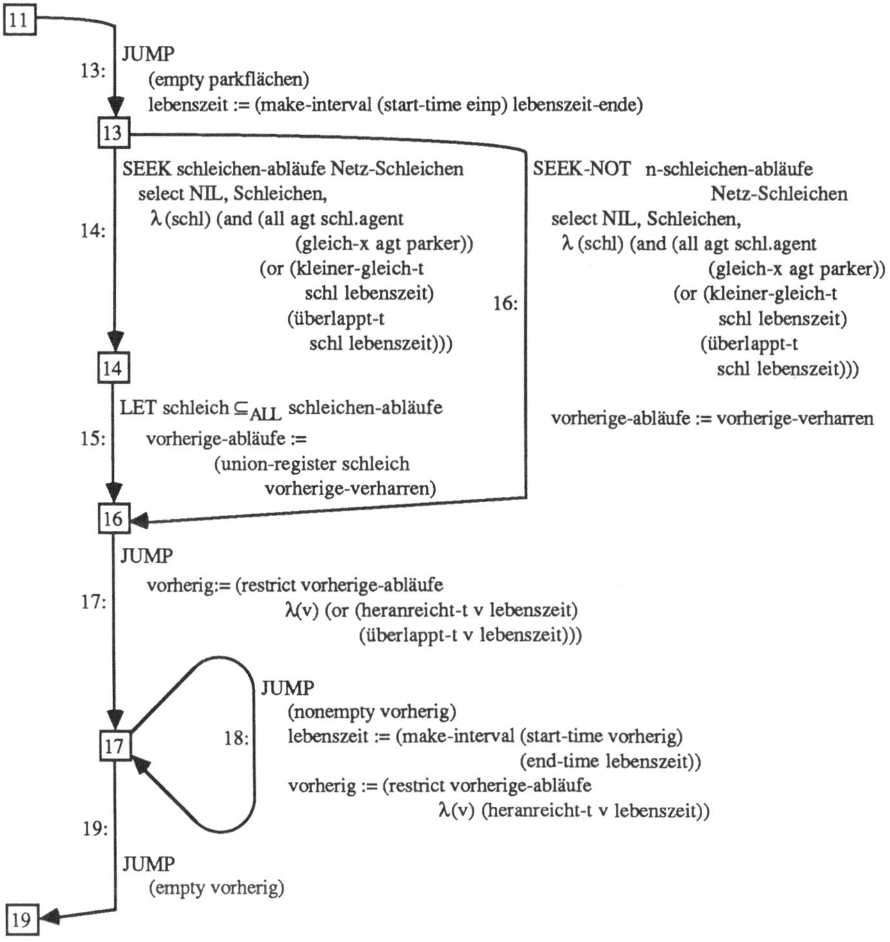

Die Bestimmung des Anfangs eines Parkplatzsuchens ist der aufwendigste Teil, da hier mehrere interne Varianten möglich sind. Findet das Parkplatzsuchen auf einer Parkfläche statt, so wird als Anfang der erste Zeitpunkt gewählt, zu dem sich der Agent des Ablaufs auf der Parkfläche befindet (Regeln 11 und 12). Andernfalls werden ausgehend vom Anfang des "Einparken"-Ablaufs alle Ausprägungen von "Verharren" und "Schleichen" untersucht, deren Agent mit dem Agenten des Parkplatzsuchen identisch ist und die sich zeitlich vor dem Einparken abspielen, wobei das zeitlich letzte Schleichen sich mit dem Einparken überlappen darf. Es werden alle diejenigen Abläufe zum Parkplatzsuchen hinzugenommen (in der umgekehrten Reihenfolge ihres zeitlichen Auftretens!), die eine ununterbrochene alternierende Folge von Verharren und Schleichen bilden. Der erste Zeitpunkt des zeitlich ersten Elements dieser Folge markiert den Anfang des Parkplatzsuchens. Gibt es keine solche Folge, entspricht der Anfang des Parkplatzsuchens dem Anfang des Einparkens. Die Berechnung der Anfangszeit wird durch die Regeln 13 bis 19 durchgeführt.

Schließlich werden noch alle "Bewegen"-Abläufe bestimmt, die während der Lebenszeit des "Parkplatzsuchen"-Ablaufs stattfinden und dem Register "bewegen" zugewiesen. Damit sind alle

Attribut-Register besetzt, die Lebenszeit ist ermittelt, und ein Zuordnungsversuch kann durchgeführt werden.

Die speziellere Gattung "Parkplatzsuchen-mit-warten" unterscheidet sich von "Parkplatzsuchen" durch zwei weitere Attribute. Das Attribut "warten-verharren" beschreibt das Verharren, das passiert, wenn auf ein Ausparken eines anderen Automobils gewartet wird, um dann den frei gewordenen Parkplatz belegen zu können. Mit dem Attribut "abgewartetes-ausparken" wird genau dieser "Ausparken"-Ablauf erfaßt.

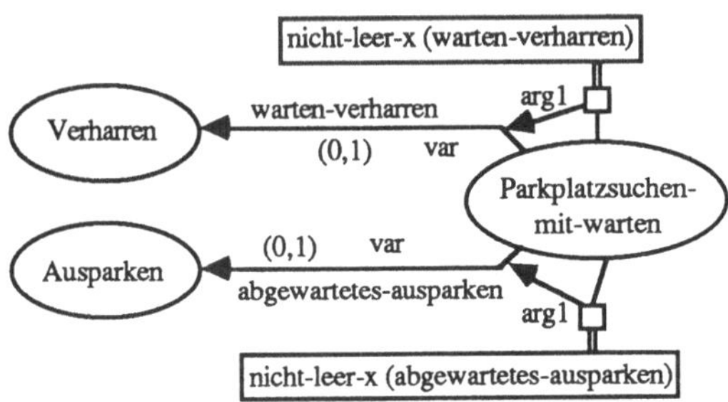

Ausprägungen von "Parkplatzsuchen-mit-warten" werden durch das obige Ablauf-Regelnetz berechnet und dann weiter spezialisiert. Die Spezialisierung wird mit dem folgenden Spezialisierungs-Regelnetz durchgeführt.

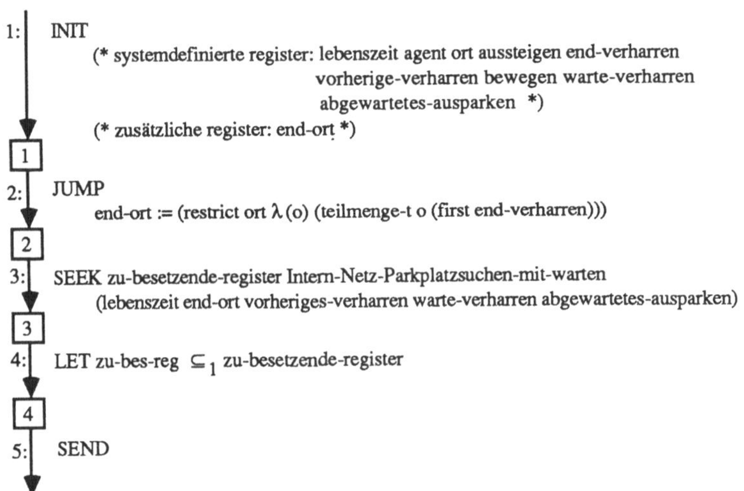

Die systemdefinierten Register des Regelnetzes enthalten die Attribut-Ausprägungen sowie die Lebenszeit der mit dem Regelnetz "Netz-Parkplatzsuchen" erzeugten Ausprägung. Über diese Registerwerte wird zunächst der Ort bestimmt, von dem aus eine passende Ablauf-Ausprägung "Ausparken" losgehen muß (Regel 2). Ort können durchaus mehrere Flächen sein, die in der

Bestandteil-Beziehung zueinander stehen. Die Bestimmung einer passenden "Ausparken"-Ausprägung wird durch ein Intern-Regelnetz durchgeführt, da die gleiche Berechnung noch an anderer Stelle benötigt wird. Bei der Angabe der Ein- und Ausgaberegister bei der SEEK-Regel 3 wird zur Vereinfachung die Konvention benutzt, daß zunächst alle Ein- und dann alle Ausgaberegister stehen, und zwar in der Reihenfolge, in der sie beim aufgerufenen Intern-Regelnetz auftreten.

Bei der SEEK-Regel 3 wird als Ergebnis eine Menge von Registern zurückgeliefert, wobei die Menge aus Teilmengen besteht, die jeweils genau einen Ausgaberegister-Satz umfassen. Mit der LET-Regel wird eine solche Teilmenge ausgewählt. Eine Zuweisung des Auswahlergebnisses an Register ist hier nicht notwendig, da das Ergebnis schon aus aktuellen Registern besteht.

Die SEND-Regel des Spezialisierungs-Regelnetzes wird erreicht, wenn die Ausgaberegister "warte-verharren" und "abgewartetes-ausparken" besetzt sind, also passende Ausprägungen existieren. Die Beschaffung der Ausprägungen erfolgt mit dem nachstehenden Intern-Regelnetz.

Netzname: Intern-Netz-Parkplatzsuchen-mit-warten

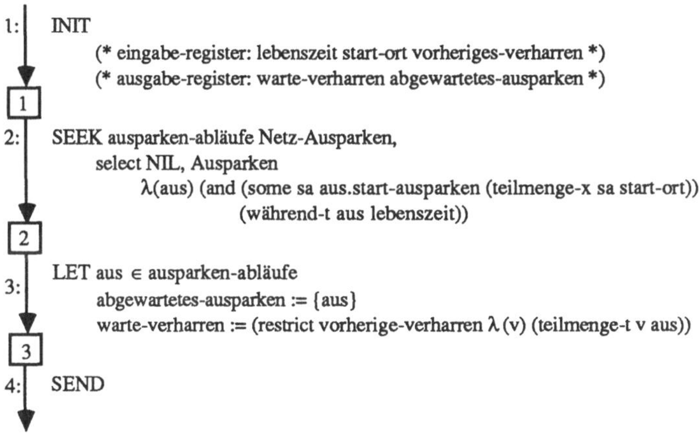

In diesem Regelnetz sind an der INIT-Regel drei Registerarten unterschieden: "eingabe-register", "ausgabe-register" und "zusätzliche register". Systemdefinierter Register wie bei den Ablauf- und Spezialisierungs-Regelnetzen gibt es hier nicht. Als Eingabe erwartet das Regelnetz eine Lebenszeit, den Ort, von dem die gesuchten "Ausparken"-Abläufe losgehen sowie alle "Verharren"-Ausprägungen, die als potentielles "warten auf ausparken" interpretiert werden können. Mit Regel 2 werden die "Ausparken"-Ausprägungen geholt, Regel 3 schränkt die "Verharren"-Ausprägungen auf diejenigen ein, die Zeitpunkte mit der "Ausparken"-Ausprägung gemeinsam haben und besetzt die Ausgaberegister.

Eine andere Spezialisierung von "Parkplatzsuchen" ist "Parkplatzsuchen-mit-behindern". Die Spezialisierung besitzt noch ein weiteres Attribut "behinderte-Fahrzeuge", das für alle Fahrzeuge steht, die während der Parkplatzsuche vom Agenten des Ablaufs behindert wurden.

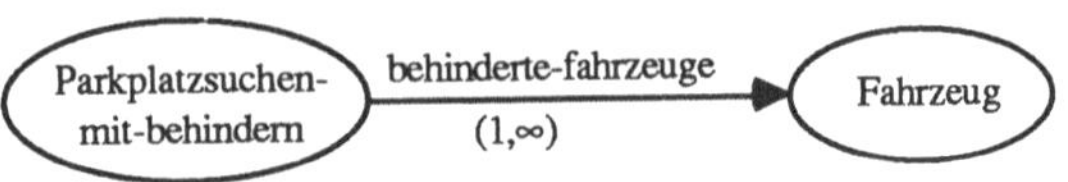

Netzname: Spez-Netz-Parkplatzsuchen-mit-behindern
zugeordnete Ablauf-Gattung: Parkplatzsuchen-mit-behindern

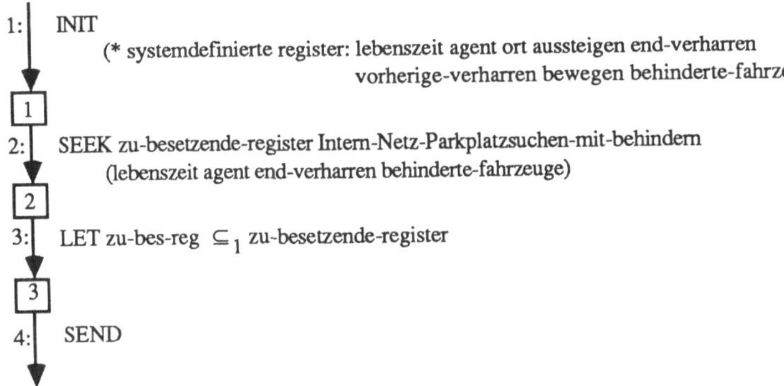

Das dieser Gattung zugeordnete Spezialisierungs-Regelnetz besteht aus dem Aufruf eines Intern-Regelnetzes und der Auswahl des Ergebnisses. Die eigentliche Berechnung findet im Intern-Regelnetz statt.

Netzname: Intern-Netz-Parkplatzsuchen-mit-behindern

1: INIT
     (* eingabe-register: lebenszeit agent end-verharren *)
     (* ausgabe-register: behinderte-fahrzeuge *)
     (* zusätzliche register: parker kritische-spuren behinderungs-zeit behinderungs-lage
                              behinderte-fahrz *)

| 1 |

2: GET behindernde
     select (ort (gattung) lage größe), Automobil
          λ (aut) (gleich-x aut agent)

| 2 |

    LET behinder ∈ behindernde
     behinderungs-zeit := (make-interval (start-time lebenszeit) (start-time (first end-verharren)))
3:   parker := behinder
     behinderungs-lage := (restrict parker.lage λ (koord) (teilmenge-t koord behinderungs-zeit))
     kritische-spuren := (restrict behinder.ort λ(o) (and (teilmenge-t o behinderungs-zeit)
                                     (teilmenge-g {Spur} o)
                                     (not (teilmenge-g {Parkspur} o))))

| 3 |

    SEEK verharren-abläufe Netz-Verharren
     select (agent (lage)), Verharren,
          λ(vh) (and (some o vh.ort (some ks kritische-spuren (gleich-x o ks)))
4:              (not (disjunkt-t vh behinderungs-zeit))
                (all agt vh.agent (and (teilmenge-g {Fahrzeug} agt)
                              (ungleich-x agt parker))))

| 4 |

    SEEK schleichen-abläufe Netz-Schleichen
     select (agent (lage)), Schleichen
          λ(schl) (and (some o schl.ort (some ks kritische-spuren (gleich-x o ks)))
5:              (not (disjunkt-t schl behinderungs-zeit))
                (all agt schl.agent (and (teilmenge-g {Fahrzeug} agt)
                              (ungleich-x agt parker))))

| 5 |

6: LET verharr ⊆$_{ALL}$ verharren-abläufe
     behinderte-fahrz := (get-all verharr Verharren.agent)

| 6 |

    LET schleich $_{ALL}$ schleichen-abläufe
     behinderte-fahrz := (union-register behinderte-fahrz (get-all schleich Schleichen.agent))
7:   behinderte-fahrz := (restrict behinderte-fahrz
                         λ (fhz) (some lg fhz.lage
                              (some koord behinderungs-lage
                                 (in-umkreis lg (abstandsmaß parker.größe) koord))))
     behinderte-fahrzeuge := behinderte-fahrz

| 7 |

8: SEND

Im Intern-Regelnetz werden zunächst (Regel 2) für den Agenten von "Parkplatzsuchen" die Attribut-Ausprägungen von "ort" (mit Gattung), "lage" und "größe" besorgt, die sonst innerhalb dieses Netzes nicht zugänglich wären. Danach wird mit Regel 3 zunächst die Zeit bestimmt, in der der Agent andere Fahrzeuge behindern kann. Dieser Zeitraum wird vom Beginn der "Parkplatzsuchen"-Ausprägung und vom Beginn der Attribut-Ausprägung "end-verharren" begrenzt. Als Orte, auf denen überhaupt behindert werden kann, werden diejenigen Spuren betrachtet, die Attribut-Ausprägungen von "ort" des Agenten während der Zeit sind, in der der Agent andere Fahrzeuge behindern kann. Parkspuren zählen nicht zu den kritischen Spuren.

Als potentiell behinderte Fahrzeuge werden hier diejenigen betrachtet, die sich während der relevanten Zeit auf einer kritischen Spur befinden und dabei entweder verharren oder schleichen. Die Fahrzeuge zeichnen sich also dadurch aus, daß sie Agenten entsprechender Abläufe sind. Deswegen werden mit den Regeln 4 und 5 auch zunächst "Verharren"- und "Schleichen"-Abläufe extrahiert, die den genannten Bedingungen genügen, wobei der Agent des jeweiligen Ablaufs aber nicht mit dem Agenten von "Parkplatzsuchen" übereinstimmen darf, denn sonst würde er sich selbst behindern.

Über die Abläufe werden also die möglicherweise behinderten Fahrzeuge bestimmt. Bei der LET-Regel wird hierfür eine bisher nicht vorgestellte Funktion "get-all" benutzt, die für jedes Element einer Menge von Ausprägungen die Attribut-Ausprägungen des angegebenen Attributs aufsammelt. Im Regelnetz sind dies bei Regel 6 alle Agenten von "Verharren"-Ausprägungen, die in "verharr" vorkommen. Es werden dann diejenigen Fahrzeuge aus der Menge als behindert bestimmt, die sich während der Zeit, in der der Agent von Parkplatzsuchen behindern kann, im Umkreis des Agenten aufhalten.

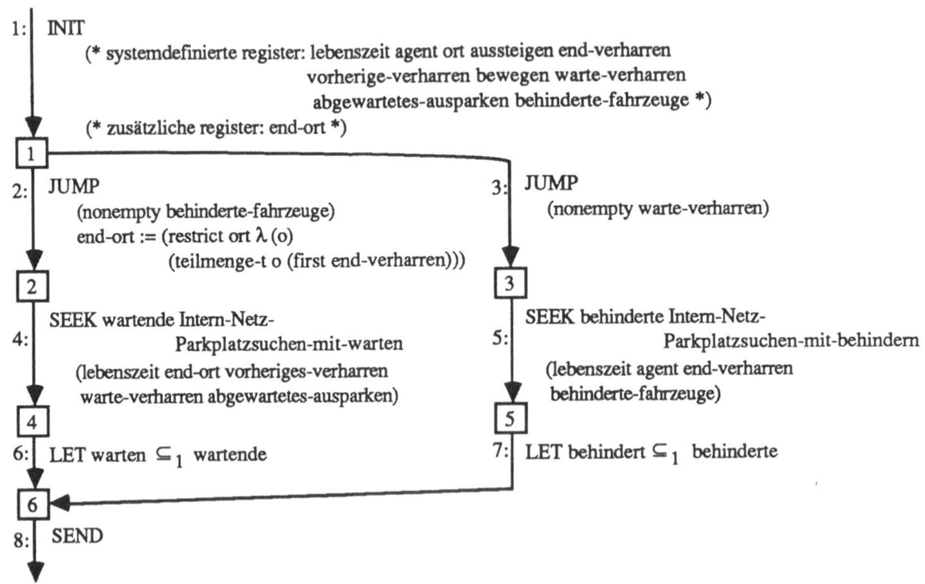

Die beiden Spezialisierungen "Parkplatzsuchen-mit-warten" und "Parkplatzsuchen-mit-behindern" haben eine gemeinsame Spezialisierung "Parkplatzsuchen-mit-warten-und-behindern". Diese Gattung vereinigt gerade die Attribute der beiden generelleren Gattungen, ihre Ausprägungen werden wiederum durch ein Spezialisierungs-Regelnetz bestimmt.

An dem zugehörigen Regelnetz wird sichtbar, daß die zugeordnete Gattung zwei direkte Obergattungen besitzt. Je nachdem, ob die Spezialisierung über die eine oder über die andere erfolgt, sind unterschiedliche Attribute besetzt. Abhängig von den besetzten Attributen müssen dann die noch nicht besetzten beschafft werden.

Ist das Register "warte-verharren" besetzt (Regel 2), ist die Ausprägung auf jeden Fall schon "Parkplatzsuchen-mit-warten" zugeordnet, es muß noch die Behinderung überprüft werden. Dies geschieht durch Aufruf des schon vorgestellten Intern-Regelnetz "Intern-Netz-Suchen-mit-Behindern". Analog wird im anderen Fall vorgegangen.

Die weiteren Spezialisierungen von "Parkplatzsuchen" unterscheiden sich ebenfalls durch zusätzliche Attribute. Für "Parkplatzsuchen-auf-Parkplatz-mit-Schranke" wird noch vorausgesetzt, daß vor dem Betreten des Parkplatzes an einer Schranke verharrt wird. "Rüpelhaftes Parkplatzsuchen" zeichnet sich dadurch aus, daß einem ebenfalls auf den Parkplatz wartenden Automobil, das eher an dem Ort war, der Parkplatz genommen wird. Die Spezialisierungs-Regelnetze für diese Abläufe lassen sich ähnlich zu den aufgezeigten realisieren.

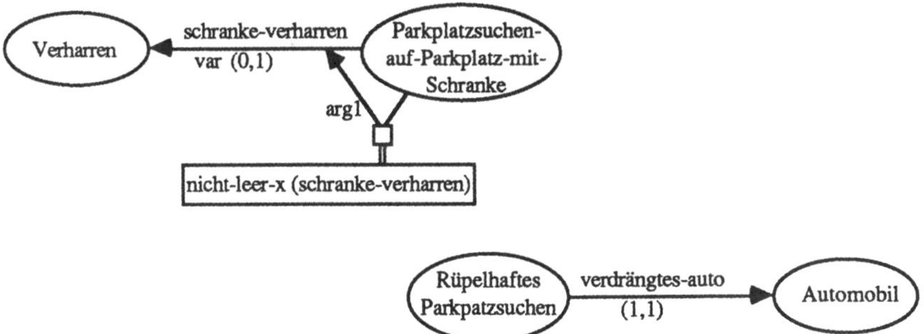

11. Zusammenfassung und Ausblicke

In dieser Arbeit ist ein System EPEX entwickelt worden, das den Inhalt von Bildfolgen in Form von Abläufen beschreibt. Die komplexesten Abläufe, die mit EPEX aus den Bilddaten extrahiert werden können, sind Episoden. Was darunter im Zusammenhang mit Bildfolgendeutung genau zu verstehen ist, wurde zu Beginn in einer ausführlichen Diskussion geklärt.

Für die Beschreibung einer Bildfolge auf der Abstraktionsstufe von Episoden ist es notwendig, potentiell mögliche Objekte und Abläufe zu modellieren, sowie die in einer konkreten Bildfolge enthaltenen Objekt- und Ablauf-Ausprägungen darzustellen. Auch zusätzliches Diskursbereichswissen ist zu repräsentieren. Zu diesem Zweck wurde die Darstellungsform EPEX-F entwickelt. Die Ablauf-Ausprägungen werden aus den in der geometrischen Szenenbeschreibung enthalenen Daten hergeleitet. Wissen über diesen Herleitungsprozeß selbst muß ebenfalls dargestellt werden, wofür die Darstellungsform EPEX-R entwickelt wurde. Die Verwaltung der Objekte und Abläufe wird durch ein relationales Datenbanksystem unterstützt. Dazu wurde EPEX-F auf ein relationales Datenmodell abgebildet. Anhand des Diskursbereichs "Straßenverkehr" ist dann die prinzipielle Eignung des Ansatzes bestätigt worden.

Mit EPEX-F steht nun eine Darstellungsform zur Verfügung, die eine gleichartige Modellierung von Objekten und Abläufen durch Begriffsgraphen erlaubt. Das erhöht die Handhabbarkeit des Systems, erleichtert das Verständnis der modellierten Daten und läßt auch für einen Benutzer Analogien leichter erkennbar werden. EPEX-F basiert auf KL-ONE. Die wesentliche Erweiterung der Darstellungsform EPEX-F gegenüber KL-ONE ist die Einbeziehung zeitlicher Merkmale. Diese Zeiteigenschaft ist Bestandteil der Attribute von Gattungen, manifestiert sich in Strukturbedingungen und findet sich auch bei der Lebensdauer von Ausprägungen wieder. Durch diese explizite Behandlung der Zeit sind zeitliche Abhängigkeiten bei den Abläufen gut darstellbar. Die explizit verfügbare Lebenszeit läßt leicht erkennen, was zu einem gegebenen Zeitpunkt gerade alles der Fall ist. Damit ist ein (zeitlicher) Kontext definiert, der als eine Präzisierung der Nexus-Idee in KL-ONE aufgefaßt werden kann. Während KL-ONE also an dem "Referenzsystem" Prädikatenlogik orientiert ist, richtet sich EPEX-F an der Temporallogik von Shoham aus.

Die entwickelte Darstellungsform EPEX-R basiert auf der Idee der Erweiterten Übergangsnetze oder ATN. Die wesentliche Fortentwicklung betrifft die Anwendbarkeit auf mehrdimensionale Daten (wozu allerdings schon eigene und andere Vorarbeiten existierten) und die Unterscheidung verschiedener Regelnetzarten nach Aufgabentyp, nämlich Ablauf-, Spezialisierungs- und Intern-Regelnetz. Damit ist ein verhältnismäßig natürliches Zusammenspiel mit dem Begriffsgraphen des Ablaufbereichs möglich, was sich an drei Punkten äußert. Erstens können strukturelle Gemeinsamkeiten des Regel- und des Ablaufbereichs ausgenutzt werden, um das Zusammenspiel zu unterstützen. So werden gewisse triviale Ablauf- und Spezialisierungs-Regelnetze automatisch zur Verfügung gestellt, und bei den nichttrivialen Ablauf- oder Spezialisierungs-Regelnetzen wird durch automatische Bereitstellung des Ergebnis-

Registersatzes ein gewisses Maß an Kompatibilität gewährleistet. Zweitens werden im Ablaufbereich Überprüfungen der Ausprägungen durch die Strukturbedingungen und andere Konsistenzbedingungen durchgeführt. Vom Regelbereich aus können diese Überprüfungen gezielt für einzelne auch unvollständig hergeleitete Ausprägungen angestoßen werden, womit die Regelnetze sowieso schon vorhandene Fähigkeiten des Ablaufbereichs ausnutzen und deshalb einfacher werden. Drittens kann durch die Integration der Anfrage-Operatoren, die eigene Auswahl-Bedingungen unterstützen, ein Teil der Selektion der relevanten Daten in den Objekt- und Ablaufbereich verlagert werden. Bei der Herleitung müssen nicht jeweils sämtliche verfügbaren Daten beschafft und danach die irrelevanten mit eigenen Mitteln des Regelbereichs wieder ausgesondert werden.

Global betrachtet befaßt sich die Arbeit mit einem Problembereich, der sowohl den Umgang mit komplexen Strukturen als auch den Umgang mit großen Datenmengen erfordert. Hilfsmittel für den Umgang mit komplexen Strukturen wurden in der KI entwickelt, Hilfsmittel für den Umgang mit großen Datenmengen im Datenbankbereich. Die Arbeit kann als eine Sonde in diesen Problembereich angesehen werden. Der Prototyp zeigt, daß die Kopplung der beiden Arten von Hilfsmitteln prinzipiell möglich ist, eine endgültige Lösung erfordert allerdings noch eine Reihe von Grundlagenarbeiten. In der KI betreffen diese vor allem die Entwicklung von Darstellungsformen, die nicht auf der Prädikatenlogik, sondern auf geeigneten Temporallogiken basieren. Im Datenbankbereich betreffen sie die Entwicklung von Verfahren, die nicht nur die klassische Zweiteilung in Daten und Schema unterstützen, sondern eine dritte "Metaschema"-Ebene mit weitgehender Konsistenz-Unterstützung bereitstellen und auch häufige Änderungen des Schemas verkraften. Auch die Beschreibungsmittel der verfügbaren logischen Datenmodelle bedürfen der Ergänzung, insbesondere im Hinblick auf die Generalisierungshierarchie mit Unterstützung der Vererbung. Diese ist unabhängig von der Bestandteil-Hierarchie, die von neueren "objektorientierten" Datenmodellen in erster Linie unterstützt wird.

Der eigene Ansatz weist noch einige Schwachpunkte auf, die verbessert werden könnten. Ein eher technischer Aspekt betrifft die vordefinierten Prädikate, die manchmal zu umständlichen Kodierungen führen oder überhaupt nicht ausreichen. In Fällen, in denen man zum Beipiel formulieren will, daß die Lebenszeit einer Ausprägung gewissen Längenbeschränkungen genügt, wurden oft ad hoc Lösungen in Form von zusätzlichen Prädikaten für den jeweiligen Fall implementiert. Hier wäre eine systematische Untersuchung möglicher und erforderlicher Prädikate nützlich. Der Anstoß der hypothetischen Ergänzungen muß derzeit stets vom Modellierer vorgesehen werden. Hier wäre mehr Systemunterstützung wünschenswert. Allerdings treten dabei Probleme der "Default"-Logiken verstärkt auf, insbesondere, da wir es hier mit einer erst noch zu entwickelnden temporalen "Default"-Logik zu tun haben. Schließlich stößt man bei der Modellierung häufig an Grenzen der Ausdrucksfähigkeit der Beschreibungsmittel. Beispielsweise sind die erwähnten Längenbeschränkungen der Lebenszeiten völlig analog zu den Kardinalitätsbeschränkungen, können aber nur über Strukturbedingungen auf etwas unhandliche Weise dargestellt werden. Sie sollten vielleicht durch ein zusätzliches Merkmal von Attributen erfaßt werden. Und gelegentlich fragt man sich, weshalb Strukturbedingungen eigentlich nur für Attribute definiert werden können und nicht auch für die Gattungszugehörigkeitsbeziehung. So läßt sich nicht formulieren, daß Ausprägungen nur für eine bestimmte Zeit einer Gattung zugeordnet sein dürfen.

Der letzte Punkt rührt möglicherweise an weitere interessante Forschungsthemen. Die Modellierung eines Sachverhalts ist oft alternativ durch eine Gattung oder durch ein Attribut möglich, was darauf hindeutet, daß für manche Zwecke eine Vereinheitlichung dieser Beschreibungsmittel günstig wäre. In eine ähnliche Richtung zielen die in Kapitel vier angestellten Überlegungen zu den "Metamorphosen"-Gattungen. Es scheint neben den hierarchiebildenden Relationen und den gattungsbeschreibenden Relationen noch mehr an allgemeinen Strukturen in den Beziehungen zwischen Gattungen zu geben. Diese sollten einmal herausgearbeitet werden und womöglich in neue Beschreibungsmittel einfließen.

Mit dem hier vorgestellten Verfahren ist ein kleiner Schritt in Richtung Auswertung von längeren Bildfolgen getan worden, der die Bildfolgeninhalte in für Menschen verständlicherer Form wiedergibt. Für fest vorgegebene Modelle läßt sich feststellen, ob ein passender Ablauf auch in einer Bildfolge vorkommt. Leider kann man nie ganz sicher sein, daß nicht eine wesentliche Variante beim Modellieren übersehen wurde oder daß vielleicht bestimmte Ablauf-Gattungen ganz fehlen. Dies führt dann dazu, daß Bildfolgeninhalte nicht adäquat beschrieben werden können. Existiert kein Modell, kann ein Ablauf nicht extrahiert werden. Eine reine Verifikation ist deshalb auf längere Sicht nicht ausreichend, zumindest ansatzweise sollte auch eine datengetriebene Ablaufextraktion stattfinden. Einstweilen wären wenigstens systemunterstützte Hinweise auf Abläufe hilfreich, die beispielsweise denselben Agenten haben und räumlich und zeitlich zusammenhängen, aber durch die bisher vorgegebenen Modelle nicht zusammen erfaßt werden. Anregungen für vergessene Varianten oder neue Ablauf-Gattungen können daraus entstehen.

Als langfristiges Ziel bliebe zu untersuchen, inwieweit Verfahren, die für lernende Systeme entwickelt wurden, auch hier eingesetzt werden können, um neue Ablauf-Gattungen zu generieren und möglicherweise auch richtig einzuordnen. Vielleicht läßt sich der in KL-ONE vorgesehene "classifier", der Gattungen in den Begriffsgraphen einordnet, an solche Aufgaben anpassen.

Literatur

Abarbanel und Williams 86
    R.M. Abarbanel, M.D. Williams: A Relational Representation for Knowledge Bases. Intellicorp, Menlo Park, California. Private Mitteilung

Abe et al. 81
    N. Abe, I. Soga, S. Tsuji: A Plot Understanding System on Reference to Both Image and Language. Proc. 7th Int. Conf. on Artificial Intelligence, IJCAI-81, Vancouver, 1981, 77-84

Adorni et al. 84
    G. Adorni, M. Di Manzo, F. Giunchiglia:From Descriptions to Images: What Reasoning in Between? Proc. 6th Europ. Conf. on Artificial Intelligence, ECAI-84, Pisa, 1984, 359-368

Allen 84
    J.F. Allen: Towards a General Theory of Action and Time. Artificial Intelligence 23 (1984) 123-154

André et al. 86
    E. André, G. Bosch, G. Herzog, T. Rist: Characterizing Trajectories of Moving Objects Using Natural Language Path Descriptions. Proc. 7th European Conference on Artificial Intelligence, ECAI-86, July 21-25, 1986, Brighton/Sussex, UK, Vol. 2, 1-8

André et al. 87
    E. André, G. Herzog, T. Rist: SOCCER: Ein System zur simultanen natürlichsprachlichen Beschreibung zeitveränderlicher Realweltszenen. Universität des Saarlandes, SFB 314, Bericht Nr. 18, 1987

Ayache und Faugeras 87
    N. Ayache, O.D. Faugeras: Building a Consistent 3D Representation of a Mobile Robot Environment by Combining Multiple Stereo Views. Proc. 10th Int. Conf. on Artificial Intelligence, IJCAI-87, Mailand 1987, 808-810

Badler 75
    N.I. Badler: Temporal Scene Analysis: Conceptual Descriptions of Object Movements. Tech. Report No. 80, Feb. 75, Dept. of Computer Science, University of Toronto

Ballard und Brown 82
    D.H. Ballard, C.M. Brown: Computer Vision. Prentice-Hall, New Jersey, 1982

Banerjee et al. 86
    J. Banerjee, H.-J. Kim, W. Kim, H.F. Korth: Schema Evolution in Object-Oriented Persistent Databases. Proc. 6th Advanced Database Symposium, Peking, Aug. 1986, 23-31

Barron et al. 87
    J.L. Barron, A.D. Jepson, J.K. Tsotsos: Determination of Egomotion and Environmental Layout From Noisy Time-Varying Image Velocity in Binocular Image Sequences. Proc. 10th Int. Conf. on Artificial Intelligence, IJCAI-87, Mailand 1987, 822-825

Batory und Buchmann 84
    D.S. Batory, A.P. Buchmann: Molecular Objects, Abstract Data Types, and Data Models: a Framework. Proc. 10th International Conference on Very Large Data Bases VLDB-10, Singapore, 1984, 172-184

Benn 86
    W. Benn: Dynamische nicht-normalisierte Relationen und symbolische Bildbeschreibung. Informatik-Fachberichte 128, Springer-Verlag, Berlin, Heidelberg, New York, 1986

236

Bidoit und Froidevaux 88
N. Bidoit, C. Froidevaux: More on Stratified Default Theories. Proc. 8th European Conference on Artificial Intelligence, ECAI-88, Aug. 1-5, München 1988, 492-494

Bobrow und Winograd 77
D.G. Bobrow, T. Winograd: An Overview of KRL, a Knowledge Representation Language. Cognitive Science 1 (1977) 3-46

Börner and Studer 87
S. Börner, R. Studer: An Approach to Manage Large Inheritance Networks. IBM Germany, LILOG-Report No. 8, 1987

Boursier 85
P. Boursier: Image Data Bases: A Status Report. 1985 IEEE Computer Society Workshop on Computer Architecture for Pattern Analysis and Image Database Management, Miami Beach, 1985, 355-358

Brachman 79
R.J. Brachman: On the Epistemological Status of Semantic Networks. in N.V. Findler (ed.): Associative Networks, Academic Press, New York, 1979

Brachman et al. 83
R.J. Brachman, R.E. Fikes, H.J. Levesque: KRYPTON: Integrating Terminology and Assertion. Proc. National Conference on Artificial Intelligence AAAI-83, Washington D.C., 31-35

Brachman und Schmolze 85
R.J. Brachman, J.G. Schmolze: An Overview of the KL-ONE Representation System. Cognitive Science 9 (1985) 171-216

Buchanan und Shortliffe 84
B. Buchanan, E. Shortliffe (eds.): Rule Based Expert Systems - the MYCIN Experiments. Addison-Wesley, Reading, Mass., 1984

Burger und Bhanu 87
W. Burger, B. Bhanu: Qualitative Motion Understanding. Proc. 10th Int. Conf. on Artificial Intelligence, IJCAI-87, Mailand 1987, 819-821

Chang 86
S.K. Chang: Image database systems. In T.Y. Young, K.-S. Fu (eds.): Handbook of Pattern Recognition and Image Processing, Academic Press, New York, London, 1986, 371-393

Chen 76
P.P. Chen: The Entitiy-Relationship Model: Toward a Unified View of Data. ACM Trans. Database Syst. 1:1 (1976) 9-36

Chung et al. 83
I. Chung, F. Nakamura, P.P. Chen: A Decomposition of Relations Using the Entity-Relationship Approach. In P. Chen (ed.): Entity-Relationship Approach to Information Modeling and Analysis, North-Holland, Amsterdam, New York, Oxford, 1983, 149-171

Clayton 85
B.D. Clayton: ART Programming Primer. Inference Corporation, Los Angeles, 1985

Clocksin und Mellish 81
W.F. Clocksin, C.S. Mellish: Programming in Prolog. Springer-Verlag, Berlin, Heidelberg, New York, 1981

Codd 79
E.F. Codd: Extending the Data Base Relational Model to Capture More Meaning. ACM Trans. Database Syst. 4:4 (1979) 397-434

Dadam et al. 86
P. Dadam, K. Küspert, F. Andersen, H. Blanken, R. Erbe, J. Guenauer, V. Lum, P. Pistor, G. Walch: A DBMS Prototype to Support NF^2-Relations: An Integrated View on Flat Tables and Hierarchies. Proc. ACM SIGMOD, May 1986, 356-367

Date 81
C.J. Date: An Introduction to Database Systems. 3rd ed., Addison-Wesley, Reading, Mass., 1981

Date 83
C.J. Date: An Introduction to Database Systems, Volume II. Addison-Wesley, Reading, Mass., 1983

Davis und King 77
R. Davis, J. King: An Overview of Production Systems. Machine Intelligence 8, Wiley and Sons, NY, 1977, 300-332

Dayal und Smith 86
U. Dayal, J.M. Smith: PROBE: A Knowledge-Oriented Database Management System. In M.L. Brodie, J. Mylopoulos (eds.): On Knowledge Base Management Systems, Springer-Verlag, New York, Berlin, Heidelberg, 1986, 227-257

Dayal et al. 87
U. Dayal, F. Manola, A. Buchmann, U. Chakravarthy, D. Goldhirsch, S. Heiler, J. Orenstein, A. Rosenthal: Simplifying Complex Objects: The PROBE Approach to Modelling and Querying Them. Informatik-Fachberichte 136, Springer-Verlag, Berlin, Heidelberg, New York, 1987, 17-37

Delgrande 88
J.P. Delgrande: An Approach to Default Reasoning Based on a First-Order Conditional Logic: Revised Report. Artificial Intelligence 36 (1988) 63-90

DiManzo et al. 86
M. DiManzo, G. Adorni, F. Giunchiglia: Reasoning about Scene Descriptions. Proc. IEEE 74 (1986) 1013-1025

di Primio et al . 85
F. di Primio, D. Bungers, T. Christaller: BABYLON als Werkzeug zum Aufbau von Expertensystemen. In W. Brauer, B. Radig (Hrsg.): Wissensbasierte Systeme, Informatik-Fachberichte 112, Springer-Verlag, Berlin, Heidelberg, New York, 1985, 70-79

Dittrich und Dayal 86
K.R. Dittrich, U. Dayal (eds.):Proc. 1986 International Workshop on Object-Oriented Database Systems. IEEE Computer Society Press, 1986

Dittrich et al. 87a
K.R. Dittrich, W. Gotthard, P.C. Lockemann: Complex Entities for Engineering Applications. In S. Spaccapictra (ed.): Entity-Relationship Approach, North-Holland, Amsterdam, New York, Oxford, 1987, 421-440

Dittrich et al. 87b
K.R. Dittrich, W. Gotthard, P.C. Lockemann: DAMOKLES – A Database System for Software Engineering Environments. Lecture Notes in Computer Science 244, Springer-Verlag, Berlin, Heidelberg, New York, 1987, 253-371

Dubois und Prade 88
D. Dubois, H. Prade: Default Reasoning and Possibility Theory. Artificial Intelligence 35 (1988) 243-257

Dumpala und Arora 83
S.R. Dumpala, S.K. Arora: Schema Translation Using the Entity-Relationship Approach. In P. Chen (ed.): Entity-Relationship Approach to Information Modeling and Analysis, North-Holland, Amsterdam, New York, Oxford, 1983, 337-356

Etherington 87a
  D.W. Etherington: A Semantics for Default Logic. Proc. 10th Int. Conf. on Artificial Intelligence, IJCAI-87, Mailand 1987, 495-498

Etherington 87b
  D.W. Etherington: Relating Default Logic and Circumscription. Proc. 10th Int. Conf. on Artificial Intelligence, IJCAI-87, Mailand 1987, 489-494

Ferg 85
  S. Ferg: Modelling the Time Dimension in an Entity-Relationship Diagram. 4th Int. Conf. on Entity-Relationship Approach, Oct. 1985, Chicago, Ill., 280-286

Fillmore 68
  C. Fillmore: The Case for Case. In E. Bach und R. Harms (eds.): Universals in Linguistic Theory. Holt, Rinehart und Winston, New York, 1968, 1-88

Findler 79
  N.V. Findler: Associative Networks. Academic Press, New York, 1979

Frost 86
  R.A. Frost: Introduction to Knowledge Base Systems. William Collins Sons & Co. Ltd, London, 1986

Goldberg und Robson 83
  A. Goldberg, D. Robson: Smalltalk-80: The language and its implementation. Addison-Wesley, Reading, Mass. 1983

Härder und Reuter 85
  T. Härder, A. Reuter: Architektur von Datenbanksystemen für Non-Standard-Anwendungen. Informatik-Fachberichte 94, Springer-Verlag, Berlin, Heidelberg, New York, 1985, 253-286

Herzog et al. 84
  O. Herzog, W. Reisig, R. Valk: Petri-Netze: ein Abriß ihrer Grundlagen und Anwendungen. Informatik-Spektrum 7:1 (1984) 20-27

ICCV 87
  Proc. 1st International Conference on Computer Vision. Royal National Hotel, London, England, June 1987, IEEE Computer Society Press

Iyengar und Kashyap 88
  S.S. Iyengar, R.L. Kashyap: Special Section on Image Databases. IEEE Trans. on Software Engineering, 14:5, 1988

Kaczmarek et al. 86
  T. Kaczmarek, R. Bates, G. Robins: Recent Developments in NIKL. Proc. National Conference on Artificial Intelligence AAAI-86, Philadelphia, PA,1986, 978-985

Klopprogge 83
  M.R. Klopprogge:Gegenstands- und Beziehungsgeschichten: Ein Konzept zur Beschreibung und Verwaltung zeitveränderlicher Information in Datenbanken. Dissertation, Fakultät für Informatik, Universität Karlsruhe, 1983

Klopprogge und Lockemann 83
  M.R. Klopprogge, P.C. Lockemann: Modelling Information Preserving Databases: Consequences of the Concept of Time. Proc. Int. Conf. on Very Large Data Bases VLDB-9, Florenz, 1983, 399-416

Konolige 88
  K. Konolige: On the Relation between Default and Autoepistemic Logic. Artificial Intelligence 35 (1988) 343-382

Korth und Silberschatz 86
H.F. Korth, A. Silberschatz: Database System Concepts. McGraw Hill, New York, 1986

Ladkin 86
P. Ladkin: Time Representation: A Taxonomy of Interval Relations. Proc. National Conference on Artificial Intelligence AAAI-86, Philadelphia, PA,1986, 360-366

Lakoff 87
G. Lakoff: Women, Fire, and Dangerous Things. The University of Chicago Press, Chicago, London, 1987

Levesque und Brachman 87
H.J. Levesque, R.J. Brachman: Expressiveness and tractability in knowledge representation and reasoning. Computational Intelligence 3 (1987) 78-93

Lockemann et al. 85
P.C. Lockemann, M. Adams, M. Bever, K.R. Dittrich, B. Ferkinghoff, W. Gotthard, A.M. Kotz, R.-P. Liedtke, B. Lüke, J.A. Mülle: Anforderungen technischer Anwendungen an Datenbanksysteme. Informatik-Fachberichte 94, Springer-Verlag, Berlin, Heidelberg, New York, 1985, 1-26

Luck et al. 85
K. von Luck, B. Nebel, C. Peltason, A. Schmidel: The BACK System. KIT-Report 29, Fachbereich Informatik, TU Berlin, 1985

Luck et al. 87
K. von Luck, B. Nebel, C. Peltason, A. Schmidel: The Anatomy of the BACK System. KIT-Report 41, Fachbereich Informatik, TU Berlin, 1987

Lyngbaek und Vianu 87
P. Lyngbaek, V. Vianu: Mapping a Semantic Database Model to the Relational Model. In U. Dayal, I. Traiger (eds.): Proc. ACM SIGMOD, San Francisco, May 1987, 132-142

MacGregor und Bates 87
R. Mac Gregor, R. Bates: The Loom Knowledge Representation Language. Information Sciences Institute, Marina del Rey, California, ISI/RS-87-188, May 1987

Maier 83
D. Maier: The Theory of Relational Databases. Computer Science Press, Rockville, Md., 1983

Mark und Roussopoulos 83
L. Mark, N. Roussopoulos: Integration of Data, Schema and Meta-Schema in the Context of Self-Documenting Data Models. In C.G. Davis, S. Jajodia, P.A. Ng, R.T. Yeh (eds.): Proc. Entity Relationship Approach to Software Engineering, Elsevier Science Publishers B.V., North-Holland, Amsterdam, New York, Oxford, 1983, 585-602

McDermott 82
J. McDermott: R1: a rule-based configurer of computer systems. Artificial Intelligence 19 (1982) 39-88

McKenzie 86
E. McKenzie: Bibliography: Temporal Databases. SIGMOD Record, 15:4 (1986) 40-52

Miller 72
G. Miller: English Verbs of Motion. In A.W. Melton and E. Martin (eds.): Coding Processes in Human Memory, V.H. Winston and Sons, Washington D.C., 1972, 335-372

Minsky 75
M. Minsky: A Framework for Representing Knowledge. In P.H. Winston (ed.): The Psychology of Computer Vision, McGraw-Hill, New York, 1975, 211-277

Mohnhaupt 87
M. Mohnhaupt: On Modelling Events with an 'Analogical' Representation. In K. Morik (ed.): Proc. 11th German Workshop on Artificial Intelligence, GWAI-87, Geseke, Sept./Okt. 1987, Informatik-Fachberichte 152, Springer-Verlag, Berlin, Heidelberg, New York, 1987, 31-40

Morris 88
P.H. Morris: The Anomalous Extension Problem in Default Reasoning. Artificial Intelligence 35 (1988) 383-399

Mylopoulos et al. 80
J. Mylopoulos, P.A. Bernstein, H.K.T. Wong: A Language Facility for Designing Database-Intensive Applications. ACM Trans. Database Syst., 5:2 (1980) 185-207

Nagel 83
H.-H. Nagel: Overview on Image Sequence Analysis. In T.S. Huang (ed.): Image Sequence Processing and Dynamic Scene Analysis. NATO Advanced Study Institute Series F Vol. 2, Springer-Verlag, Berlin, Heidelberg, New York, 1983, 2-39

Nagel 85a
H.-H. Nagel: Analyse und Interpretation von Bildfolgen. Informatik-Spektrum 8:4 (1985) 178-200 und Informatik-Spektrum 8:6 (1985) 312-327

Nagel 85b
H.-H. Nagel: Wissensgestützte Ansätze beim maschinellen Sehen: Helfen sie in der Praxis? Proc. GI-Kongreß Wissensbasierte Systeme, München, Okt. 1985, Informatik-Fachberichte 112, Springer-Verlag, Berlin, Heidelberg, New York, 1985, 170-198

Nagel 88
H.-H. Nagel: From image sequences towards conceptual descriptions. Image and Vision Computing, 6:2 (1988) 59-74

Nebel 88
B. Nebel: Computational complexity of terminological reasoning in BACK. Artificial Intelligence 34 (1988) 371-383

Neumann 84
B. Neuman: Natural Language Description of Time-Varying Scenes. Interner Bericht Fachbereich Informatik FBI-HH-B-105-84, Universität Hamburg, 1984

Neumann und Novak 86
B. Neumann, H.-J. Novak: NAOS: Ein System zur natürlichsprachlichen Beschreibung zeitveränderlicher Szenen. Informatik – Forschung und Entwicklung 1 (1986) 83-92

Niemann et al. 85
H. Niemann, H. Bunke, I. Hofmann, G. Sagerer, F. Wolf, H. Feistel: A Knowledge Based System for Analysis of Gated Blood Pool Studies. IEEE Trans. on Pattern Analysis and Machine Intelligence PAMI-7 (1985) 246-259

Novak 87
H.-J. Novak: Textgenerierung aus visuellen Daten: Beschreibungen von Straßenszenen. Informatik-Fachberichte 142, Springer-Verlag, Berlin, Heidelberg, New York, 1987

Okada 80
N. Okada: Conceptual Taxonomy of Japanese Verbs for Understanding Natural Language and Picture Patterns. Proc. 8th Int. Conf. on Computational Linguistic, COLING-8, Tokyo, 1980, 127-135

Orenstein und Manola 88
J.A. Orenstein, F.A. Manola: PROBE Spatial Modeling and Query Processing in an Image Database Application. IEEE Trans. on Software Engineering, 14:5, 1988, 611-629

Pearl 88
    J. Pearl: Embracing Causality in Default Reasoning. Artificial Intelligence 35 (1988) 259-271

Pereira und Warren 80
    F.C.N. Pereira, D.H.D. Warren: Definite Clause Grammars for Language Analysis - A Survey of
    the Formalism and a Comparison with Augmented Transition Networks. Artificial Intelligence 13
    (1980) 231-278

Petri 62
    C.A. Petri: Kommunikation mit Automaten. Schriften des Rhein. westf. Instituts für Instrumentelle
    Mathematik an der Universität Bonn, Nr. 2, 1962

Poole 88
    D. Poole: A Logical Framework for Default Reasoning. Artificial Intelligence 36 (1988) 27-47

Puppe 85
    F. Puppe: Erfahrungen aus drei Anwendungsprojekten mit MED1. In W. Brauer, B. Radig (Hrsg.):
    Wissensbasierte Systeme, Informatik-Fachberichte 112, Springer-Verlag, Berlin, Heidelberg, New
    York, 1985, 234-245

Quillian 68
    M.R. Quillian: Semantic Memory. In M. Minsky (ed.): Semantic Information Processing, MIT
    Press, Cambridge, Mass., 1968, 227-270

Reisig 82
    W. Reisig: Petrinetze – eine Einführung. Springer-Verlag, Berlin, Heidelberg, New York, 1982

Reiter 80
    R. Reiter: A Logic for Default Reasoning. Artificial Intelligence 13 (1980) 81-132

Retz-Schmidt 85
    G. Retz-Schmidt: Script-Based Generation and Evaluation of Expectations in Traffic Scenes. In H.
    Stoyan (ed.): Proc. 9th German Workshop on Artificial Intelligence, GWAI-85, Dassel/Solling,
    Sept. 1985, Informatik-Fachberichte 118, Springer-Verlag, Berlin, Heidelberg, New York, 1985,
    197-203

Richter 84
    G. Richter: Netzmodelle für die Bürokommunikation, Teil 2. Informatik-Spektrum 7:1 (1984) 28-40

Rist et al. 87
    T. Rist, G. Herzog, E. André: Ereignismodellierung zur inkrementellen high-level Bildfolgen-
    analyse. In E. Buchberger, J. Retti (Hrsg.): 3. Österreichische Artificial-Intelligence-Tagung, Wien,
    Sept. 1987, Informatik-Fachberichte 151, Springer-Verlag, Berlin, Heidelberg, New York, 1987,
    1-11

Rumelhart 75
    D. Rumelhart: Notes on a Schema for Stories. In D. Bobrow, A. Collins (eds.): Representation and
    Understanding, Academic Press, New York, 1975, 211-236

Schank 75
    R.C. Schank: Conceptual Information Processing. Lawrence Erlbaum, Hillsdale, N.J., 1975

Schank und Abelson 77
    R.C. Schank, R. Abelson: Scripts, Plans, Goals, and Understanding. Lawrence Erlbaum, Hillsdale,
    N.J., 1977

Schirra et al. 87
    J.R.J. Schirra, G. Bosch, C.-K. Sung, G. Zimmermann: From Image Sequences to Natural
    Language: A First Step toward Automatic Perception and Description of Motions. Applied Artificial
    Intelligence 1 (1987), 287-305

Schmidt-Schauß 88
M. Schmidt-Schauß: Subsumption in KL-One is Undecidable. SEKI-Report SR-88-14, Fachbereich Informatik, Universität Kaiserslautern, 1988

Shipman 81
D.W. Shipman: Functional data model and DAPLEX. ACM Trans. Database Syst. 6:1 (1981) 140-174

Shoham 87
Y. Shoham: Temporal Logics in AI: Semantical and Ontological Considerations. Artificial Intelligence 33 (1987) 89-104

Smith und Smith 77
J.M. Smith, D.C.P. Smith: Data Abstraction: Aggregation and Generalization. ACM Trans. Database Syst. 2:2 (1977) 105-133

Snodgrass und Ahn 86
R. Snodgrass, I. Ahn: Temporal Databases. IEEE Computer 19:9 (1986) 35-42

Sowa 84
J.F. Sowa: Conceptual Structures - Information Processing in Mind and Machine. Addison-Wesley, Reading, Mass., 1984

Stefik et al. 83
M. Stefik, D.G. Bobrow, S. Mittal, L. Conway: Knowledge Programming in Loops. The AI Magazine 4:3 (1983) 3-13

Stefik und Bobrow 86
M. Stefik, D.G. Bobrow: Object-Oriented Programming: Themes and Variations. The AI Magazine 6:4 (1986) 40-62

Stonebraker und Rowe 86
M. Stonebraker, L.D. Rowe: The Design of Postgres. Proc. ACM SIGMOD, May 1986, 340-355

Sung 88
C.-K. Sung: Extraktion von typischen und komplexen Vorgängen aus einer langen Bildfolge einer Verkehrsszene. In H. Bunke, O. Kübler, P. Stucki (Hrsg.): Mustererkennung 1988, 10. DAGM-Symposium, Zürich, Sept. 1988, Informatik-Fachberichte 180, Springer-Verlag, Berlin, Heidelberg, New York, 1988, 90-96

Sung und Zimmermann 86
C.-K. Sung, G. Zimmermann: Detektion und Verfolgung mehrerer Objekte in Bildfolgen. In G. Hartmann (Hrsg.): Mustererkennung 1986, 8. DAGM-Symposium, Paderborn, Sept./Okt. 1986, Informatik-Fachberichte 125, Springer-Verlag, Berlin, Heidelberg, New York, 1986, 181-184

Tamura und Yokoya 84
H. Tamura, N. Yokoya: Image Database Systems: A Survey. Pattern Recognition 17:1 (1984) 29-43

Tropf and Walter 83
H. Tropf, I. Walter: An ATN Model for 3D Recognition of Solids in Single Images. Proc. 8th Int. Conf. on Artificial Intelligence, IJCAI-83, Karlsruhe 1983, 1094-1098

Tsotsos 81
J.K. Tsotsos: Temporal Event Recognition: An Application to Left Ventricular Performance. Proc. 7th Int. Conf. on Artificial Intelligence, IJCAI-81, Vancouver 1981, 900-907

Tsotsos et al. 80
J.K. Tsotsos, J. Mylopoulos, H.D. Covvey, S.W. Zucker: A Framework for Visual Motion Understanding. IEEE Trans. on Pattern Analysis and Machine Intelligence PAMI-2 (1980) 563-573

Tsuji et al. 77
S. Tsuji, A. Morizono, S. Kuroda: Understanding a Simple Cartoon Film by a Computer Vision System. Proc. 5th Int. Conf. on Artificial Intelligence, IJCAI-77, 1977, 609-610

Voss 85
H. Voss: Representing and Analyzing Time and Causality in HIQUAL Models. In H. Stoyan (ed.): Proc. 9th German Workshop on Artificial Intelligence, GWAI-85, Dassel/Solling, Sept. 1985, Informatik-Fachberichte 118, Springer-Verlag, Berlin, Heidelberg, New York, 1985, 259-271

Walter et al. 86
I. Walter, P.C. Lockemann, H.-H. Nagel: Untersuchung von Datenbank-Schemata zur Modellierung von Episoden bei der algorithmischen Deutung von Bildfolgen. Interner Bericht 2/86, Fakultät für Informatik, Univ. Karlsruhe, 1986

Westphal und Nagel 86
H. Westphal, H.-H. Nagel: Towards the Derivation of Three-Dimensional Descriptions from Image Sequences for Nonconvex Moving Objects. Computer Vision, Graphics, and Image Processing 34 (1986) 302-320

Williams 85
C. Williams: ART The Advanced Reasoning Tool. Conceptual Overview. Inference Corporation, Los Angeles, 1985

Winograd 83
T. Winograd: Language as a Cognitive Process. Vol. 1: Syntax. Addison-Wesley, Reading, Mass. 1983

Woods 70
W.A. Woods: Transition Network Grammars for Natural Language Analysis. Comm. ACM, 13:10 (1970) 591-606

Woods 78
W.A. Woods: Generalization of ATN Grammars. Bolt Beranek and Newman Inc., Cambridge, Mass., BBN Report No. 3963, Part 3, Aug. 1978